权威·前沿·原创

皮书系列为
"十二五""十三五""十四五"国家重点图书出版规划项目

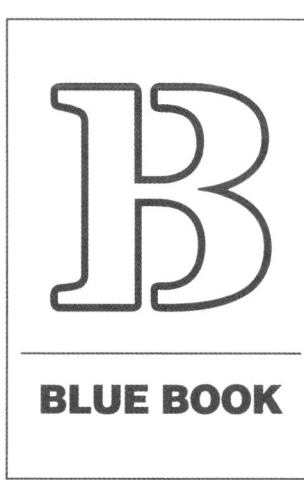

智 库 成 果 出 版 与 传 播 平 台

陕西蓝皮书

BLUE BOOK OF SHAANXI

陕西社会发展报告（2022）

REPORT ON SOCIAL DEVELOPMENT IN SHAANXI (2022)

主 编/司晓宏　白宽犁　牛　昉

社会科学文献出版社
SOCIAL SCIENCES ACADEMIC PRESS (CHINA)

图书在版编目(CIP)数据

陕西社会发展报告.2022 / 司晓宏,白宽犁,牛昉主编. -- 北京：社会科学文献出版社,2022.2
(陕西蓝皮书)
ISBN 978 - 7 - 5201 - 9620 - 8

Ⅰ.①陕… Ⅱ.①司… ②白… ③牛… Ⅲ.①社会发展 - 研究报告 - 陕西 - 2022 Ⅳ.①D674.1

中国版本图书馆 CIP 数据核字（2022）第 018767 号

陕西蓝皮书
陕西社会发展报告（2022）

主　　编 / 司晓宏　白宽犁　牛　昉

出　版　人 / 王利民
组稿编辑 / 邓泳红
责任编辑 / 陈　颖
责任印制 / 王京美

出　　版 / 社会科学文献出版社·皮书出版分社 (010) 59367127
　　　　　地址：北京市北三环中路甲29号院华龙大厦　邮编：100029
　　　　　网址：http://www.ssap.com.cn
发　　行 / 社会科学文献出版社 (010) 59367028
印　　装 / 天津千鹤文化传播有限公司

规　　格 / 开　本：787mm × 1092mm　1/16
　　　　　印　张：23.25　字　数：349千字
版　　次 / 2022年2月第1版　2022年2月第1次印刷
书　　号 / ISBN 978 - 7 - 5201 - 9620 - 8
定　　价 / 158.00元

读者服务电话：4008918866

▲ 版权所有 翻印必究

陕西蓝皮书编委会

主　　任　司晓宏

副 主 任　白宽犁　杨　辽　毛　斌　王建康

委　　员　(按姓氏笔画排序)
　　　　　于宁锴　王长寿　牛　昉　李继武　吴敏霞
　　　　　谷孟宾　张艳茜　党　斌　郭兴全　唐　震
　　　　　裴成荣

主　　编　司晓宏　白宽犁　牛　昉

执行主编　牛　昉

主要编撰者简介

司晓宏 教育学博士，二级教授，博士生导师。现任陕西省社会科学院党组书记、院长，研究方向为教育学原理和教育管理学。主持完成教育部哲学社会科学重大攻关课题、国家社科基金课题等国家和省部级课题13项，获全国高等学校科学研究成果奖（人文社会科学）、陕西省哲学社会科学优秀成果奖等国家和省部级、厅局级科研奖15项。先后在《教育研究》、COMPARE、《光明日报》等刊物发表学术论文80余篇，独立出版《教育管理学论纲》《面向现实的教育关怀》等专著4部，主编教材5部。2017年获陕西省首批"特支计划"哲学社会科学和文化艺术领域领军人才称号。兼任陕西省社科联副主席、陕西省人民政府督学，兼任第一届教育部高等学校教育学类专业教学指导委员会副主任、第二届委员，中国教育学会教育管理学术委员会常务副理事长、中国教育政策研究院兼职教授、陕西省教育理论研究会会长等。

白宽犁 陕西省社会科学院党组成员、副院长、二级研究员。长期从事宣传思想文化及社会科学研究工作，研究方向为马克思主义中国化、思想政治教育、宣传思想文化、公共管理等。对毛泽东思想及中国特色社会主义理论体系、党的路线方针政策、宏观经济管理、社会治理等进行专题研究。先后在《求是》《人民日报》《光明日报》《陕西日报》《人文杂志》等报纸及学术期刊发表文章100余篇，编辑出版著作30余部，文章曾被《新华文摘》、中国人民大学复印报刊资料全文转载，《中国社会科学文摘》转载。

主持国家社科基金项目 2 项，主持省厅级项目 20 余项。荣获陕西省哲学社会科学优秀成果一等奖 2 项，获陕西省党政领导干部优秀调研成果一、二等奖 5 项。

牛　昉　陕西省社会科学院社会学研究所所长、研究员，院学术委员会副主任，研究方向为社会政策、社会舆情、农村社会学。主持、参与完成"退耕还林还草参与式评估研究"等国家社科基金项目，以及陕西省社科规划项目和省软科学项目等多项课题；出版《退耕还林还草参与式评估研究》等著作，发表学术论文、调研报告百余篇。从 2014 年起担任陕西蓝皮书年度《陕西社会发展报告》执行主编；兼任陕西省人口学会副会长，陕西省社会学会会长。

摘　要

2021年，是中国共产党成立一百周年和"十四五"规划揭开新篇章之年，是高质量发展的关键时期。本书以习近平新时代中国特色社会主义思想为指导，贯彻习近平总书记来陕考察重要讲话，积极践行"五个扎实"、坚决落实"五项要求"，坚持新发展理念，以改革创新为基本动力，以满足人民日益增长的美好生活需要为根本目标，梳理和总结了陕西社会建设诸多领域出现的新情况和新问题，聚焦人民群众"急难愁盼"的重点热点问题，突出了全省上下统筹推进社会建设、奋力追赶超越取得的成就，为今后的发展探求行之有效的应对策略。

《陕西社会发展报告（2022）》由总报告、民生篇、治理篇、调查篇四大板块构成。"总报告"较为全面地分析了2021年陕西社会发展现状，全省全力以赴保民生、稳预期，陕西实现了居民收入稳定增长、公共服务体系更加完善、脱贫攻坚成果巩固拓展、乡村振兴全面推进、社会治理现代化水平显著提高、社会高质量发展向前推进。为了更好地迎接就业、教育、养老、生育等民生事业和社会治理领域面临的诸多挑战，展望2022年社会发展的总体趋势，系统谋划、统筹推进，陕西将不断夯实共同富裕物质基础、全面推进高质量发展，向第二个百年奋斗目标奋进。"民生篇"深入分析了陕西民生事业发展的难点和痛点，围绕陕西就业形势、高质量发展背景下职业教育发展与民办教育发展、农村老人养老和社区智慧健康养老服务发展、乡村公共文化服务、残疾人公共服务创新等展开调查研究，为陕西民生事业走上新台阶提供决策参考。紧扣国家推进社会治理体系和治理能力现代化的发展要求，"治理篇"对社会治理法治化、养老服务体系建设优化、社区居家养老服务网络体系运营模式、智慧社区建设、社会治理现代化、城市精细化管理、社会治理模式创新、农村基层治理难点等多个治理问题展开探索，为完善治理体系、提升治理能力提供智力支持。"调查篇"聚焦陕西公众对一系列社会焦点、热点事件的态度，诸如"双减政策""洪涝灾害""疫情防控"等民生热点话题，"中国共产党建党100周年""中华人民共和国第十四届运动会在西安举行""习近平总书记在榆林考察调研"等重要事件，关注公众对"共同富裕""三孩生育政策"等社会政策的理解、认知和期待，通过网络舆情和民生事业发展调查与分析，获取了陕西公众对经济社会生活中诸多议题的看法，多方面反映了社会公众对当前党和国家重大决策的态度与回应，为陕西未来社会建设的工作指向、推进策略和具体政策措施提供参考。

关键词： 高质量发展　民生发展　社会治理　共同富裕　陕西省

Abstract

The year of 2021 is the centenary of the Communist Party of China, the new opening era of the *14th Five-Year Plan* and a critical period for social high-quality development as well. Being guided by Xi Jinping Thought on Socialism with Chinese Characteristics for a New Era and implementing the important speech of Xi Jinping, General Secretary of CPC during his visit to Shaanxi province, this book actively and resolutely conveys the idea of *Five Solid* and *Five Requirements*, adheres to the new development philosophy and takes reform and innovation as the basic motivation in order to meet the people's ever-increasing needs for a better life as the fundamental goal. It also sorts out and summarizes the new situations and problems that have emerged in many fields of social construction in Shaanxi, focuses on the key and hot issues from the people's critical and essential need, highlighting the social achievements during coordinating the promotion of social construction and striving to catch up and surpass in the whole province and explores effective countermeasures for future development.

The *Annual Social Development Report of Shaanxi* (2022) consists of four sections: General Report, Reports on Livelihood Issues, Reports on Social Governance, and Investigation. The *General Report* section comprehensively analyzes the status quo of social development of Shaanxi in 2021, including devoting all effort to protect people's livelihood and stabilize their expectations, achieving steady growth of residents' income, improving public service systems, consolidating and expanding achievements in poverty alleviation, comprehensively promoting rural revitalization, significantly improving the level of modernization of social governance and advancing the high-quality development of society. In order to meet the challenges properly in many fields from undertakings of people's livelihood and social governance, such as employment, education, elderly care, childbirth, the book looks forward to the overall trend of social development in 2022 with systematic plan. Thus, Shaanxi will continue to consolidate the material foundation for common prosperity, comprehensively promote high-quality development, and strive for the second centenary goal.

The section of *Reports on Livelihood Issues* further analyzes the difficulties and problems in the development of people's livelihood in Shaanxi, focusing on the employment situation, the development of vocational education and non-government funded education under the background of high-quality development, the development of elderly care in rural area and health care services in smart communities, public cultural services in rural area and innovation of public services for disabled. All of above are conducted investigations and studies to provide reference for further decision-making in the field of social livelihood to a new level of Shaanxi.

In accordance with the national developing requirements to promote the modernization of the social governance system and governance capabilities, the section *Reports on Social Governance* explores multiple governance issues, such as the legalization of social governance, the optimization of the elderly care service system, the operation model of elderly care service network in communities, the construction of smart communities, the modernization of social governance, integrated and refined management in cities, model innovation of social governance, and difficulties in primary-level social governance of rural area, providing intellectual support to improve the governance system and enhance governance capabilities.

The section of *Investigation* focuses on public attitudes towards a series of social focus and hot events in Shaanxi province, such as Double Reduction Policy, flood disaster, epidemic prevention and control and other hot topics in social livelihood, the centenary of Communist Party of China, 14th National Games held in Xi'an and inspect and investigation of General Secretary Xi Jinping in Yulin and another hot events as well. It also expresses attention to the public's understanding, cognition and expectations of social policies such as common prosperity and three-child policy. Through the investigation and analysis of the development of people's livelihood from online public opinion, it has obtained public views of Shaanxi on many issues in economic and social life, reflecting the public attitude and response to the current major decisions of the Party and the state in many aspects, contributing to the future social construction of Shaanxi, providing reference for further directions, advancing strategies and specific policy measures.

Keywords: High-quality Development; People's Livelihood Development; Social Governance; Common Prosperity; Shanxi Province

目 录

Ⅰ 总报告

B.1 2021~2022年陕西社会形势分析与展望
　　　　　　　　　　　陕西省社会科学院社会学研究所课题组 / 001
　　一　2021年陕西社会发展基本状况分析 …………………… / 002
　　二　陕西社会发展面临的主要问题和挑战 ………………… / 013
　　三　2022年陕西社会发展展望与对策 ……………………… / 017

Ⅱ 民生篇

B.2 2021年陕西就业形势分析报告 ………………… 尹小俊 / 021
B.3 高质量发展背景下陕西职业教育发展报告 …………… 胡　月 / 045
B.4 陕西农村地区老人养老状况调查 ………… 武颖娟　段丽娜 / 066
B.5 陕西省社区智慧健康养老服务发展状况及对策研究
　　　　　　　　　　　　………… 韦　艳　杨丽红　王欣宇 / 078
B.6 2021年陕西民办教育发展报告
　　　　　　　　　　　… 王晓勇　王曼利　王　雅　王玉玲 / 093

B.7　2021年陕西乡村公共文化服务分析报告 …………… 王旭瑞 / 107

B.8　陕西省残疾人公共服务创新机制研究…………………… 聂　翔 / 119

Ⅲ　治理篇

B.9　陕西社区治理法治化的实践与对策研究……………… 胡映雪 / 136

B.10　优化养老服务体系建设，推动医养康养融合发展
　　　………………………… 何得桂　王怡涵　王盛罡　韩　雪 / 153

B.11　陕西智慧社区建设现状与对策分析 ………………… 杨红娟 / 163

B.12　新时代陕西省城市社区居家养老服务网络体系及运营模式探索
　　　………………………………………………… 吴　南　杨红娟 / 175

B.13　西安市域社会治理现代化试点研究报告 …… 张燕玲　赵　娟 / 188

B.14　疫情防控常态下西安城市精细化管理的新思路
　　　………………………… 西安市社会科学院经济学研究所课题组 / 204

B.15　安康市汉滨区推进社会治理创新研究报告
　　　…………………………………………………… 刘　源　张春丽 / 216

B.16　汉中市南郑区基层社会治理模式的创新与探索 ……… 李　莉 / 228

B.17　乡村振兴战略推进过程中陕西农村基层治理的难点及路径
　　　…………………………………………………… 孟宏斌　郭松月 / 240

Ⅳ　调查篇

B.18　2021年度陕西省民生热点分析报告 ………………… 张芙蓉 / 259

B.19　2021年社会热点、焦点事件：陕西公众问卷调查分析报告
　　　………………………… 陕西省社会科学院社会学研究所课题组 / 271

B.20 陕西公众对共同富裕的理解、认知调查分析报告
　　…………………… 陕西省社会科学院社会学研究所课题组 / 283

B.21 2021年陕西社会民生发展状况调查分析报告
　　…………………… 陕西省社会科学院社会学研究所课题组 / 300

B.22 2021年度陕西网络舆情发展报告 ………………… 田丽丽 / 322

B.23 陕西公众三孩生育意愿与政策期待调查
　　……………………………………… 李　巾　聂　翔　谢雨锋 / 336

CONTENTS

I General Report

B.1 Analysis and Prospect of Shaanxi Social Situation in 2021-2022
Research Group of Dept.of Sociology,SASS / 001

   1. Analysis on Basic Conditions of Shaanxi Social Development in 2021 / 002

   2. Main Problems and Challenges during the Process of Social Development in Shaanxi Province / 013

   3 Prospect and Countermeasure of Shaanxi Social Development in 2022 / 017

II Reports on Livelihood Issues

B.2 Analysis Report on Employment Situation of Shaanxi in 2021
Yin Xiao-Jun / 021

B.3 Report on Vocational Education of Shaanxi in the Background of High-quality Development *Hu Yue* / 045

CONTENTS

B.4 Investigation on Elderly Care in Rural Area of Shaanxi

Wu Ying-Juan, Duan Li-Na / 066

B.5 Research on Development Condition and Countermeasure of Elderly Care in Smart Community of Shaanxi

Wei Yan, Yang Li-Hong and Wang Xin-Yu / 078

B.6 Report on Non-government Funded Educational Development of Shaanxi in 2021

Wang Xiao-Yong, Wang Man-Li, Wang Ya and Wang Yu-Ling / 093

B.7 Analysis Report on Public Cultural Service in Rural Area of Shaanxi in 2021 *Wang Xu-Rui* / 107

B.8 Research on Innovative Mechanism of Public Service for Disabled in Shaanxi

Nie Xiang / 119

Ⅲ Reports on Social Governance

B.9 Research on Practice and Countermeasure of Legislation of Community Governance in Shaanxi *Hu Ying-Xue* / 136

B.10 Optimizing the Systematic Construction of Elderly Service, Promoting the Integrating Development of Medical Care and Health Care

He De-Gui, Wang Yi-Han, Wang Sheng-Gang and Han Xue / 153

B.11 Analysis on Current Situation and Countermeasure of Construction of Smart Community in Shaanxi *Yang Hong-Juan* / 163

B.12 Analysis on the Network System and Operation Mode of Home Care of Elderly Service in Urban Community of Shaanxi in New Era

Wu Nan, Yang Hong-Juan / 175

B.13 Research Report on Modernization of Social Governance in Urban Xi'an as Pilot Area *Zhang Yan-Ling, Zhao Juan* / 188

B.14 New Ideas of Refined Management of Street Stalls in Xi'an under the normal situation of Epidemic Prevention and control

Research Group of Dept.of Economics,XASS / 204

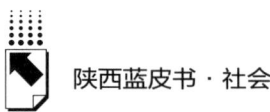

B.15 Research Report on Promoting Social Governance Innovation of
Hanbin District, Ankang City　　　　　*Liu Yuan, Zhang Chun-Li* / 216

B.16 Innovation and Exploration of Primary-level Social Governance Model in
Nanzheng District, Hanzhong City　　　　　　　　　*Li Li* / 228

B.17 Difficulties and Routes of Primary-level Governance in Rural Area of
Shaanxi in the Process of Promoting Rural Revitalization Strategy
Meng Hong-Bin, Guo Song-Yue / 240

Ⅳ Investigation

B.18 Analysis Report on Hot Spots of People's Livelihood of Shaanxi in 2021
Zhang Fu-Rong / 259

B.19 Social Hotspots and Focal Events in 2021: Analysis Report on Public
Questionnaire Survey of Shaanxi
Research Group of Dept.of Sociology,SASS / 271

B.20 Survey and Analysis Report of Public Understanding and Cognition of
Common Prosperity in Shaanxi
Research Group of Dept.of Sociology,SASS / 283

B.21 Survey and Analysis Report on Social Development of People's Livelihood
of Shaanxi in 2021　　*Research Group of Dept.of Sociology,SASS* / 300

B.22 Report on Internet Public Opinion Development of Shaanxi in 2021
Tian Li-Li / 322

B.23 Survey on Public Willingness to Give Birth to Third Child and
Expectations of Three-child Policy
Li Jin, Nie Xiang and Xie Yu-Feng / 336

总报告
General Report

B.1
2021~2022年陕西社会形势分析与展望

陕西省社会科学院社会学研究所课题组*

摘　要： 2021年，陕西按照省"十四五"规划，稳步推进社会建设，社会事业全面发展，人民生活全方位改善，社会安定有序，疫情防控和经济社会发展成果得以巩固。展望2022年陕西社会发展，陕西将继续全面部署社会建设的发展目标和任务，稳步推进乡村振兴战略，持续提升社会治理效能，促进人口长期均衡发展，夯实共同富裕物质基础，不断推进陕西社会建设取得新成就，向第二个百年奋斗目标奋进。

关键词： 高质量发展　乡村振兴　共同富裕　社会治理　陕西省

---

* 课题组成员：牛昉，陕西省社会科学院社会学研究所所长、研究员，院学术委员会副主任，研究方向为社会政策、社会舆情、农村社会学；马朵朵，陕西省社会科学院社会学研究所助理研究员，研究方向为养老服务；杨红娟，陕西省社会科学院社会学研究所副研究员，研究方向为社会政策；税亚男，陕西省社会科学院社会学研究所研究实习员，研究方向为社会舆情。

2021年是中国共产党百年华诞，是"十四五"规划开局之年，也是新时代追赶超越的关键之年。陕西以习近平新时代中国特色社会主义思想为指导，深入学习习近平总书记关于党史的重要论述，认真贯彻习近平总书记来陕考察重要讲话，积极践行"五个扎实"、坚决落实"五项要求"，扎实做好"六稳"工作、全面落实"六保"任务，统筹、协调推进"五位一体""四个全面"总体布局和战略布局，稳步推进"十四五"规划，居民收入稳步增长，公共服务体系更加完善，乡村振兴全面推进，社会治理现代化水平显著提高，中华人民共和国第十四届运动会成功举办，全面建成小康社会成果得以巩固，社会高质量发展向前迈进。

一 2021年陕西社会发展基本状况分析

（一）居民收入稳定增长，消费支出稳步回升

2021年，陕西着力促进经济社会发展，重点巩固疫情防控成果，全力做好保障和改善民生工作，居民多项收入持续增加，消费支出逐步回升，居民生活水平持续改善。

居民收入呈现稳定增长趋势，城乡收入不平衡状态持续改善。国家统计局陕西调查总队发布的数据显示，前三季度，陕西居民人均可支配收入为21665元（全国26265元），扣除价格因素实际增速为8.8%。其中，转移净收入同比增长9.5%、财产净收入增长23.5%，增速较快；经营性收入增长11.2%，增速平稳；工资性收入持续增长，增速为8.4%。调查显示，城镇居民人均可支配收入为31052元，实际增长7.2%；农村居民人均可支配收入为11070元，实际增长11%。城乡收入差距进一步缩小，城乡收入比为2.81∶1，较上年同期降低0.09。

居民消费支出持续回暖，生存性支出增长较快。随着经济社会环境逐步稳定，加之居民收入稳步增长，陕西居民生活消费支出呈现恢复性增长态势。2021年前三季度，陕西居民人均生活消费支出为14536元，扣除价格

因素实际增长15.5%，城乡居民人均生活消费支出分别为18673元、9867元，实际增长12.7%、20.2%。其中，食品烟酒、居住和医疗保健等生存性消费支出保持较快增长，衣着、生活用品及服务、交通通信、教育文化娱乐、其他用品和服务等消费支出增速较低，均低于生存性消费支出增速。

（二）公共服务体系更加完善，社会事业持续发展进步

进入高质量发展阶段，陕西着力完善公共服务体系，促进全省社会事业不断进步，全面提升居民生活质量。

1. 教育改革稳步推进，高质量教育体系逐步形成

2021年，以建设高质量教育体系为目标，陕西相继发布多个教育政策文件，以多项综合改革措施激发教育高质量发展动力，不断建立健全教育体制机制。以陕西教育发展实际为依据，编制《陕西省教育事业发展"十四五"规划》，全面规划陕西五年教育发展思路，提出发展目标，明确主要任务；发布《关于进一步加强义务教育学校招生入学管理工作的通知》，规范义务教育招生行为，严禁义务教育学校以集团化联合体等名义招生，切实保障适龄未成年人接受义务教育的权利，促进教育公平；印发《陕西省师德师风建设三年行动计划（2021-2023年）》，对教师师德违纪查处情况建立台账，并将师德师风考核结果录入全国教师管理信息系统，加强教师师德师风管理，净化教书育人环境；贯彻落实《深化新时代教育评价改革总体方案》，推进教育评价改革。

陕西坚持把"双减"工作作为一项重要的政治任务，通过多项政策推进"减负"工作落实。深入贯彻《关于进一步减轻义务教育阶段学生作业负担和校外培训负担的意见》，相继出台《陕西省义务教育学校课程与教学管理指南》《关于做好中小学生课后服务工作的指导意见》《陕西省校外培训机构设置指导标准》等配套文件，为"双减"工作推进提供制度保障。为确保"双减"政策有效落实，陕西要求学校发挥教育主阵地作用，将课后服务与"三个课堂"深度融合，尽可能满足学生和家长的多样化需求。截至10月底，全省义务教育阶段学校课后服务实现全覆盖，所有学校均出

台了作业管理办法，且99.88%的学校建立了校内作业公示制度，92.19%的学生自愿参加了课后服务，其中97.97%的学生每周5天全程参加。为激励和引导陕西省各市（区）提升学校课后服务水平，满足学生多样化需求，省财政下达6000万元奖补资金，从资金上保障"双减"工作顺利开展。此外，通过构建校外培训监管全省一张网，陕西省加强校外培训机构治理，严肃查处违法违规行为，为"双减"政策实施提供有利条件。

为进一步推进各阶段教育高质量发展，陕西多举措并行。启动第四期学前教育行动计划，推动学前教育普惠发展，实现幼儿园和小学科学有效衔接；持续消除"大班额"，要求义务教育"大班额"占比低于2%，义务教育优质均衡率不低于10%，优化城乡义务教育学校布局，持续推动义务教育优质均衡发展；依托研学实践教育基地等校外活动场所，全面提升学生综合素质；高考综合改革和新课程新教材准备工作稳步开展，不断促进普通高中特色发展；推进中职学校办学条件与教学管理"双达标"，全面推进8所国家级"双高"院校（中国特色高水平高职学校和专业群）建设，启动10所省级"双高"院校建设，推动职业教育提质培优；实施"六卓越一拔尖"计划2.0和一流专业、一流课程建设"双万计划"，推进高等教育争创一流。

2. 医疗卫生体制改革不断深化，人民健康质量持续改善

持续深化医药卫生体制改革，着力解决看病难、看病贵问题。陕西逐步实现从以治病为中心到以健康为中心的重要转变，为居民提供更加完备的医疗保障和优惠便利的医疗资源。2021年，陕西印发《深化医药卫生体制改革2021年重点工作任务》，通过"腾空间、调结构、保衔接"的路径，以降药价为突破口，深入推进药品耗材集中采购，大量采购市场份额大、金额高、竞争充分的医保目录内药品和医用耗材，降低居民就医用药成本，推进医疗服务价格、医保支付等综合改革。此外，通过医联体建设、分级诊疗制度建设、重点专科与救治中心医疗机构建设，依托"优质服务基层行"等活动，推动优质医疗资源扩容和均衡布局，促进医疗资源公平共享。

依托制度建设，陕西不断完善医疗卫生体制机制。陕西将出台建立健全职工基本医疗保险门诊共济保障机制的实施方案,完善全民医保制度,做好跨统筹地区医保关系转移接续工作。继续落实2020年国家医疗卫生行业综合监管督察反馈整改意见,加强医保定点医疗机构和定点零售药店协议管理。开展调研督导,加快推进各地综合监管制度建设,加大了"双随机"抽查力度,落实"双公示"制度,制定卫生健康信用监督管理办法。

借助信息技术手段,陕西持续推进全民健康信息化建设。依托健康陕西公众号,整合汇聚公布省域内"互联网+医疗健康"相关网上移动服务应用,便于公众获取诊疗服务、健康管理服务等权威信息。通过加强智慧医院建设,推动人工智能、第五代移动通信(5G)在远程医疗等场景的应用,推进"掌上办""网上办"等便民服务。开展"互联网+家庭医生签约服务"等活动,实现专科联盟和远程医疗协作发展。启动实施"秦医英才计划",补齐人才短板,进一步加大"5+3"全科医生和"3+2"助理全科医生培养力度,加强医学人才培养和使用。

3. 养老保障制度改革持续深化,统筹层次不断提升

完善企业职工养老保险省级统筹制度,深化养老保险制度改革。2021年,陕西逐步完善"省负总责、统收统支、垂直管理"的企业职工养老保险省级统筹制度,继续完善全省"养老保险政策统一、基金收支管理统一、基金预算管理统一、责任分担机制统一、信息管理系统统一、经办管理服务统一和激励约束机制统一"的"七统一"模式,责任明晰、信息准确,确保实现退休人员养老金发放"不漏一人、不拖一天、不欠一分"。陕西省人社厅、财政厅发布《关于2021年调整退休人员基本养老金的通知》,继续坚持"并轨"原则,实行企业和机关事业单位养老金"定额调整、挂钩调整与适当倾斜相结合"。同时,实施集体经济补助城乡居保,进一步夯实城乡居保筹资"第三支点",群众获得感日益增强。

推进社保经办数字化转型,织密社会保障网眼。陕西社保经办数字化转型持续推进,足不出户办业务逐步实现,服务效能显著提升。截至4月底,城镇企业职工基本养老保险"网上服务平台"应用率超过95%,陕西养老保险 App 实现企业职工、城乡居民、机关事业单位三类人群全覆盖，注册人数达 1367 万。陕西打通社保与合作银行、税务监管等部门之间的数据通道，优化参保登记、基金征缴、养老金发放等环节的相关服务，在待遇领取认证环节采用人脸识别认证、全国联网认证等数字化手段。全省积极构建并融入全国统一的社保公共服务平台，促进数据互通，省企业职工养老保险信息系统与人社部养老保险关系转移系统高质量衔接，跨省转移得以实现。

普惠养老服务水平不断提升，高质量养老服务发展在行动。为了加强养老服务基础性、兜底性、普惠性建设，补齐陕西养老服务工作短板，推进养老事业和养老产业协同发展，陕西省各地相继制定养老服务扶持政策措施、服务设施建设标准，促进养老服务高质量发展。西安市通过了用地、规划和建设政策、税费优惠政策、建设资助政策、运营资助政策、医养结合资助政策、人才队伍建设政策等养老服务扶持政策；明确了各类养老服务设施建设标准，规定镇街综合养老服务中心、社区养老服务站和农村互助幸福院床位数分别不少于 30 张、10 张和 8 张，建筑面积不低于 1500 平方米、300 平方米和 100 平方米，具备生活照料、休闲娱乐、健康管理等功能。人才队伍是高质量养老服务的基础，陕西省采取多项举措解决养老服务人才总量少、职业素养低等突出问题，9 月陕西举办了第四届养老护理员职业技能大赛，通过"以赛促学、赛学结合"，进一步推动养老服务专业化、规范化，褒奖激励高素质养老服务人才，构建共建共享的养老人才培训格局，以高质量人才队伍推进高质量养老服务发展。

4. 新就业形态快速发展，就业创业渠道不断拓宽

2021 年以来，陕西采取多项措施促进创业就业。国家统计局陕西调查总队劳动力调查数据显示，2021 年第三季度陕西城镇劳动参与率为 63%，较上年同期提高 3.1 个百分点，就业人口比为 59.9%，较上年同期提高 3.2 个百分点，劳动力市场活跃度不断提升，劳动参与率和就业人口比维持在较高水平。前三季度，陕西城镇新增就业 36.42 万人，完成全年目标的 91.1%，城镇登记失业率为 3.41%，低于 4.5% 的控制目标，就业形势延续稳定态势。

打造区域特色创业培训基地，促进农民工就地就业创业。数据显示，2021年第二季度陕西农村劳动力季内从业者中，本地务农占比39.1%，本地非农业自营占比5.2%，本地非农务工占比21.9%，外出从业占比1.9%，其他从业占比1.9%，未从业占比1.3%。为了进一步提升农民工就业能力、促进现代农业发展，陕西多项举措并行促进农民工就业创业。通过实施百县千镇标准化创业中心达标工程，陕西整合打造了一批具有区域特色的农民工创业孵化示范基地，以此为就业载体，力争实现全年新增返乡创业1万人以上。推进实施现代农民就业创业能力提升工程，支持西北农林科技大学、杨凌职业技术学院等涉农高校、涉农企业开展农业实用技术培训，培训一批以青壮年劳动力为主的现代农民，提高农民工经营管理能力、专业生产技能，提升农民现代农业技术水平和生产盈利能力。开展职业技能提升行动质量年活动，推进安康紫阳等约10个公共实训基地和产教融合实训基地建设，实施农民工技能培训计划，并依据就业率实行阶梯式培训补贴，提升就业率。此外，陕西在农业农村基础设施建设领域推广以工代赈方式，将劳务报酬占中央和省级资金比例提高至15%。

广泛聚合资源精准服务，促进高校毕业生高质量充分就业。2021年以来，陕西深入推进"互联网+就业"新模式，举办各类线上、线下招聘活动3万余场，提供岗位信息300余万个。其中2021年3月至7月中旬，陕西省教育厅联合高校为2021届普通高校毕业生举办102场大型校园招聘会和77场网络招聘会，为毕业生提供了多样化的就业岗位。为服务国家战略和西部经济社会发展，16.8万名高校毕业生赴西部地区就业，占陕西省毕业生就业人数的58.76%，其中6.8万名毕业生在西部地区基层就业，占陕西省毕业生就业人数的23.74%。为了提升毕业生就业质量，陕西省人才交流服务中心联合共青团陕西省委共同开展了"启航计划——陕西省青年大学生就业指导"系列活动，以线下活动线上同步直播和线上公开课等形式，提供就业政策宣讲、优质企业现场招聘、实地参观学习、精准就业帮扶指导等系列"菜单式"就业指导服务，满足高校毕业生就业需求。

合理动态调整工资水平，保障就业人员工资待遇。根据经济社会发展、居民生活消费状况，陕西印发《关于发布2021年度企业工资指导线的通知》，设立2021年度企业工资指导线，要求企业货币工资增长基准线为7.5%，下线为3.5%，引导企业结合生产经营和经济效益状况合理确定职工工资水平。为进一步强化工资指导线宏观调控作用，提出国有企业在当年工资总额预算基础上结合企业效益最高可上浮10%，用于提高一线职工待遇。为了落实义务教育教师工资长效联动机制，陕西提高乡镇工作补贴标准，扩大乡村教师生活补助实施范围。进一步落实国家卫健委合理提高医务人员薪酬水平的要求，明确基层医疗卫生机构在编人员基本工资、基础性绩效等由财政足额补助，允许医疗服务收入扣除成本并按规定提取各项基金后60%及以上用于奖励性绩效工资。

（三）脱贫攻坚成果巩固拓展，乡村振兴全面推进

防范化解返贫致贫风险，巩固脱贫攻坚成果。为了防止因灾因疫返贫发生，陕西出台《防止因灾因疫返贫致贫十六条政策措施》，全力防范化解返贫致贫风险，坚决守住不发生规模性返贫的底线。上半年，陕西完成对全省16962个行政村147.5万户脱贫户逐村逐户排查工作，逐级建立台账，2357个排查问题已全部完成整改。陕西不断强化动态监测帮扶巩固脱贫攻坚成果，推行风险摸排网格化、检测预警信息化"量化管理"，用信息化手段提高工作效率；深入开展"我为群众办实事"活动，在全省范围内开展到村"六查"、入户"六问"行动，聚焦"两不愁三保障"、饮水安全、收支变化等重要指标，切实解决群众身边各类急难愁盼问题，进一步提升群众幸福感、获得感和认可度。《关于印发国家乡村振兴重点帮扶县和省级乡村振兴重点帮扶县名单的通知》中，陕西在已有11个国家重点帮扶县的基础上，确定15个省级重点帮扶县，制定了倾斜支持政策措施，全力巩固拓展脱贫攻坚成果。

制定落实衔接政策文件，促进脱贫攻坚向乡村振兴过渡。陕西积极跟进国家衔接政策，制定贯彻意见和配套文件，先后印发《关于实现巩固拓展脱贫攻坚成果同乡村振兴有效衔接的实施意见》和《关于实现巩固拓展教育脱贫攻坚成果同乡村振兴有效衔接的实施方案》等文件，为陕西全面开

展乡村振兴提供新的力量支撑和制度保障。2021年，陕西省、市、县三级扶贫开发办公室均已完成机构重组，全部挂牌成立乡村振兴局，初步建立起上下对口、分级负责的责任体系，推动脱贫攻坚工作体系向乡村振兴平稳过渡。同时，陕西严格落实"四个不摘"要求，积极稳妥推进政策举措、工作机制、机构队伍衔接，为乡村振兴战略的实施保驾护航。

乡村振兴战略稳步推进，促进农民增收。陕西持续加强资金保障，以致富谋振兴，千方百计提高农民收入。2021年，69.5亿元陕西省财政衔接推进乡村振兴补助资金、43.2亿元省级预算安排衔接补助资金已全部拨付到县，加强乡村振兴资金保障。此外，陕西印发《关于加强扶贫项目资产后续管理的实施意见》，分片举办全省财政衔接推进乡村振兴补助资金项目管理培训班，确保资金规范使用。聚焦"农民增收推进高质量发展"主题，陕西以增加农民收入为出发点和落脚点推进乡村振兴，多措并举减轻农民负担。鼓励社会资本下乡，与农村集体、农民群众合作开发闲置土地、房屋资源，拓宽农民财产性收入渠道。落实普惠性和兜底性民生保障政策，探索普惠性农民补贴机制，确保农民转移性收入适度增长。

大力实施乡村建设行动，加快推进农村农业现代化。陕西不断加强乡村公共基础设施建设，整治农村宜居环境，全面推进乡村振兴。以乡村建设行动为抓手，陕西推进农村现代化两轮驱动，实施乡村振兴"十百千"工程，创建10个示范县、100个示范镇、1000个示范村，着力打造乡村振兴的示范样板。陕西启动实施五年提升行动，大力开展基础设施建设，改善村容村貌，全面改善路、水、电、气等设施条件，支持5G、物联网等新基建向农村覆盖延伸。为了提高现代农业质量效益和竞争力，加快推进农业现代化，陕西实施藏粮于地、藏粮于技战略，强化粮食安全党政同责，确保粮食播种面积和产量只增不减。加快构建具有陕西特色的全产业链现代农业产业体系，陕西持续发展特色产业，不断深化"3+X"工程。

（四）社会治理现代化水平显著提高，社会安全形势稳定

法治社会建设持续推进，社会治安综合治理不断加强。陕西多举措加快

建设更高水平的法治陕西、平安陕西。2021年，陕西印发《陕西省法治社会建设实施方案（2021－2025年）》，将法治社会建设作为全面依法治省的基础性工作持续推进。深入开展《民法典》学习宣传贯彻活动，加强重点领域民事审判。依法打击强揽工程、强迫交易、恶意阻工等妨碍项目施工建设等违法犯罪行为，为提升城市建设管理水平注入法治动能。继续常态化推进扫黑除恶，严厉打击各类违法犯罪活动，以建设更高水平的平安陕西。印发《陕西省人民政府办公厅关于进一步加强城市安全防范工作的通知》，全面加强陕西省城市安全风险防范和隐患排查治理，扎实推进平安陕西建设，加强治安防控体系建设。深化"雪亮工程"社会治安防控体系建设应用，推进社会治安防控平台系统和"智慧安防小区"建设，创建全国社会治安防控示范省。

深入开展市域社会治理现代化试点，以信息技术助力治理效能提升。陕西召开全省创建市域社会治理现代化试点合格城市推进会，借鉴学习新时代"枫桥经验"，持续推广总结莲湖"萤火虫"、新城"咸东小哥"、未央"小蜜蜂"等志愿者服务队经验做法，提升社区公共安全效能。围绕西安市2021年"常态运行、补齐短板"目标任务，努力打造市域社会治理"西安样板"。通过建成100个城市社区服务站、100个智慧社区、300个农村社区服务中心，加强城乡社区建设，规范化、科学化完成村和社区"两委"换届工作。融合互联网信息技术，加强基层基础设施建设，完善"综治中心+网格化+信息化"的基层治理体系。发挥科技支撑作用，加快综合指挥信息平台模块建设，打造"多网合一"的数据底座，全域推广"长安e格"App。

坚决守牢安全发展底线，毫不放松抓好常态化疫情防控。2021年上半年，陕西市场监管部门以校园食品、农村食品、保健食品为重点，持续开展专项整治，强化对特种设备、工业产品质量进行安全监管和隐患排查，共开展食品安全抽检41386批次，合格率为98.03%；药品抽检3366批次，合格率为99.91%；开展重点工业领域产品质量抽检1085家，合格率为98.31%；特种设备领域检查企业9282户，处置电梯应急事件717起；受理消费者投诉案件91563件，成功调解43527件，为消费者挽回经济损失

3042.92万元。陕西坚持"人""物"同防，严格落实"四早"措施，确保及时发现、快速处置、精准管控、有效救治，坚决守住守好来之不易的疫情防控战略成果。

（五）"十四运"各项工作圆满完成，社会高质量发展向前推进

中华人民共和国第十四届运动会（简称"十四运"）各项举办工作圆满完成，陕西以十四运筹办为契机，促进了全省科技、体育、城市建设等多领域全面发展，推动社会建设提质增效，向高质量发展迈出了坚实的步伐。

广泛调动群防群治力量，确保十四运安全举办。激发全民热情、充分调动广大市民群众共同办全运，"服务十四运、奉献我的城"主题实践活动充分开展，以"奉献、友爱、互助、进步"的志愿服务精神展现了"陕西风采"。充分发挥公安主力军作用，构建高效、完备的预警预防体系，组织开展实战演练100多次，构建稳健的"环西安"防线。坚持"一赛事一方案、一场馆一方案、一群体一方案"的原则，相关部门详细制定疫情防控总体方案和专项方案、应急预案。加大对医护、快递、出租车等41类重点行业人员和重点区域的核酸检测频次，公安、工信、卫生协同作战，严格执行重点场所错峰限流、测温扫码等措施，做好十四运疫情防控工作。组建由警察、军队、武警和志愿者组成的安保队伍，为十四运提供安保服务。开幕式当天，西安公安交警启动最高等级的勤务级别，实行"千人千岗"，共出动警力6500余人次，人均执勤时长超12小时，与治安、刑侦、特警等多警种联动，保障各类群体集散3.7万余人，人车集散高效有序。

科技创新助力全运，聚集智慧城市发展新动能。充分运用5G、人工智能、大数据、物联网等技术手段，陕西建成了拥有智慧运营中心、VR智能运动项目体验中心、智能导航等智慧应用的智能场馆，全感知、快响应，颠覆传统观赛模式，为观众带来沉浸式运动体验；无人售货车、无人机、智能化迎宾、人脸识别解锁等先进设备投入使用，为运动员提供了优质、便捷的智能服务；通过建立大数据统一平台、独立专网等信息网络平台，为全运会信息安全保驾护航。陕西以信息技术高速发展为契机，举办了集智慧与便利

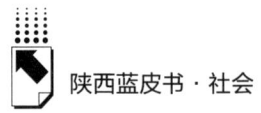

于一体的一届体育盛会,用科技实力释放了发展潜能,通过科技创新的力量驱动全省经济提质升级,促进城市智慧化高质量发展。

以办全运带动公共体育设施建设,陕西体育发展进入新阶段。以"全民全运"为理念,陕西不断健全公共体育设施建设,大力实施惠民工程,促使全民共享"全运红利"。以全运会为契机,大量健身设施走入社区、公园,一批高质量的体育馆落户各个城市,全域体育设施不断完善,为全民健身提供平台。陕西启动渭河、延河、汉江、丹江全民健身长廊等一批重大体育健身设施项目,建设县级公共体育场馆87个,建成体育公园、健身步道、多功能健身场地81个,新建足球场地628块,实施农民体育健身工程、社区工程、智慧社区等项目5117个。以延安为例,80%以上的县区拥有大型场馆,90%以上的村庄、社区建成健身设施。从"十二五"时期到"十三五"末全省人均体育场地面积增加0.7平方米,城乡群众健身参与率达43%。目前全省31个大型场馆、118个中小型场馆正在分步、分批向社会免费、低收费开放,让群众在家门口体验高质量体育设施。以"全运潮"带动"健身潮",全运会成为推进全省竞技体育和群众体育协调发展的大平台,成为构建"大体育""大健康"的助推器,全运惠民工程进一步满足了人民群众日益增长的健身需求,实现"全运红利"全民共享。

城市规划建设不断完善,人民生活环境得以改善。本届全运会,陕西所有地级市均承办相关体育赛事,为各地加快发展按下了"快进键"。围绕十四运,西安总投资约2600亿元开展54项重点任务、521个具体项目的建设工作,涉及老旧小区改造、口袋公园建设、地铁建设、"断头路"打通等民生领域。截至8月,西安已完成1514个老旧小区和590条背街小巷改造;地铁14号线通车,实现了"7线共建、8线运营",通车总里程达259公里;打通断头路57条,落地架空线缆888.3公里;西安火车站改造工程克服征地拆迁等难题,提前18个月竣工;北客站枢纽工程(一期)仅13个月完成。这些城市规划和建设全面改善人居环境和城市面貌,全民生活体验不断提升。

绿色引领办全运,推进陕西低碳高效发展。陕西作为全国首批低碳试点省份之一，正积极探索绿色低碳技术革新，十四运进一步推进全省绿色低碳转型。十四运和残特奥会所有赛事场馆实现全赛程100%清洁电力供应，陕西41家新能源发电企业与59家赛事场馆达成"绿电"交易，减少煤炭燃烧6.9万吨、减排二氧化碳11.17万吨。铜川体育馆外墙选用浅色饰面材料降低馆内因降温产生的能耗，长安常宁生态体育训练比赛基地采用无干扰地热供热系统，减少资源浪费。为了营造优质的全运会生态环境，西安大力推进大气污染防治，2021年上半年西安"蓝天"累计120天。西安市大力推进全域治水，总投资469.88亿元，由水务局牵头组织全域治水和"三河一山"绿道规划建设重点治水项目33个。截至6月底，西安新增城市绿地2700公顷，栽植乔木123.3万余株，建成18座城市公园。节能环保、生态修复、水质提升、河道治理、城市增绿等多项举措不断提高城市品质，推进了陕西绿色低碳发展转型。

二 陕西社会发展面临的主要问题和挑战

2021年，"十四五"规划开局之年，陕西省经济实力持续提高，社会民生事业继续改善，社会建设取得新成效，但长期积累的深层次矛盾和结构性问题依然存在，社会发展面临诸多困难与挑战。

（一）居民收入水平低，存在城乡差距大等结构性问题

收入水平低且城乡收入差距大一直是长期困扰陕西省社会全面快速发展的严峻问题。"十三五"以来，陕西经济发展成效明显，GDP位列全国第14位，人均GDP上升至全国第12位，但居民人均可支配收入仍徘徊在全国第18位，处于中下游水平，居民收入增长慢于经济增长的步伐，收入水平较低的状况并未实质性改变。一方面，陕西省与全国收入水平的绝对差距逐年扩大，由2016年的4947元扩大至2020年的5963元，其中城镇居民收入差距由5716元扩大至5966元，农村居民收入差距由1967元扩大至3815元。另一方面，省内城乡居民收入差距仍在扩大，陕西统筹区域、城乡一体化协

调发展过程中，农村经济持续快速发展，农村居民收入年均增长速度平均快于城镇居民约1个百分点，陕西城乡居民收入比从2016年的3.03∶1缩小至2020年的2.90∶1，但由于城乡居民收入绝对基数差距较大，收入水平绝对差距仍继续拉大，由2015年的19044元扩大到2019年的24552元。经济不确定性因素增多，居民稳定增收挑战大。新冠肺炎疫情仍在全球蔓延，经济复苏增长仍面临不少阻力，不稳定性、不确定性因素依旧较多，陕西2021年以来疫情反复，常态化疫情防控形势将延续，实体经济完全回暖的基础并不牢靠，消费回升制约因素依旧较多，就业形势依然严峻，给陕西省居民增收形势带来不确定性，居民稳定增收挑战较大。

（二）新形势下就业压力大，供需不匹配矛盾突出

就业总量压力大，供需不匹配矛盾突出。2021年陕西就业总量压力依然存在，城镇新增劳动力不断增长，西安作为新一线城市和西部的重要枢纽城市，对人才的吸引力和聚集力强，大批高素质就业人才汇聚于此，就业压力亟须缓解。就业结构性矛盾突出，供需不匹配矛盾凸显，就业难和招工难的问题并存，制造业、服务业一线工作招工难、技术工人短缺，薪资福利与求职人员预期存在差距，难以长期留住人才。重点人群就业形势依旧严峻，低学历人群就业面临困境，劳动力市场中大量劳动力因技能缺乏、信息不对称等原因而长期无法有效就业。失业人口失业时间平均较短，批发和零售业、建筑业和制造业等流动性较高的行业失业人口占比较高，以短期摩擦性失业为主。陕西作为教育大省，高校毕业生数量较多，第三季度毕业季对就业市场造成较大压力，部分高校毕业生缺乏职业规划教育和引导，求职者缺乏求职经验和积极性，"慢就业""不就业"现象突出。同时，毕业生供给与劳动力市场有效需求之间供需不匹配矛盾突出，公务员、国企等稳定性高的工作供需比较高。

（三）社会保障制度不健全，不平衡不充分问题凸显

公共服务体系仍需完善。2021年，陕西印发多项政策文件改善公共服

务供给不平衡、不充分的问题,深化医药卫生体制改革、完善住房保障体系等政策效果明显,但仍存在诸多问题有待解决。医药卫生领域发展不平衡不充分问题突出。医疗服务资源不平衡,除西安外,其他市、县区优质医疗服务资源稀缺且重点专科建设不足。现有传染病疫情和突发公共卫生事件监测系统不完善,监测预警能力、风险评估能力、现场流行病学调查能力、检验检测能力和应急处置能力不足。各级各类职业病危害防治机构建设不完善,全省职业病危害检验检测能力有待提升。住房保障体系不完善。房地产开发企业变相囤积房源、哄抬房价,不按合同约定交房和办理房产证,"黑中介"非法牟利,物业服务搞垄断、收取高昂服务费,侵害群众利益等问题依旧存在。保障性住房供给不足,创业青年、务工人员等低收入群体及住房困难群体难以实现住有所居。

(四)教育资源发展不平衡,教育减"负"有待进一步落实

"双减"工作开展以来,取得一定成效,也存在诸多问题。国家统计局陕西调查总队在全省开展的专题调研数据表明,"双减"政策有效减轻了学生作业负担、家长教育压力、接送难等问题,成效认可度高,但也存在学生多样化需求较难满足、家长教育焦虑明显等问题,同时,"双减"政策导致培训机构经营压力大、转型困难、市场竞争力缺乏。当前教育生态环境不均衡,教育资源不公平配置现象存在,"双减"政策下学生分流仍存在不确定性,家长对中职教育的信心不足。调查结果显示,"双减"政策实施后,超过3/4的家长对"双减"政策实施感到焦虑,尤其是部分小升初、初升高的学生家长对子女期待过高,担心孩子落后。减负并非放养,而是为了促进孩子全面发展,"双减"政策下,部分学校难以满足学生对差异化服务的需求,兴趣爱好培养、实践活动锻炼等学校课后服务工作不够完善,优质教育资源配置不均衡。此外,"双减"政策落实过程中,容易出现"漏网之鱼",部分辅导机构通过改头换面逃避监管,钻政策的空子,"一对一""高端家政""众筹私教""住家教师"等隐形变异校外培训等仍有存在。

（五）育龄青年生育意愿低，群众生育意愿有待释放

优化生育政策颁布，生育政策落实受阻。我国正处于人口大国向人力资本强国转变的重大战略机遇期，为了最大限度发挥人口对经济社会发展的能动作用，积极应对生育水平持续走低的风险，国家进一步优化生育政策，实施一对夫妇可以生育三个子女政策。依据国家统计局西安调查队对全市100位育龄青年专项调查的结果，近九成的育龄青年暂无生育"三孩"的意愿，生育意愿偏低，"全面两孩、三孩"政策出台后，家庭生育意愿并未得到完全释放；收入越高、受教育程度越高，"二孩""三孩"生育意愿越低，年龄越大，"二孩""三孩"生育意愿越强，已有"二孩"的家庭更有意愿生育"三孩"；养育成本过高是制约育龄青年生育意愿的最主要因素，除此之外，家长时间精力有限，生育年龄偏大，托育服务供给不足，家长对孩子教育质量要求较高均影响育龄青年生育意愿。

（六）托育服务供给不足，普惠发展面临诸多挑战

0~3岁托育服务需求大，服务供给严重不足。随着"全面两孩、三孩"政策实施，家庭抚幼功能逐渐弱化，婴幼儿家庭的托育服务需求日益增长，需求结构多样化、多层次特征明显，与托育服务供给不足、缺口大的现状形成鲜明对比。以榆林市为例，截至2021年第一季度末，榆林约有60家托育机构可提供约3000个托位，3个区县没有托育机构，与之形成对比，全市约有11.5万0~3岁婴幼儿常住人口，托育服务供给缺口大，远不能满足不同年龄阶段婴幼儿多样化、不同层次的科学托育服务需求；同时，托育服务资源分布不均衡、服务质量参差不齐，经济发展水平较高的神木等地托育机构专业水平较高；调查结果显示托育服务费用偏高阻碍40.8%的家庭将孩子送去托育服务机构，68.2%的家庭青睐公办托育机构，68.9%的家庭希望在小区或家附近建立托育服务机构。除此之外，目前托育服务机构还存在行业标准缺失、政策法规支持不足、从业人员缺乏专业素养、安全监管不到位等问题。

三 2022年陕西社会发展展望与对策

2021年，陕西印发了《陕西省国民经济和社会发展第十四个五年规划和二〇三五年远景目标纲要》，明确了陕西"十四五"时期经济社会发展的基本思路及2035年远景发展目标。展望2022年，在社会发展领域，陕西将持续全力增收促就业，夯实共同富裕物质基础，推进乡村振兴，实现全体人民共同富裕，全面贯彻落实"双减"政策，推进基础教育高质量发展，优化生育政策，促进人口长期均衡发展，促进托育服务增量提质，实现托育服务普惠发展。

（一）全力增收促就业，夯实共同富裕物质基础

"民生福祉"始终是陕西社会发展蓝图里的主旋律。陕西始终把人民作为"源"和"本"，2022年，陕西将持续满足人民群众对高品质生活的多层次多样化需求，以人民的利益为出发点和落脚点，继续全力实现增收、促进就业，保障居民稳定可靠的生活来源，夯实共同富裕物质基础，提升全省人民生活幸福感。一是持续提高城乡居民收入水平。继续贯彻落实《2021年促进全省城乡居民增收十条措施》，推动各项促增收措施落实到位；完善按要素分配政策体制机制，不断扩大中等收入群体规模，逐步缩小城乡、区域收入差距；健全工资性收入正常增长机制，发挥工资指导线和最低工资标准的宏观调控作用，鼓励企业提升工资水平，继续常态化开展全省根治拖欠农民工工资专项行动；积极发展家庭经济、个体经济、夜间经济等新业态，稳步提高居民经营性收入。二是推动实现更加充分更高质量就业。大力实施就业优先政策，不断扩大就业容量，实现五年新增城镇就业200万人；加大对灵活就业、新就业形态的支持力度，积极完善机制、创新方法，探索建立适合新就业形态劳动者权益维护的管理制度；加强对重点行业、重点群体就业支持，组织实施高校毕业生就业创业帮扶行动，加强劳动者职业技能培训，发挥互联网信息传得快、规模大的积极作用，帮助就业群体快速精准就业。

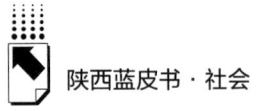

（二）推进乡村振兴，实现全体人民共同富裕

习近平总书记强调："共同富裕是社会主义的本质要求，是中国式现代化的重要特征，要坚持以人民为中心的发展思想，在高质量发展中促进共同富裕。"全面建成小康社会实现之后，要向实现共同富裕的远景目标继续奋斗，乡村振兴将是实现人民共同富裕的必然要求。2022年，陕西将继续贯彻落实乡村振兴政策措施，以人民为中心，加快美丽乡村建设，促进共同富裕。一是调动农民投入乡村振兴事业的积极性，培养现代新型农民。明确农民群众乡村振兴的主体地位，建立和完善农民群众投身乡村振兴的政策和制度，维护和解决好农民的合法权益和关心关切的利益，激发和调动农民群众参与乡村振兴建设的积极性和创造性；提升农民群众的综合能力，就地培养一批爱农业、懂技术、善经营的现代新型职业农民，解放和发展农村社会生产力，形成全面推进乡村振兴的内生动力。二是增加优质高效的公共服务供给，促进城乡公共服务均衡协调发展。通过加大对农村教育、健康卫生、文化等公共服务的投入，协调城乡基本公共服务供给数量和质量，保障农村优质资源的高效供给和资源均等化；引导未参保农村居民尽快尽早参加医疗、养老保险，提高对低收入农村人口的参保补贴标准，缩小城乡社会保障水平差距。三是加快乡村基础设施建设，促进多产业融合发展。实施积极的财政政策，加大对农村基础设施建设的投入，加强农村生活生产环境，提升农村和农业现代化水平；因地制宜发展区域优势产业，推进果业提质增效、畜牧业高质量发展，抓好茶叶、木耳、红枣、核桃、中药材、肉羊等产业规模化、标准化、品牌化建设，形成集生产、加工、销售、经营于一体的产业链发展模式，推动农村一二三产业融合发展。

（三）全面贯彻落实"双减"政策，推进基础教育高质量发展

为了全面优化教育生态，实现陕西基础教育高质量发展，亟须推动形成合理的教学秩序、公平的教育环境和教育资源优质均衡发展。明确"双

减"政策目标定位，实现义务教育减负提质。"双减"是减量而非减质，减掉重复、机械的繁重作业量，解决阻碍孩子健康发展的因素，其根本目的是建立系统高效的教育体系，回归学生成长本源。一是深化教育体制机制改革，优化均衡配置教育资源。在办学经费投入、硬件设施、师资调配、办学水平和教育质量等方面缩小学校、城乡、区域间教育发展水平差距，使区域内义务教育学校处于更高水平的均衡状态。二是合理规划安排教学内容，提供优质的课后服务。深化作业改革，根据学科性质设计教学方案，实现减负、提质、增效；深化教学改革，调动教师工作积极性，提高作业管理水平、课堂教学质量、课后服务质量，开展课外活动，开阔学生视野，发展学生创新能力。转变传统观念，减轻家长教育焦虑。三是加强宣传，建立全方位、立体式的学校与家长之间的沟通网络。让家长深入理解"双减"政策，促使家长重视孩子的运动、玩耍、劳动、体验等，拓展孩子成长空间。四是规范校外培训机构发展，加强监督管理。限制校外培训机构数量、培训时间、收费价格等，严管培训内容、严控虚假宣传、严把从业人员资格、严防资本化运作，严肃查处不符合资质、管理混乱、虚假宣传、与学校勾连牟利等机构。

（四）优化生育政策，促进人口长期均衡发展

人口问题事关省计民生与长远发展，促进人口长期均衡发展、积极应对人口变化带来的挑战，对保持社会持续健康发展意义重大。根据2021年5月公布的第七次人口普查数据，陕西常住人口较2010年增长5.9%，性别比由106.92下降至104.79，0~4岁和60岁及以上人口的比重较2010年分别上升了2.62%和4.79%，虽然呈现人口总量持续增长、性别结构相对改善的向好趋势，但人口增速相对放缓、劳动人口数量规模下降、老龄化程度不断深化的结构性矛盾依旧明显，为陕西长远社会发展带来诸多压力。中共中央、国务院印发《关于优化生育政策促进人口长期均衡发展的决定》，生育政策进一步优化。陕西将贯彻落实国家生育政策，做好深化人口中长期发展战略和区域人口发展规划研究，

促进陕西人口长期均衡发展。一是积极强化主体责任，完善住房、教育、医疗、女性就业等制度政策，促进生育政策与相关社会政策配套衔接，推动陕西人口结构改善。二是完善医疗卫生服务体制、加大生育补贴力度、完善生育休假制度，为生育家庭提供健康检查，将孕检、生育等费用纳入医保的范围进一步扩大，增加女性生育津贴，保障女性就业权和带薪休假时间。三是减轻育龄青年婚育压力，合理控制房价、物价，降低生活必需品价格，降低孩子养育成本、教育成本，舒缓育龄青年生存压力，构建"低生存成本型社会"。

（五）促进托育服务增量提质，实现托育服务普惠发展

托育服务是人口政策的保障措施，构建完善的0~3岁婴幼儿托育服务体系，促进托育服务有效供给，切实解决婴幼儿托育难题，对生育政策落实有积极作用。一是明确托育服务的价值定位，加强制度设计。制定与全省人口发展相适应的婴幼儿托育服务发展规划，与居民健康紧密结合，形成政策合力，促进人口均衡发展、社会稳定和谐。二是加大托育政策支持力度，助力普惠托育服务。采取提供场地、财政补贴、减免租金、税费优惠、保障建设用地等政策措施，引导社会力量依托社区开展婴幼儿照护服务，支持用人单位在工作场所提供福利性托育服务，鼓励有条件的幼儿园开设托班，多形式提供多样化、多层次的托育服务，满足不同家庭托育服务需求；争取普惠性托育服务专项行动资金支持试点先行，带动建设托育服务机构。三是完善管理机制，规范行业标准。建立健全托育服务机构备案登记制度、信息公示制度和质量评估制度，从服务对象、服务规范、从业要求、场所设施、监管机制等方面制定托育服务行业标准体系，推动托育服务专业化、规范化。四是加强职业培训，打造专业托育服务人才队伍。建立从业人员资格审查机制、考核机制，严格把控服务资质；提供托育服务人员技能、道德培训，开展职业资格评价和职业技能等级认定工作，提高工资待遇、理顺晋升通道，确保托育人才队伍稳定可靠。

民 生 篇

Reports on Livelihood Issues

B.2
2021年陕西就业形势分析报告

尹小俊*

摘　要： 本研究报告以2021年陕西就业发展现状作为分析起点，重点从就业规模、就业形势、就业结构、就业群体、就业质量等五重维度进行数据描述和观点呈现，可以发现：在就业规模上城镇新增就业年度任务有序推进，在就业形势上城镇失业率变化符合预期目标，在就业结构上第三产业就业人口比重持续加大，在就业群体上高校毕业生就业率恢复上升势头，在就业质量上就业工资收入和社会保障水平持续改善。在此基础上，围绕就业治理策略思路和行动路径的具体主题得出了相应的结论：首先，要以深入认知就业及其治理的复杂性作为前提；其次，就业治理策略应聚焦个体化、群体化、差异化取向，同时贯彻整合导向的实践思路；最后，就业治理

---

* 尹小俊，陕西省社会科学院社会学研究所副研究员，研究方向为就业政策分析、大学生就业研究、青年社会学。

要选择有重点突破的具体行动路径：路径一是加速建设区域劳动力资源一体化体系，路径二是进一步优化升级产业分布结构，路径三是统筹省内外两个就业市场的协同对接和发展适应就业需求的"双重能力"。

关键词： 就业形势　就业路径　就业治理　陕西省

本研究报告主要分析的是2021年前9个月的陕西就业轮廓与就业治理思考，由于就业数据获取周期性时间所限，因此关注的时间段集中在2021年前三季度（1~9月）范围，即一个就业年度3/4的进程阶段，并主要选取陕西城镇新增就业人数、就业人员数、城镇调查失业率、城镇登记失业率、三次产业就业人口比重、高校毕业生就业率、就业工资收入及社会保障水平等多项指标作为数据分析对象，基于时间—空间双重比较视角深入探讨和层级归类陕西省域范围内就业现状、具体局面、动态变化、时空差异及其年份特征，重点梳理厘清陕西省域内与就业主题相关领域的多项数据资料，侧重包括就业的数量、质量、结构、群体等多个关切点内容，在此基础上进一步思考如何实现有效就业治理。

一　就业轮廓：多维度下陕西就业发展现状分析

（一）就业规模：城镇新增就业年度任务有序推进

从就业规模来看，一方面可以围绕全年城镇新增就业人数、城镇失业人员再就业人数、就业困难人员就业人数这三类指标维度展开分析。近五年（2016~2020年），陕西省全年城镇新增就业人数从2016~2019年基本呈现增长的趋势，由44.50万人增加到46.09万人，但2020年出现小幅下降，2020年全年城镇新增就业人数为43.25万人，比2019年减少了2.84万人，降幅比例达到6.16%，与2016年相比，降幅为2.81%；另两个指标即城镇失业人员再就业人数、就业困难人员就业人数也表现出下降的变化局面，与城镇新增就业人数指标相比，这两个指标出现降幅的时间节点更为提前一些，在2018~2019年前后。进一步来看，2020年城镇失业人员再就业人数达到15.63万人，就业困难人员就业人数有6.23万人，与2016年相比，分别减少了1.97万人、1.11万人，降幅分别是11.19%和15.12%。[1] 尤其是城镇新增就业人数指标牵动全年就业形势的大致走向（见图1）。

2021年是"十四五"规划的开局之年，截至9月30日陕西省前三个季度就业数据详细分析如下，从前三个季度的情况来看，就业规模总体稳健增长，陕西省城镇新增就业36.42万人，按照全省城镇新增就业目标的相应时间节点测算，能够超过预期完成，与2020年同一时期相比增长了16.7%，与2019年相比增长了4.72%，目前已经完成了全省2021年度相应目标任务的91.1%。[2]

具体分季度来看，2021年第一季度，全省城镇新增就业人数达到10.1

---

[1] 陕西省统计局、国家统计局陕西调查总队：《2016年陕西省国民经济和社会发展统计公报》，http：//tjj.shaanxi.gov.cn/tjsj/ndsj/tjgb/qs_444/201703/t20170302_1616146.html，发布日期：2017年3月2日，最后检索时间：2021年12月13日；陕西省统计局、国家统计局陕西调查总队：《2017年陕西省国民经济和社会发展统计公报》，http：//tjj.shaanxi.gov.cn/tjsj/ndsj/tjgb/qs_444/201803/t20180312_1616391.html，发布时间：2018年3月12日，最后检索时间：2021年12月13日；陕西省统计局、国家统计局陕西调查总队：《2018年陕西省国民经济和社会发展统计公报》，http：//tjj.shaanxi.gov.cn/tjsj/ndsj/tjgb/qs_444/201903/t20190311_1616905.html，发布时间：2019年3月11日，最后检索时间：2021年12月13日；陕西省统计局、国家统计局陕西调查总队：《2019年陕西省国民经济和社会发展统计公报》，http：//tjj.shaanxi.gov.cn/tjsj/ndsj/tjgb/qs_444/202003/t20200319_1617383.html，发布时间：2020年3月19日，最后检索时间：2021年12月13日；陕西省统计局、国家统计局陕西调查总队：《2020年陕西省国民经济和社会发展统计公报》，http：//tjj.shaanxi.gov.cn/tjsj/ndsj/tjgb/qs_444/202103/t20210305_2155332.html，发布时间：2021年3月5日，最后检索时间：2021年12月13日。

[2] 曹阳阳：《就业形势稳中趋好 存在问题值得关注——2021年三季度陕西就业形势分析》，http：//snzd.stats.gov.cn/index.aspx?menuid=4&type=articleinfo&lanmuid=18&infoid=4141&language=cn，发布时间：2021年11月1日，最后检索时间：2021年12月13日。

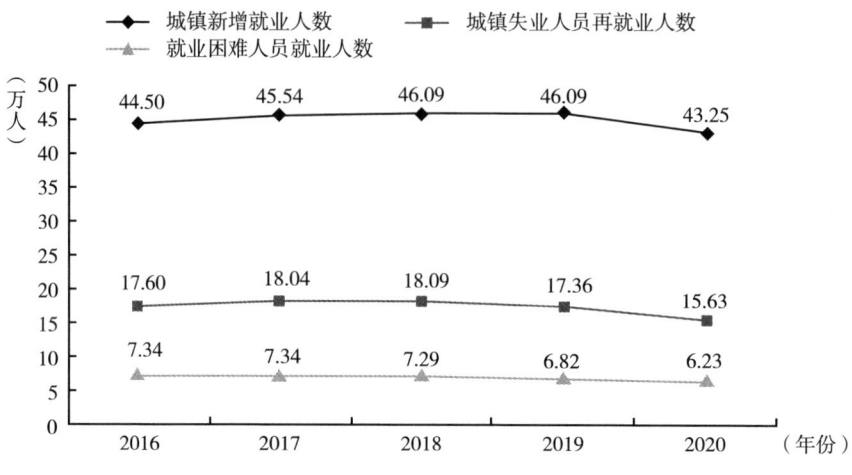

图 1　2016～2020 年陕西省城镇就业人数

资料来源：《2016 年陕西省国民经济和社会发展统计公报》《2017 年陕西省国民经济和社会发展统计公报》《2018 年陕西省国民经济和社会发展统计公报》《2019 年陕西省国民经济和社会发展统计公报》《2020 年陕西省国民经济和社会发展统计公报》。

万人，增长率为 35.8%，完成本年度预期目标 40 万人①的 25.3%，②整体就业形势保持稳定；第二季度，全省城镇新增就业规模为 15.26 万人，与上一季度相比增长了 51.09%，占到本年度全省城镇新增就业 40 万人的 38.2%，就业形势继续保持稳定；本年度上半年（1～6 月）全省城镇新增就业人数（即第一季度和第二季度合计数）为 25.36 万人，达到陕西省全年预计实现目标的 63.4%，③就业形势保持有序可控；第三季度，陕西省城镇新增就业人数累计达到 36.42 万人，已实现 2021 年全年任务安排的

---

① 陕西省人民政府：《陕西省 2021 年政府工作报告》，http：//www.shaanxi.gov.cn/zfxxgk/zfgzbg/szfgzbg/202102/t20210203_2151881_wap.html，发布时间：2021 年 2 月 3 日，最后检索时间：2021 年 12 月 13 日。
② 陕西省人民政府新闻办公室：《陕西省政府新闻办举办新闻发布会介绍 2021 年一季度陕西省国民经济运行情况》，http：//www.shaanxi.gov.cn/szf/xwfbh/202104/t20210421_2160560.html，发布时间：2021 年 4 月 21 日，最后检索时间：2021 年 12 月 13 日。
③ 陕西省人民政府新闻办公室：《陕西省政府新闻办举办新闻发布会介绍 2021 年上半年陕西省国民经济运行情况》，http：//www.shaanxi.gov.cn/szf/xwfbh/202107/t20210721_2183833.html，发布时间：2021 年 7 月 21 日，最后检索时间：2021 年 12 月 13 日。

91.1%，完成了全省城镇新增就业40万人的九成多，还剩第四季度3个月时间3.58万人目标值待实现。

截至2021年9月末，全省城镇新增就业人数为36.42万人，分别比2020年同期（31.2万人）、2019年同期（34.78万人）增加了5.22万人、1.64万人，从增幅来看，2021年与2020年相比增长16.7%，2021年与2019年相比同期增长则为4.72%。[1] 但也应看到，从2019年到2020年全省城镇新增就业数明显下降，从34.78万人降至31.2万人，减少了3.58万人，降幅比例达到10.29%，如果以完成当年全省城镇新增就业指标进度的90%作为一个判断值的话，就可以发现，2019年、2021年完成值都超过了九成，分别为94%、91.1%，反差明显的是2020年，仅完成了当年预期目标的82.11%，这一数据与邻近年份的差异也反映了疫情突发对就业发展带来的冲击和影响，很明显，2019年作为经济社会发展的常规年份，其全省城镇新增就业指标进度数据具有一定的代表性，经过对新冠肺炎疫情的精准管控和高强度政策治理，从2020年9月到2021年9月，同期相比，由31.2万人增加至36.42万人。结合全国数据来看，2021年1~9月城镇新增就业人数为1045万人，已经达到预期目标值的95%，由此看来，全国2021年度城镇新增就业目标完成程度较好。[2] 对比来说，陕西进度指标略低于全国（95%）3.9个百分点。

另一方面，可基于就业人员人数指标进行分析。2020年，陕西全省就业人员人数达到2105万人，比2016年（2111万人）略减少了6万人，[3] 与此同时，全国同期也表现出一种下降趋势，就业人员人数由2016

---

[1] 曹阳阳：《就业形势稳中趋好 存在问题值得关注——2021年三季度陕西就业形势分析》，http://snzd.stats.gov.cn/index.aspx? menuid = 4&type = articleinfo&lanmuid = 18&infoid = 4141&language = cn，发布时间：2021年11月1日，最后检索时间：2021年12月13日。

[2] 王萍萍：《前三季度就业形势总体平稳》，http://www.ce.cn/xwzx/gnsz/gdxw/202110/19/t20211019_37005039.shtml，发布时间：2021年10月19日，最后检索时间：2021年12月13日。

[3] 陕西省统计局、国家统计局陕西调查总队编《陕西统计年鉴2021》，中国统计出版社，2021。

年的76245万人降至2020年的75064万人，共计减少了1181万人，① 其中，2016～2017年、2017～2018年、2018～2019年、2019～2020年四个年度区间分别减少了187万人、276万人、335万人、383万人，2020年比2019年下降了0.51%，同期陕西就业人员人数各个年度区间增减幅度分别达到0万人、增加1万人、2万人、减少9万人，其中2019～2020年降幅为0.43%，陕西与全国2019～2020年度区间的降幅比较接近，仅相差0.08个百分点，但陕西与全国层面相比，具体下降的变化曲线实际上是不完全相同的，陕西2016～2019年的就业人员人数处于一种"微量增加"的状态，累计增加了3万人，2020年数值稍有下降，但减少幅度较小，从陕西近五年就业人员人数的整体变化趋势来看，全省总体保持稳定且体现出一定程度的增势，虽然2020年略有下滑，但需要结合2021年的全年数据进行对比分析和趋势判断，就全国层面来说，2016～2020年都呈现逐年递减的趋势（见图2）。

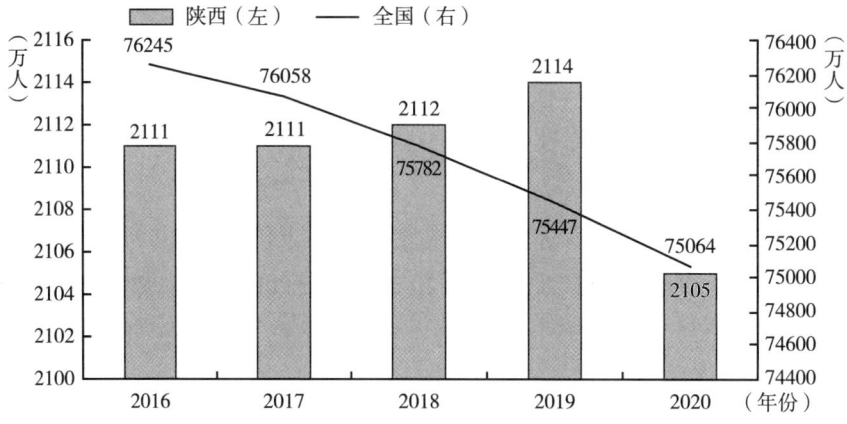

图2 2016～2020年陕西与全国就业人员人数

资料来源：《陕西统计年鉴2021》《中国统计年鉴2021》。

---

① 国家统计局编《中国统计年鉴2021》，中国统计出版社，2021。

（二）就业形势：城镇失业率变化符合预期目标

观察就业形势另一个重要指标是失业率。失业率目前常用的测度指标是城镇调查失业率和城镇登记失业率。从城镇登记失业率的长期变化来看，全省局面是"平稳下降略有起伏"，具体到2016年至2021年1~9月，陕西省城镇登记失业率根据变化曲线形状可以分成三个时间段：一是2016~2018年，全省城镇登记失业率由3.30%下降至3.21%，实际上到2019年的3.23%这一数据也符合前几年下降趋势对应的时间范围，但是相对于2018年的3.21%，2019年数值略增了0.02个百分点，开始显示城镇登记失业率由降到升的转折点，当然就数据而论此一变化并不明显；二是2019~2020年，全省城镇登记失业率逐步由3.23%上升至3.62%，这一年度区间提高了0.39个百分点，相比2019年的增幅0.02个百分点，2020年0.39个百分点增加值变化显得更为明显一些；[1] 三是2021年1~9月全省城镇登记失业率达到3.41%[2]，其中，2021年上半年全省城镇登记失业率达到3.4%[3]。2020年至2021年1~9月由3.62%减少至3.41%，降低了0.21个百分点，由此全省城镇登记失业率变化显示出下降趋势。

从全省城镇登记失业率完成值结合预期值来看，2016~2018年全省城镇登记失业率预期值均为4.0%，2019~2020年全省城镇登记失业率预期值均为4.5%，对照同期实际完成的城镇登记失业率指标，2016年至2021年1~9月数值保持相对稳定，波动范围介于3.21%~3.62%，年均城镇登记失业率基本达到3.34%左右，"十三五"时期和"十四五"规划开局之年

---

[1] 陕西省统计局、国家统计局陕西调查总队编《陕西统计年鉴2021》，中国统计出版社，2021。

[2] 陕西省人民政府新闻办公室：《陕西省政府新闻办举办新闻发布会通报2021年前三季度陕西省国民经济运行情况》，http://www.shaanxi.gov.cn/szf/xwfbh/202110/t20211021_2195034.html，发布时间：2021年10月21日，最后检索时间：2021年12月13日。

[3] 陕西省人民政府新闻办公室：《陕西省政府新闻办举办新闻发布会介绍2021年上半年陕西省国民经济运行情况》，http://www.shaanxi.gov.cn/szf/xwfbh/202107/t20210721_2183833.html，发布时间：2021年7月21日，最后检索时间：2021年12月13日。

1~9月全省城镇登记失业率都控制在4.5%以内的预期目标值,其中2016~2018年甚至控制在4.0%的范围内,达到不同年度政府工作报告的年初预期目标①(见表1)。

表1 2016年至2021年1~9月陕西省城镇登记失业率完成值和预期值

单位:%

年份	陕西省城镇登记失业率完成值	陕西省城镇登记失业率预期值	完成度
2016	3.30	4.0	121.21
2017	3.28	4.0	121.95
2018	3.21	4.0	124.61
2019	3.23	4.5	139.32
2020	3.62	4.5	124.31
2021	3.41(2021年1~9月)	4.5	131.96

资料来源:《陕西统计年鉴2021》《陕西省2016年政府工作报告》《陕西省2017年政府工作报告》《陕西省2018年政府工作报告》《陕西省2019年政府工作报告》《陕西省2020年政府工作报告》《陕西省2021年政府工作报告》;完成度是根据相关数据测算得出,其是城镇登记失业率预期值与完成值之间的比值×100%。

与此同时,看全国城镇登记失业率2016年至2021年1~9月的前进轨迹会发现类似的变化规律:前一阶段2016~2019年,城镇登记失业率由

---

① 陕西省人民政府:《陕西省2016年政府工作报告》,http://www.shaanxi.gov.cn/zfxxgk/zfgzbg/szfgzbg/201602/t20160201_1473247_wap.html,发布时间:2016年2月1日,最后检索时间:2021年12月13日;陕西省人民政府:《陕西省2017年政府工作报告》,http://www.shaanxi.gov.cn/zfxxgk/zfgzbg/szfgzbg/201701/t20170123_1473266_wap.html,发布时间:2017年1月23日,最后检索时间:2021年12月13日;陕西省人民政府:《陕西省2018年政府工作报告》,http://www.shaanxi.gov.cn/zfxxgk/zfgzbg/szfgzbg/201802/t20180205_1473289_wap.html,发布时间:2018年2月5日,最后检索时间:2021年12月13日;陕西省人民政府:《陕西省2019年政府工作报告》,http://www.shaanxi.gov.cn/zfxxgk/zfgzbg/szfgzbg/201902/t20190212_1473321_wap.html,发布时间:2019年2月12日,最后检索时间:2021年12月13日;陕西省人民政府:《陕西省2020年政府工作报告》,http://www.shaanxi.gov.cn/zfxxgk/zfgzbg/szfgzbg/202002/t20200212_1473343_wap.html,发布时间:2020年2月12日,最后检索时间:2021年12月13日;陕西省人民政府:《陕西省2021年政府工作报告》,http://www.shaanxi.gov.cn/zfxxgk/zfgzbg/szfgzbg/202102/t20210203_2151881_wap.html,发布时间:2021年2月3日,最后检索时间:2021年12月13日。

4.02%连续降至3.62%,下降了0.4个百分点;后一阶段2019~2020年,城镇登记失业率由3.62%提高到4.24%,增加了0.62个百分点,[①]与前一阶段降幅相比升幅较为明显。由此可知,近几年陕西和全国城镇登记失业率在2018年、2019年分别经历了谷值,进入2020年又出现了峰值(见图3)。

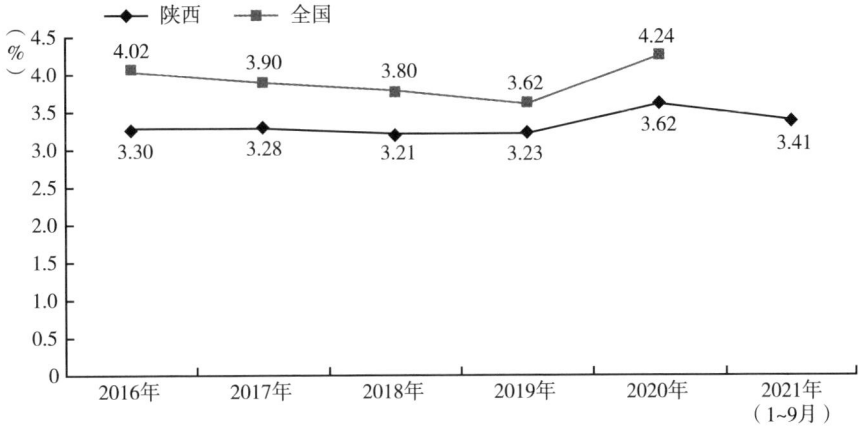

图3 2016年至2021年1~9月陕西与全国城镇登记失业率

资料来源:《陕西统计年鉴2021》《中国统计年鉴2021》《陕西省统计局:2021年前三季度陕西省国民经济运行情况》。

从城镇调查失业率来看,2021年1~9月全省数据呈现逐步回落的发展态势,第一季度全省城镇调查失业率为5.5%,第二季度与第一季度相比稍有下降,达到5.2%,降低了0.3个百分点,进入第三季度,月均值是5.2%,基本与第二季度持平,比第一季度降低了0.3个百分点,2021年7月开始发布月度城镇调查失业率指标值,7月是5.3%,8月和9月相继递减,分别为5.2%、5.1%。[②] 与全国同期相比,第一季度陕西(5.5%)比全国(5.4%)高出0.1个百分点,第二季度延续了这一局面,陕西(5.2%)依旧高出全国(二季度均值5.03%)0.17个百分点,7月

[①] 国家统计局编《中国统计年鉴2021》,中国统计出版社,2021。
[②] 国家统计局陕西调查总队:《前三季度陕西民生经济运行简析》,http://www.sxi.cn/jjxj/dcbg/jyQB7r.htm,发布时间:2021年11月1日,最后检索时间:2021年12月13日。

(5.3%)、8月（5.2%)、9月（5.1%）各月的城镇调查失业率陕西分别比全国（5.1%、5.1%、4.9%）高出了0.2个、0.1个、0.2个百分点。综合对比来看，2021年1～9月陕西由5.5%回落到5.1%，累计降幅达到0.4个百分点，全国同期降幅则为0.5个百分点，二者略有区别，但是在下行趋势方面是明显趋同的（见图4）。

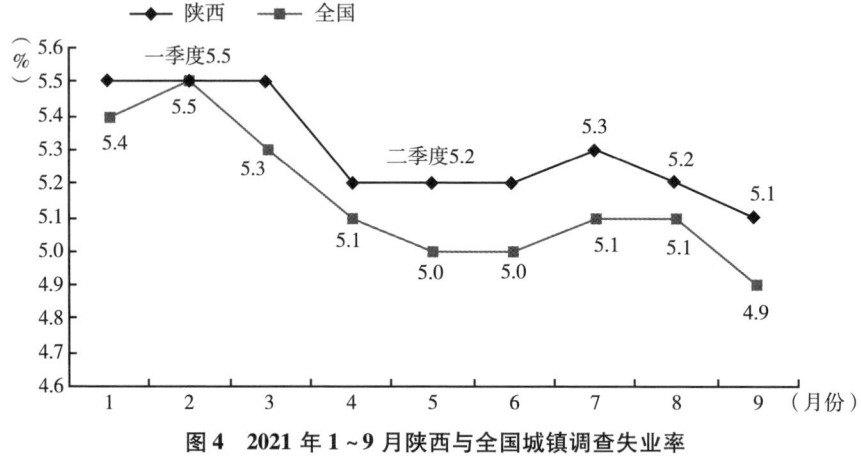

图4　2021年1～9月陕西与全国城镇调查失业率

资料来源：国家统计局陕西调查总队：《前三季度陕西民生经济运行简析》。

回溯来看，2019年和2020年陕西省城镇调查失业率变化符合年初预期目标，其中，2019年全省城镇调查失业率一、二、三、四各个季度增幅都高于2018年同期水平，且四个季度的变化方向与全国同期保持相对一致，① 全国2019年城镇调查失业率在5%～5.3%之间起伏变动②，陕西和全国城镇调查失业率均在年初预期控制目标值5.5%范围之内，2019年1～6月经历了第一季度数据爬升，2月达到峰值5.3%，第二季

---

① 国家统计局陕西调查总队：《陕西城镇就业总体平稳　预期目标较好实现》，http://www.sxi.cn/jjxj/dcbg/UvQN3a.htm，发布时间：2020年3月12日，最后检索时间：2021年12月13日。
② 国家统计局：《2019年国民经济运行总体平稳　发展主要预期目标较好实现》，http://www.stats.gov.cn/tjsj/zxfb/202001/t20200117_1723383.html，发布时间：2020年1月17日，最后检索时间：2021年12月13日。

度趋势回落,降到5.1%左右,第三季度的7月达到全年峰值5.3%,接下来往下走了"两个台阶"即8月和9月(5.2%)、10月和11月(5.1%),相继下降了0.1个百分点,年末12月略有抬升达到5.2%,比11月升高了0.1个百分点。2020年全省城镇调查失业率从第一季度,到第二、三季度,再到第四季度呈现逐一回落的局面。从第一季度看,因新冠肺炎疫情突袭而至,整个就业市场遭受较大影响,供需双方都面临极大压力,陕西省城镇调查失业率同期升高了0.9个百分点,达到年度内峰值;进入第二季度,由于疫情防控成效明显,停工停产转向了复工复产阶段,就业市场逐渐修复,本季城镇调查失业率环比降低了0.1个百分点;到第三季度,第三产业尤其是服务业用工市场逐步升温,全省城镇调查失业率同比升幅缩小至0.5个百分点;抵达第四季度,因一系列就业支持政策持续发挥效力,陕西城镇调查失业率同比提高仅为0.1个百分点,就业市场稳定可控[①]。

(三)就业结构:第三产业就业人口比重持续加大

回溯来看,与2021年邻近的年份如2019年、2020年其数据有相对重要的参照价值,根据《陕西统计年鉴2021》相关数据[②]可知,2019年,第一产业、第二产业、第三产业的就业人员人数分别为803万人、337万人、968万人,合计就业人员数为2108万人,各自占比为38.09%、15.99%、45.92%,比较突出的是,第三产业就业人员数快跨越千万人口级别。2020年继续延续和深化了上一年的产业分布格局,其就业人员人数达到2105万人,分产业来看,第一产业就业人员数632万人,第二产业就业人员数443万人,第三产业就业人员数1030万人,一产、二产、三产对应的就业人口

---

① 国家统计局陕西调查总队:《劳动力市场回稳向好 稳就业压力不容忽视——2020年全省就业形势分析》,http://www.sxi.cn/jjxj/dcbg/mAfiMb.htm,发布时间:2021年4月28日,最后检索时间:2021年12月13日。
② 陕西省统计局、国家统计局陕西调查总队编《陕西统计年鉴2021》,中国统计出版社,2021。

占比分别为30.02%、21.05%、48.93%，其中第三产业的就业人口所占比重最高，接近全部就业人员数的一半。

进入2021年，第三产业的就业人口规模集中度进一步提高，达到近六成的比重，从2019年、2020年再到2021年下半年第三季度，第三产业对就业人员的吸纳能力是最具规模的，可谓"一年上一个台阶"，其变化轨迹从超过45%、到近50%，再迈近60%，年度增长速度较快。具体如从2021年三季度来看，陕西省城镇就业人员中第一产业所占比重为16.7%，第二、三产业所占比重则是24.6%、58.7%。再深入第三产业具体分析，批发和零售业的就业人口所占比重为22.3%，其占比在第三产业中居首，公共管理、社会保障和社会组织所占比重为11.3%，住宿和餐饮业所占比重为11.1%，交通运输、仓储和邮政业所占比重10.1%以及教育所占比重10.1%分列第二、三、四、五位。[1] 2020年三季度与2021年同期情况相似，其中，从事农林牧渔业等第一产业就业人员占全年就业人员数的比例为28.4%，从事制造业、建筑业等第二产业就业人员占比为22.4%，从事批发零售、交通运输及住宿餐饮等第三产业就业人员占比则为49.2%[2]（见图5）。

如果将陕西与其他区域进行比较，以此确定陕西在全国的相对位置的话，那么从2020年分地区按三次产业划分的就业人员数所占比重来看，细分下来，梳理前10名的省区市可以发现大多数是直辖市和部分沿海发达省份，陕西仅处于区域排名的第14位，达到48.93%，属于三次产业就业人员人数所占比重排名的前20名范围，陕西数据也超过了全国平均水平（47.7%），高了1.23个百分点，与排名第11位的浙江（50.74%）相比，陕西略低了1.81个百分点，差距并未被完全拉大。同时，如果与前10名的省区市三次产业就业人员人数所占比重的平均值（57.82%）进行比较的话，可以发现，陕西低了

---

[1] 曹阳阳：《就业形势稳中趋好　存在问题值得关注——2021年三季度陕西就业形势分析》，http：//snzd. stats. gov. cn/index. aspx？ menuid = 4&type = articleinfo&lanmuid = 18&infoid = 4141&language = cn，发布时间：2021年11月1日，最后检索时间：2021年12月13日。

[2] 曹阳阳：《就业形势稳中向好　存在问题仍需关注——2020年三季度陕西就业形势分析》，http：//snzd. stats. gov. cn/index. aspx？ menuid = 4&type = articleinfo&lanmuid = 18&infoid = 3817&language = cn，发布时间：2020年10月27日，最后检索时间：2021年12月13日。

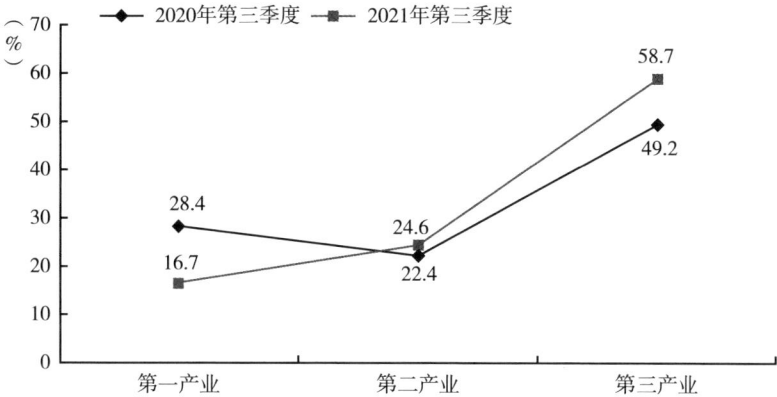

图 5 2020 年三季度和 2021 年三季度陕西省按三次产业分就业人员数所占比重

资料来源:《就业形势稳中向好　存在问题仍需关注——2020 年三季度陕西就业形势分析》《就业形势稳中趋好　存在问题值得关注——2021 年三季度陕西就业形势分析》。

8.89 个百分点。如果转向前 5 名的北京（80.93%）、上海（65.43%）、天津（60.28%）、海南（56.93%）、广东（53.22%）进行对比，陕西与之差距较为明显，即使与第 5 名的广东相比，相差也达到 4.29 个百分点（见图 6）。

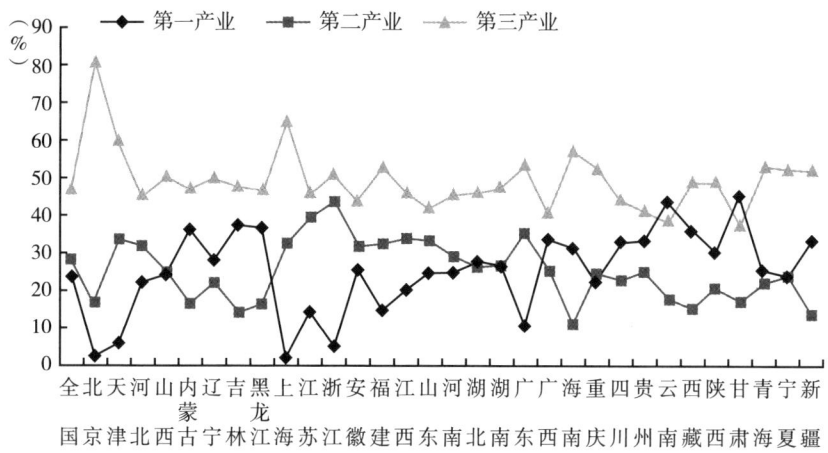

图 6 2020 年分地区按三次产业分就业人员数所占比重

资料来源:《中国统计年鉴 2021》。

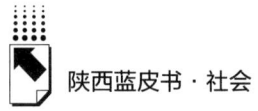

（四）就业群体：高校毕业生就业率恢复上升势头

高校毕业生属于重点就业群体中非常重要的一种类型，一方面是其与日俱增的规模，进一步加大了就业市场压力。近五年（2016~2020年），陕西省普通高校毕业生规模基本都在33万人上下变动，其中，2016年是毕业生人数最多的一年，达到356286名，紧随其后的是2018年有346410名高校毕业生，2017年和2020年的全省普通高校毕业生人数约为33万人（337944名和332035名），毕业生人数最少的一年是2019年，未达到33万人（328936名）[1]。进入"十四五"规划开局第一年，2021年陕西省普通高校毕业生规模达到34.5万人[2]，接近2016年、2018年的毕业生数量水平，2022年预计比上一年增加8.4万人，达到42.9万人[3]，增幅为24.35%。另一方面，陕西省普通高校毕业生就业率指标显示近几年基本保持稳定，略有起伏波动，2020年全省高校毕业生就业率小幅下降，比2019年降低了7.44个百分点，2021年全省高校毕业生就业率超过90%，呈现上升势头。回溯来看，"十三五"期间从2016年至2020年全省普通高校毕业生总体就业率

---

[1] 陕西省教育厅高校学生工作处等：《2020年陕西省高校毕业生就业质量报告》，http://jyt.shaanxi.gov.cn/jynews/jyyw/202102/04/110629.html，发布时间：2021年2月4日，最后检索时间：2021年12月13日；陕西省教育厅高校学生工作处等：《2019年陕西省高校毕业生就业质量报告》，http://jyt.shaanxi.gov.cn/news/biyeshengjiuyezhiliangniandubaogao/202001/22/16696.html，发布时间：2020年1月22日，最后检索时间：2021年12月13日；陕西省教育厅高校学生工作处等：《2018年陕西省高校毕业生就业质量报告》，http://jyt.shaanxi.gov.cn/jynews/jyyw/201902/15/87293.html，发布时间：2019年2月15日，最后检索时间：2021年12月13日；陕西省教育厅高校学生工作处等：《2017年陕西省高校毕业生就业质量报告》，http://jyt.shaanxi.gov.cn/jynews/jyyw/201802/06/75721.html，发布时间：2018年2月6日，最后检索时间：2021年12月13日；陕西省教育厅高校学生工作处等：《2016年陕西省高校毕业生就业质量报告》，http://jyt.shaanxi.gov.cn/jynews/jyyw/201701/19/2017011901.html，发布时间：2017年1月19日，最后检索时间：2021年12月13日。

[2] 吕扬：《我省为毕业生举办上百场招聘会》，《陕西日报》2020年10月14日，第3版。

[3] 陕西省教育厅：《关于2022届高校毕业生网络招聘会安排的公告》，http://jyt.shaanxi.gov.cn/news/gsgg/202110/20/19721.html，发布时间：2021年10月20日，最后检索时间：2021年12月13日。

分别为88.78%、89.18%、89.32%、89.08%、81.64%，其中，2020年数值降幅较为明显，远低于前四年的数据。整体上说，以上五年的就业率数据皆未达到90%。2021年陕西省高校毕业生就业率比2020年（81.64%）提高了9.11%[①]，达到90.75%。

具体分学历来看，不同受教育程度的高校毕业生进入市场求职所获就业率是存在典型的群体类型差异的：一是博士毕业生就业率变动区间处于79.58%~90.91%，值得注意的是，博士毕业生就业率从2016年到2019年表现出一种递减的趋势，由88.64%下降至79.58%，总体上减少了9.06个百分点，其中2016~2018年博士毕业生就业率常徘徊在80%的区间段（80.65%~88.64%），但进入2019年出现了近五年时间内的一个谷值（79.58%）。博士毕业生就业率是高校毕业生总体就业率指标之一，进一步看，博士毕业生就业率与高校毕业生总体就业率两者是正向共生关系，因此，2019年出现了博士毕业生就业率的五年最低值，该时间节点范围内陕西全省高校毕业生总体就业率也出现了近五年倒数第二低的数据值。

二是硕士毕业生就业率与博士毕业生、本科毕业生、高职（专科）毕业生这三类就业群体相比是最高的，保持着相对的周期性稳定，也占有一定程度的就业竞争优势，与博士就业群体相比其就业选择空间会更广阔，与本科毕业生、高职（专科）毕业生就业群体相比又具有略高一些的文凭"硬实力"。近些年，硕士毕业生就业率基本处在90%的变动节点，以近五年（2016~2020年）的数据为例，2019年达到90.95%，是五年数值的峰值，2016年的88.04%则属于最低值。

三是本科毕业生就业率保持着一定时间范围的稳定性，其数值整体上略低于硕士毕业生就业率，近五年内可细分两个时间段，2016~2018年，本科毕业生就业率稍高于硕士毕业生，2019~2020年，硕士毕业生就业率略

---

① 陕西省人民政府新闻办公室：《陕西省人民政府新闻办公室举办新闻发布会介绍陕西省实践活动进展成效和思路举措》["办实事　开新局　奋力谱写陕西高质量发展新篇章"系列发布会（第一场）］，http://www.shaanxi.gov.cn/szf/xwfbh/202110/t20211029_2196117.html，发布时间：2021年10月29日，最后检索时间：2021年12月13日。

优于本科毕业生,两相比较,从2016年到2020年按照时间轴演进的顺序,可以发现,本科毕业生就业率出现了下滑的趋势,其中变化比较明显的是2020年比2019年下降了11.68个百分点,而硕士毕业生就业率基本保持在90%上下浮动。

四是高职(专科)毕业生就业率近五年时间里(2016~2020年)保持着"稳中略降"的发展趋势,2016年其就业率达到最高值88.00%,2020年则是处于最低值82.68%,五年时间下降了5.32个百分点,一般来说,每年高校毕业生就业季到来时,与研究生、本科生相比,高职(专科)生的就业处境就略显不佳,如果按照就业率高低排序其通常都会处在末位(见图7)。

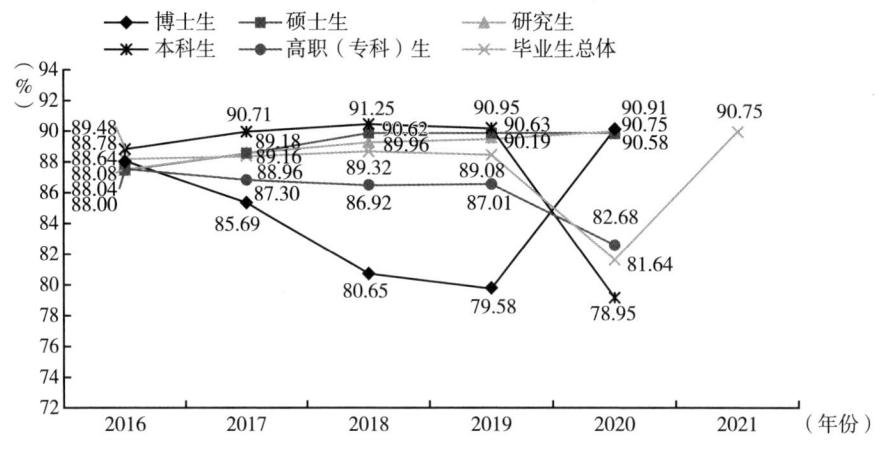

图7 2016~2021年陕西省分学历高校毕业生就业率分布

资料来源:《2016年陕西省高校毕业生就业质量报告》《2017年陕西省高校毕业生就业质量报告》《2018年陕西省高校毕业生就业质量报告》《2019年陕西省高校毕业生就业质量报告》《2020年陕西省高校毕业生就业质量报告》。

(五)就业质量:就业工资收入和社会保障水平持续改善

陕西全省全员劳动生产率逐年提高。全员劳动生产率指标主要是指国内生产总值(GDP)与年就业人员人数的实际比值,是侧重表示年度内劳动力人均产出效率的关键性指标,重点反映了就业人员在财富创造能力、经济发展质量、经济产出效益等领域的投入产出效率。"十三五"时期(2016~

2020年）陕西省全员劳动生产率经过五年发展由93591元/人[1]提高至128226元/人[2]，增加了34635元/人，增幅达到37.01%。2020年全省全员劳动生产率为128226元/人，分别比2017年（105705元/人）、2018年（117991元/人）、2019年（124545元/人）[3]提高了22521元/人、10235元/人、3681元/人，从逐年增幅来看，2016~2017年、2017~2018年、2018~2019年、2019~2020年各年度区间增长比例分别为12.94%、11.62%、5.55%、2.96%，这些变化充分表明，一方面全省全员劳动生产率逐年依旧保持着增势，虽然不同年度之间存在增加程度上的差别，另一方面这一劳动生产率增幅呈现逐年缩小的局面。与全国相比，2016年陕西省全员劳动生产率（93591元/人）略低于全国水平（94825元/人），差距为1234元/人，从2017年起，陕西均超过全国数据，2017年超出值为4474元/人，2018年、2019年、2020年各年的超出数值依次为10664元/人、9536元/人、10480元/人。[4]总之，陕西全员劳动生产率稳步提

---

[1] 陕西省统计局：《推动陕西高质量发展方略探索》，http://tjj.shaanxi.gov.cn/tjsj/tjxx/qs/202002/t20200212_1628869.html，发布时间：2020年2月12日，最后检索时间：2021年12月13日。

[2] 陕西省统计局、国家统计局陕西调查总队编《陕西统计年鉴2021》，中国统计出版社，2021。该数据是根据《陕西统计年鉴2021》相关数据测算得出。

[3] 陕西省统计局：《凝心聚力追赶超越 全面小康如期实现》，http://tjj.shaanxi.gov.cn/tjsj/tjxx/qs/202104/t20210420_2160509.html，发布时间：2021年4月12日，最后检索时间：2021年12月13日。

[4] 国家统计局：《中华人民共和国2016年国民经济和社会发展统计公报》，http://www.stats.gov.cn/tjsj/zxfb/201702/t20170228_1467424.html，发布时间：2017年2月28日，最后检索时间：2021年12月13日；国家统计局：《中华人民共和国2017年国民经济和社会发展统计公报》，http://www.stats.gov.cn/tjsj/zxfb/201802/t20180228_1585631.html，发布时间：2018年2月28日，最后检索时间：2021年12月13日；国家统计局：《中华人民共和国2018年国民经济和社会发展统计公报》，http://www.stats.gov.cn/tjsj/zxfb/201902/t20190228_1651265.html，发布时间：2019年2月28日，最后检索时间：2021年12月13日；国家统计局：《中华人民共和国2019年国民经济和社会发展统计公报》，http://www.stats.gov.cn/tjsj/zxfb/202002/t20200228_1728913.html，发布时间：2020年2月28日，最后检索时间：2021年12月13日；国家统计局：《中华人民共和国2020年国民经济和社会发展统计公报》，http://www.stats.gov.cn/tjsj/zxfb/202102/t20210227_1814154.html，发布时间：2021年2月28日，最后检索时间：2021年12月13日。

升，意味着更好的人均产出效率，也带动了更高质量的经济发展（见图8）。

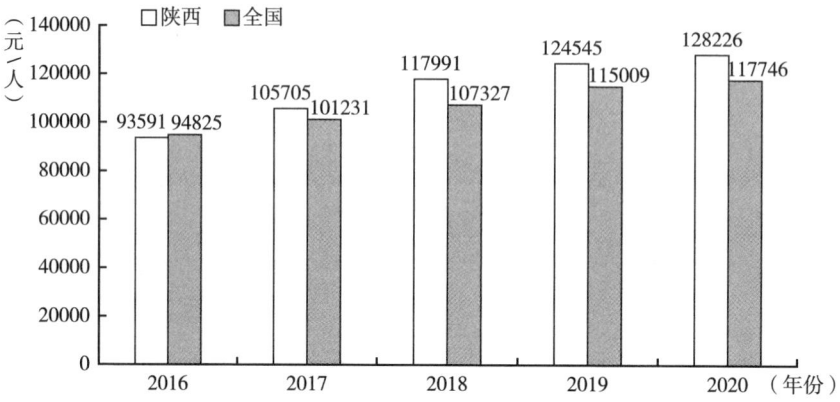

图8 2016~2020年陕西与全国全员劳动生产率

资料来源：《推动陕西高质量发展方略探索》《凝心聚力追赶超越　全面小康如期实现》《中华人民共和国2016年国民经济和社会发展统计公报》《中华人民共和国2017年国民经济和社会发展统计公报》《中华人民共和国2018年国民经济和社会发展统计公报》《中华人民共和国2019年国民经济和社会发展统计公报》《中华人民共和国2020年国民经济和社会发展统计公报》。

陕西省城镇非私营单位和私营单位就业人员年平均工资从2016年至2020年整体上都呈现递增的状态，分开来看，全省城镇非私营单位就业人员年平均工资的增长数值和增速都明显高于全省城镇私营单位就业人员年平均工资水平。

从城镇非私营单位就业人员年平均工资来看，2020年达到83520元[1]，比2016年（59637元）[2] 增加了23883元，2020年数值相当于2016年的1.40倍，相比2019年（78361元）[3] 其名义增速达到6.58%。细分年度来

---

[1] 陕西省统计局、国家统计局陕西调查总队编《陕西统计年鉴2021》，中国统计出版社，2021。

[2] 陕西省统计局、国家统计局陕西调查总队编《陕西统计年鉴2017》，中国统计出版社，2017。

[3] 陕西省统计局、国家统计局陕西调查总队编《陕西统计年鉴2020》，中国统计出版社，2020。

看，全省城镇非私营单位就业人员年平均工资在2016~2017年、2017~2018年、2018~2019年、2019~2020年①分别增加了5544元、6802元、6378元、5159元，年均增加值为5970.75元，2019~2020年度区间较前三段年度区间增幅略有下降，此外，2016~2017年和2019~2020年增幅大小都低于年均增加值。

从城镇私营单位就业人员年平均工资来看，由2016年的35676元提高到2020年的47724元，增加了12048元，2020年数据相当于2016年的1.34倍，与2019年（43477元）相比其名义增速达到9.77%。细分年度来看，全省城镇私营单位就业人员年平均工资在2016~2017年、2017~2018年、2018~2019年、2019~2020年分别提高了1796元、3311元、2694元、4247元，年均增加数值为3012元，2019~2020年度区间较前三段年度区间增幅相对上升且超过年均增加值，此外，2016~2017年、2018~2019年增幅数据都低于年均增加数值②（见图9）。

陕西省城镇职工参加社会保障情况涉及五个指标在2016~2020年间整体呈现明显的增势。具体来看，第一，陕西参加城镇职工基本失业保险人数2020年达到439.85万人，比2016年的352.23万人增加了87.62万人，五年参加失业保险城镇职工人数年均增长21.905万人，其中，2018~2019年增幅规模最大，达到54.01万人，而2016~2017年增幅数是4.27万人，2017~2018年和2019~2020年两个时间区间较为接近，增幅分别是15.85万人、13.49万人，应该看到，2016~2019年上升势头明显，2019~2020年则增幅数大大减缓，由2018~2019年的54.01万

---

① 陕西省统计局、国家统计局陕西调查总队编《陕西统计年鉴2017》，中国统计出版社，2017；陕西省统计局、国家统计局陕西调查总队编《陕西统计年鉴2018》，中国统计出版社，2018；陕西省统计局、国家统计局陕西调查总队编《陕西统计年鉴2019》，中国统计出版社，2019；陕西省统计局、国家统计局陕西调查总队编《陕西统计年鉴2020》，中国统计出版社，2020；陕西省统计局、国家统计局陕西调查总队编《陕西统计年鉴2021》，中国统计出版社，2021。

② 陕西省统计局、国家统计局陕西调查总队编《陕西统计年鉴2021》，中国统计出版社，2021。

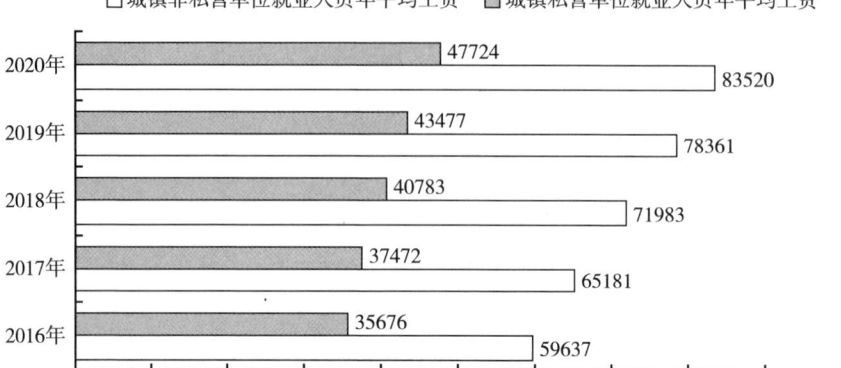

图 9　2016～2020 年陕西省城镇非私营单位和私营单位就业人员年平均工资

资料来源:《陕西统计年鉴 2017》《陕西统计年鉴 2018》《陕西统计年鉴 2019》《陕西统计年鉴 2020》《陕西统计年鉴 2021》。

人减至 13.49 万人,压缩了约 40 万人规模。从 2016～2020 年参加城镇职工基本失业保险人数的年均增长率来看,已达到 5.71%,如细分各相邻年份的增幅比例可知,2016～2017 年(1.21%)、2017～2018 年(4.45%)、2019～2020 年(3.16%)相应数据都低于年均增长率,唯有 2018～2019 年达到 14.51%,远超五年年均增长率和其他年份增幅。

第二,全省参加城镇职工养老保险人数由 2016 年的 789.63 万人增至 2020 年的 1159.73 万人,五年内共计增加了 370.1 万人,增幅达到 46.87%,年均增长人数为 92.525 万人,年均增长率为 10.09%,2020 年比 2019 年提高了 7.31%,低于五年内的年平均增长率。其中,2016～2017 年增长率为 20.81%、2017～2018 年为 3.97%、2018～2019 年为 8.97%、2019～2020 年为 7.31%,相应在参保人数规模上也出现类似情况:2016～2017 年增加了 164.31 万人属于五年期间的峰值,2017～2018 年略增 37.86 万人是"十三五"期间的谷值,2018～2019 年、2019～2020 年的增幅分别为 88.93 万人、79 万人,处在中等水平。

第三,参加医疗保险、工伤保险、生育保险职工人数等三项指标数值同样呈现相似的增长趋势。具体来看,全省参加城镇职工医疗保险、工伤保险、生育保险人数 2020 年分别达到 742.21 万人、609.16 万人、518.97 万人，比 2016 年增长了 142.57 万人、167.56 万人、235.52 万人，相应的五年增幅比例是 23.78%、37.94%、83.09%。进一步来看，2020 年数据比 2019 年各自提高了 4.12%、5.50%、14.18%，与参加医疗保险、工伤保险、生育保险职工人数的五年年均增长率（5.48%、8.37%、16.32%）相比，分别低了 1.36 个百分点、2.87 个百分点以及 2.14 个百分点。此外，全省参加城镇职工医疗保险人数 2016～2017 年、2017～2018 年、2018～2019 年相应的增长率分别是 3.36%、8.82%、5.70%，参加城镇职工工伤保险人数的增长率分别是 4.02%、14.95%、9.35%，参加城镇职工生育保险人数的增长率是 15.95%、22.28%、13.11%，2019～2020 年与前三段年份区间相比增幅是有不同程度波动①（图 10）。

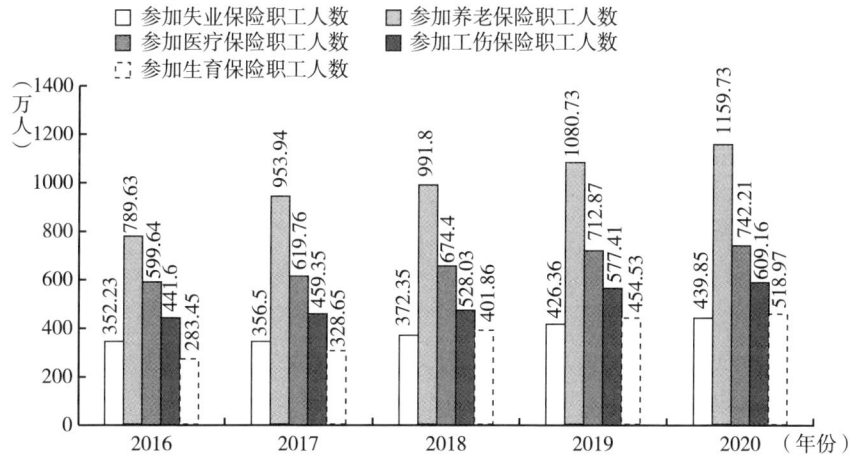

图 10　2016～2020 年陕西省社会保障情况

资料来源：《陕西统计年鉴 2021》。

---

① 陕西省统计局、国家统计局陕西调查总队编《陕西统计年鉴 2021》，中国统计出版社，2021。其中部分数值是根据《陕西统计年鉴 2021》相关数据测算得出。

二 就业思考：关于就业治理的策略思路和行动路径

通过对前文的数据资料进行现状—回溯联系、空间区域比较可知，就业及其衍生现象出现和变化并不单单是某一个因素作用或几个因素混合作用的结果，其是一种复杂性经济社会现象，同时，就业发生逻辑既有必然诱因，也存偶发事件，因而，为了有效管控就业风险，精准服务就业群体，优化完善就业政策，进一步动态精准认知就业、高质量治理就业就亟须运用整合性、系统性、可持续性发展思维打造形成一系列连贯的就业战略、机制、政策、措施。

首先，深入认知就业及其治理是一种复杂性现象。借助对多个面向的数据资料梳理总结和区域比较分析可知，就业对经济社会层面有广泛影响，对不同社会群体带来差异影响，对日常民生生活产生深度影响，这些影响类型反过来也充分说明了就业现象、就业活动、就业政策等不同就业主题的重要性和独特性，透视就业治理寻求本质，关键在于把就业与经济、社会、文化等资源要素联动起来共同思考，实施一种整体性治理思路，降低就业压力和就业风险，增强社会稳定有序发展的韧性和弹性。

其次，就业治理策略可同时聚焦个体化、群体化、差异化取向。就业现象覆盖空间区域、影响从业群体、衍生不同影响都反映出就业认知从起点开始就是多维的：就空间来看，就业市场有全国层面的，也有省域层面的，或者是跨区域层面的；就群体类型来说，就业活动涉及高校毕业生、农民工、退役军人、脱贫人口、就业困难人员等重点就业群体。上述不同类型就业群体年龄段分布不一，拥有的就业能力/技能亦有差异，就业需求目标和预期待遇各有不同，面对的求职单位类型各异。谈到就业影响，既有对就业个体生活产生的经济影响，也有对就业个体背后的家庭产生的民生影响，还有可能影响到就业个体生命历程阶段中不同重要时间节点的抉择。因此，同时关注和综合采取个体化、群体化、差异化的就业治理取向，就显得更加具有效率、更显示社会效益，更彰显人性化、更突出温暖、更关注生活细节和家庭生计的可持续性。

再次，就业治理策略应贯彻整合导向的实践思路。以高校毕业生就业流动轨迹为例，其求职所涉空间区域既可能是生源所在地，也可能是毕业高校所在地，还有可能是除生源所在地、毕业高校所在地之外的部分属于就业热门的一线特大城市，而且从空间区域合作来看，目前大都市圈、大城市群、特定区域经济带等协同发展合作的趋势日益明显，面对这些空间类型，其就业市场/劳动力市场/人才市场相互共享互动更加频繁高效，因此，应基于上述经济社会发展现实，打破行政地理边界的限制，跨区域整合各方资源，提升就业治理的能效。

最后，就业治理要选择有重点突破的具体行动路径。就业治理既要依靠传统的、连续的、常规的就业治理举措，保持其延续性、稳定性、有效性，也要创新提出新的、成为抓手的、具有重点突破意义的就业治理行动路径。

比如，路径一要依托关中平原城市群和大西安都市圈发展机遇期，加速建设区域劳动力资源一体化体系。一方面探索试点大西安范围内劳动力资源一体化政策改革创新，及时总结实践经验扩展推广，发挥辐射带动示范作用；另一方面应认识到区域劳动力资源一体化体系建设，既是一项政策合作，更重要的是一种政策变革，重在区域劳动力资源优势开放和自由流动，以此培育形成一体化区域劳动力资源政策，推进区域市场一体化、产业一体化、服务一体化、政策一体化进程，促进经济社会发展。

再如，路径二要依托特色优势产业劳动力资源丰富发展，进一步优化升级产业分布结构。以重构产业结构与劳动力资源结构的连接对应关系为基础，重点提升第三产业所涉劳动力资源规模、质量、空间分布及可持续性发展，同时制定专项优惠政策着重强化特有优势产业劳动力资源质量及其后续储备发展，并围绕增强区域经济竞争力目标开展一系列具有针对性、开放性、连贯性，产业分类化、空间差异化、需求个体化的专题教育培训，提升劳动力资源进入就业市场匹配产业结构的整体竞争力。

除此之外，路径三还要考虑统筹省内外两个就业市场的协同对接，着力增强适应就业需求的"双重能力"。一方面省域层面要同时统筹兼顾省内就业市场和省外就业市场，培育出更好的留人、用人的市场环境，精准打造宜居宜业的城市发展"软硬件"，更好地完善跨区域双方劳动力市场和人才市场的政策对接、机制对接、环境对接、人员对接、思维对接。另一方面要创新人力资本投资方式，重点更新投入方向选择、投入路径实践、投入绩效评估，全面提高劳动力的综合就业能力，要为各级各类企业尤其是一些中小企业拓宽发展空间，侧重探索企业加强合作层面的机制创新，包括创设人才生态联盟或劳动力流动互助协作组，重点增强中小企业吸纳劳动力资源的能力。

参考文献

鲍春雷：《中国青年就业创业问题研究》，社会科学文献出版社，2017。

蔡昉主编《中国就业和社会保障体制改革40年》，经济管理出版社，2020。

赖德胜、李长安、张琪主编《中国就业70年（1949－2019）》，中国劳动社会保障出版社，2019。

莫荣主编《就业蓝皮书：中国就业发展报告（2021）》，社会科学文献出版社，2021。

曲玥：《"十四五"时期就业主要矛盾及化解思路》，载张车伟主编《人口与劳动绿皮书：中国人口与劳动问题报告 No.21》，社会科学文献出版社，2020。

张车伟：《"十四五"时期中国就业形势判断、主要挑战与政策建议》，载张车伟主编《人口与劳动绿皮书：中国人口与劳动问题报告 No.20》，社会科学文献出版社，2019。

B.3
高质量发展背景下陕西职业教育发展报告*

胡 月**

摘　要： 当前我国已进入高质量发展阶段，随着产业升级和经济结构调整不断加快，高素质技术技能人才缺口日益增大，发展高质量的职业教育已成为推动经济社会又好又快发展的当务之急和长远之计。职业教育与侧重于基础性理论教学的普通教育不同，区域特点十分明显，建设现代职业教育体系要坚持服务地方发展，积极对接区域主导产业。本文对陕西中等和高等职业教育体系构建、办学环境、师资力量、就业满意度、服务贡献等方面的状况进行了呈现，指出目前陕西职业教育存在区域优势不明显、对高层次技术人才重视不够、职业教育体系有待完善等问题。同时结合陕西高质量发展的新形势，提出要畅通职业教育成长渠道、深化校企合作、合理设置岗位条件、营造良好社会氛围等建议，使职业教育更加精准服务区域发展需求，更好地推动全省经济社会发展。

关键词： 高质量发展　技能人才　职业教育　陕西省

所谓职业教育，是指针对受教育者实施的某种职业或生产劳动所需的知

---

* 基金项目：陕西省哲学社会科学重大理论与现实问题研究项目"新时代陕西教育舆情发展趋势及风险防范研究"（2021ND0048）；西安市社会科学规划基金项目"创新社会治理背景下西安教育舆情发展态势及引导策略研究"（FS65）。

** 胡月，陕西省社会科学院办公室助理研究员，研究方向为教育舆情。

识和技能的教育。与普通教育不同，职业教育更加注重对受教育者实践技能和实际工作能力的培养。在我国，现阶段的职业教育主要包括中等职业教育和高等职业教育。2019年1月，国务院印发《国家职业教育改革实施方案》（以下简称《方案》）明确指出："职业教育与普通教育是两种不同教育类型，具有同等重要地位"，再一次明确了职业教育在国家战略体系中的地位，正式确定了职业教育是我国教育体系中的一个单独教育种类，而非一个教育层次，这对于摆正职业教育地位、发挥其服务社会功能、推进高质量发展背景下职业教育治理体系和治理能力现代化建设具有十分重要的战略意义。《方案》同时指明了职业教育改革的总体要求和目标，随着"职教20条"细则陆续落地，职业教育步入快车道，将迎来黄金发展期。

当前，我国已进入中国特色社会主义新时代，这是一个改革创新的时代，无论是推进深化改革，还是实现高质量发展，都比以往任何时候更加迫切需要一大批拔尖创新人才，更加迫切需要现代职业教育培养数以亿计的高级技术技能人才。没有技术技能人才的有力支撑，中国只能在低端产业里徘徊，职业教育肩负着技术技能人才培养和技术技能积累的重要使命，承担着培养铸就大批大国工匠的重要任务。作为与经济社会发展关系最为直接、最为紧密的职业教育，其重要作用愈加凸显，大有可为。

近年来，陕西职业教育积极贯彻落实习近平总书记对职业教育工作做出的"加快构建现代职业教育体系，培养更多高素质技术技能人才、能工巧匠、大国工匠"重要指示和全国职业教育大会精神，按照中共中央办公厅、国务院办公厅印发的《关于推动现代职业教育高质量发展的意见》要求，破除职业教育改革发展的深层次体制机制障碍，进一步推动了全省职业教育的快速发展。

2021年9月，习近平总书记在陕西考察时强调"谱写陕西高质量发展新篇章"。陕西作为中华民族及华夏文化的重要发祥地、中国重要的科教人才和装备制造业基地，要落实这一要求，就要把职业教育摆在突出位置。坚持面向市场需求、服务产业发展、促进就业创业的方向，通过推进改革创新、深化产教融合、开展校企合作等举措，建立高度契合陕西产业发展、具有地域特色、在全国有影响力的现代化职业教育体系，建成一批高水平的职业院校和特色专业,培育一批具有专业技能与工匠精神的高素质技术技能人才,加速推进陕西职业教育发展步伐,助力陕西经济社会高质量发展。本报告以陕西中等和高等职业教育发展情况为研究对象,从体系构建、办学环境、师资力量、就业贡献、挑战与展望等方面对高质量发展背景下陕西职业教育的总体发展状况进行了呈现,总结分析了当前存在的主要问题,并提出了对策建议。

一 职业教育体系构建不断完善

从国家层面看,党的十八大以来,以习近平同志为核心的党中央高度重视职业教育,并将发展现代职业教育上升到推动我国经济社会发展转方式、调结构的重要战略地位,不断强调要以改革的思路办好职业教育,创新职业教育模式。这为职业教育的改革发展指明了方向,提供了根本遵循。2014年,国务院印发《关于加快发展现代职业教育的决定》《现代职业教育体系建设规划(2014-2020年)》;2015年,国务院《政府工作报告》和党的十八届五中全会提出"全面推进现代职业教育体系建设";2016年,国家"十三五规划"要求完善现代职业教育体系;2019年,国务院出台《国家职业教育改革实施方案》,全国人大常委会对修订《职业教育法》征求意见;2020年,教育部等九部门印发《职业教育提质培优行动计划(2020-2023年)》;2021年,中共中央办公厅、国务院办公厅印发《关于推动现代职业教育高质量发展的意见》,教育部印发《职业教育专业目录(2021年)》,人力资源和社会保障部印发《关于职业院校毕业生参加事业单位公开招聘有关问题的通知》,国务院学位委员会办公室印发《关于做好本科层次职业学校学士学位授权与授予工作意见》。这一系列国家层面的重大改革文件的出台,初步完成了我国职业教育改革与发展的顶层设计。

从陕西省的贯彻落实情况来看,相继出台了《陕西省人民政府关于加快发展现代职业教育的意见》《陕西省现代职业教育体系建设规划(2015-2020年)》《陕西省职业教育改革实施方案》《陕西省五年制高等职业教育管理办法》《关于做好2020年职业教育扶贫工作的通知》《陕西省职业院校教材建设规划(2020-2022年)》《陕西省职业教育服务乡村振兴战略三年行动计划

(2020－2022年)》《2020年陕西省普通高等学校职业教育单独招生工作实施办法》等多项政策文件，这些措施的落地执行，在推动区域产教融合、校企合作、人才培养、水平提升等方面发挥了积极的作用（见图1）。

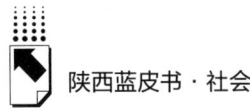

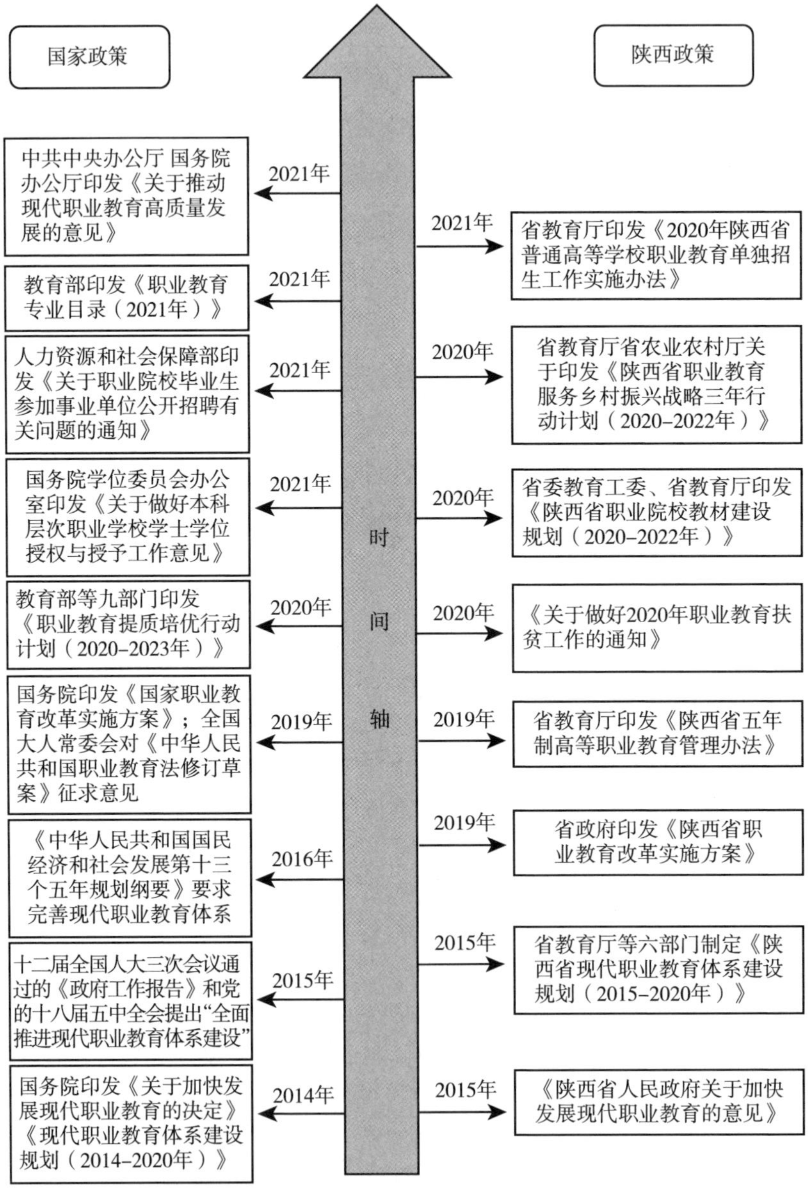

图1 职业教育体系政策构建示意

无论是国家层面还是陕西省级层面有关职业教育改革发展的规划和政策，从中都可以看出以下目标导向。

1. 明确发展职业教育的重大意义

强调职业教育是国家的一种教育类型，与普通教育为平行关系，无高低之分，是国民教育体系和人力资源开发的重要组成部分，两类教育侧重不同但同等重要。

2. 明确现代职业教育发展方向和目标

强调要形成和建立适应时代发展需要、产业教学深度融合、中职高职衔接培养、职教普教相互联系、体现终身教育理念的，具有中国特色、世界水平的现代职业教育体系。

3. 明确职业教育坚持走内涵式发展道路

强调适应经济发展新常态和高质量发展，完善协同育人机制，通过创新人才培养模式，构建教学标准体系，健全教学质量制度，全面加强学生的思想道德、人文素养和技术技能，提高人才质量。

4. 明确建设一流高等职业院校和专业计划

强调建设中国特色高水平高等职业学校，提升高层次技术技能人才培养的国际竞争力，形成一批引领改革发展、支撑产业升级的高等职业学校和特色骨干专业（群）。

二 职业教育办学环境持续提升

（一）中等职业教育数量下降，质量稳步提升

《2020年陕西省教育事业发展统计公报》数据显示，2020年，全省共有中等职业学校230所，中等职业教育招生107041人，比2019年减少2150人，占全省高中阶段教育招生总数的33.49%。中等职业学校现有在校生279787人，比2019年增加22258人，占全省高中阶段教育在校生总数的29.95%。

有关资料显示，陕西中等职业教育的发展与国家整体态势相同。一方

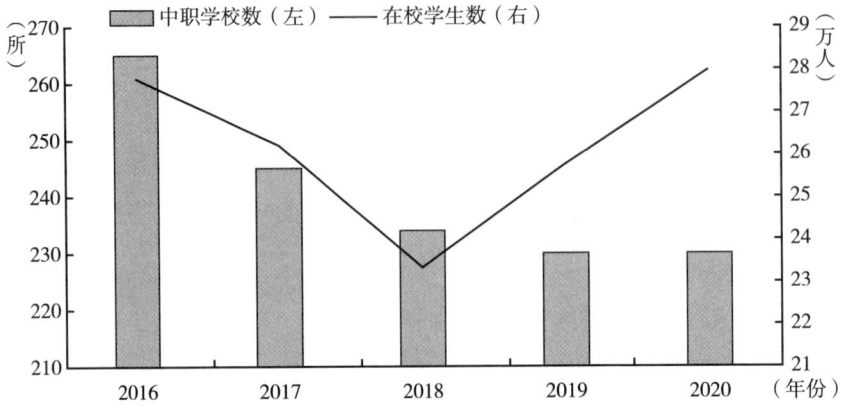

图 2　陕西省中等职业教育学校、学生数量变化

资料来源：由《陕西省教育事业发展统计公报》汇总得出。

面，部分中职学校招生困难，在职业教育宏观政策的指导下，省内中等职业学校（以下简称"中职学校"）布局调整力度逐渐加大，按照优化布局的思路，关停并转了一些学校。近五年来，省内中职学校数量呈现下降趋势。另一方面，与学校数量变化情况一致，全省中职在校生人数也呈现下降趋势，这主要受产业结构调整对人才需求发生变化、职业教育质量不高、学生接受高层次教育的需求增加等诸多因素的影响。但自2019年起，主要受"坚持高中阶段教育职普比不低于4∶6，努力实现大体相当"政策影响，同时，各级政府加大办学投入、提升办学质量、畅通升学渠道等多项措施也共同发力，中职学校在校生人数回升明显（见图2）。

就业方面，从全省中职学校毕业生就业去向分析，进入高一级学校学习成为主要选择，第三产业是就业的主要方向，学校推荐是就业的主要方式，服务地方发展是主要选择（见图3）。毕业生就业稳定性保持良好，起薪待遇持续提升，2020年中职毕业生就业满意度调研数据显示，选择比较满意、满意、非常满意的人数比例达到93.40%。

师资力量方面，近五年来全省中职学校专任教师逐渐增加，2020年中职学校教职工达到19741人，比上年增加841人，专任教师15190人，比上年增加843人，生师比受招生人数增加的影响，从2019年开始上升，2020

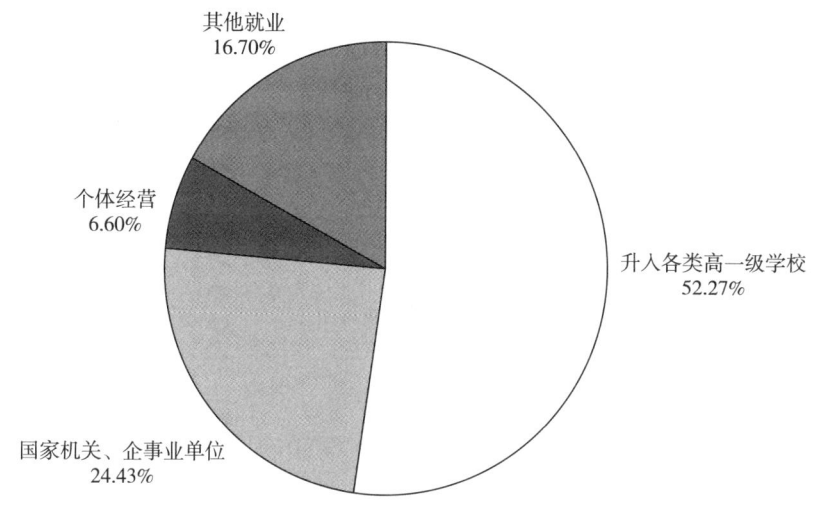

图3 2019年陕西省中等职业学校毕业生就业分布情况

资料来源:《2020年陕西省中等职业教育质量报告》。

年达到18.42∶1,但仍低于《中等职业学校设置标准》规定的20∶1合格线标准(见图4)。

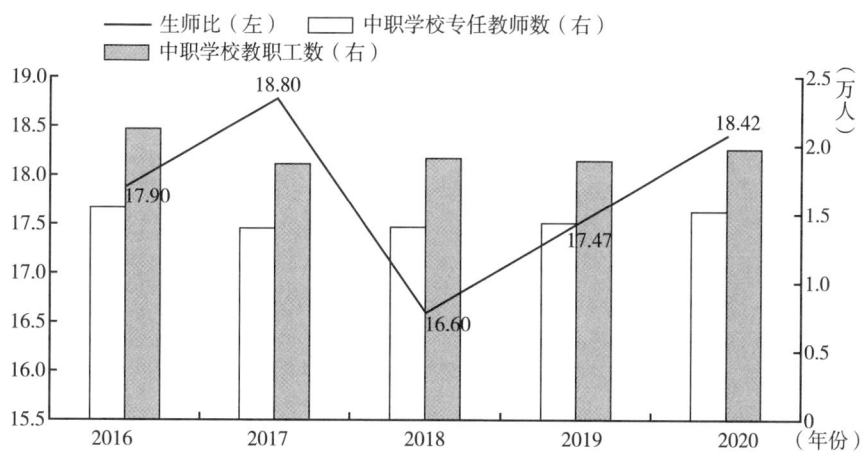

图4 陕西省中等职业学校教师数量变化

资料来源:由《陕西省教育事业发展统计公报》汇总得出。

051

办学条件方面,近年来,陕西中职学校的校均占地面积、生均占地面积、建筑面积等指标保持增长态势。截至2019年底,全省中职学校拥有产权的建筑面积为513.2万平方米,生均建筑面积为19.93平方米,基本达到中职学校国家标准20平方米的合格线。全省中职学校拥有产权的占地面积为1076.8万平方米,生均占地面积41.81平方米,远超生均33平方米的国家标准。全省中职学校产权固定资产总值824308.59万元,其中教学仪器设备资产值142642.14万元,当年新增教学实习仪器设备价值13217.86万元,生均教学仪器设备值5538.88元,远超工科类和医药类专业生均3000元的国家最高标准。学校产权纸质图书817.3万册,生均31.74册,超过生均30册的国家标准。学校产权计算机65582台,教学用计算机52577台,每百生均20.42台,超过每百生均15台的国家标准。网络信息化点数47676个,其中无线接入19239个,占40.35%(见表1)。

表1 2017~2019年陕西高职院校办学情况一览

指标	2017年	2018年	2019年	设置标准
占地面积(平方米)	12678161.41	9710834.33	10767846.53	—
校均占地面积(平方米)	25402.03	41499.29	46816.72	40000
生均占地面积(平方米)	48.37	41.62	41.81	33
建筑面积(平方米)	5200724.61	4910303.97	5132065.40	—
生均建筑面积(平方米)	19.84	21.04	19.93	20
固定资产总值(万元)	681980.16	701083.61	824308.59	—
教学仪器设备资产值(万元)	142353.59	138027.53	142642.14	—
生均教学仪器设备值(元)	5430.52	5915.40	5538.88	2500~3000
纸质图书(册)	8231661	7699219	8173172	—
生均纸质图书(册)	31.4	33.0	31.74	30
计算机台数(台)	65779	145937	65582	—
教学用计算机(台/百生)	20.11	22.2	20.42	15
网络信息化点数(个)	38149	36445	47676	—

资料来源:《2020年陕西省中等职业教育质量报告》。

校企合作方面，近年来，全省各中职学校积极采取引企入校、订单培养、劳动和教学结合、工学交替、校企互动等合作形式，加强校企互动交流，推动学校招生与企业招工衔接，实现校企育人"双重主体"，学生学徒"双重身份"，教师专家"双向流动"，不断拓宽校企、校校合作渠道，面向企业和市场培养技术技能人才，采取政府牵线、学校搭台方式，积极主动对接本地企业办学。

服务贡献方面，全省各中职学校立足"培养技能型人才与高素质劳动者，服务当地经济社会发展"的基本职能和办学宗旨，通过学历教育与培训、提供技术服务、文化遗产传承、助力乡村振兴等方式，面向全体劳动者广泛开展职业能力提升，全面提高人才培养质量和办学能力，实现了自身发展与奉献社会的有机统一。

（二）高等职业教育需求不断增加，办学条件改善明显

与中职学校发展形势不同，陕西的高等职业院校（以下简称"高职院校"）随着产业结构转型升级，高层次技术技能人才需求量持续提升，同时受科教大省、高教实力雄厚大环境影响，学生渴望接受高等教育的愿望逐年递增，高等职业教育成为接受高一层次学习的重要途径，这为全省高职院校的改革与发展带来了难得的机遇。

截至2020年，陕西共有高职院校41所、另有职业教育本科试点院校2所，分布在全省10个地市，其中西安市有21所，占比51.22%；各类全日制在校生31.91万人，居全国第16位，较2019年的29.16万人上升2.75万人；校均8181.67人，居全国第10位；专任教师14634人，校均395.51人。

通过分析近四年的高职教育数据可以看出，与中职教育处境不同，高职教育无论是在院校数量，还是在在校生数量方面都整体保持平稳，2020年还有小幅增长，这主要是因为高职扩招政策的实施，加之职业本科试点的刺激，高职教育对大众的吸引力显著增强（见图5）。

从生源结构看，高职院校学生来源更加多元，普通高中学生仍是主要来源，但比例有所下降，"三校生""3+2""五年制高职第4年"成为高职院校学生的重要组成部分，比例逐年上升。

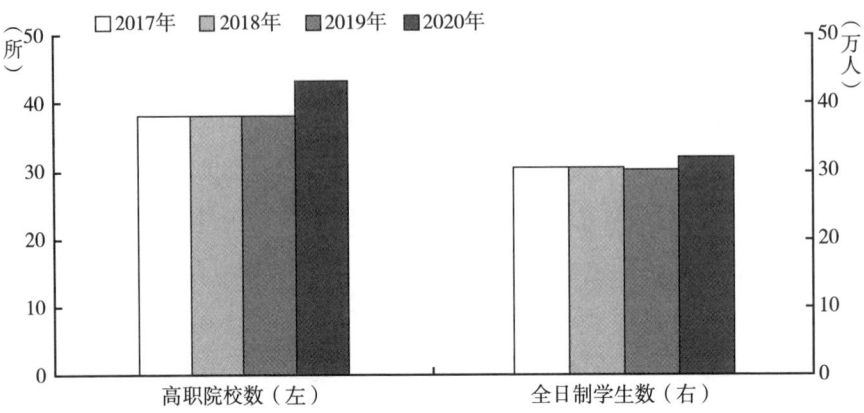

图 5　陕西省高等职业学校及学生数量变化

资料来源:《陕西高等职业教育质量年度报告(2020)》。

从毕业生就业情况看,2020年陕西省高职院校毕业生9.68万人,毕业生初次就业率为84.71%,其中8所"双高计划"院校平均就业率为92.33%。毕业生中,留在当地就业的4.71万人,到西部地区和东北地区就业的5.84万人;到中小微企业等基层服务的4.37万人,到500强企业就业的1.48万人;毕业生平均月收入3634元;雇主满意度94.97%,毕业生就业率连年保持稳定,薪酬待遇持续增加。就业满意度和专业对口率基本稳定,其中动车组检修、铁道机车、高速铁道工程、土木工程检测、安全技术与管理、城市轨道交通车辆、工程机械运用、铁道工程等高职专业毕业生就业质量、就业率、收入水平等指标位居前列(见表2、图6)。

表2　2020年陕西省高职院校毕业生就业情况

序号	指标	单位	2020年
1	毕业生人数	人	96838
	其中:就业人数	人	82028
2	毕业生就业去向:	—	—
	A类:留在当地就业人数	人	47127
	B类:到西部地区和东北地区就业人数	人	58418
	C类:到中小微企业等基层服务人数	人	43685
	D类:到500强企业就业人数	人	14774

续表

序号	指标	单位	2020年
3	初次就业率	%	84.71
4	理工农医类专业相关度	%	77.16
5	月收入	元	3634
6	自主创业比例	%	1.10
7	雇主满意度	%	94.97
8	毕业三年职位晋升比例	%	40.76
9	母校满意度	%	95.07

资料来源：《陕西高等职业教育质量年度报告（2020）》。

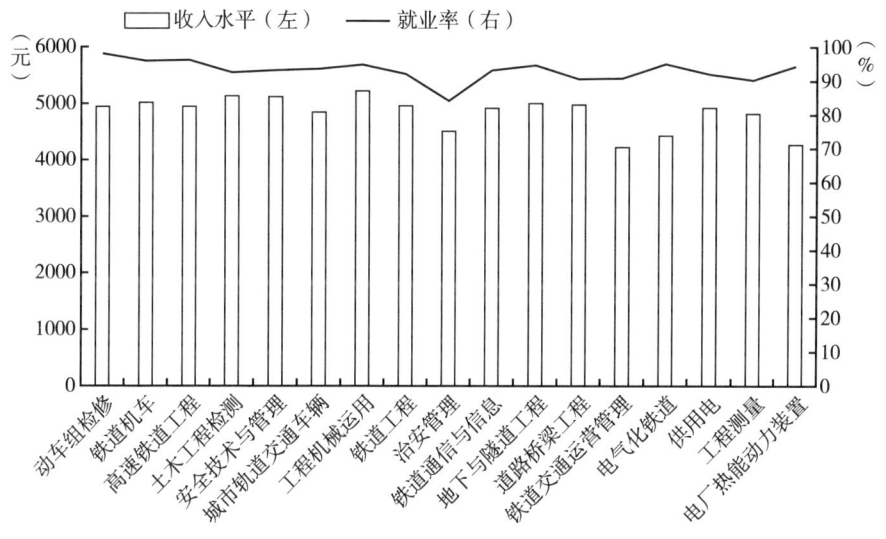

图6 2020年陕西高等职业院校主要专业就业情况

资料来源：由《陕西高等职业教育质量年度报告（2020）》数据汇总得出。

从办学条件看，近几年来，陕西高职教育经费投入有较大幅度增长，各高职院校也积极筹措资金，加快校园基础设施、实验实训场所建设，办学条件显著改善。全省高职院校校园面积、校舍面积、图书资料、仪器设备等基本办学指标均达到国家合格标准。但2020年，生均教学行政用房、生均教学科研仪器设备值两项指标下跌，分别比2019年下降9.5%和

32.9%，这可能是因为 2020 年"高职扩招"政策深入执行，高职学生人数增加，而配套设施未能完全跟进。这从另一方面表明，陕西高职院校的办学条件虽已达标，但继续快速提升和改进仍是今后的努力方向（见表3）。

表3 陕西高等职业院校办学基本条件

序号	指标名称	单位	2019年	2020年	合格指标
1	生师比	—	14.35	13.87	18
2	具有研究生学位教师占专任教师的比例	%	49.73	54.95	15
3	生均教学行政用房	平方米/生	20.98	18.99↓	16
4	生均教学科研仪器设备值	元/生	18474.72	12404.16↓	4000
5	生均图书	册/生	87.31	91.84	60
6	具有高级职务教师占专任教师的比例	%	29.63	32.60	20
7	生均占地面积	平方米/生	70.75	86.15	59
8	生均宿舍面积	平方米/生	10.53	11.83	6.5
9	百名学生配教学用计算机数	台	28.14	28.41	10
10	新增科研仪器设备所占比例	%	12.55	12.73	10
11	生均年进书量	册	3.24	4.4	2

资料来源：《陕西高等职业教育质量年度报告（2020）》。

从师资力量看，陕西高职院校现有教职工23902人，其中专任教师14634人，兼职教师5759人；生师比13.87；双师素质教师7825人，占专任教师的53.47%；研究生学历或硕士及以上学位教师占专任教师的54.95%（见图7）。近年来，通过夯实教师队伍技术技能基础，骨干教师提升能力传帮带，教学创新团队实训实践等方式，不断强化教育教学队伍建设。

从校企合作和社会贡献看，2020年陕西高职院校努力搭建产教供需新平台，强化校企协同新机制，推进校企共育新模式。在促进产教融合、提供技术服务、承担社会培训、助力脱贫攻坚、参与新冠肺炎疫情防控等方面为社会各界提供了优质服务，发挥了职教作用，做出了积极贡献。主要表现在如下方面。

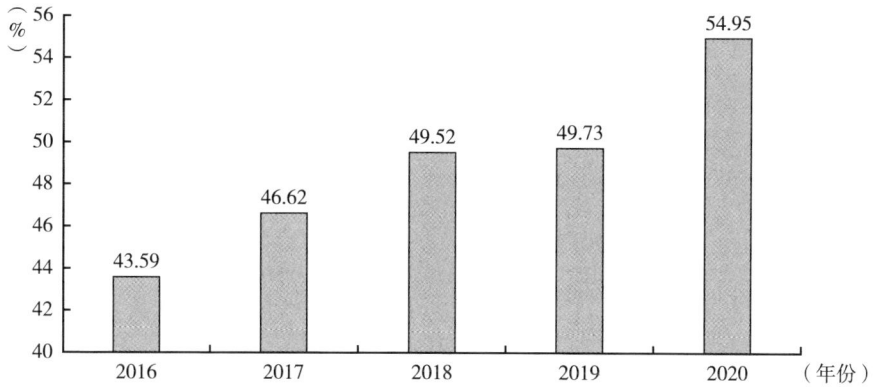

图 7 2016~2020 年陕西高职院校硕士研究生及以上教师占比情况

资料来源：《陕西高等职业教育质量年度报告（2020）》。

通过牵头组建全国性职业院校建设联盟，与企业集团、专业研究机构等签订战略合作协议，共同开发行业标准、共同建设产教融合型实训基地、共同探索产业学院建设。通过申报、承担省市级科研课题和横向研究项目，多项专利得到转化，实现了院校科技成果转化新突破。以健全多方协同培训机制为突破口，紧贴区域、行业企业和个人发展实际需求，面向劳动者开展大规模、高质量的职业培训，提升人才培养质量和办学能力，不断深化职业教育改革发展，促进院校管理水平和治理能力提升。优先安排贫困学生在校企合作程度较深的订单定向班或企业冠名班学习，优先保障贫困学生实习实训岗位；充分利用苏陕对口协作平台优势，进一步落实和深化苏陕职教协作，积极推进贫困地区重点项目落地，教师交流工作持续深入开展。此外，2020年新冠肺炎疫情期间，陕西高职院校充分彰显"职教担当"，积极、科学、有序参与新冠肺炎疫情防控工作，多所院校医护专业的优秀毕业生前往武汉防疫一线抗击疫情，广大师生用实际行动践行伟大抗疫精神，营造科学防控氛围，体现了良好的职教风貌、贡献了职教力量。

（三）陕西职业教育各学段衔接体系较为完整，培养路径不断优化

目前，陕西已构建了较为完整的职业教育培养体系，学生在完成义务教育学业后,可通过多条路径进一步学习和深造(见图8实线箭头所示)。

一是通过参加中考进入中职学校接受教育。

二是通过参加中考进入5年制专科院校(5年制高等职业技术教育或5年制大专)接受教育,这也是初中毕业生进入大专层次学习的最快路径(目前陕西具有5年制大专招收资格的学校有28所)。

三是中高职贯通培养。目前,陕西中高职贯通培养学制分为3+3和3+2两种。据不完全统计,2018~2021年,陕西完成中高职贯通培养合作签约学校约20所,如西安现代电子职业学校与陕西国防工业职业技术学院,西安实验职业中等专业学校与陕西职业技术学院,陕西振华职业中等专业学校与陕西能源职业技术学院等院校。

四是中职或普通高中毕业生通过陕西高职分类招生考试(春季高职分类考试)进入高职专科院校接受教育。参加当年高考统考报名或陕西普通高校职业教育单独招生考试("三校生"单独招生考试)报名的考生可以参加每年3月举行的高职分类考试。考试分为两种模式,高职综合评价招生和示范高职院校单独考试招生,学生不参加高考就可提前被高职院校录取,被录取但未注册考生仍可正常参加高考。

五是中职毕业生通过陕西普通高校职业教育单独招生考试(职教单招)进入高职专科院校或职业本科院校接受教育。2021年参加陕西职业教育单招本科的学校有13所,计划招生1535名,其中西安信息职业大学和西安汽车职业大学是教育部批准的第一批可开展职业本科试点的职业学校。

六是中职学校或普通高中毕业生通过高考进入普通高等院校接受教育。

从图8可以看出,通向高层次的职业教育——职业本科和专业学位研究生教育的培养路径还需要进一步探索和完善。目前,主要亟须完善四条路径(见图8虚线箭头所示)。即,中等职业教育和职业本科贯通培养(3+4学制,路径7)、高等职业专科和职业本科衔接培养(3+2学制分段培养或4+0学制联合培养,路径8)、5年制专科与职业本科衔接培养(5+2学制,路径9)、高等职业专科与专业学位研究生衔接培养(3+4学制,路径10)。

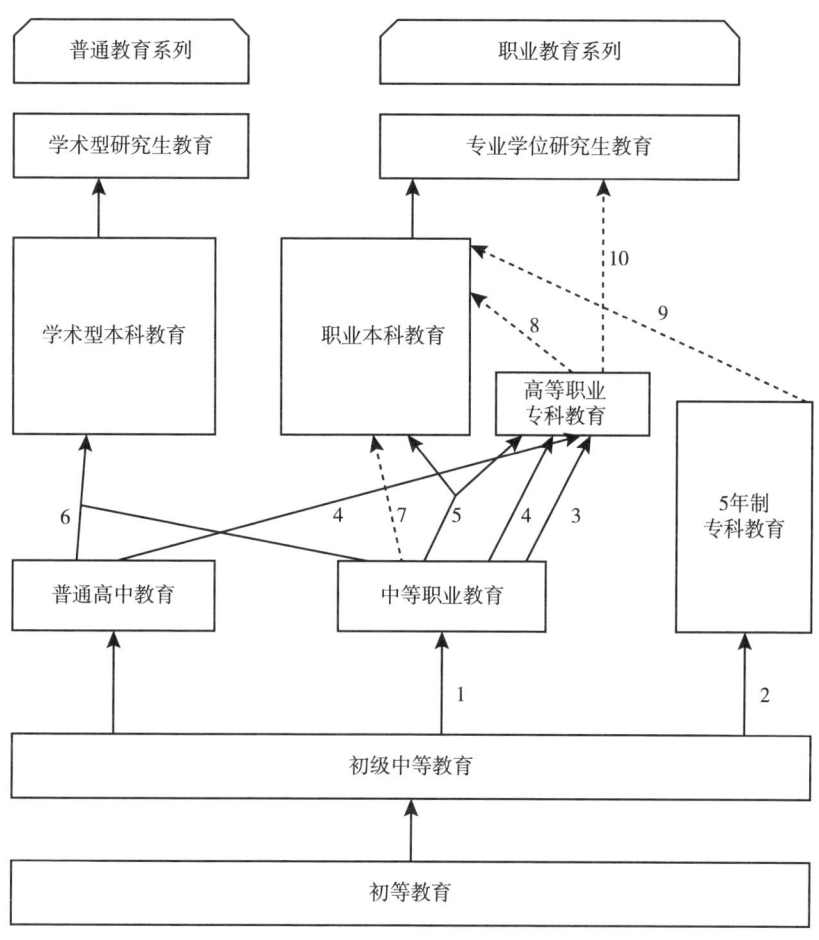

图 8　陕西职业教育各学段衔接体系

三　新形势下陕西职业教育发展的新问题

职业教育呈现出的区域特点决定构建职业教育体系必须注重地方特色，而服务区域经济社会高质量发展对现代职业教育提出了更高的要求。陕西于2015年制定了《陕西省现代职业教育体系建设规划（2015－2020年）》，2019年制定了《陕西省职业教育改革实施方案》，在规划和方案实施后，职业教育虽然取得了一定的成绩，但在建设过程中仍暴露出以下突出问题。

（一）现代职业教育体系仍需完善

目前，陕西"重普教、轻职教"现象仍比较突出，发展现代职业教育改革创新意识不强，职业教育需要跑出"加速度"超越发展。主要表现在构建现代职业教育体系思想不够解放，行动迟滞，如早在2010年《国家教育规划纲要》就已印发，而陕西直到2015年才制定出台本省的现代职业教育体系建设规划和实施意见。虽然近几年出台了不少政策文件，但大部分为落实国家规定政策，自主改革创新力度不强，特别是在发展本科职业教育、贯通中等高等职业教育、保障职业教育发展政策等方面缺乏创新性举措。

同时，职业教育各学段衔接也不够紧密，中等职业教育和职业本科教育之间没有类似中高职贯通培养项目，尚未形成联合培养的学制衔接模式也是亟须破解和改进的难点问题。如在实际招生中，职业本科教育对于中等职业学校专业对口学生未建立"优先招收"制度。高等职业教育与职业本科教育、专业学位研究生教育之间也存在衔接不畅问题。此外，中职与高职教育培养目标和教学内容衔接不够合理，存在重复和断档问题，以及职业资格逐级晋升困难问题。

（二）职业教育区域优势不明显

2020年，陕西高等教育资源居全国第三位，而职业教育资源只排在全国中游偏下位置。职业教育本应立足区域发展，对标陕西现有的航空航天、汽车制造、能源化工、电子工业、建筑业等高精尖领域产业结构和优势特点，但遗憾的是，产业优势并未转化为职业教育体系建设优势，职业教育并没有高度契合全省经济高质量发展的需要。

（三）校企合作流于形式

职业教育的核心是产教融合，痛点则是企业参与积极性不够。这表现在学校与企业合作意愿强烈，但企业还没有意识到自身也是人才培养的主体，参与合作的内生动力不足，校企合作大多流于形式。目前，陕西已有部分学校探索开展校企合作新的培养模式，但不时出现的校企合作只收费不培训、校企合作变为校企合谋创收等问题禁而不止，所造成的不良影响给校企合作的未来发展之路造成困惑。

（四）机关事业单位招考存在岗位"内卷"现象

公开招考是政府选拔人才的重要手段，更需合理确定人才的准入"门槛"，但部分政府机关事业单位为了自身"形象"与"宣传"需要，一味追求高学历人员占比，并未科学分析招考岗位所需条件。对学历要求过高，将人才选拔限定在极小范围内，筛选标准重心从"人才"变成了"学历"，无形中剥夺了大量高技能人才参加此类考试的机会。以2021年陕西公务员考试发布的职位表为例，共发布岗位4389个，要求大学本科及以上或研究生学历的岗位共3689个，占比84%。与党政机关相比，事业单位岗位招聘所需的技术技能要求通常更高，这给设置学历歧视提供了更大便利。以2021年陕西省属事业单位招聘职位表为例，共发布岗位701个，要求大学本科及以上或研究生学历的岗位共669个，占比95%。这些条件将没有普通高等教育学历的人员排除在党政机关事业单位招考之外，关闭了职业教育人才上升的一个重要通道，同时也助长了"唯文凭"不良之风和岗位"内卷"态势。

（五）对职业教育和技术人才不够重视

陕西高等院校众多，普通高校数量和质量的优势间接造成了职业教育面临的尴尬局面。长期以来，全社会普遍存在"重学历、轻技能"倾向，这一方面受传统观念"学而优则仕"影响，但根本原因是一线技术工人待遇极低，导致职业教育"说起来重要、选起来次要"。家长和学生的普遍心理都是追求普通教育、轻视职业教育，高等职业院校一直被视为"旁门左道"，成为家长和学生的"无奈选择"，有些甚至充当"托儿所"的角色。当前，高素质高技能人才短缺已经成为制肘我国产业结构升级和高质量发展的突出因素，相比东南沿海省份越来越重视技术技能教育和技能人才培养，陕西依旧热衷于储备高学历人才，这间接导致了陕西现代职业教育体系较为落后。要破解中西部地区发展职业教育的壁垒，当务之急是通过改革考试制度、加大职教经费投入、提升教学质量、加强校园管理、建立校企合作机制等手段，逐步转变传统观念，破除职业院校固有的"低下、低质、低等"的形象。

四 高质量发展背景下对陕西职业教育发展的几点建议

（一）畅通职业院校学生深造成长通道，探索长学制人才培养模式

完善陕西现有的招生考试办法，探索建立"职业高考"，畅通职业教育和普通教育间横向连接通道，满足个人对教育多样化的需求，保证学生在职业教育的任一阶段，可以横向融通到普通教育系列；同时，还需纵向贯通职业教育系列成长通道，保证大多数职教学生在职业教育体系内可以接续培养、成长成才，构建出一个以"双轨"运行为标志，纵向贯通、横向融通的人才成长"立交桥"。陕西可率先开展现代职业教育体系建设试点工作，探索长学制培养高层次技术人才。通过完善和扩大现有的中职与高职贯通培养（3+3学制）、探索和增设中职与职业本科教育贯通培养（3+4学制）、高职专科与职业本科衔接培养（3+2学制分段培养或4+0学制联合培养）、5年制专科与职业本科衔接培养（5+2学制）等模式，创新和试点高等职业专科与专业学位研究生衔接培养（3+4学制），逐步建立起中职、高职、职业本科、学术型本科、专业学位研究生教育间完整的衔接培养体系，使更多的职业教育毕业生能够进入对口高等学校继续深造，使职业教育真正服务于个人的可持续发展。

（二）优化职业教育供给结构，精准服务区域发展需求

与普通教育一以贯之的标准化模式不同，职业教育在东中西部地区各有特点，职业教育要立足区域、扎根地方，服务本地区经济社会高质量发展。

陕西是我国国防工业第一大省，国防工业门类齐全，是全国核工业、航空、航天、兵器和船舶等重要的科研和生产基地；陕西职业教育要充分利用国防工业现有的优势，服务军民融合发展，把国防相关的高精尖专业纳入职业教育大体系。除此之外，陕西作为古丝绸之路的起点，更应准确把握"一带一路"倡议为职业教育改革发展带来的新机遇。结合当前陕西的产业结构，以高端能源化工、装备制造、电子工业、汽车制造、新材料等重要科技领域为主攻方向，增加和完善专业设置门类，建立极少数特色专业，推动职业教育专业设置和全省优势产业行业需求对接，建设符合陕西经济社会发展和技术技能人才培养需要的职教体系，为陕西建设"一带一路"旗舰省份发挥作用。

（三）借鉴职业教育"双元制"模式，深化校企合作

职业院校的发展离不开企业，因此必须积极争取企业的支持。以职业教育"双元制"的典范德国为例，学生在初中毕业时，通过参加双选活动，进入学校和企业的联合培训体系，每周一至两天在学校上课，其余时间到企业带薪实习，毕业后正式进入实习企业工作。在德国，只有不到25%的企业有资格从事职业教育，这些企业被尊称为"教育企业"，其员工能够享受到和学校教师一样的如带薪休假、优质培训、分居补贴、生育补助等优渥的社会待遇。陕西应借鉴这一先进做法，充分利用现有的产业优势，推行校企合作，使职业教育供给与企业发展需求高度匹配。推进校企共同制定人才培养方案的落实，紧密对接产业升级和技术变革趋势，优先发展新兴专业、改造升级传统专业、撤并淘汰岗位消失专业，"订单式"培养对口人才。建立"教育企业"名录，对进入目录的企业给予金融、财政、土地、税收等方面组合式激励，适度补贴培训经费，倒逼企业积极寻求与学校融合。

（四）科学合理设置岗位条件，坚持"同工同酬"

全省举办各级各类机关事业单位招聘考试，应坚持"按岗择需"，科学确定所需学历，避免不合理的人才"高消费"。要落实好、执行好人社部印

发的《关于职业院校毕业生参加事业单位公开招聘有关问题的通知》中"事业单位公开招聘中有职业技能等级要求的岗位，要适当降低学历要求"有关政策，并与国家"学历证书+若干职业技能等级证书（1+X证书）"试点任务衔接互通，为职业学校毕业生打开报考事业单位的大门。各类企事业单位要进一步科学设置岗位、确定岗位职责，实现对工作人员由身份管理向岗位管理的转变，建立健全"以岗定薪、同工同酬、优劳优酬"的激励机制，职务职级晋升和工资分配依照职业资格等级确定薪酬，向关键岗位、生产一线和紧缺的高技能人才倾斜，鼓励技术技能人才凭职业技能提升待遇，切实提高生产服务一线技能人才的社会地位和经济收入，引导全社会树立正确的成才观、职业观。

（五）大力弘扬"工匠精神"，营造社会惜才、爱才良好氛围

"工匠精神"的精髓在于执着专注、精益求精、一丝不苟、追求卓越，是专业精神、职业态度和人文素养的统一，是现代职业教育的灵魂所在。只有大力传承和培育"工匠精神"，才能使职业教育免于陷入制造无思想、无灵魂、无追求"机器人"的尴尬地位，才会给职业教育带来全新的、本质的改造。陕西只要做大做强职业教育，当劳动创造的财富得到市场认可、工匠精神深入人心的时候，社会观念就会有所转变，技术技能人才的社会地位就会有所提升。要充分利用校企合作平台，利用好学生实训实习的黄金时期，融入"工匠精神"的培育。要积极组织学生开展走进车间、走进生产一线活动，近距离感受工匠的专注与执着，零距离观察工匠从初出茅庐到专家能手的蜕变过程，使"工匠精神"内化于心、外化于行，打破职业教育和技术工人"低人一等"的固有意识。

（六）因地制宜加强农村职业教育建设，助力乡村振兴

2021年5月，陕西宝鸡开设了全国首个"擀面皮产业学院"，学院积极筹备配套开设电商管理、网络营销、大数据分析等专业，培养特色产业人才，对促进宝鸡擀面皮产业做大做强、做好做优提供了强劲动力，更为陕西

省农村职业教育的发展提供了新思路。首先，农村职业教育要结合区域内乡村振兴方案，与当地产业深度融合，以前瞻思维、长远眼光谋划好职教人才培养方案。其次，教育管理部门和职业院校要提高站位放眼全局，因地制宜地确定职业教育办学内容和方式，培养新时代职业农民。再次，作为"教育扶贫"的排头兵，职业教育门槛低、成本小、就业快，能够有效弥补贫困地区义务教育发展薄弱与不均的短板，让贫困家庭子女也有机会接受公平且有质量的教育，是夯实脱贫攻坚根基、实现乡村振兴的关键一招。最后，在实施教育扶贫的过程中，要充分考虑每个家庭、每个人的具体情况，不仅要解决因贫失学问题，更要下功夫解决好"有书不读"问题，提高精准意识，着力激发脱贫内生动力，将"扶智"与"助技"相结合，使职业教育为脱贫致富提供源源不断的强劲动力。

参考文献

李小鲁：《"工匠精神"，职业教育的灵魂》，《中国教育报》2016年5月13日。

中国教育科学研究院、新锦成研究院编《2020中国职业教育质量年度报告》，高等教育出版社，2021。

石伟平、匡瑛等：《中国教育改革40年：职业教育》，科学出版社，2018。

B.4
陕西农村地区老人养老状况调查

武颖娟 段丽娜*

摘 要： 随着我国老龄人口的增多，农村养老问题日益突出。在陕西这个老龄人口处于全国平均水平的省份，农村养老存在保障能力普遍偏弱、就医水平普遍偏低、情感满足严重缺失、个人权益频受损害等问题。面对陕西农村地区老人严峻的养老现状，政府和社会各界应该高度重视，积极采取措施，从政策、财政等方面进行倾斜，切实提高农村老人养老质量水平，提高农村老人幸福指数。

关键词： 陕西农村 老人养老 养老保障

国家统计局2021年5月11日公布的我国第七次人口普查结果显示，至2020年11月1日，我国人口总数为14.1亿。其中，60岁以上人口总数为2.64亿，占全国总人口的18.7%，其中65岁及以上人口总数为1.91亿，占全国总人口的13.5%。在人口分布中，农村地区60岁及以上的老人占比为23.81%，比城镇高出7.99个百分点。在31个省份中，除西藏外，其他30个省份65岁及以上老人比重均超过7%，12个省份65岁及以上老人比重超过14%。按照国际社会一个国家60岁以上人口占全部人口的比重超过10%这个国家就进入老龄化的规定，人口统计数据显示我国目前已经进入轻

---

* 武颖娟，中国人民解放军火箭军工程大学，副教授，研究方向为思想政治教育；段丽娜，陕西省社会科学院马克思主义研究所助理研究员，研究方向为思想政治教育。

度老龄化社会，养老问题不容忽视，农村地区养老压力更值得全社会关注。我们此次研究选取陕西这个老龄人口处于全国平均水平的省份开展研究，旨在了解和掌握我国农村地区老人生活现状、生存质量、身体及心理状况以及养老助老的现状，探讨研究提高农村地区老人养老质量的方法途径，为政府的政策导向和决策提供可行的、建设性建议。

本次调研主要采取调查问卷的形式，调查对象为陕西农村地区60岁及以上的老人。调查问卷主要包含了以下信息：老人的性别年龄、婚姻状况、健康状况、经济来源、精神状态、子女赡养状况等。此次调查范围包括关中、陕南和陕北地区，关中地区选取了西安、宝鸡、渭南和铜川，陕南选取了汉中和商洛地区，陕北选取了延安，每个市抽取1~2个区和2~3个县，每个县抽取3~4个行政村。调查共发放问卷1000份，回收调查问卷1000份，其中有效问卷980份。对文化程度较低或者因为身体原因不能自主填写问卷的老人，由调查人员辅助填写相关调查内容，保证调查对象对调查内容理解正确，意愿表达真实。在发放问卷进行调查的同时，我们还随机选取家庭入户进行了座谈。

一 陕西农村地区老人养老现状

通过分析回收的关中、陕南、陕北农村地区老人养老现状的调查问卷、座谈资料及入户调查信息，我们可以看出，陕西农村地区老人养老状况和陕西农村经济社会发展水平基本一致。总体来说，陕西农村整体养老质量还有待提高，目前除了"五保"老人保障较好以外，高龄、贫困、空巢及失能老人的生存状况令人忧虑，亟待社会各界关注解决。

（一）收入水平普遍偏低，保障能力普遍偏弱

通过调查我们发现，陕西农村地区老人收入水平普遍偏低，物质保障能力普遍偏弱。这些老人年轻打拼时积攒下来的收入多数已经用于帮助子女成家立业，用于自身养老的储蓄已经所剩无几。步入老龄阶段后，他们

除部分享受低保外，绝大多数人并没有参加城乡养老保障，他们不像城镇老人每月有固定的退休金或社会养老保险，他们的经济收入主要依靠子女给予和个人生产所得。而他们的子女多数为进城务工的弱势群体，受自身能力素质和知识层次的影响，务工收入本身就不高，除去自己在城市生活的各种花费和子女教育等支出后，能够提供给老人养老方面的资金并不多。而在个人所得方面，农村地区老人因为长期从事重体力劳动，往往年迈多病，身体素质较差，劳动能力较低，他们的农业生产大多数仅能够解决自身的口粮问题，可以转化为现金收入的部分非常少，所以农村地区老人的经济状况总体并不乐观。仅以汉中为例，在随机调查的百余名农村老人中，59%依靠子女赡养，37%务农自养，还有4%完全依靠政府救济。除去政府补贴外，年收入5000元以下的占比达90%以上，5000元以上的仅占6%。

（二）健康状况总体较差，就医水平普遍偏低

目前陕西农村地区60岁及以上的老人，年轻时大多数经历过20世纪农业合作化，参加过兴修水利和农田建设等繁重的农业生产活动，繁重的体力劳动让他们的身体过度透支。当他们步入老龄阶段后，子女为了生计又纷纷外出务工，这就使田间劳动、操持家务和照看孙辈的重任都压在老人身上，老人不堪重负，导致他们的健康状况不佳。随着年龄的递增，他们身体的各项机能也在慢慢退化，加之生活方式不科学、吸烟等不良嗜好较多，他们容易患上各类慢性疾病。在被调查的老人当中，有31.5%健康状况差，68%以上患有高血压、糖尿病等慢性疾病，长年患病的比例高达80%以上。这些老人虽然都已经加入新农村合作医疗，但因总体收入不高，不少经济比较困难的老人因为门诊费用不能报销，又难以承担住院自费部分，再加上子女外出务工无人照料，他们的健康知识普遍匮乏，对于慢性病的检查监测做得并不好。有36%的是自己监测，31%的老人没有进行监测。他们患病或者身体不适时往往在村卫生室简单开点药，不愿意去医院接受系统治疗，对自身疾病往往抱着得过且过的态度，存在"小病靠拖、大病靠熬"的现象。

而村镇级卫生医疗机构由于条件有限，人手不足，往往重疾病治疗、轻疾病预防，绝大多数不能为常年患病老人建立健康档案，而且对于健康教育和预防知识宣传不够，这就更导致农村老人保健意识差、就医水平低，健康状况令人担忧。

（三）子女关爱远远不够，情感满足严重缺失

由于陕西农村地区经济状况差、许多青壮年劳动力纷纷到南方发达地区务工。由于在外工作忙、来回路费贵，绝大部分在外务工的子女很少能回家探望和陪伴父母，有的甚至过年也不回家，留守在家的老人往往感觉到孤独无助，他们渴望的儿孙绕膝、颐养天年的晚年生活无法实现，情感满足被进一步削弱。调查显示，约12%的子女与父母的联系是一周一次，15%的子女是一月一次，而60%的子女不定时和父母联系，3%的子女很少和父母联系。还有部分农村地区青年人成家后就和父母分家另过，缺乏足够赡养意识，再加上自身收入低、养育子女压力大，在抚养子女和赡养老人时往往"舍老管小"，要么只是稍微给点生活费尽尽孝心，要么就是兄弟姐妹为了体现公平将父母拆散赡养，导致老人情感无法得到慰藉。调查显示父母普遍认为子女对他们的关爱并不充足，有35.2%的被调查者认为子女对他们的关爱一般，24.5%的认为不够，而5.9%的老人认为子女对自己根本不关心。家庭关爱的缺失使很多老人把情感满足的希望寄托在文化娱乐上。受文化水平、经济条件的限制，部分农村地区老人没有多少兴趣爱好，再加上农村地区公共娱乐设施建设普遍不够，有的乡村没有为老人设立活动室、图书馆，没有安装健身器材等，因此很多老人的娱乐消遣方式比较单一，往往只能通过看电视、聊天、打扑克或发呆打发时间。调查显示，25.3%的老人是与邻居聊天度过闲暇时光，29.1%的老人是玩牌，38.6%的老人是看电视，7%的老人几乎没有业余生活。可以看出选择玩扑克和看电视的人还是占很大比例。虽然玩扑克和看电视丰富了老人的晚年生活，但长时间无论是玩扑克还是看电视都对老人的健康不利。他们应该寻求更加积极健康的生活方式。

(四)个人权益频受损害,安全问题比较严重

通过问卷调查我们发现,农村地区老人合法权益、人身及财产安全受到损害的情况也比较普遍。有的是子女不愿意赡养老人,或者几个子女互相推诿赡养责任造成部分老人老无所依;有的是子女忽视老人情感需求,担心赡养负担增加或家庭财产份额减少,插手干涉老人婚姻,导致部分老人再婚难;有的是子女只顾索取老人财物,不照顾老人生活;有的是不法分子利用农村老人善良好客、辨别能力差或者爱占小便宜的特点,经常利用健康检查或者使用假币诈骗老人,造成老人钱物损失;有的老人因为不懂用火用电的安全常识,家里线路外挂、灶火旁堆有柴火和煤炭,造成失火等安全问题发生。

二 陕西农村地区老人养老现状的原因分析

面对陕西农村地区老人养老中存在的诸多问题,调查组进行了仔细分析和总结。大家一致认为导致老人养老状况不佳的原因很多,有来自经济的压力,有来自子女的不作为,更有来自政府职能部门作用发挥不够。

(一)城乡二元结构矛盾突出,家庭养老功能弱化

目前大量农村青壮年劳动力涌入城市务工,使原有家庭形态发生巨大变化。农村地区家庭结构日渐缩小,家庭模式逐渐缩小,代际重心发生转移,家庭"核心化""小型化"已经成为主流。根据全国人口调查数据,至2020年,我国三口之家的趋势越来越明显。而分析调查结果我们可以看出,陕西农村家庭也越来越趋向于"小型化"。由于社会经济的急剧变革,人们的价值观念发生巨大变化,过去宗族协调家庭关系的作用弱化,传统的"孝道"受到挑战。许多儿女对老人感情淡漠,缺乏敬老孝老意识。而多数老人因为子女外出务工或者与子女生活观念不同选择独自生活,不愿轻易依附年轻人养老。农村人口越来越老龄化、家庭规模结构越来越小型化与农村

家庭越来越空巢化叠加，给陕西农村地区养老方式带来巨大冲击，使传统家庭的养老功能不断弱化，养儿防老观念经受严峻考验，依靠社会养老的趋势愈加显现。

（二）农村养老服务体系不健全，机构设施欠账太多

当前我国正处在"未富先老"的特殊时期，老有所养、老有所医的社会保障体系还没能全面建起来，尤其是在农村地区。受传统惯性思维影响，政府公共服务中对农村养老重视不够。各级将重点保障五保对象的农村敬老院等同于农村养老机构。而且目前陕西农村地区的敬老院因为床位总量不足，经费及人员不足，保障能力有限，普遍存在对大量应该入院的老人无力接、不敢接的问题。目前敬老院仅仅集中供养了部分五保对象，其供养人数只占到农村老人人数的约4%，大量高龄、贫困、空巢、病弱老人群体，五保以外的农村老人主体难以得到养老机构的有效保障。相对于城市和发达省份农村地区而言，陕西农村地区的养老服务机构发展较为滞后，养老服务机构所能够提供的服务远不能满足农村老人的养老需求。目前农村老龄化率在逐年增速，而养老服务体系建设却远远落后于老龄化的发展速度。养老服务机构和养老服务中心要么工作人员严重不足，要么工作人员缺乏专业、系统的培训，导致养老机构仅仅能提供清洁卫生和日常护理等简单的服务，对于老人的情感需求却无法满足。养老服务质量不高也导致对有能力自费养老的老人缺乏吸引力。对于居家养老的农村困难老人，农村社区的社区照料服务发展缓慢，那些城市老人可以享受到的老年餐桌、日间照料等个性化的居家养老服务，农村个别零星社区尚处在试点探索阶段，绝大部分社区还未曾探索实践。这就给那些单独居住和生活不能自我照料的老人居家养老带来极大的不便，导致老人养老质量难以得到提升，也给社会养老带来极大负担。

（三）农村医疗资源和文娱设施缺乏，老人身心健康难以保障

随着年龄的增长，农村地区老人精力不足，身体衰老，患病的概率也较年轻时大大增加。对于他们而言，最大的养老服务需求是医疗卫生的服务。

但从目前实际情况看,由于我国的医疗服务体系尚不完善,医疗资源还比较缺乏,尤其是在陕西农村地区,看病难、看病贵是一个比较突出的现实问题。而出现这些问题主要是因为医疗资源分布不均,相较于城市地区,农村的公共医疗资源相对匮乏,再加上农村的老人经济状况普遍较差,面对高昂的医疗费用,常常是难以负担和承受。与此同时,农村老人对于文化娱乐层面的需求也在不断增加,但是陕西农村地区普遍存在公共娱乐设施投入不足的情况。多数农村文化广场上的健身娱乐设施要么简陋单一,要么毁坏严重、年久失修,失去了供人娱乐健身的功能,这样的公共娱乐设施根本无法满足农村老人最基本的文化娱乐需求。

三 改善陕西农村地区老人养老状况的对策建议

2021年陕西省第七次全国人口普查数据显示,至2020年11月陕西省60岁及以上人口近760万,占全省总人口的19.2%。如果按平均空巢率40%计算,陕西约有空巢老人304万人。在这些空巢老人中,没有退休工资,且高龄贫困、有身体疾病的农村空巢老人占有不小比重。政府农村养老保障的重点要聚焦这部分人,要争取通过3~5年推动,形成政府、社会、家庭齐抓共管的较为健全的农村养老服务体系来保障他们的养老需求。

(一)要建立健全农村养老管理体制

按照民政部办公厅、财政部办公厅《关于组织实施2021年居家和社区基本养老服务提升行动项目的通知》要求,各省市要根据本地区老龄化趋势和老人养老服务需求实际,抓紧完善养老服务机构和设施,力争在所有街道建成具备全托、日托和上门服务等综合功能的养老服务中心,确保90%以上社区建有提供短期托养、上门照护、紧急救援等服务的社区养老服务机构。近年来,随着国家经济的发展,老龄化问题日趋严重,养老服务需求越来越大。对比国家标准,陕西农村养老服务起步晚、欠账多,养老服务现状和国家标准还有非常大的差距,需要我们统筹设计,果断采取有力措施迎头赶上。

首先要进行顶层设计，将农村养老工作纳入社会发展规划。一是要注重统筹城乡资源，在加快推进城市养老水平质量的同时，发挥政府主体作用，全面加大对农村养老的投入，迅速改变农村养老服务滞后现状。二是要在新一轮城镇化发展整体功能定位中将农村养老纳入社会发展顶层设计，将农村养老问题摆在更加突出位置规划落实。三是要制定并实施农村养老工作专项规划。要组织人员对农村养老实际情况进行普查，根据实际情况拟制并实施《农村地区养老专项规划》，力争在"十四五"规划完成时，建成健全的农村养老服务体系。

其次要加强组织领导，形成部门合力解决农村养老问题。一是要发挥领导作用。主要职能部门领导要亲自挂帅把陕西农村养老工作列为民生优先课题，摆在与其他重大民生工程同样的高度，作为经济社会发展考核指标来强力推动。二是相关部门要集体联动，形成合力解决问题。主要职能部门要牵头并协调宣传、发改、财政、卫生、民政、老龄等多个相关部门合力推动陕西农村养老工作的发展。三是要通过活动推广宣传。要通过各种宣传推广方式在全社会广泛开展"农村地区社会养老服务"宣传活动，宣传"敬老爱老助老典型"，形成全社会共抓农村地区养老问题的良好氛围。

最后要培育民间组织，帮助解决涉老问题承接为老服务。一是要普遍成立老年协会，指派专人负责协调老年人大小事宜。二是要普遍建立老年志愿者协会和老年权益保障法律援助会，开展结队帮扶活动，健全志愿者服务的长效机制，加强对农村地区老人的法律援助。三是要普遍兴办老年福利事业发展基金会，吸纳社会闲散资金，拓宽农村老年福利事业筹资渠道；四是要鼓励普遍成立民办非小型的农村敬老院，采取"民办＋公助"模式，发挥社会力量兴办养老的补充作用。

（二）要健全完善农村养老保障机制

目前单纯依靠家庭养老的模式已经不适应城镇化条件下农村地区家庭结构的急剧变化，这就需要逐步建立健全以家庭养老为基础、政府养老为替补、社区日间照料为补充、互助幸福院和敬老院集中供养为支撑、民办养老机构和志愿者服务为补充的复合型农村养老新模式。

首先要继续夯实家庭养老的基础作用。家庭养老是最节约社会成本、最能提高老年人幸福指数的养老方式。我们在建立健全农村养老保障机制的过程中，要继续夯实家庭养老的主力作用。要做到这一点，具体来说：一是要在农村地区大力宣传弘扬中国传统"孝"文化。要通过评选宣传敬老孝老爱老模范等一系列活动，营造"孝老光荣，虐老可耻"的社会舆论导向，不断提高农村地区子女赡养父母的自觉性主动性。二是运用法律手段切实维护老人合法权益。要加强《老年人权益保障法》的宣传，提高老年人自我维权意识，依法惩处家庭内部发生的损害老人权益行为，减少歧视、伤害老人案件的发生。三是要大力发展农村经济。要通过乡村振兴，发展乡村经济，提高农民收入，提高乡村对外出务工人员的吸引力，让青壮年自觉留在当地，恢复传统"养儿防老"生态。

其次要强化政府养老的替补作用。要在依靠家庭养老的基础上，发挥敬老院等养老机构的辅助作用。政府要在积极吸收民间资本的基础上，对农村地区养老机构建设进行一定财政倾斜。一是要有效落实养老机构建设规划。要按照规划和计划要求，有序推进新养老院建设，有序推进旧养老院改造升级，不断提高集中供养床位数量，提高农村老人集中供养率。二是要对敬老院运转实施经费保障。要改变目前大多数农村敬老院需要自筹经费、需要东挪西凑解决经费的窘境，要将敬老院经费纳入地方财政，要给予稳定经费保障，要逐步提高工作人员待遇，不断吸引高素质护理人员，不断提高机构养老质量水平。三是要推行灵活的服务模式。可以根据家庭需要、季节变化及老人习惯等，让老人自由选择养老模式，提高老年人归属感，提升床位使用率。可以在确保农村五保集中供养的基础上，为有需求的农村失独老人和其他老人提供有偿养老服务。

最后要发挥日间照料养老的补充作用。一是要发挥农村社区日间照料功能。要参照城市日间照料模式，发挥农村社区作用，为社区农村老人提供文体娱乐、日间托管等服务，解决农村老人文化活动贫乏和精神空虚问题。二是要发挥农村敬老院的辐射照料功能。要在吸收部分符合条件老人集中养老的基础上，发挥敬老院设施优势和人员优势，为周边临近的农村老人提供无偿或低偿的日间照料服务。三是要发挥互助幸福院日间照料功能。互助幸福院既有机构养老的特征，又有居家养老的性质，可以有效实现"政府放心、子女安心、老人开心"的目标。幸福院除保障集中居住的高龄老人互助养老外，还可以同时为附近其他老年人提供日间照料服务。四是要发挥老年志愿者的辅助作用，为行动不便的老年人上门提供日间照料服务。

（三）要强化健全农村养老的保障措施

要完善农村养老补助政策，提高农村养老保障水平。一是对失能、半失能老人及家庭进行补助。农村的失能老人和半失能老人，因为照料难度大，需要投入精力多，往往被养老机构拒绝接收，主要还是依靠家庭照料。而这些家庭因为老人的治疗和照料花费较多，家庭经济往往比较紧张，他们亟须政府给予一定的补助资助来减轻家庭养老经济负担。对于这些家庭，要吸收借鉴全国其他省份的做法，在财政允许的范围内，给予他们每人每月一定的护理补贴，从而切实减轻家庭经济压力，提高失能及半失能老人的养老质量。二是对入住敬老院老人进行补助。职能部门要降低农村敬老院入住门槛，充分利用现有床位资源，对独居、家庭养老困难但生活能够自理并有意愿入住农村敬老院的高龄低保老人给予一定的财政补贴，使他们能够担负起到敬老院养老的供养标准，实现集中供养。三是对社会爱心人士兴办的家庭敬老院进行补助。政府职能部门要按供养老人数量给予家庭敬老院每床一定金额的一次性补助，调动社会爱心人士、社会闲散资金参与到家庭养老中来。同时，也要按照公办敬老院标准给予入住家庭敬老院的老人生活补助。四是对入住互助幸福院老人进行补助。可以考虑由市、县、镇、村四级统筹，对有意愿入住幸福院集中养老或日间照料的高龄低保老人给予每人每天一定金额的生活补助，调动老人入住的积极性。

（四）要提高医疗服务改善农村老人健康水平

农村地区医疗服务水平对提高农村老人的生活幸福指数有较大影响，因此陕西省政府必须积极作为，不断提高农村地区医疗服务水平。一是要适当提高农村老人药品报销范围和医药费报销比例，将老人常见慢性病尽可能多地纳入新农合报销范围，减轻农村地区老人看病就医压力。二是要逐步提高农村老人的大病医疗救助报销比例。要建立省、市、县配套的医疗救助配套措施，根据各地经济发展状况，逐步提高农村老人患大病的医疗救助的限额。让老人在治疗大病期间，家庭经济状况不至于急剧恶化，为老人后期养老减少后顾之忧。三是要提升农村老人日常医疗保健服务质量。要利用城市优质医疗资源，定期开展下乡送医活动，为农村老人上门送医送药。要定期开展预防疾病知识宣传活动，提高农村地区老人自我保健意识、定期检查意识、及时就医意识，降低老人患病概率。

（五）要根据实际分类实施养老政策

从实际情况看，本次调查所选取的关中、陕北、陕南三地的农村地区的生活环境、经济发展水平、风俗习惯等都各不相同，即使同一地域，村落结构和经济状况、独居老人的数量都各有差异，这就需要各地区立足实际，积极探索适合本地区老人实际需要的养老模式。一是针对关中农村地区村落人数较多并且集中、经济状况较好并且交通便利的特点，积极推行互助养老模式。在建设大型互助幸福院的基础上，配合农村社区日间照料，解决农村老人的养老问题。二是针对陕北农村地区居住相对分散、交通不便但整体经济水平较好的特点，积极推行民办公助养老模式。由政府购买社会开设的家庭互助幸福院的养老服务为需要照料的老人提供养老保障服务，确保老人享受高质养老服务。三是针对陕南农村地区村小人少、居住分散、交通不便、经济困难家庭数量多的特点，积极推行日间照料养老服务，减少家庭的后顾之忧。

参考文献

田月、杨福军:《网络舆论监督的作用》,《辽宁工程技术大学学报》(社会科学版) 2013 年第 4 期。

宋艳艳:《江苏农村互助—自助养老的现实困境与对策分析——基于中国儒家传统互助文化视角》,《改革与开放》2020 年第 1 期。

张芳:《农村养老存在的问题及对策分析》,《农业教育研究》2019 年第 4 期。

方静文:《从互助行为到互助养老》,《中南民族大学学报》(人文社会科学版) 2016 年第 5 期。

刘妮娜:《自治和共治:互助式养老的体现与诠释》,《中国社会工作》2019 年第 2 期。

B.5 陕西省社区智慧健康养老服务发展状况及对策研究

韦艳 杨丽红 王欣宇*

摘 要： 推动社区智慧健康养老服务发展是促进陕西省智慧健康养老产业高质量发展的重要手段。专项调查发现，老年人希望通过社区来了解智慧健康养老信息和参与培训的意愿较高，半数以上老年人不愿购买智慧健康养老服务或产品，主要原因在于操作能力不足及对互联网存疑；智慧健康养老服务普及与应用不足且现有推广渠道较为传统；社区拥有的养老机构数目少且无法满足不同健康状况老年人的需求；试点示范街道依托社区提供了各具特色的智慧养老服务，为完善社区居家养老体系树立了良好的典范。本文提出对策建议包括：完善顶层设计，加大服务供给；创新推广方式，加快信息无障碍建设；提升服务品质，满足个性化需求；加强队伍建设，完善养老服务体系。

关键词： 人口老龄化 智慧健康养老 养老服务体系 陕西省

一 引言

党的十九届五中全会发布的《中共中央关于制定国民经济和社会发展

---

* 韦艳，博士，西安财经大学统计学院教授，省政协参政议政人才库特聘专家，研究方向为人口与可持续发展；杨丽红，西安财经大学统计学院硕士生，研究方向为经济统计；王欣宇，西安财经大学统计学院硕士生，研究方向为社会统计。

第十四个五年规划和二〇三五年远景目标的建议》强调我国要实施积极应对人口老龄化战略，并提出新发展阶段要以促进服务业繁荣发展为主题，以提升便捷度和改善服务体验为导向，推动生活性服务业向高品质和多样化升级，为满足老年人日益增长的养老服务需求提供根本保证。同时，要推动养老领域数字化服务普惠应用，构建家庭社区机构相协调、医养康养相结合的养老服务体系，持续提升老年人幸福感与获得感。

据国家统计局数据，截至2020年底，陕西省60岁及以上人口已达760万人，占全省总人口的19.2%，高于全国0.5个百分点，其中，65岁及以上人口占全省总人口的13.3%，人口老龄化程度也与全国平均水平基本持平。10年来，陕西省老龄化程度不断加深，60岁及以上人口的比重提高了6.35个百分点，增幅高于全国0.91个百分点，其中，65岁及以上人口的比重提高了4.79个百分点。分地区看，7个市（区）65岁及以上人口比重超过全省平均水平，其中，汉中、宝鸡、渭南和咸阳等地的65岁及以上人口比重超过15.0%，即已进入中度老龄化社会。同时老年人慢病患病率居高不下，带病生存寿命不断增长。民政部和国家卫健委等部门统计，我国目前大约有4000万失能、半失能老年人，且老年人大约有8年时间处于带病生存状态。随着老龄化程度的加深，家庭规模趋于小型化，家庭结构趋于核心化，养老服务市场需求空间不断扩张，而传统养老服务模式不足以应对老年人服务需求多元化升级。因此，为提高服务效率和服务品质，减缓陕西省老龄人口的长期照护压力，亟须在新发展阶段加快发展智慧健康养老服务。

我国目前确立了以家庭养老为基础、社区服务为依托、机构养老为补充的居家养老服务格局，即"9073"格局。智慧健康养老借由互联网、人工智能、物联网等信息化技术更新了老年人与子女的互动机制，且可实现养老服务资源合理整合与配置。这是传统养老模式的延伸与发展，也让居家养老的"家"不再是一个简单的物理空间。随着家庭、社区和机构之间的界限逐渐模糊，老年人的需求也将与国家、社会和市场资源连接在一起，使得老年人足不出户就能享受到高质量的养老服务。我国当前培育了一大批医养康养结合机构、虚拟养老院、社区嵌入式养老服务机构以及社区综合为老服务中心等新兴业态。在国家公布的四批智慧健康养老应用试点示范名单中，陕西省有30家单位成功入围，在全国533个入选项目中占比达到5.63%。在国家2018年和2020年发布的两批次智慧健康养老产品及服务推广名单中，陕西省也有5家单位入选。这为打造陕西省现代化智慧健康养老服务奠定了基础，也提供了新动能。

为全面了解陕西省智慧健康养老服务发展状况，推动养老服务业快速发展，陕西省工信厅、民政厅和卫健委于2020年1~12月联合进行了陕西省"智慧健康养老产业发展"专项调查。本课题组也围绕陕西省各地市进行了问卷调查和质性访谈，其中问卷调查涉及老年人家庭、社区与机构层面的智慧健康养老产品与服务需求情况，共回收有效问卷739份；质性访谈主要是对各地政府部门与相关企业进行，涉及智慧健康养老服务发展的问题和建议等。

二 陕西省社区智慧健康养老服务应用现状

为深入研究陕西省社区智慧健康养老服务的发展现状，本文主要从老年人及其子女对智慧健康养老服务感知情况、社区及机构供给情况和应用试点示范街道情况等三方面来分析。其中，前两项对本文的微观调查数据进行分析，最后一项从陕西省入围国家级应用试点示范的单位中选择代表性街道来分析。

（一）老年人及其子女对智慧健康养老服务感知情况

1. 老年人月收入水平整体较低，已婚老年人月收入状况相对较好

老年群体月收入水平总体较低，以中低收入为主。从整体上看，老年群体的月收入不高，以1000元以下、1000~1999元及2000~2999元为主，三者总体占比接近七成。其中，月收入在2000~2999元的已婚老年人占比最高，为25.2%，而对于丧偶和离异老年群体，二者均在月收入1000元以下的占比最高，分别为31.0%和56.2%（见表1）。并且已婚老年群体月收入的分布状况相对均衡，而丧偶和离异的月收入分布差异较大，这表明老年人婚姻状况对其经济状况的影响较大,并且间接影响着老年人对智慧健康养老服务的购买和使用意愿,因此政府可以针对性地提高基础性供给。

表1 老年人婚姻状况与月收入情况

单位:%

月收入	婚姻状况			总计
	已婚	丧偶	离异	
1000元以下	18.6	31.0	56.2	23.4
1000~1999元	21.1	26.3	12.5	22.5
2000~2999元	25.2	21.1	12.5	23.6
3000~3999元	15.7	11.7	0.0	14.1
4000~4999元	10.7	6.0	6.3	9.2
5000元及以上	8.7	3.9	12.5	7.2

资料来源:2020年陕西省"智慧健康养老产业发展"调查。

2. 老年人希望通过社区来了解信息,参与培训的意愿较高

社区成为老年人希望去学习智慧健康养老相关知识的主要途径,并且多数老年人愿意参加各类相关培训。"社区工作人员"是老年人希望获取相关知识信息的首要途径,占比为32.0%。其次是"专业养老服务人员"和"社区工作志愿者",占比分别为22.2%和20.5%。同时,17.7%的老年人希望通过子女的帮助来学习,而作为与智能服务和产品距离最近、了解最多的设备厂商或服务商,希望通过他们来学习相关知识的老年人占比不到一成。超过五成的老年人很愿意通过与智慧健康养老相关的电子设备(智慧健康养老)、政府培训讲座和社区技能培训来学习和了解智慧健康养老服务。这表明社区是老年人了解相关知识的首要渠道,且老年人对信息化智能技术培训课程的学习意愿较高(见表2)。

表2 老年人学习智慧健康养老服务和产品的途径及意愿

单位:%

项目	内容	比例
学习途径	社区工作志愿者	20.5
	社区工作人员	32.0
	设备厂商或服务商	6.9
	专业养老服务人员	22.2
	子女	17.7

续表

项目	内容	比例
学习意愿	电子设备（智慧健康养老）	57.5
	政府培训讲座	58.0
	社区技能培训	56.4

资料来源：2020年陕西省"智慧健康养老产业发展"调查。

3. 半数以上老年人不愿购买智慧健康养老服务或产品，主要原因为操作能力不足及对互联网存疑

多数老年人不愿购买智慧健康养老服务，仅48.5%的老年人愿意购买智慧健康养老服务。老年人不愿购买的原因多样化，主要原因在于操作能力不足及对互联网存疑。将老年人不愿购买的因素归结为三个方面，分别是安全感知、有用感知和个人能力。（1）从安全感知方面来看，有42.7%的老年人担忧支付手段安全性的问题，认为此智能服务或产品存在支付手段不安全的情况；有39.6%的老年人还对网络存在疑虑，认为网络不靠谱。（2）从有用感知方面来看，老年人对智慧健康养老服务或产品提供的各项功能相对满意，可见有用感知不是影响其购买意愿的主要因素。（3）从个人能力方面来看，44.5%的老年人是由于自身对相关服务或产品的操作能力不好，阻挡了其对智能服务的使用与追求（见表3）。可见，老年人对目前已有的智慧健康养老服务或产品的购买意愿一般，且未来产业需聚焦于如何让老年人更好地操作相关智能产品以及打消其对互联网的疑虑。

表3 老年人不愿购买智慧健康养老服务或产品的原因

单位：%

愿意情况	安全感知			有用感知			个人能力			
	网络不靠谱	支付手段不安全	个人隐私没保障	未提供需要服务	不喜欢智能产品	社区远不方便	使用效果不好	身体健康状况下降	操作能力不好	支付能力不够
不同意	15.7	18.0	14.0	29.9	24.2	26.4	21.6	35.1	12.7	19.7
一般	44.7	39.3	40.5	48.0	40.7	41.6	50.1	39.3	42.8	37.5
同意	39.6	42.7	45.5	22.1	35.1	32.0	28.3	25.6	44.5	42.8

资料来源：2020年陕西省"智慧健康养老产业发展"调查。

4. 子女对智慧健康养老服务或产品的了解程度一般，大多数购买意愿不强

超过半数子女不了解智慧健康养老服务或产品，其是否会购买服务或产品也视情况而定。从子女对智慧健康养老服务或产品的了解程度来看，了解程度越高，其购买的比例和支持老年人购买的比例就越高。同时对于不了解和了解程度一般的子女而言，绝大部分人会选择看情况购买，在支持其父母购买方面也多选择视情况而定（见表4）。这些均表明对老年人的子女进行智慧健康养老方面专业知识的普及是有必要的。

表4 子女对智慧健康养老的了解程度及购买意愿

单位：%

子女了解程度	购买意愿			总计	支持老年人购买			总计
	是	否	看情况		是	否	看情况	
不了解	27.0	27.8	45.2	43.8	31.0	25.1	43.9	43.8
一般	59.2	10.6	30.1	45.7	64.7	7.4	27.9	45.7
了解	64.6	10.8	24.6	10.5	67.7	9.2	23.1	10.5

资料来源：2020年陕西省"智慧健康养老产业发展"调查。

（二）社区及机构供给情况

1. 精神慰藉和生活照护服务需求相对较多

老年人的服务需求多元化，且主要集中在精神慰藉和生活照护方面。就社区八助服务总体情况来看，老年人最需要的服务是精神慰藉，占比为42.2%，其次是助餐服务，占比为27.8%（见表5）。对于八助服务具体形式来说，上门助浴的服务形式更受老年人欢迎，占比为71.4%；老年人最常使用的助行服务中陪诊和陪同户外散步的占比相差不大，分别为45.3%和48.9%；老年人更喜欢送餐上门的助餐服务形式，占比为47.1%；78.3%的老年人更喜欢个人卫生方面的助洁服务，如理发等；有44.2%的老年人更希望有人陪同聊天；对于助医服务，有86.5%的老年人更喜欢在社区医院就医（见表6）。可见上门助浴、陪诊、陪同户外散步和送餐上门等服务深受老年人喜爱。

表5 八助服务情况

单位：%

项目	内容	第一所需服务	第二所需服务
老年人所需服务	助餐服务	27.8	5.6
	精神慰藉	42.2	11.2
	助洁服务	10.0	24.7
	助浴服务	1.1	4.5
	助行服务	3.3	10.1
	助急服务	6.7	22.5
	助医服务	7.8	18.0
	康乐服务	1.1	3.4

资料来源：2020年陕西省"智慧健康养老产业发展"调查。

表6 更受老年人欢迎的八助服务形式

单位：%

项目	内容	比例
哪种助浴服务更受欢迎	外出助浴	28.6
	上门助浴	71.4
哪种助行服务更受欢迎	陪诊	45.3
	陪同购物	5.8
	陪同户外散步	48.9
哪种助餐服务更受欢迎	集中用餐	24.7
	送餐上门	47.1
	上门做餐	28.2
哪种助洁服务更受欢迎	集中洗衣	11.6
	个人卫生(理发等)	78.3
	上门洗衣	10.1
哪种康乐服务更受欢迎	康复指导	20.9
	康复锻炼	34.9
	陪同聊天	44.2
哪种助医服务更受欢迎	家庭病床	13.5
	社区医院	86.5

资料来源：2020年陕西省"智慧健康养老产业发展"调查。

2.智慧健康养老服务普及和应用不足且现有推广渠道较为传统

社区/养老机构所提供的智慧健康养老服务较少，仅有12.1%的社区/养老机构能提供智慧健康养老服务，此外，还有超过半数的老年人不清楚社区是否提供这类服务（见表7），这表明相关部门还需加强对智慧健康养老服务的推广和普及。

智慧健康养老推广方式中，传统推广仍是主要渠道。目前智慧健康养老的推广方式中，大多是社区宣传，占比为54.5%，其次是网络媒体和报刊书籍，二者占比分别为27.3%和18.2%（见表7）。社区和报刊书籍宣传的方式比较接近老年人的生活圈，但如今随着网络的进步，互联网、公众号和视频号等新媒体正在不断融入老年人的生活，如果将智慧健康养老的推广更多放在线下，对于一些外出不方便或者长期在家中休养的老年人起不到有效的推广作用。因此，智慧健康养老的推广应做到线上线下相结合，并根据当地特点制定个性化宣传方案。

表7　智慧健康养老推广方式

单位：%

项目	内容	比例
是否提供智慧健康养老服务	是	12.1
	否	31.0
	不清楚	56.9
智慧健康养老推广方式	网络媒体	27.3
	报刊书籍	18.2
	社区宣传	54.5

资料来源：2020年陕西省"智慧健康养老产业发展"调查。

3. 社区内个性化健康管理服务反馈最好但供给相对较少

对于六类智慧健康养老服务来说，生活照料类服务在社区内的分布更广，有45.1%的社区拥有此项目，而个性化健康管理服务仅分布在12.3%的社区。同时，调查涉及的智慧健康养老服务项目的实施情况都较好，其中个性化健康管理评价最好，在62.5%的社区中实施情况良好，其次为慢性病管理，占比为59.3%。并且，老年人对大部分服务项目的反馈也不错，尤其是个性化健康管理，有62.5%的老年人认为服务效果好，故社区可以适当增加个性化健康管理服务项目（见表8）。

表8 智慧健康养老服务供给情况

单位：%

智慧健康养老服务项目	是否有		实施情况			服务效果		
	是	否	好	一般	差	好	一般	差
慢性病管理	26.3	73.7	59.3	40.7	0.0	53.8	46.2	0.0
居家健康养老	18.1	81.9	50.0	50.0	0.0	45.0	55.0	0.0
个性化健康管理	12.3	87.7	62.5	31.3	6.2	62.5	31.3	6.2
生活照料	45.1	54.9	57.1	42.9	0.0	57.1	40.5	2.4
养老机构信息化服务	28.0	72.0	50.0	50.0	0.0	50.0	50.0	0.0
互联网健康咨询	28.4	71.6	41.4	55.2	3.4	31.0	62.1	6.9

资料来源：2020年陕西省"智慧健康养老产业发展"调查。

4. 社区内养老机构数目少且无法满足不同健康状况老年人的需求

社区内拥有的养老机构数目较少且类型不够丰富，其提供的服务也无法满足老年人的个性化需求。社区内拥有1家、2家养老机构的情况较为普遍，占比分别为37.7%和55.7%，其中养老院（敬老院）和日间照料中心数目较多，占比均超过30%，其次是老年公寓和福利院。在调查到的拥有3家及以上养老机构的社区中，可以看到老年公寓比较受欢迎（见表9）。但以上提及的养老机构均向正常或需要轻度照护的老年人提供养老服务，而向中度或重度不能自理的老年人提供服务的养老机构（如护理院）占比不足一成。以上表明社区内养老机构的类型多样性不足，并且对身体健康状况较差的老年人还无法完全满足其照护需求。

表9 社区养老机构类型及分布情况

单位：%

养老机构数量	最大的养老机构					总计
	福利院	养老院（敬老院）	老年公寓	护理院	日间照料中心	
1家	4.3	43.5	8.7	0.0	43.5	37.7
2家	2.9	32.4	23.5	2.9	38.2	55.7
3家及以上	0.0	0.0	100.0	0.0	0.0	6.6

资料来源：2020年陕西省"智慧健康养老产业发展"调查。

（三）示范街道服务情况

陕西省智慧健康养老产业发展具有较好的基础，并呈现出快速发展的势头。在 2020 年第四批智慧健康养老应用试点示范名单发布后，陕西省目前共有 30 家单位成功入选，其中示范街道共 18 个，本文分别选择陕北、关中、陕南具有代表性的国家级试点示范街道进行介绍。

1. 陕北榆林市靖边县张家畔街道的智慧爱老服务

陕西省榆林市靖边县张家畔街道位于靖边县城所在地，其中 60 岁及以上人口占总人口的 15.8%。该街道先后通过与驻地单位共驻共建、与专业养老机构合作服务等形式，建立了大数据智慧健康养老平台，并设立日间照料、老年餐桌、文体娱乐、代购代买、康养理疗和心理咨询等基础服务项目，形成"互联网+大数据+智慧健康养老"的新模式，取得了良好的社会反响。该街道依托 14 个社区居家养老服务站和 2 个专业养老服务机构，整合线下医疗健康机构、文化娱乐机构和生活服务机构等，主要为居家老年人提供生活照料、医疗保健、精神慰藉和文化娱乐等服务，为居民带来"居家智慧健康养老"的便利。同时，该街道积极响应政策号召，大力支持靖边县颐靖轩居家养老服务中心、靖边县爱心老年公寓和靖边县夕阳红日间照料中心的建设。并积极采用智慧化手段，通过智慧健康养老大数据平台、便携式上门查体随诊包、生命体征监测仪、智能血压计、智能血糖仪、智能定位一键急救手环"孝心手环"和呼叫器"一键呼叫"等手段为辖区老年人提供智慧健康养老服务，确保了老年人的身心健康。

靖边县张家畔街道重视养老服务的创新。一是打造覆盖范围内线上"15 分钟"便民生活圈。"15 分钟"便民生活圈建设是社区规范化建设的一项重要内容，同时也是关注民生和切实提高社区居民生活质量的重要举措。为了进一步推进"15 分钟"便民生活圈建设，完善社区服务体系，让广大居民享受社区建设带来的便利，政府结合该街道的养老现状，推动多方合作，挖掘第三方养老服务产业资源，打造线上"15 分钟"便民生活圈。二是紧贴政府政策，打造线下"慈善爱心超市"。目前，各社区居家养老服务中心相继开办"慈善爱心超市",依托专业养老服务机构联合多个签约合作伙伴在多个区域实现。该项目可以让老年人通过参与家庭环境卫生和扶贫政策问答等评比活动获得积分,有尊严地兑领所需物品。三是打造志愿者"时间银行"互助养老模式。该街道居家养老服务中心利用大数据平台打造时间银行的"互联网+养老"模式,鼓励有劳动能力的老年人参加志愿服务,然后把志愿服务时数存入"时间银行",自己有需要时就可以兑换支取。此举是养老服务的创新模式,通过以老助老既缓解了政府部门的压力,也让更多老年人实现了老有所为、老有所养和老有所乐,同时在一定程度上也缓解了该街道养老服务的压力。

2. 关中西安市新城区解放门街道的智慧敬老服务

解放门街道位于新城区的城中位置,其中60岁及以上人口占总人口的14.76%,且独居老年人多。街道结合地区医疗资源丰沛和养老机构成熟的优势,积极探索建立"1+1+1+N"(一个支点,即医养结合;一个基地,即街道养老服务中心;一个平台,即智慧管理平台;N,即多层次的老年分阶、多维度的服务供给和多元化的参与群体)的养老服务模式,开展为老服务。解放门街道现有综合养老服务中心,下设微型养老站、营养配餐中心、老年大学和心理咨询室等服务部门,以满足老年人的不同需求。其中微型养老站由街道孵化的社会组织新城区爱心护理院运营,分为接待区、日间照料区、中医理疗区、康复训练区、阅览区和文化娱乐区六个部分。营养配餐中心费用标准经过精细核算,在保证食品质量的同时,还能确保企业长期经营。老年大学根据居民需求开设了书法和烘焙等免费课程,还开设了太极和舞蹈等13门收费课程,为老年人提供多项兴趣培训,丰富了其业余生活。

解放门街道将重点放在养老服务模式及服务拓展能力等方面的创新。一是在服务上的创新。解放门街道创建综合养老服务中心,并配套便民服务中心、居民活动中心和心理咨询室等,为老年人提供集餐饮娱乐、医疗健康和政策咨询办理等全方位服务。街道在社区安排老龄工作专干,专门负责老年人工作,建立老年人数据库并及时更新,将有服务需求的老年人与综合养老服务中心对接，将餐饮服务、医疗健康服务、文化娱乐服务和政策咨询办理服务等第一时间送到老年人身边。二是在模式上的创新。解放门街道以应用智能手表、生命体征监测垫、红外生命体征仪、日照中心（微型养老站）管理一体机和PASESA动脉硬化检测仪等五类智能设备搭建解放门社区"六位一体"智慧居家养老信息服务系统，实现居家老年人、平台、医师和亲属之间远程视频通话，对老年人健康情况进行咨询指导，全天候为老年人提供紧急医疗支援、信息查询、远程医疗、老年人健康监测和社区服务等服务项目。三是在服务拓展能力上的创新。街道建立营养配餐点，为辖区外有需求的老年人提供服务，拓展了服务范围。并发挥解放门社区"六位一体"智慧居家养老信息服务系统的作用，应用视频设备和智能医疗设备提供远程问诊服务。医生通过视频连线与老年人面对面问诊，智能设备将老年人的生理指标传到医生的电脑上，医生依据交流沟通和生理指标情况实现远程问诊。

3. 陕南汉中市汉台区老君镇的智慧为老服务

陕西省汉中市汉台区老君镇，60岁及以上老年人占全镇总人口的22%。近年来，老君镇紧盯智慧健康养老发展趋势，建立"一社区、两平台、五中心、六产品、六服务"的智慧健康养老体系。通过向老年人提供智能化健康医疗检测设备与可穿戴设备，采用云计算、移动互联网和物联网等先进的信息技术，构建老年人健康信息管理云平台和"互联网+智慧养老"生态圈，发挥数据创新潜能，为老年人提供慢性病医治和健康预防等方面的咨询建议和服务。目前，老君镇针对政府、养老机构、村（社区）和个人的养老服务体系已基本搭建，且具有齐全的智慧健康养老服务系统、健全的智慧健康养老医疗服务体系及优质的AI全科服务能力。老君镇建立了无偿服务、低偿服务、有偿服务、义工服务和社会力量认购服务等模式，同时搭建辖区智慧健康养老服务信息平台，完成辖区60岁及以上老年人的健康档案登记，协助辖区社区居家养老服务中心、养老服务组织、养老服务机构、爱老幸福食堂和日间照料中心智慧化升级。

老君镇将养老服务的重点放在信息服务技术、智慧养老产品和养老服务体系的创新上。一是全面应用的信息服务技术。老君镇结合智慧健康养老要求,加大与企业合作力度,率先在汉台区推出智慧健康养老,积极推进信息技术在养老领域的应用,建成智慧健康养老生活服务中心平台,覆盖辖区内80%以上养老服务对象,实现了养老服务轨迹化管理,基本构建了以居家为基础、社区为依托、机构为支撑、医养相结合的多层次养老服务格局。二是种类多样的养老服务产品。依托大数据信息平台,将辖区内各村(社区)和养老服务机构设施统一集中设置,统筹为老服务资源,提供多样化服务,方便群众办事,有效实现了"网格化智慧养老,一站式服务老年人"功能。三是健全完善的养老服务体系。老君镇联合社会优质资源,以完善的信息管理系统和专业的家庭服务团队为基础,实现个人、家庭、村(社区)、机构与健康养老资源的有效对接和优化配置,推动了健康养老服务智慧化升级,提升了智慧健康养老服务质量效率水平,加快了地区智慧健康养老产业发展,规范了服务标准、服务体系和服务模式,建立起"生有希望、老有所养、病有所医"的全周期智慧健康养老体系。

三 陕西省智慧健康养老服务业发展的对策建议

本文依据上述对陕西省智慧健康养老服务现状的分析,提出具体对策建议如下。

(一)完善顶层设计,加大服务供给

政府应全面深化体制机制的改革与创新,建立科学的顶层设计的统筹协调机制,让政策举措实现可操作、可落地,为加快智慧健康养老服务建设提供坚实的基础,具体可从以下方面实施。一是加大政府购买力度,提高智慧健康养老服务的普遍性基础供给,并对不同需求的老年人采取全面智慧服务,以此推动智慧健康养老服务的应用。可通过可穿戴智能设备终端对老年人基础信息进行采集,监测老年人生命体征,并布局一键紧急求助按钮,保障老年人基础生理安全需求。二是建立和完善系统的监督管理体系与评估机

制，应形成行业监督管理机制，规范市场行为，确保市场良性运转。同时完善现行运营补贴政策，建立公平公正的补贴机制，做到可追根溯源、有账可查，且不可篡改，提升社会资本的积极性与效率。三是加强产业标准体系建设，并着力保障老年人信息安全。政府应建立统一的标准体系，包括产品研发技术标准、养老服务标准、质量标准、信息共享与安全标准等，完善设立相关法律法规及监管机制，保障老年人的私人信息不被泄露与恶意利用。

（二）创新推广方式，加快信息无障碍建设

智慧健康养老服务的对象是老年群体，因此培育老年人智慧健康养老的观念是必不可少的一个环节，进而提高老年群体的消费能力，推动现代化服务业转型升级。一方面，政府应及时向社会进行成果展示，以养老机构、医疗机构和社区服务中心为依托，通过各种新闻媒体进行宣传推广；另一方面，政府或企业应定期开展讲座，教授老年人信息技术。也可以采取健康教育、健康促进的方式，持续性地对老年人不健康的生活方式进行评估，并提出针对性的健康管理方法，控制各类疾病的发生[1]。这不仅能提高老年人的生活质量，也能让老年人更积极地对待智慧健康养老。应线上与线下相融合，传统与新兴相结合，创新推广方式，通过各大平台加大宣传力度，营造智慧健康养老氛围，提高全社会对其内涵及优势的认知。

（三）提升服务品质，满足个性化需求

企业应精准定位产业需求，提升自身的创新创造能力。企业应尽快研发出满足老年人多元化需求的产品，并完善基础产品对老年群体的覆盖，打造出属于自己的优质智慧健康养老品牌。同时应尽力捕捉老年人需求的动态变化趋势，为老年人提供个性化可定制服务。企业还可以定期进行成果介绍与

---

[1] 白忠良、杨静、梅光亮、陶生生、陈任、秦侠、胡志：《我国健康老龄化事业的 PEST 分析》，《中国卫生事业管理》2018 年第 3 期，第 161 页。

展示，加深老年人对智慧健康养老的了解与信任。针对价格较高、需求度高且流动性不强的产品，政府可以采用租赁的方式制定推广目录，合理定价，并利用社区场地资源，设置租赁共享使用点，解决老年人经济能力不足的问题，同时制定相关管理办法，尽量降低产品折损率。政府应以老年人需求为导向，积极提高服务和产品的覆盖率，引导和推动技术与服务齐头并进，加快服务向个性化和专业化转型升级。

（四）加强队伍建设，完善社区居家养老服务体系

社区养老是家庭和机构养老的最佳结合点，陕西省居家养老服务体系需以社区服务为依托，引入机构化专业化养老服务，打通老有所养"最后一公里"。具体可建设"菜单+清单"式居家养老服务，推行家庭养老床位签约制，老年人可以根据自己的需求签约不同的服务项目，达成专属的服务定制清单；可推动政企合作，鼓励社会力量兴办养老机构，共建15分钟养老生活圈，为老年人提供便利的养老服务；可以社区为依托，开展"义工银行""银龄互助""邻里守望"等互助养老活动，促进形成多方参与的智慧健康养老服务主体。应通过政策引导和社会支持，提升人员的工资待遇和社会声望，降低产业人才流动率。同时应壮大社区基层养老服务人才和养老服务志愿者队伍，注重培育和扶持相关社会公益组织及慈善机构，鼓励更多人加入队伍。

B.6
2021年陕西民办教育发展报告

王晓勇　王曼利　王　雅　王玉玲*

摘　要： 2020~2021年，在省政府的扶持和引导下，陕西民办学校数量稳中有增，办学目标更加明确，管理手段更加先进，教学方法更加科学，教学水平不断提高，为缓解本省就业和求学压力，服务地方教育、经济和文化发展做出了较大贡献。但同时，陕西民办教育也存在办学定位模糊、多变，办学资金相对匮乏，教师工作压力大、发展平台低，高校毕业生就业平台低、就业面窄等问题。该报告建议陕西民办学校应在国家教育法规和陕西省政府的正确引导下，树立科学的办学理念，端正办学态度，多方位拓宽融资渠道，提高教师薪资待遇，全方位营造尊师重道的校园氛围，增强教师的归属感和荣誉感，同时，应注意拓宽高校毕业生的就业范围，提高就业平台，争取办成令社会、教师和家长满意的高质量学校。

关键词： 民办教育　科学管理　陕西省

迄今，陕西民办教育已有30余年的发展史。陕西地理位置优越，历史文化资源和教育资源丰富，陕西省政府又历来重视教育发展，这些都为陕西

---

* 王晓勇，陕西省社会科学院中国马克思主义研究所副研究员，当代陕西研究会秘书长，研究方向为哲学基础理论与前沿理论；王曼利，文学博士，西安中国画院理论研究员，副教授，研究方向为文艺美学；王雅，西安培华学院人文与国际教育学院讲师，研究方向为外国文学与民俗学；王玉玲，西安培华学院人文与国际教育学院讲师，研究方向为文艺美学。

民办教育提供了良好的外部环境。民办学校办学者锐意进取，民办教师兢兢业业，这些又构成了陕西民办教育发展的内在动力。2020～2021年，陕西民办教育在学校定位、办学目标、基础设施、教师培训、学生培养、校企合作、联合办学等方面取得了较大成绩，学校从规模扩张向内涵建设和特色发展转型。当然，陕西民办教育还存在一定的问题。2021年是我国"十四五"规划的开局之年，陕西民办教育将面临新的挑战和更大的机遇。

一 2020~2021年陕西民办教育发展现状

（一）2020~2021年陕西民办基础教育发展现状

2020～2021年，在省政府的支持下，陕西民办基础教育的发展更为迅速、稳健，办学规模不断扩大，办学实力逐渐增强，办学水平逐步提高。

1. 民办教育政策的制定与实施全面、到位

（1）民办幼儿园总体稳健发展

2020年省教育厅统计数据显示，截至2019年底，全省8048所幼儿园中，普惠性幼儿园6821所，占比超过80%，幼儿"入园难""入园贵"问题得到有效缓解。截至2020年，陕西省有民办幼儿园3913所，比上年减少341所，下降8.02%，在园幼儿700831人，比上年减少127287人，下降15.37%[①]，这主要是因疫情影响，多家民办幼儿园出现资不抵债、生源流失、幼师失业人数增加等问题。为了帮助民办幼儿园减轻疫情带来的负面影响，促进民办学前教育事业稳健发展，陕西省财政厅和教育厅于4月联合印发《关于切实做好民办幼儿园扶持工作的紧急通知》，强调要切实做好对民办幼儿园的扶持工作，具体包括：落实学前教育经费、减免相关费用、减轻房租负担、加大信贷支持、落实资助政策等。

---

① 陕西省教育厅：《2020年陕西省教育事业发展统计公报》，http://jyt.shaanxi.gov.cn/news/tongjinianjian/202107/12/19283.html，最后检索时间：2021年12月13日。

2020年，陕西省全面强化了全省幼儿园的校园安全工作，继续加强对城镇小区配套幼儿园的治理；对幼儿园"小学化"问题继续大力整治，幼儿园办园行为得到有效规范，群众反响好；西安市发改委、市教育局、市财政局与市市场监督管理局等多部门联合发文规范幼儿园收费行为。2021年，陕西幼儿园校园安全工作、学校收费行为、幼小衔接等工作继续有力、深入推进，成效显著。总之，在陕西省政府的引导与保驾护航下，民办幼儿园有据可依，有据必依，总体上受新冠肺炎疫情影响较小，发展状况良好。

（2）民办中小学总体发展状况良好

2020年，陕西省民办普通小学有227所，比上年减少2所，下降0.87%，在校生258623人，比上年增加19413人，增长8.12%[①]。民办普通初中有105所，比上年增加4所，增长3.96%，在校生162171人，比上年增加10553人，增长6.96%[②]。民办普通高中有87所，比上年减少1所，下降1.14%，在校生71547人，比上年减少439人，下降0.61%[③]。民办中等职业学校有79所，比上年减少1所，下降1.25%，在校生71926人，比上年增加6561人，增长10.04%[④]。

截至2021年8月，陕西省普通高中标准化学校共计404所。其中，西安市民办高中27所，宝鸡市民办高中6所，咸阳市民办高中7所，铜川市民办高中1所，渭南市民办高中8所，延安市民办高中2所，榆林市民办高中4所，汉中市民办高中3所，安康市民办高中3所，商洛市民办高中2所，杨凌示范区0所（公办2所）。截至同年8月，陕西省普通高中示范学校共计102所。其中，西安市民办高中3所，宝鸡市民办高中1所，咸阳市

[①] 陕西省教育厅：《2020年陕西省教育事业发展统计公报》，http://jyt.shaanxi.gov.cn/news/tongjinianjian/202107/12/19283.html，最后检索时间：2021年12月13日。
[②] 陕西省教育厅：《2020年陕西省教育事业发展统计公报》，http://jyt.shaanxi.gov.cn/news/tongjinianjian/202107/12/19283.html，最后检索时间：2021年12月13日。
[③] 陕西省教育厅：《2020年陕西省教育事业发展统计公报》，http://jyt.shaanxi.gov.cn/news/tongjinianjian/202107/12/19283.html，最后检索时间：2021年12月13日。
[④] 陕西省教育厅：《2020年陕西省教育事业发展统计公报》，http://jyt.shaanxi.gov.cn/news/tongjinianjian/202107/12/19283.html，最后检索时间：2021年12月13日。

民办高中1所，渭南市民办高中1所，延安市民办高中1所，汉中市民办高中1所。总体而言，陕西民办中小学虽然与公办学校的数量还有差距，但整体办学规模在不断扩大，校园建设持续开展，教学质量也有大幅提高。

陕西民办基础教育是应全省普通家庭追求对低龄段和青少年高质量培养需求而产生的，现已成为陕西省公办基础教育的重要补充。民办幼儿园、民办中小学数量的增加和教学质量的提升，大大满足了普通家庭培养下一代的需要，为学生提供了更加开放和公平的竞争机会，为陕西省培养优秀人才奠定了重要基础。陕西省政府一直将民办教育放在非常重要的位置，这对规范办学行为、科学引导民办教育发挥了关键作用。

（二）2020~2021年陕西民办高等教育发展现状

2020年，陕西省有民办高等学校32所（含独立学院10所），比上年增加1所，增长3.23%，在校生309399人，比上年增加25818人，增长9.10%[1]。2020~2021年，陕西省拥有独立学院10所，民办中等职业学校63所，民办非学历学校36所，民办普通高校32所。民办高校出现分明的强弱对比，其中，西安欧亚学院、西安培华学院、西安外事学院、西安翻译学院和西京学院无论是学校占地面积、馆藏图书数量，还是在校生规模、师资力量都远超其他民办学校。

陕西民办高校基础设施较为完备，教学楼、食堂、图书馆、体育馆、游泳馆、校医院等设施较先进。后勤部门服务质量较高，服务人员态度热情。学校治安良好。图书馆藏量丰富，能较好地满足学生和教师需求。

陕西民办高校办学专业设置较为齐全，基本形成了多学科协调发展的办学格局，职业学校则多以培养实用型和技能型人才为主。如，西安翻译学院以文、商科为主，以外语为特色，多学科协调发展；课程设置侧重实践性。民办学校围绕培养目标进行课程设置，教学方式和考核方式灵活多样。校园

---

[1] 陕西省教育厅：《2020年陕西省教育事业发展统计公报》，http://jyt.shaanxi.gov.cn/news/tongjinianjian/202107/12/19283.html，最后检索时间：2021年12月13日。

文化建设和精神文明建设丰富、多样。

2020~2021年，陕西民办高校始终坚持社会主义办学方向，以立德树人为根本，积极贯彻落实《中华人民共和国民办教育促进法》，与公办院校继续建立对口帮扶关系，较为广泛地开展校企合作，积极开展国内外交流，注重教师教学与科研水平的提升，完善教师评价和激励机制，形成了符合校情的人才培养模式，毕业生就业率较高，为陕西地方经济与文化建设做出了较大贡献。

二 2020~2021年陕西民办教育发展存在的问题

陕西民办教育是陕西教育事业健康和茁壮发展的重要体现，但也凸显了陕西教育存在的一些问题。这些问题需要严肃对待，认真解决。

（一）办学定位模糊、多变

根据《中华人民共和国民办教育促进法》，民办教育应是社会主义教育体系的重要组成部分，《总则》第五条规定，"民办学校与公办学校具有同等的法律地位"。然而，事实上陕西民办学校的处境却十分尴尬。

陕西一些民办高校的专业设置与公办学校相同，但师资力量和办学历史及经验却与公办学校有较大差距，这导致民办高校只能以"新颖"专业和高就业率等吸引学生。某些民办学校为了吸引学生入学，办学定位变动较随意，专业设置随市场而动，缺乏稳定性。

办学定位的模糊、多变，迫使民办高校教师偏重追求"吸引学生目光"，追求所谓"多样化教学手段"，其结果往往是教学手段华而不实，忽略了对学生基础知识的夯实。很多民办学校在侧重综合性基础知识的灌输和偏重应用型发展之间摇摆不定，表面定位为综合类高校，却将学校办成了"职业技术学校"。

陕西一些民办学校创办者在办学初将学校定位为"国内一流"乃至"世界

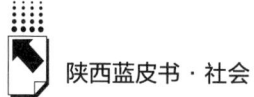

"一流"学校,这个定位本身就存在偏差。还有一些民办学校创办者并不懂教育,甚至根本未从事过民办学校的教育工作,而是从经济利益出发,其结果是办学随着市场走,随着风潮走,缺乏符合校情、学情和学校实力的办学特色。

(二)办学经费相对短缺

目前,陕西省民办学校的经费基本来自学费,其他渠道的收入来源很少,尽管省政府从2012年开始每年拨付3亿元专项资金扶持陕西民办高等教育,然而,这笔资金其实只是杯水车薪,多数民办高校还是要靠学费来运转,而仅仅依靠学费促进民办学校发展是很困难的。

陕西民办幼儿园动辄人均每月千元左右的托费仍难以覆盖其办园成本,而且民办幼儿园也不可能任意或持续性提高幼儿托费,因为这样会激发家长与社会的不满。陕西民办中小学的收入主要也是来源于学费,而政府规定小学学费6年内不能调整,这无形中影响了民办学校的收入,国家实行的义务教育免杂补政策也导致民办学校的办学成本增加。一些民办中小学和幼儿园为了吸引学生,在校舍和硬件设施上投入重金,结果却导致办学成本更高。陕西一些民办高校为了增加收入,往往以牺牲入学考试质量换取更多数量的学生入学。入学后的学生基础知识薄弱,素质偏低,学习动力弱,课堂纪律差,无论教师的教学态度和质量如何,学生始终无动于衷。民办学校教师因此缺乏工作动力,出现职业倦怠,教与学之间形成恶性循环。

(三)管理体制有待改进

陕西省民办学校往往是主要出资人、法人代表、校长和董事长诸权集于一人。这种领导体制和权力架构容易使办学者将"民办学校"与"私人学校"画等号,将学校视为个人私有财产,将学校其他领导、管理人员和教师看作雇佣者。一些民办学校在学校事务上是办学者的"一言堂",学校缺乏公开和平等交流氛围;在财务制度上实行"一支笔"的管理方式,办学者独揽学校财政大权,财务制度形同虚设。总之,陕西一些民办学校办学者将学校视为企业，一味控制成本和追求利润最大化，违背了学校运行的规律，极大地影响了学校发展。

（四）教师缺乏被认同感

首先，社会对民办教师依然存在偏见，这导致民办教师在公办教师和公务员面前自觉"低人一等"。而一些民办学校的逐利行为导致学校一切以学生为中心，学生的问题是首要问题，教师和教学工作放到其次。因此，民办高校教师在学校事务上没有发言权，学生也有不尊师重道现象发生，这都挫伤了民办教师教学的积极性。

其次，民办教师待遇相对较低，生活缺乏安定感。陕西民办幼儿园教师工资普遍偏低，幼儿教师缺乏养老保险和医疗保险等保障，导致幼儿教师的职业认同感较低。一些民办高校教师工资发放方式借鉴了企业做法，每月工资发放 70%~80%，年底视绩效完成情况再发放剩余工资。民办学校教师的养老保险往往按低标准缴纳，这导致民办教师的退休金只能是公办教师退休金的 50% 甚至 30%。另外，民办教师在年底要述职，学校会实行末位淘汰制，"不合格"的教师要面临转岗或解聘。

最后，陕西部分幼儿园缺乏办学资质，民办高校则普遍性存在师资短缺问题。因师资缺乏，民办高校往往需要聘请兼职教师，这些兼职教师教学水准首先参差不齐。再者兼职教师对所兼职的民办学校归属感弱，除了教学外，民办学校其他事务一概不参与，课时费却远高于在职教师，他们将部分事务推给在职教师，使在职民办教师工作量加大数倍，导致民办高校专职教师工作积极性受挫。

（五）教师队伍建设有待加强

第一，陕西民办高校较为普遍地存在权责不明确问题。首先，行政工作本应服务教学工作，事实上，民办高校中行政人员的权力大于教师，二者存在不平等关系。一些民办高校招生办在招生期间权力非常大，甚至全校都要听从招生办调遣。校长办公室、财务处、资产处和后勤处等因与民办学校利益关涉大，权力都相对较大。其次，任课教师除了正常教学工作外，往往还要承担部分行政工作。某些民办高校让任课教师无偿负责科研和实践等工作，教师们身兼数职，身心俱疲。再者，民办学校与教师之间的权责不明确。个别民办高校占用教师周末时间，在不付加班费的情况下安排监考工作，且动辄以"教学事故""扣除绩效"加以逼迫，教师几无话语权可言。

第二，教师学历、年龄和职称分布不合理。主要表现为本科和硕士学历人数多，博士学历少，整体学历层次较低；公办退休转聘而来的教师和35岁以下的多，40~50岁的骨干教师缺乏；助教和讲师较多，副教授和教授较少，整体职称层次偏低。

第三，与公办学校和其他科研机构相比，民办教师发展平台较低，缺少深造和对外交流的机会。无论是发表科研论文，参加科研会议，还是参加高一级的考试或招聘，民办教师都无法被公平对待。

第四，教师队伍缺乏稳定性。因平台低、薪资低，陕西民办高校很难招到博士及以上的较高层次人才；另外，民办学校专职教师流动严重，教师离职频次高，教师队伍不稳定。

（六）民办高校教学质量和科研能力偏低

民办学校科研投入少，对科研工作不够重视，而民办学校教师以青年教师为主，科研和教学整体能力偏弱，职称低、学历低和个人专业积累少等导致申报高级科研项目成功率低，科研能力没有机会得到提高，直接影响其教学水准的提高，长此以往容易引起恶性循环。这与民办学校定位应用型发展方向有关。

省教育厅网站2021年2月4日发布的《2020年陕西省高校毕业生就业质量报告》显示，2020年民办本科院校与独立院校、民办高职高专院校硕士和博士生毕业占比为0。显然，陕西绝大多数民办高校不具备培养硕士和博士研究生的资质与能力。我国研究生培养是评估高校办学资质、教学能力和科研能力的主要指标，陕西民办高校因为办学历史短、政府财政拨款短缺、学校资金紧张、硬件设施和教师资质等，无法和公办学校相抗衡。研究生培养是学校办学水平的衡量标准，同时会对学校教育形成反哺机制。民办学校大多因为不具备研究生培养资格与水平，因此在教学和研究方面的能力受到很大影响。

（七）民办高校毕业生就业问题多

首先，毕业生就业率相对较低，相当比例的学生就业方向和所学专业不对口，升学率和出国率也较低。

根据陕西省教育厅官方网站 2021 年 2 月 4 日公布的《2020 年陕西省高校毕业生就业质量报告》数据，2020 年，研究所及陕西省委党校毕业生的就业率为 91.54%，双一流建设高校为 88.22%，公办普通本科高校为 85.81%，公办高职高专院校为 82.01%，陕西省高水平大学为 79.85%，而成人高等院校为 75.93%，民办高职高专院校为 74.07%，民办本科院校和独立院校为 74.04%，陕西民办学校毕业生的就业率相对较低（见图 1）。

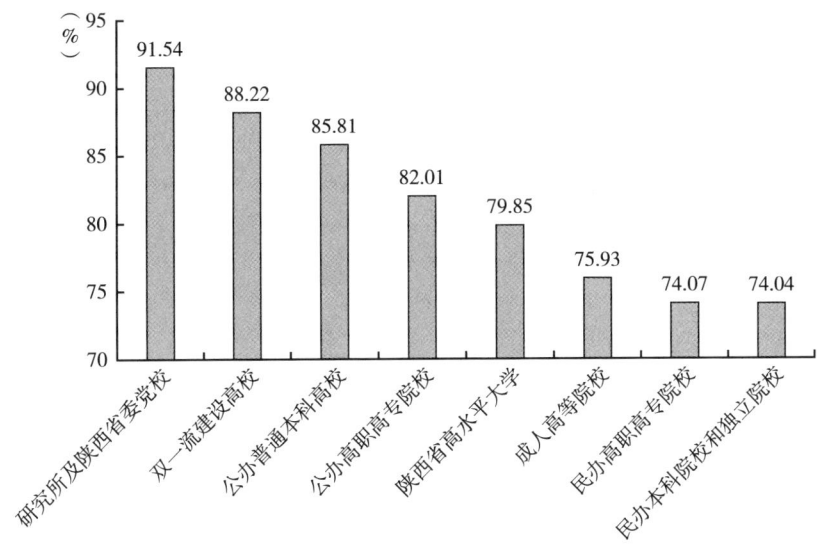

图 1　2020 年陕西省不同院校高校毕业生的就业率分布

资料来源：陕西省教育厅官方网站。

其中的原因是多方面的，大致包括：民办学校声誉和平台相对较低，毕业生专业素养相对较低、与用人单位期望存在偏差等。另外，民办学校毕业生升学率和出国率也较低。2020年，民办本科院校和独立院校升学人数为8590人，毕业生升学率占比13.39%，民办高职高专院校升学人数为1699人，占比11.2%。2020年，民办本科院校和独立院校毕业生出国人数是556人，占比0.87%，民办高职高专院校出国1人，占比0.01%。

其次，民办高校毕业生的就业平台低，渠道窄。与双一流建设院校和陕西省高水平大学相比，民办学校毕业生的就业方向多集中在建筑业、批发和零售业、教育、卫生和社会工作、交通运输、仓储和邮政业、居民服务、修理和其他服务业等技术含量较低的岗位，相当比例学生就业方向与专业不对口。

最后，民办学校的就业指导工作尚待改进。一些民办学校将学生就业工作摊派到教师身上，并以绩效来考核。教师为了完成任务，只能发挥有限的社会资源为学生介绍工作。不具备就业指导能力的教师对学生的指导往往发挥不了积极作用。民办学校部分学生的工作则是由家长利用社会关系安排。个别民办高校甚至存在虚报毕业生就业率的现象。总之，很多民办学校就业指导办工作开展得并不到位，对毕业生的指导作用不大。

（八）教学安排存在诸多不合理

2020年至今，尽管陕西省政府明令禁止幼儿园阶段小学化，但仍有个别民办幼儿园私下对幼儿提前进行小学教育，教学安排不符合幼儿身心发展规律。

一些陕西民办高校课程安排过多，学生上课时间过多，学习质量下降。有些课程是百人以上的大课堂，教师教得累，学生学得累，教学和学习质量都不佳。某些民办高校平时考核和期末考核方式不合理，看似注重学生的实践能力，实际上却因设置"一刀切"的教学目标而使教学效果大打折扣。某些民办高校一方面大幅度压缩专业课和专业基础课课时，另一方面在实践课的教学投入上又不够，造成毕业生理论知识欠缺，专业知识薄弱，动手能力弱。压缩课时造成教学重点不突出，教学内容无法充分展开，学生高价买来的教材无用武之地，加上民办高校学生自主学习能力差，自律性差，因此教学效果大打折扣。有的民办高校频繁修订人才培养方案和教学大纲，有的专升本课程设置和本科课程设置雷同，学生学过一遍的课程在升入本科后又学一遍，甚至任课教师都是同一人。这些都造成学生很多不满。

三 2021年陕西民办教育进一步发展建议

根据《中华人民共和国民办教育促进法》、《民办教育促进法实施条例》和《民办高等学校办学管理若干规定》等相关法律规定，以及陕西民办教育发展现状，我们提出如下陕西民办教育的发展建议。

（一）一条红线：有法可依，有法必依

民办教育是我国社会主义教育体系的重要组成部分，无论是国家层面，还是陕西省级层面，都出台过一系列有关民办教育的政策法规。无论是哪一级的民办教育，无论是何种性质的民办教育，国家法律和民办教育法规的红线不能触碰，这是发展陕西民办教育的根本原则。

（二）政府层面：大力扶持，科学引导

陕西省政府曾出台《陕西省社会力量办学条例》（1996年）、《关于加强陕西省民办高等学校党组织建设的意见》（1999年）、《陕西省人民政府关于进一步办好民办高等教育的决定》（2000年）、《陕西省民办教育促进条例》（2004年）、《陕西省人民政府办公厅关于进一步支持和规范民办高等教育发展的意见》（2011年）、《陕西省人民政府关于进一步规范民办学校和教育培训机构审批管理的意见》（2014年）、《陕西省人民政府关于鼓励社会力量兴办教育促进民办教育健康发展的实施意见》（2018年）等政策文件，在尊重民办教育特点的基础上，放开了民办学校的手脚，在办学资金、学位授予、职称评定、教育用地、税收和贷款等问题上给予了民办学校充分的自主权和优惠政策，鼓励其大力发展。

在我国进入"十四五"规划期间，陕西省政府应继续坚持对民办教育的支持和引导，使民办教育不断走上良性发展道路。首先，应引导社会各界和大众对公办和民办学校一视同仁，推出民办教育发展的倾向性政策。其次，为民办学校教师的发展提供更公平、合理的环境，包括：引导民办学校正确认识教师在学校中的主体地位；在职称和学历等方面公平对待民办教师，不能有职称和学历等差别对待，乃至歧视行为；提高民办教师待遇，为他们提供更好的职业发展空间。再次，引导社会资本进入民办高校，破除"民办高校属于创办者或理事长（董事长）个人财产"的迷信。社会资本进入民办高校，会形成高校内部和外部的良性竞争，民办高校的发展将逐渐走上健康、向上的道路。最后，陕西省政府对民办学校的教学、教师、管理和融资等各项工作做好监管，健全民办学校办学准入机制和淘汰机制，大力整治不合理的办学现象，确保民办学校的科学、合理发展。

（三）社会层面：平等对待，共同促进

时至今日，陕西公办学校和其他机构对民办学校仍未一视同仁，高校圈内的"鄙视链"依然存在：民办教师不能顺利向公办学校流动，公办学校不看民办教师能力，只看"出身"；即使进入了公办学校，民办学校教师的工龄和教龄都无法在公办学校中连续计算；在职称评定和科研立项等方面，民办教师也无法享受与公办教师同等待遇……据高校毕业生反映，就业市场上985高校毕业生的地位高于211高校毕业生，211高校毕业生又高于普通公办本科院校毕业生，普通公办本科院校毕业生又高于民办院校毕业生。可见，民办高校处在高校圈的最底层，存在被边缘化的现象。

外界以有色眼镜看待民办教师，而个别民办高校还以民办教师无处可去的窘境反过来压低民办教师待遇，民办教师因此承受双重压力。民办学校不乏优秀教师，然而，这些教师或者职称得不到外界承认，或者因第一学历而受到歧视，或者因学校地位在发表论文时受到公开歧视。当民办教师想走出民办高校，寻求新的发展时，却发现困难重重。

民办教育是陕西教育体系中的重要组成部分，社会各界应消除偏见，积

极参与到陕西民办教育中来,或在办学资金上予以资助,或在教师培训上给予帮助,或在民办学校毕业生教育上给予帮助,共同促进民办教育走上健康、稳健的发展道路。

(四)学校层面:端正思想,提高质量

民办教育质量是政府、社会和学生家庭最关心的问题,陕西民办学校应将教学质量放在首位,以提高学生综合素质为根本目标。

首先,民办学校办学者应端正办学思想,不断提高办学质量。民办教育办学者的素质关系民办学校未来发展。办学者应不断提高自身素质,学习民办教育规律,提高社会活动能力,协调好个人经济利益与社会利益、个人价值和社会价值的关系。民办学校办学者既是企业家,也是社会活动家,社会影响力大,一旦决策失误,会产生很大负面影响,甚至会造成社会的不安定。因此,民办教育办学者要时常回顾创办学校的初心,承担起更大的社会责任,不仅要具备企业家才能,还要具有企业家精神。

其次,赋予教师更多权利与尊重。民办学校办学者应尊重民办教师,给教师减负、松绑,不应让教师承担甚至是无偿承担行政工作,让教师有更多时间投入教学和科研中去。教师教学和科研能力提升了,学生直接受益,长远受益的则是民办学校本身。民办学校的女教师往往还要权衡工作和家庭问题,发展尤为艰难。针对这些,民办学校不仅要给教师减负,还要关怀教师的家庭和个人发展。要提高教师的薪资待遇,提供教师外出交流的机会,建立教师、学生校内申诉渠道。要自上而下培养尊师重道的氛围,增加民办学校教师的职业认同感和对学校的归属感,使民办教师获得尊严。

再次,突出学校和专业特色。民办高校应正视与公办学校的差距,在学科建设上不应一味求全、求大,而应在科学分析学情和校情的基础上,在增强通识教育的基础上,从自身的办学特色和专业特色上与公办学校一争高低。

最后,民办高校的办学行为具有市场化特点,要提高办学质量,民办高校可以考虑开展与公办高校和企业界的合作办学。合作办学的优势在于可以

发挥各方力量优势，实现教育资源的最优化，进而提高民办高校办学水平和办学质量。

（五）教师层面：增强能力，做好规划

客观而言，民办学校硬件和软件条件均不敌公办学校，加之上述问题，导致许多民办教师忽视提高专业能力和做好长期职业生涯规划。许多民办教师既不了解职业规划理论，也未实质性做过长期职业规划，加上工作量大，因此在工作中容易产生负面和消极情绪，既缺乏长远发展目标，又缺乏教学和科研热情，久而久之产生职业倦怠。

从民办学校的长远发展而言，教师的职业生涯规划是至关重要的。民办学校教师应清醒地意识到职业规划的重要性，科学、切实地做好长期生涯规划，树立正确的职业观，积极学习，善于学习，尽早做出积极改变，热情面对工作和未来。

四 陕西民办教育未来发展前景预测

陕西历史文化底蕴深厚，各类各级教育资源都很丰富，省政府又历来重视民办教育。从近年来陕西民办学校发展的总体状况来看，民办学校在办学条件、办学设施、师资力量、专业建设和人才培养等方面已取得了长足的发展，陕西民办教育已进入了稳定发展期，数量和规模呈现递增趋势。与公办学校相比，陕西民办学校管理严格，教育模式独特，入学率和就业率高，兼之宣传到位，因此，陕西民办教育总体表现优良，成绩突出。但陕西民办教育存在的上述问题不仅应引起重视，还亟待解决。优质的民办学校不在于学校的硬件设施有多先进，学生数量有多可观，而在于教师的长远发展和学校的科学管理。学校的发展靠的是教师，只有民办学校教师拥有了公正、科学、优良的发展环境，民办高校的发展才是可行的、现实的。

B.7
2021年陕西乡村公共文化服务分析报告

王旭瑞*

摘　要： 乡村公共文化服务体系的建设和完善是乡村文化振兴的重要组成部分。近年来，陕西逐步建立现代城乡公共文化服务体系，推动乡村公共文化服务发展，取得了一定的成绩，但也存在一些值得注意的问题。本文通过分析陕西在乡村公共文化服务建设上取得的成绩和不足，提出对策建议，认为应进一步完善乡村公共文化服务机构设施，提升管理和服务质量；以乡村群众为中心，切实满足群众的精神文化需求和美好生活愿望；吸纳民间人才参与乡村公共文化服务，形成多元主体共建的公共文化服务体系；积极利用传统文化参与乡村社会治理，助力乡风文明建设。

关键词： 乡村公共文化服务　乡村群众　陕西省

文化建设是国家乡村振兴战略的重要组成部分。公共文化服务是指由政府主导、社会力量参与，以满足公民基本文化需求为主要目的而提供的公共文化设施、文化产品、文化活动以及其他相关服务。[①] 乡村公共文化服务体系的建设和完善是乡村文化振兴的重要环节。党中央一直高度重视农村公共文化服务工作，先后出台了多项相关法律和政策意见。2020年中央一号文件针对全面建成小康社会、加快补上农村基础设施和公共服务短板，提出了

---

* 王旭瑞，陕西省社会科学院社会学研究所副研究员，研究方向为质性社会学、乡村社会文化等。
① 《中华人民共和国公共文化服务保障法》，2017年3月1日起施行。

改善乡村公共文化服务的具体任务。《中共中央关于制定国民经济和社会发展第十四个五年规划和二〇三五年远景目标的建议》，站在推进社会主义文化强国建设的高度，着眼满足人民日益增长的精神文化生活需要，明确要求提升公共文化服务水平，并做出一系列重大部署。[1]

陕西作为历史文化大省，有深厚的传统文化积淀，同时也有丰富的红色文化和现代文化资源。近年来，陕西各级政府十分重视公共文化服务体系的建设和完善，先后出台多项相关政策法规，积极推动公共文化服务建设，逐步建立城乡公共文化服务体系，取得了一定的成绩，但也存在一些值得注意的问题。

一 陕西乡村公共文化服务建设现状

（一）政府主导建设乡村公共文化服务机构设施

公共文化服务属于政府提供的基本公共服务，通过政府主导和公共财政支撑来保障群众的基本文化权益，满足群众的基本文化需求。党的十八大以来，陕西省加快建设现代公共文化服务体系，提升公共文化服务产品的供给数量、质量和效能，基本建成市、县（区）、镇、村四级公共文化服务体系。陕西省早在2015年就根据中央相关政策法规制定了《关于加快构建现代公共文化服务体系的实施意见》，后颁布了《陕西省基本公共文化服务实施标准（2015－2020年）》，对于省、市、县（区）级辖区内设立公共文化服务硬件设施及服务内容做出具体要求。按照该标准，县（市、区）级在辖区内设立公共图书馆、文化馆；乡镇（街道）按照《乡镇综合文化站建设标准》分别设置综合文化站、室外文化广场，配置乡村舞台、运动场、健身器材、文化活动器材等。村（社区）设置综合文化服务中心，并配有舞台、运动设施及相应器材。2018年陕西省出台《关于实施乡村振兴战略

---

[1] 王晓晖：《提升公共文化服务水平》，《人民日报》2020年12月30日。

的实施意见》，提出加强农村公共文化建设，落实有标准、有设施、有内容、有人才的要求，健全乡村公共文化服务体系；以基层综合文化服务中心建设为重点，发挥乡村舞台、文化广场及农家书屋的作用，提升服务效能，① 并对各项任务做出具体要求。

2019年陕西省颁布实施《陕西省公共文化服务保障条例》，提出把城乡公共文化服务均等化纳入国民经济和社会发展总体规划，统筹城乡公共文化设施布局、服务提供、队伍建设、资金保障，均衡配置公共文化资源。要求县级人民政府因地制宜统筹推进以县级文化馆、图书馆为总馆，基层综合性文化服务中心等为分馆或者基层服务点的总分馆建设，完善数字化、网络化服务体系，有效整合公共文化资源，提高公共文化服务能力。②

根据2021年8月发布的《陕西省"十四五"文化和旅游发展规划》，"十三五"以来陕西公共文化服务体系逐步健全，全省建有公共图书馆118家、文化馆119家、乡镇（街道）综合文化站1342个、村（社区）综合性文化服务中心19271个。所有公共图书馆、文化馆（站）向社会免费开放。③ 以宝鸡市为例，全市县区文化馆总馆13个，分馆99个，基层服务点188个；图书馆总馆12个，分馆95个，基层服务点183个。宝鸡共有乡镇（街道）116个、村（社区）1323个，每个乡镇（街道）都建有综合文化站，每个村（社区）都建有基层综合性文化服务中心。实现了"市、县、镇、村"四级公共文化服务体系全覆盖，无死角。④

陕西在加强公共文化资金保障方面做出巨大努力。省财政厅加大资金整合力度，截至2021年8月，统筹资金10.8亿元，支持基层公共文化服务体

---

① 《中共陕西省委陕西省人民政府关于实施乡村振兴战略的实施意见》，陕西省人民政府网站，http：//www.shaanxi.gov.cn/xw/sxyw/201803/t20180329_1564417.html.，2018年3月14日。
② 《陕西省公共文化服务保障条例》（2019年7月1日起施行），第一章，第九条。
③ 陕西省文化和旅游厅、陕西省发展和改革委员会印发《陕西省"十四五"文化和旅游发展规划》，2021年8月10日。
④ 秦毅：《融、改、建，陕西宝鸡公共文化服务高质量发展有实招》，《中国文化报》2021年11月5日，第2版。

系建设。采取以奖代补等方式，落实基本公共文化服务标准，支持公共数字文化建设、流动舞台车、广播电视无线覆盖等文化惠民工程。[①] 向贫困地区配送体育健身器材、应急广播设备等，改善基层公共文化设施条件，推进公共文化场馆免费开放。推进全省1900多座博物馆、纪念馆、美术馆等公益设施向社会免费开放，支持教育、体育、文化场馆共建共享，发展数字艺术、沉浸式体验等新型文化业态应用，提升场馆网络化、智慧化服务水平。采取政府购买服务、发放惠民文化卡的方式，推进政府购买公共文化服务，支持戏曲进乡村等各类文艺演出，让群众共享文化艺术发展最新成果。支持群众性文体活动，支持每个行政村（社区）每月免费放映一场公益电影，举办地方特色文体活动、全民健身赛事，组织非遗传承人传习活动等，支持广播电视实现"户户通""村村响"。

（二）组织开展丰富多彩的公共文化活动

近年来，陕西公共文化服务系统认真贯彻"以人民为中心"的发展理念，发挥公共文化服务机构的优势，增加公共文化产品和服务供给，不断满足人们的文化生活需求。

举办陕西省阅读文化节、陕西省艺术节、陕西省群众文化节、戏曲进乡村、陕西文旅惠民演出季等群众性品牌文化活动，带动全省群众性文化活动的开展，仅2020年就举办惠民文艺巡演1000余场。[②] 2021年也举办了丰富多彩的群众性文化活动，比如全国科技、卫生、文化"三下乡"集中示范文艺演出等。其中群众文化节系列活动深受城乡普通群众的喜爱和欢迎。2021年上半年的群众文化节举办了全省少儿美术作品展、第七届陕西省农民工诗歌朗诵会等一大批公共文化活动，受到广大青少年儿童、农民工等不同群体的热烈欢迎。7月在西安易俗大剧院举办了"永远跟党走"2021陕西省群众文化节暨全省广场舞集中展演活动。演出的表演者都是来自全省各

---

① 徐颖：《省财政投入10.8亿元支持公共文化服务体系建设》，《陕西日报》2021年8月25日，第5版。
② 柏桦：《陕西省文化惠民工作深受群众欢迎》，《陕西日报》2021年7月28日，第9版。

地的普通群众,①他们热爱文艺,向往更大的舞台,对精神文化生活有巨大的需求和热情。群众文化节的举办为这些普通民众提供了自我展示的大舞台,广大群众因为自我价值得到肯定而感到自豪、满足和幸福。群众文化节的举办也使得群众文化活动从自娱自乐向精品化、品牌化发展。这些品牌群众文化活动切实起到了满足群众精神文化需求的作用。

省文化和旅游厅印发《关于在党史学习教育中进一步加强基层公共文化服务工作的通知》,对加强公共文化产品和服务供给进行部署。各地依托图书馆、文化馆分馆,开展群众性文化活动。仅"五一"假日期间,全省公共图书馆、文化馆、基层综合文化服务中心就举办各类群众性文化活动1322场,公共文化场馆累计服务群众77万人次,参与各类群众性文化活动的群众超过466万人次。②以澄城县为例,2021年5月以来,全县先后举办了"党史学习教育进社区、进小区、进楼道、进家庭"、文艺演出、"观红色影片,相聚母亲节"、关爱留守儿童"六一"慰问演出,以及锣鼓、军鼓队表演、广场舞大赛等15项特色文化活动,丰富了群众的文化生活。

(三)以公共文化服务体系示范区发挥引领示范作用

陕西积极创建国家公共文化服务体系示范区、示范项目和文化先进县,以其发挥引领示范作用,带动全省公共文化服务的发展。截至2021年,全省共建成宝鸡市、渭南市、铜川市、安康市4个国家级公共文化服务体系示范区,拥有"延安过大年"等8个示范项目,56个省级文化先进县,24个全国文化先进县;全国民间文化艺术之乡7个,省级民间文化艺术之乡30个。③以国家公共文化服务体系示范区(项目)为引领,形成了几个公共文化服务示范性品牌,比如铜川"一心多点"、高陵公共文化服务"110"、安

---

① 柏桦:《陕西省文化惠民工作深受群众欢迎》,《陕西日报》2021年7月28日,第9版。
② 柏桦:《陕西省文化惠民工作深受群众欢迎》,《陕西日报》2021年7月28日,第9版。
③ 柏桦、师念:《推动中华优秀传统文化创造性转化创新性发展》,《陕西日报》2021年9月23日,第1版。

康"乡村文化理事会"等。①

宝鸡市作为国家级公共文化服务体系示范区,在公共文化服务共建共享融合发展及开拓新空间等方面做出了有益的探索。在乡村基层公共文化服务上想方设法满足群众需求,让文化服务深入人心。乡镇综合文化站、村综合性文化服务中心针对当地群众的需要,努力让文化服务场所切实发挥作用。基层服务人员主动打破界限,把工作做到群众的心里面。用宝鸡金河镇综合文化站站长李元元的话来讲,"文化站是办给群众的,我们的主要工作之一就是不断询问并发现咱老百姓需要什么。既要让文化活跃生活,还要让文化助力乡村人才振兴和产业发展。"②

在宝鸡岐山县京当镇小强村综合文化服务中心可以看到,这里不但设有县文化馆、图书馆的驻村服务点,还在一楼配备床铺及餐厅。老年人在这里吃饭只收取成本费,中午休息时间还给路远的村民免费提供床位。负责人介绍说:"年轻人多外出打工,平时村里以老年人居多,要让他们安心享受文化生活,就要考虑他们方方面面的需求。"这样贴心的服务使得村综合文化服务中心成为村民的"幸福院"。

安康市在全市32个基础条件良好的行政村(社区)建立"乡村文化理事会",在其统一引领下,开展各类公共文化服务活动。乡村文化理事会的建立按照依法组织、制度创新、因地制宜、突出特色的原则,吸纳村干部、乡贤、退休干部教师等作为理事。各村制定了村《文化理事会章程》《文化理事会议事决策制度》《文化理事会服务效能评价制度》《文化理事会资金管理制度》《文化理事会公共文化资产管理制度》等相关工作制度,为文化理事会的运行管理提供基本保障。各村理事会会长、副会长、监事长、理事等相关成员通过选取产生。乡村文化理事会重点开展"组建一支文化社团、开展一项非遗传承、开展一项特色文化旅游活动"的公共文化服务。安康

---

① 陕西省文化和旅游厅、陕西省发展和改革委员会:《陕西省"十四五"文化和旅游发展规划》,2021年8月10日。
② 秦毅:《融、改、建,陕西宝鸡公共文化服务高质量发展有实招》,《中国文化报》2021年11月5日,第2版。

"乡村文化理事会"在当地乡村社会治理与文化服务中发挥了重要作用,为提升乡村公共文化服务质量、解决乡村公共文化服务盲区问题提供了很好的示范,在全国产生很大影响。

公共文化服务高质量发展示范区的创建,将公共文化服务与当地经济社会发展相结合,引领并带动全省公共文化服务的提升。为此,省文化和旅游厅将在"十四五"期间在全省开展示范县(区)创建和公共文化服务高质量发展示范乡镇(街道)的评选工作,以此促进全省县(区)和乡镇(街道)公共文化服务高质量发展。

(四)让非物质文化遗产的保护传承助力乡村振兴

近年来,陕西将非物质文化遗产保护传承和乡村振兴结合起来,让非物质文化遗产在乡村振兴中发挥重要作用。陕西广大农村传统文化资源丰富,非物质文化遗产众多,保护传承好以非物质文化遗产为代表的优秀乡村传统文化是乡村公共文化服务的应有之义。

陕西以习近平总书记来陕考察重要讲话为指引,加快推动非物质文化遗产资源创造性转化和创新性发展,将非物质文化遗产的传承保护融入公共文化服务体系建设,强化"非遗+"融合发展,使非物质文化遗产融合旅游发展,融入现代文创产业。依托文化与旅游融合和传统工艺振兴"双引擎",使非遗保护传承为乡村振兴带来活力。在汉中诸葛古镇,每天都有达瓦孜"高空飞狮"、川剧变脸、唢呐独奏等非遗表演,赢得现场观众的阵阵掌声。游客在这里还可以体验木牛流马、诸葛连弩等古老制作技艺。"袁家村——关中非遗文化传承地"案例入选"2020非遗与旅游融合发展优秀案例"。[①] 陕西命名了24家非遗扶贫示范单位,绥德石雕、凤翔泥塑、西秦刺绣、临渭草编、南郑藤编等项目成为当地群众致富的支柱产业。"西秦刺绣助力精准脱贫行动项目"入选全国15个"非遗扶贫品牌行动和优秀带头人"名单。安康石

---

① 《陕西一案例入选2020非遗与旅游融合发展优秀案例》,陕西省文化和旅游厅网站,2020年12月2日。

泉县后柳镇中坝村"作坊小镇项目"入选"2020年世界旅游联盟旅游减贫百大案例"。① 2021年"视频直播家乡年"活动被文化和旅游部通报表扬。陕西省丰富的非物质文化遗产资源在乡村振兴与脱贫攻坚中发挥了巨大作用。

（五）开发红色文化资源，促进革命老区乡村振兴

陕西拥有丰富的红色文化资源。在陕西广大农村，中国共产党广泛发动农民群众，深入进行土地革命，先后爆发了清涧起义、渭华起义、旬邑起义等，开辟了陕北革命根据地、渭北革命根据地、照金革命根据地等。经过两万五千里长征，中国工农红军的主力到达陕北，建立了以延安为中心的陕甘宁边区。红二十五军抵达洛南、丹凤、蓝田等地，建立了鄂豫陕革命根据地；红二十九军抵达西乡、城固等地，创立了陕南革命根据地，等等。这些革命根据地的建立、发展和巩固，为打败日本帝国主义、建立社会主义新中国奠定了坚实基础，做出了不可磨灭的贡献。这些地方是红色革命文化的圣地和宝库。近年来，陕西在开发红色文化资源、助力乡村振兴上做了大量工作。

延安红色文化旅游热潮持续，宝塔山下扭秧歌，枣园里面闹元宵，杨家岭前演唱信天游，处处都有"白羊肚手巾红腰带"的农民身影。参观红色照金方兴未艾，聆听革命故事，品尝农家乐，欣赏地方皮影，带动当地乡村文化旅游发展。在陕南的丹凤、商州、西乡等红色景点，游客络绎不绝地踏访革命旧址，欣赏青山绿水美景，品味乡村野味。这些红色文化基因，已经嵌入当地的乡风文明之中，也为促进新时代乡村振兴发挥着积极作用。

二 陕西乡村公共文化服务存在的主要问题

（一）乡村公共文化服务设施标准化水平低，管理服务有待提升

陕西虽然实现了公共文化服务设施全覆盖和标准化，但是许多乡村区域

---

① 《中国旅游扶贫实践为世界旅游减贫提供借鉴》，陕西省扶贫办，2020年10月17日。

的公共文化服务体系建设的标准化水平相对较低，县级以下公共文化设施低水平达标或不达标的比例偏高，有的地区公共文化服务基础设施建设仍很落后。这些不足成为限制乡村公共文化服务高质量发展的短板。在管理及服务方面，县级图书馆、文化馆总分馆效能机制不充分的问题仍较为普遍。县区的公共图书馆和文化馆、乡镇综合文化站和文化馆等公共文化机构向村一级的延伸服务能力有限。乡镇综合文化站作为乡村重要的公共文化服务机构，理应在乡村发挥重要的文化服务功能，但实际上功能发挥十分有限，公共文化设施的有效利用率普遍不高。村级公共文化设施缺乏人员管理的问题较为严重，不少乡村公共文化设施长期空置。总体上乡村基层公共文化服务机构利用不充分，未能发挥应有的功能。

（二）一些乡村公共文化服务流于形式，不能真正满足乡村群众的精神文化需求

乡村公共文化服务作为政府的职能，是通过政府自上而下地提供服务的模式来实现的。由政府相关部门决定提供服务的内容，通过行政科层制层层传送来实现公共文化服务的目标。"送文化下乡"成为政府为农村提供公共文化服务的行政逻辑和服务方式。政府以是否按规定完成行政任务为考核标准，而对于农民群众是否满意却考虑不够，因此往往造成政府提供的公共文化产品与农民的需求偏好不一致，甚至相脱节的状况。笔者的实地调查表明，农民对于政府提供的一些文化产品热情不高，不少村庄的公共文化服务中心长期冷清。作为政府行为的乡村公共文化服务在一些地方并未引起农民的积极参与，而农民自发组织的传统乡土文化活动却能在乡村长期流传延续，比如庙会、节庆习俗、当地民间文艺等。实地调查中还了解到，很多地方乡村农民真正的精神文化需求、真实的内心诉求以及生活上的困境和精神上的困惑并未得到应有的关注。

（三）乡村公共文化服务体系未能吸纳民间人才

陕西乡村公共文化服务体系由县级文化机构向乡村延伸，其服务管理人

员由政府安排配置。在这样的机制下，当地热心文化事业的民间人士就被排除在服务体系之外，比如在乡村有名望的乡贤、乡村民间艺人、热爱乡村的青年志愿者，等等。而恰恰是这些人更了解乡村传统文化和群众的文化生活需求，能够代表当地群众的利益和心声。这些文化人才在乡村公共服务体系的缺乏一定程度上造成公共文化服务与乡村群众文化需求的错位和隔膜。这是政府主导的乡村公共文化服务体系的人才短板。

（四）乡村公共文化服务未能在乡村治理中发挥应有作用

陕西的乡村公共文化服务虽然提供了丰富的文化产品，但是除个别地方外，多数乡村公共文化服务发挥的功能有限，尤其是未能利用公共文化服务参与乡村社会治理。乡村社会治理的方式是多元多样的，其中传统文化在乡村治理中发挥着重要作用，比如世代流传下来的民间风俗、仪式、民间信仰、民间艺术等，在维持乡村正常的人际关系、良好的社会秩序和健康的社会风气方面具有不可替代的作用，对于乡村民众的精神生活具有重要意义。目前的乡村公共文化服务提供的产品常常千篇一律，社会主义核心价值观的宣传多停留在口号上，与乡村群众的实际生活结合不够。公共文化服务缺少地方、地域特色，未能很好地利用地方传统文化来建设当地乡风文明，维持乡村社会的良好秩序。

三 对策建议

（一）进一步完善乡村公共文化服务机构设施，提升管理和服务质量

文化设施是公共文化服务体系的基础。乡村公共文化服务体系效能的发挥主要依靠县级图书馆、文化馆总馆、乡镇综合文化服务站及乡村综合文化服务中心的硬件环境和有效的管理服务。陕西乡村公共文化服务需要加强这两方面的建设和提升，统筹用好中央财政转移支付资金、省市公共文化服务专项资金和各级各类支持政策，实现更高水平的标准化和均等化。首先，建设好县级总馆，总馆强则效能强。要充分调动区县积极性，落实好区县政府的主体责任，

真正形成撬动县域总分馆体系效能的区县公共文化服务中心，提高其向乡村延伸的能力。其次，要采取有效措施，推动乡镇全面落实基本公共文化服务标准，建立与当地经济水平、人口状况和服务需求相适应的现代公共文化服务体系。

乡村公共文化服务以乡村群众为服务对象，应努力提升公共文化服务的质量，拓展服务范围，紧密结合群众需求，不断满足人民群众的精神文化和生活需要。乡镇及乡村的公共文化服务应因地制宜，保持地方特色。公共阅读是农民的基本文化需求，农家书屋应被纳入县域公共图书馆总分馆体系。应加大投入，在乡镇综合文化站建设数字电影厅，为农民观看电影创造更好的环境。要整合市场和社会力量，为乡村提供更多高水平的地方戏曲演出。更重要的是，要加强对乡村本土文化艺术创作的支持，鼓励农民积极参与文艺创作和文化生活。提升服务能力，创新乡村公共文化服务机构的管理运营，以社会化、专业化方式提供更好的服务。

（二）以乡村群众为中心，切实满足群众的精神文化需求和美好生活愿望

要做好乡村公共文化服务，必须真正了解乡村群众的生活和心声，包括村民的生活愿望、内心诉求和精神文化需求等。这就需要打破政府单方面自上而下提供服务的模式，建立社会化服务机制。一方面乡村公共文化服务机构的管理服务人员要主动深入乡村社会，了解农民的实际生活，理解农民的真正需求。另一方面要鼓励农民积极参与乡村文化事业。农村基层党组织和公共文化服务机构要充分调动农民的积极性、创造性，让农民参与乡村公共文化服务，成为乡村文化建设和服务的主体。充分挖掘乡土文化，鼓励乡村的民间文化组织、乡贤、能人和热心文化事业的村民参与公共文化服务工作，为乡村公共文化服务建言献策。只有真正了解乡村群众的生活和需求，才能提供更精准的服务，激发乡村的生机和活力。

（三）吸纳民间人才参与乡村公共文化服务，形成多元主体共建的公共文化服务体系

人才是乡村公共文化服务的关键。要从社会力量中广泛吸纳多元主体参

与乡村公共文化服务，营造全社会共建共享的良性公共文化服务生态。一是可以借鉴安康"乡村文化理事会"模式，把本村的乡贤、能人、热心乡村文化活动的村民接收进乡村文化理事会，开展具有当地文化特色的文化活动，鼓励、引导群众在乡村公共文化服务中参与管理、参与决策、参与活动，同时也参与对公共文化服务的监督。二是可以借鉴扶贫专干的做法，探索建立乡村文化专员制度。在每个村设立一到两名文化专员，负责本村文化服务和建设，提升本村公共文化服务的质量。三是发挥青年志愿者在提升乡村公共文化服务质量中的作用。可以采取奖励措施，鼓励大学毕业生和青年志愿者到乡村从事一段时间的服务工作。青年人可以作为文化专员为乡村社会服务，繁荣乡村文化。青年服务者思维活跃，朝气蓬勃，充满热情，可以为乡村群众带来富有时代气息的文化创意、文化活动、文化服务项目等，帮助乡村公共文化机构提升服务质量。因此，应充分发挥青年人在乡村公共文化服务中的骨干作用，建设一支充满活力的乡村文化人才队伍。

（四）积极利用传统文化参与乡村社会治理，助力乡风文明建设

乡村公共文化服务应贴近乡村社会，贴近群众生活，在参与乡村社会治理和助力乡风文明建设中发挥更大的作用。乡村社会治理是多元的治理方式，其中传统文化在乡村社会治理中仍然具有重要作用。乡村文化振兴要体现深厚的文化传统，应弘扬乡村传统的村规民约和家风家训文化，尊重并保护乡村优秀的节庆文化和传统生活仪式及风俗。应支持当地乡贤在乡村社会治理中发挥特殊作用。乡贤是乡村德治文化的代表人物，在乡村社会具有重要地位。应把乡贤吸纳进公共文化服务体系，让他们参与乡村文化建设，发挥道德示范和先进带动作用。同时，由于乡村社会结构已发生巨大变化，应探索传统德治文化在乡村的传承与创新，建立新乡贤议事组织，鼓励新乡贤参与乡村社会治理和公共文化服务工作，将德治、法治、自治更好地融合起来，提升乡村公共文化服务，促进乡村治理更加完善，焕发乡风文明新气象。

B.8
陕西省残疾人公共服务创新机制研究

聂 翔*

摘 要： 残疾人公共服务是保障残疾人平等权益、维护社会公平正义的必然要求。本文从陕西省残疾人公共服务发展现状出发，以创新视角解读陕西省残疾人公共服务创新典型案例，剖析当前残疾人公共服务创新存在机制不健全、活力不够、创新路径不清晰等问题，在此基础上提出残疾人公共服务创新发展的策略，以及残疾人公共服务大数据创新方向。

关键词： 残疾人 公共服务 大数据 陕西省

加强残疾人公共服务是保障残疾人平等权益、维护社会公平正义的基本途径，也是推动残疾人事业高质量发展的必然要求。当前，我国已初步建成较为完善的残疾人基本公共服务体系，残疾人康复、就业、教育、托养、文化体育、维权、无障碍环境建设等领域水平不断提升，残疾人生存和发展状况明显改善，获得感、幸福感、安全感明显增强。但是，残疾人公共服务总体缺口较大，供给质量较低，动员社会力量参与明显不足，服务标准化、专业化与信息化较为薄弱。本文从陕西省残疾人公共服务发展现状出发，以创新视角分析残疾人公共服务领域存在的问题，并提出未来残疾人公共服务创新发展的策略与路径。

---

* 聂翔，陕西省社会科学院社会学所助理研究员，研究方向为残疾人研究、社会治理研究。

一 陕西省残疾人公共服务发展现状

(一)残疾人公共服务基本现状

"十三五"以来,陕西省将残疾人基本公共服务纳入全省公共服务均等化发展整体规划,公共服务供给方式和运行机制有突破性创新,服务能力与水平不断提升,推动残疾人与健全人之间平等、参与、融合进一步深化。

1. 残疾人康复服务创新升级

"十三五"时期,陕西建立了0~6岁残疾儿童康复救助制度,将残疾人康复服务纳入全省公共卫生服务体系,探索建立"互联网+康复服务"模式以推进残疾人精准康复服务,强化康复服务网络建设和康复专业人才队伍建设。"十三五"以来,陕西累计为有康复需求的残疾人提供康复服务171.6万人次,提供辅具适配服务48万人次,提供残疾儿童康复服务2.35万人次,为精神残疾人提供服药补贴21.45万人次,残疾人康复服务覆盖率达到86.6%,辅具适配率达到85.2%。

2. 残疾人就业服务提质增效

"十三五"时期,陕西重新修订按比例安排残疾人就业政策[①],依法推进残疾人按比例就业;推进残疾人就业保障金征收使用管理工作,从严落实残疾人按比例就业政策;多种形式推动残疾人就业,稳定发展集中就业,鼓励残疾人自主创业、灵活就业,多种渠道促进高校残疾毕业生就业创业,推动残疾人获得更高质量就业服务。"十三五"以来,新增按比例安排残疾人就业3000多人,5000多名残疾人实现稳定就业,2000多名高校残疾毕业生获得帮扶。

---

① 《陕西省按比例安排残疾人就业办法》(陕西省人民政府令第211号),经陕西省政府2018年第2次常务会议通过,自2018年6月1日起施行。http://www.shaanxi.gov.cn/zfxxgk/zfgb/2018_3966/d9q_3975/201805/t20180521_1638221.html,最后检索时间:2021年11月21日。

3. 残疾人特殊教育服务夯实筑基

"十三五"时期,陕西继续实施残疾人特殊教育提升计划,实行残疾学生从学前教育到高中阶段教育的15年免费教育,按照"一生一案"安置未入学残疾儿童少年接受教育,残疾儿童少年义务教育入学率达到95%以上。进一步扩大残疾学生资助覆盖面,500名贫困残疾学前儿童获得学前教育资助,5000名贫困残疾儿童少年义务教育获得资助,新入学的1000多名贫困残疾大学生和贫困残疾人家庭大学生获得一次性资助,并对高考申请合理便利的残疾考生给予照顾。

4. 残疾人文化体育服务深入推进

"十三五"时期,陕西将残疾人文化服务纳入公共文化服务体系建设暨公共文化领域重点改革任务,完善全省盲人阅览室和省级文化示范基地、特殊艺术人才培养基地建设,积极组织开展残疾人文化周、"爱心影院文化助残"等群众性文化活动,1900户贫困残疾人获得文化进家庭"五个一"文化服务;广泛开展便于残疾人群众参与的经常性健身活动,1500户残疾人获得"康复体育进家庭"服务,全省经常参加各类文化体育活动的残疾人达到21万人,残疾人运动员在国际国内各项赛事中不断创造佳绩。

5. 残疾人无障碍环境建设不断完善

"十三五"时期,陕西结合助残日等重要时间节点,以"未来无障碍"为主题开展系列宣传、体验、督导活动,强化全社会无障碍环境建设意识。以特殊人群日常生活需求为导向,推动市、县政府开展无障碍环境建设,无障碍环境向县域农村延伸。将家庭无障碍改造作为残疾人脱贫攻坚和加快小康进程的重要措施,以贫困重度残疾人为主要对象,帮助3.8万户残疾人实现居家无障碍。

6. 残疾人法制维权服务更有温度

"十三五"时期,陕西深入街道、社区、乡村开展助残法治宣传"六进"活动,扩大残疾人法规政策的知晓度与透明度。开通"12385"残疾人服务热线,推动残疾人法律救助工作站规范化建设,探索对残疾人提供精准化"家庭医生"式法律服务,全社会遵法守法、残疾人学法用法、依法保障残疾人权益的氛围更加浓厚。

（二）残疾人公共服务现状调查

为进一步呈现陕西省残疾人公共服务发展现状，2021年9月底完成残联工作人员问卷调查，共收回有效调查问卷165份，其中从性别来看，男性受访者比例为46.3%，女性受访者比例为53.7%；从年龄来看，35岁以下受访者比例为19.7%，35~44岁受访者比例为40.1%，45~54岁受访者比例为30.6%，55岁及以上受访者比例为9.6%；从职务级别来看，处级及以上干部比例为14.8%，一般干部比例为72.9%，普通工作人员比例为12.3%；从所属区域来看，省级受访者比例为10.8%，市级受访者比例为12.7%，县级受访者比例为76.5%。同时，选择残疾人托养照料、就业增收、技能培训、自主创业、精准康复、辅具适配、文化体育、家庭无障碍改造等资金投入多、覆盖面大的公共服务领域，通过从残疾人满意度、筛查精准度、专业化服务水平、社会参与度、管理精细化、绩效管理、智能化水平等方面全面呈现陕西省残疾人公共服务发展整体现状。

1. 残疾人辅具适配与家庭无障碍改造服务是残疾人满意度最高的公共服务领域

调查发现，受访者认为残疾人对辅具适配服务的满意度最高，个案比重为73.4%，其次为家庭无障碍改造服务，个案比重为57.1%（见表1）。实地调查也发现，残疾人对实物的获得感明显强于对服务的获得感，特别是对政府免费实物配发的公共服务获得感最强。

表1 残疾人服务满意度较高的公共服务领域

单位：人次，%

公共服务领域	频次	个案比重
辅具适配	113	73.4
家庭无障碍改造	88	57.1
精准康复	61	39.6
技能培训	56	36.4
自主创业	51	33.1

续表

公共服务领域	频次	个案比重
托养照料	38	24.7
就业增收	23	14.9
文化体育	19	12.3

2. 残疾人辅具适配、家庭无障碍改造与精准康复服务需求筛查精准度最高

需求筛查是残疾人公共服务的起点，筛查精准程度直接影响公共服务的最终效果。调查发现，受访者认为残疾人辅具适配、家庭无障碍改造与精准康复服务的需求筛查结果最为精准（见表2）。"十三五"以来，陕西省残联开发了残疾人精准康复服务平台，整合了残疾人辅具适配、家庭无障碍改造与精准康复等内容，依托专业技术人员进行面对面或入户需求筛查，大大提高了残疾人公共服务的精准化水平。

表2 需求筛查较为精准的残疾人公共服务领域

单位：人次，%

公共服务领域	频次	个案比重
辅具适配	96	62.3
家庭无障碍改造	75	48.7
精准康复	72	46.8
托养照料	53	34.4
自主创业	50	32.5
技能培训	45	29.2
就业增收	21	13.6
文化体育	17	11.0

3. 残疾人辅具适配、技能培训和家庭无障碍改造服务专业化水平最高

公共服务供给质量首要来源于公共服务的专业化水平，调查发现，受访者认为残疾人辅具适配、技能培训和家庭无障碍改造的专业化水平最高（见表3）。深入了解发现，这三类残疾人公共服务从业人员都有行业准入资格，如辅具工程师、建造师等，此外精准康复服务也有行业准入资格，但实际上多数为社区医生或村医,专业化水平相对不如辅具适配、技能培训和家庭无障碍改造服务人员。

表3 残疾人公共服务专业化程度较高的领域

单位:人次,%

公共服务领域	频次	个案比重
辅具适配	86	57.0
技能培训	67	44.4
家庭无障碍改造	64	42.4
精准康复	54	35.8
托养照料	50	33.1
自主创业	33	21.9
文化体育	20	13.2
就业增收	16	10.6

4.社会力量参与残疾人技能培训和就业增收程度最高

社会力量是弥补专业服务人员队伍不足的重要力量,调查发现,受访者认为企业或助残组织参与残疾人技能培训程度较高,其次是就业增收领域(见表4)。

表4 企业或助残组织参与残疾人公共服务程度较高的领域

单位:人次,%

公共服务领域	频次	个案比重
技能培训	59	40.7
就业增收	53	36.6
辅具适配	42	29.0
托养照料	40	27.6
文化体育	37	25.5
自主创业	33	22.8
家庭无障碍改造	28	19.3
精准康复	17	11.7

5. 残疾人辅具适配与家庭无障碍改造服务过程管理最为精细

调查发现,受访者认为残疾人公共服务过程管理最为精细的项目领域为辅具适配,其次为家庭无障碍改造服务。相对而言,受访者认为残疾人就业增收与文化体育项目精细化管理水平还有待加强(见表5)。

表5 项目实施过程管理较为精细的残疾人公共服务领域

单位:人次,%

公共服务领域	频次	个案比重
辅具适配	85	57.8
家庭无障碍改造	80	54.4
精准康复	65	44.2
托养照料	53	36.1
技能培训	42	28.6
自主创业	40	27.2
就业增收	23	15.6
文化体育	18	12.2

6. 残疾人家庭无障碍改造、辅具适配与精准康复服务绩效管理最为完善

调查发现,受访者认为绩效评估体系最为完善的残疾人公共服务项目为家庭无障碍改造,其次为辅具适配服务,精准康复服务排位第三(见表6)。究其原因,残疾人精准康复系统整合了家庭无障碍改造、辅具适配与精准康复服务绩效评估模块,因此绩效管理操作更为简便、效果呈现更为清晰。

表6 绩效评估体系较为完善的残疾人公共服务领域

单位:人次,%

公共服务领域	频次	个案比重
家庭无障碍改造	71	53.0
辅具适配	69	51.5
精准康复	60	44.8
托养照料	40	29.9
技能培训	40	29.9
自主创业	35	26.1
就业增收	28	20.9
文化体育	11	8.2

7. 残疾人精准康复服务互联网智能化管理水平最高

调查发现，受访者认为残疾人精准康复服务依托互联网智能化管理水平最高，技能培训、辅具适配与家庭无障碍改造服务并排第二（见表7），因为这些残疾人公共服务都建立了互联网智能化管理大数据平台。

表7 依托互联网智能化管理水平较高的残疾人公共服务领域

单位：人次，%

公共服务领域	频次	个案比重
精准康复	57	44.5
技能培训	45	35.2
辅具适配	45	35.2
家庭无障碍改造	45	35.2
自主创业	31	24.2
就业增收	22	17.2
托养照料	19	14.8
文化体育	12	9.4

8. 残疾人辅具适配管理与服务标准化程度最高

调查发现，51.6%的受访者认为辅具适配服务管理与服务标准程度最高，其次为残疾人家庭无障碍改造服务（见表8）。究其原因，辅具适配在需求筛查、辅具适配与售后服务过程中，不仅依托专业辅具技术人员全程参与，而且依托互联网智能化平台对辅具服务全过程管理。

表8 管理与服务标准化程度较高的残疾人公共服务领域

单位：人次，%

公共服务领域	频次	个案比重
辅具适配	66	51.6
家庭无障碍改造	55	43.0
精准康复	44	34.4
托养照料	39	30.5
技能培训	36	28.1

续表

公共服务领域	频次	个案比重
自主创业	26	20.3
文化体育	20	15.6
就业增收	18	14.1

9. 残疾人辅具适配、精准康复与家庭无障碍改造服务创新程度最高

调查发现，受访者认为创新程度处于全国前列的残疾人公共服务领域主要为残疾人辅具适配、精准康复与家庭无障碍改造（见表9）。近年来，陕西省公共服务领域创新陆续获得中国残联认可，2018年12月全国残疾人精准康复服务工作现场会在西安召开，2019年10月全国残联系统助力脱贫攻坚推进贫困重度残疾人家庭无障碍改造现场会在延安市子长县召开，2021年初省残联和财政厅联合印发《陕西省残疾人辅助器具适配补贴办法（试行）》，这些领域公共服务创新也获得基层残联工作人员和残疾人的一致认可。

表9 创新程度处于全国前列的残疾人公共服务领域

单位：人次，%

公共服务领域	频次	个案比重
辅具适配	58	47.9
精准康复	54	44.6
家庭无障碍改造	45	37.2
技能培训	35	28.9
自主创业	33	27.3
文化体育	31	25.6
托养照料	29	24.0
就业增收	23	19.0

10. 残疾人辅具适配、家庭无障碍改造与精准康复等领域公共服务水平最高

通过对八类残疾人公共服务调查发现，在残疾人满意度、项目全过程管理以及服务专业化水平等方面，受访者对残疾人辅具适配服务评价最高，其次为残疾人家庭无障碍改造与精准康复服务，相对而言残疾人文化体育、就业增收等公共服务领域满意度评价较低。整体上，陕西省残疾人公共服务水平持续稳步提升，调查显示，42.7%的受访者认为残疾人政策项目回应残疾人需求的程度为"很高"或"较高"，47.8%的受访者认为"一般"；54.3%的受访者认为残疾人服务资源供给与残疾人需求匹配"非常精准"或"较为精准"，34.8%的受访者认为"一般"；50.9%的受访者认为扶残助残服务"非常专业"或"较为专业"，40.5%的受访者认为"一般"；60.6%的受访者认为残疾人政策项目管理"非常精细"或"较为精细"，31.5%的受访者认为"一般"。总体上，陕西省残疾人公共服务在回应残疾人需求、残疾人需求资源匹配、扶残助残服务专业化、政策项目管理水平等方面，都获得残疾人及残疾人工作者的肯定评价。

二 陕西省残疾人公共服务创新及其特点

（一）残疾人公共服务创新典型

梳理学术界对公共服务的相关研究，有学者提出建立"多中心"公共服务供给模式[1]，创建"一主多元"公共服务模式[2]，但多数学者主要从公共服务供给角度出发，并对政府购买公共服务监管模式进行深入思考[3]。本文审视残疾人公共服务全过程，梳理近些年陕西省残疾人公共服务在需求表达、服务供给以及供需匹配的创新案例，为推动公共服务创新提供新的思路。

---

[1] 贾凌民、吕旭宁：《创新公共服务供给模式的研究》，《中国行政管理》2007年第4期，第23页。

[2] 许继芳、周义程：《公共服务供给三重失灵与我国公共服务供给模式创新》，《南京农业大学学报（社会科学版）》2009年第1期，第85页。

[3] 邰鹏峰：《政府购买公共服务的监管成效、困境与反思——基于内地公共服务现状的实证研究》，《辽宁大学学报》（哲学社会科学版）2013年第1期，第95页。

1. 需求表达创新案例

长期以来，残疾人公共服务需求需要基层服务人员上门入户采集，由于基层人员流动较大、专业知识相对欠缺，部分残疾人需求信息与实际情况有出入，而且需求筛查还存在多次入户、重复采集等问题，极大地影响了基层残疾人工作高效率开展，也制约了残疾人公共服务项目科学编制与规范实施。

2019年初，商洛市丹凤县开展了"以辅助技术为切入点带动综合服务，助力深度贫困县脱贫攻坚"的试点创新[1]，结合残疾人基本服务状况和需求信息数据动态更新工作，制定了残疾人公共服务需求筛查标准，编制完成《丹凤县残疾人综合服务项目需求筛查表》，使基层人员入户筛查流程清晰、标准明确。同时，强化需求筛查队伍建设、工作机制、流程环节、绩效考核与信息化管理，组建由村残联专职委员与村医组成的残疾人需求入户筛查小组，明确入户筛查小组工作分工、职责范围与补贴经费，建立走街串巷、进村入户、上门实查、拍照合影的入户筛查机制，规范"见本人、访家属、看现状、查佐证，知需求、解家情，如实查、求精准"的工作规范流程，实行量化积分、按分兑现、奖优罚劣、末位淘汰的绩效考核制度，结合"互联网＋"公共服务创新趋势开发了残疾人需求筛查智能工具，提高了残疾人公共服务需求筛查数据的真实性与可靠性。在此基础上，对残疾人需求信息进行梳理归类、汇总分析，并结合全县残疾人公共服务资源情况，完善残疾人公共服务项目实施方案及绩效评价，不仅提高了公共服务资金使用效率和绩效水平，也提升了基层残疾人公共服务的精准程度，更为解决当前残疾人公共服务条块分割、供需错位提供基层实践经验。

丹凤县开展的残疾人综合服务试点创新，重塑了残疾人公共服务需求表达机制，改变了主要依靠残疾人主观表达需求的政策设计路径，使残疾人主观表达、客观需要以及政策资源相统一，同时借助需求筛查规范标准和智能化数据采集平台，促使基层残疾人公共服务需求筛查便捷操作，也为科学编

---

[1] 王博、王立新、余斌等：《精准筛查 资源整合 辅具覆盖 综合服务》，《商洛日报》2019年11月19日，第4版。

制基层残疾人公共服务项目提供有力支持。项目试点以来,残疾人就业、扶贫、住房保障、产业扶持、社会保障、康复、托养、家庭无障碍改造等公共服务更为精准,残疾人实际获得感明显增强,基层残疾人服务能力水平不断提升。

2. 服务供给创新案例

当前,重度残疾人托养是基层残疾人公共服务的痛点,残疾人需求多、家庭负担重,同时基层托养服务设施较为薄弱、资源投入明显不足,针对如何破解基层重度残疾人托养问题,宝鸡市凤翔区开展了重度残疾人村级流动托养服务创新。

2019年,凤翔区为解决好建档立卡重度残疾人贫困家庭"照看一个人,拖累一群人,致贫一家人"的问题,解决重度残疾人贫困家庭只能"输血式"扶贫难以"造血式"脱贫的问题,在田家庄镇田北村开展村流动托养服务创新试点,通过改造已经闲置的农村幸福院,建设适合残疾人日间照料的托养服务站,满足处于就业年龄段有托养服务需求的智力、精神和重度肢体残疾人的托养服务需求。托养对象入住托养服务站后,与托养服务机构签订托养服务协议,体检合格后入站托养,残疾人的食宿、护理及康复训练等服务完全免费。托养服务机构为残疾人提供日常生活照顾和护理、生活自理能力训练及必要的康复服务,组织服务对象开展"工疗、农疗、娱疗"和适宜的文化、体育、娱乐活动及心理支持服务。托养服务站坚持流动服务原则,每个村开展两个月托养服务,之后轮转其他村继续开展托养服务。

凤翔区开展的重度残疾人村级流动托养服务创新,在现有"阳光家园"政策与资金投入下,通过改造村级闲置资源为残疾人提供托养服务,使贫困重残家庭得以"喘息",也以社区化方式推进残疾人托养服务,体现了残疾人事业融合发展的整体趋势。

3. 供需匹配创新

康复是残疾人融入社会、平等参与的前提基础。很长时间以来,家庭康复和社区康复基础还非常薄弱,专业化康复机构少、规模小,专业康复人才缺口大,为此,陕西省残联提出了"纳入公共卫生服务,依托家庭医生团队，统一设计'模板'，积极稳妥推进"的康复服务思路[①]，创新推行"互联网+康复服务"的精准服务模式。

家庭医生是为残疾人提供康复服务的专业人才队伍，按照社区康复和家庭康复指导的服务定位，制定《陕西省残疾人精准康复家庭医生签约服务目录》，优化工作流程、签约服务流程和筛查工作流程，明确家庭医生签约团队康复服务内容，解决基层残疾人康复服务"如何干""干什么"的难题。为解决家庭医生专业技术基础弱的问题，组建精准康复服务工作巡讲团，编写了统一培训教材，分期、分批举办康复专业培训班，稳步提升全省家庭医生康复服务能力。针对家庭医生签约服务过程中工作量大、填表资料多的问题，开发"精准康复家庭医生签约服务手机 App 服务助手"，对残疾人基础信息采集、筛查评估转介、康复项目选择、服务协议签订、服务记录填报、服务效果评价等流程环节实行数字化管理，同时系统中还嵌入了操作指南、在线咨询和远程指导等功能模块，为全省家庭医生签约团队提供了统一的康复专业技术支持。

智能化流程改造的残疾人精准康复服务模式，有效解决了基层残疾人康复服务"最后一公里"、残疾人康复服务需求与康复服务供给错位等问题，同时组建服务于全省家庭医生签约团队的专家组，有效解决了专业化残疾人康复服务延伸基层的难题，有利于推动残疾人康复服务工作规范和质量标准形成统一。

（二）残疾人公共服务创新主要特点

1. 智能化残疾人公共服务创新有实效

近些年，陕西省残联积极推动"互联网+公共服务"创新，特别是公共服务供需匹配智能化，在精准康复工作中创新开展"互联网+康复服务"模式，确定精准康复签约服务标准，简化筛查评估、签约服务操作，规范残

[①] 马磊、童博：《争取让每位残疾人享有康复服务——陕西省残疾人精准康复工作综述》，《陕西日报》2018年12月20日，第8版。

疾人家庭签约医生团队管理，搭建互联网信息化管理平台，大大提升了残疾人康复服务质量。在残疾人家庭无障碍改造工作中，通过"梯次化推进、标准化评估、专业化改造、信息化管理、全程化监管"的流程改造，有力推动实现建档立卡重度残疾人家庭无障碍改造全覆盖目标。

2. 整合式残疾人公共服务创新有突破

在现有残疾人公共服务体系下，受制于财政预算与部门管理要求，残疾人公共服务类别较多、总量较少。2019年初商洛市丹凤县开展的残疾人综合服务，有效解决了资源供给不精细、需求表达不充分的问题。2021年安康市岚皋县开展了阳光家庭项目，把残疾人托养服务、就业促进以及技能培训项目进行整合，既解决了残疾人家庭成员就业促进问题，也解决了农村残疾人无人照顾、财政供给不足的问题，使多项残疾人公共服务在家庭层面实现整合。

3. 开发式残疾人公共服务创新有进展

针对现有传统公共服务模式，开发式公共服务创新侧重于新的公共服务供给模式。2019年宝鸡市凤翔区通过利用农村闲置资源建立村流动托养服务站，为解决农村残疾人托养问题提供了新的公共服务供给路径。2021年初推动的残疾人辅助器具补贴办法，通过凭单制补贴的政府供给方式创新，解决了残疾人辅助器具供给不充分、服务不到位的问题。这些公共服务方式的创新，不仅体现了残疾人公共服务理念的飞跃，也为基层残联自主推动残疾人公共服务创新提供了行动指南。

三 残疾人公共服务创新面临的主要问题

1. 残疾人公共服务创新机制不健全

残疾人公共服务供给主要依靠政府行政驱动，并依靠各地残疾人组织部署落实。然而，当前各级残联对公共服务创新还没有达成共识，多数认为公共服务创新是偶发的、随机的，没有认识到创新可以通过有目的地探索、试错而逐步成型。每年度各级残联公共服务的工作任务目标，主要是受益残人群体总量或受益残疾人比例，对残疾人公共服务创新没有明显任务要求，也没有专门预算安排，各级残联对残疾人公共服务创新缺乏明确部署。残疾人公共服务绩效评价缺乏科学管理体系，评价内容指标不统一、不规范，缺乏残疾人及亲友以及第三方评价参与，导致残疾人公共服务创新缺乏科学数据实证支持。对于一些基层积极探索的残疾人公共服务创新成果，缺乏系统性理论提炼与实证支撑，缺乏基层创新探索经验成果推广机制，容易变为昙花一现。虽然近年来残疾人公共服务创新取得丰硕成果，但是整体上残疾人公共服务创新还没有形成完善的工作机制，调查显示，仅有40.9%的受访者认为陕西省残疾人事业创新"非常强劲"或"较为强劲"。

2. 残疾人公共服务创新活力不足

创新是有风险的试错过程，即使最完美的创新设计也无法预料最终创新效果，在目前行政监督与问责体系下，创新对基层残联和主管部门负责人都是风险较大的政策实践，因此在没有明确创新任务要求下各创新主体容易选择最为稳妥的执行路线。创新是一项全新的实践探索，需要跳出现有知识与行动框架，而现有基层残联人员知识更新普遍较慢，与外部智库缺乏对话平台，缺乏系统化智库支持，导致一些基层实践创新缺乏针对性指导，容易陷入重复性创新、低水平创新，甚至"伪创新"。此外，任何实践探索都需要创新资源与创新要素的匹配，现有条件下创新性人才缺乏较为普遍，整合资源推动创新实践落地的领导者更为稀缺，加之现有条件下经费使用管理非常严格，专业化服务人才队伍普遍较为薄弱，各项创新要素同时具备较难，使基层较多创意难以变为现实。另外，创新环境氛围还不浓厚，推动创新者脱颖而出还没有形成机制，还没有形成残联系统的惯习。

3. 残疾人公共服务创新路径不明确

残疾人公共服务创新前提来源于残疾人的需求，不同残疾人有不同需求，同一类残疾人其需求也存在较大差别，因此需求筛查和精准识别是残疾人公共服务基础，通过分级分类需求管理更容易推动残疾人公共服务创新。由于残疾人基本情况调查机制还存在薄弱环节，利用调查发现需求、反映需求还存在问题，促进多个残疾人工作平台需求信息整合、让信息化成为提升残疾人工作规划管理服务的有力抓手还存在较大差距。现有残疾人公共服务创新更多侧重于流程重塑，侧重于多项公共服务资源整合，缺乏建立从残疾人需求出发的创新路径设计。随着残疾人公共服务从基本需求向个性化需求演进，需要清晰残疾人公共服务创新路径与指导方向，避免创新带来资金风险，防止基层"为创新而创新"。

四 推进残疾人公共服务创新的政策建议

1. 建立健全残疾人公共服务创新机制

加强残疾人公共服务创新的理论学习，形成"创新是残疾人公共服务提质增效第一推动力"共识，认识创新是有组织、有计划试错的探索行动，可以通过多方式科学验证创新实践路径。建立残疾人公共服务创新工作机制，每年度部署各级残联公共服务创新工作计划，专门安排残疾人公共服务创新的经费预算，提高残疾人公共服务创新考核加分比重。强化残疾人公共服务科学绩效评价，推动残疾人及亲友以及第三方评价参与，让绩效评价成为激发创新动力、增强创新活力、提升创新能力的有力支撑。加强基层残疾人公共服务创新成果推广介绍，每年度召开全省残疾人公共服务创新经验介绍会，邀请专家学者总结提炼已经取得创新实效的项目经验，形成有陕西特色的残疾人公共服务创新工作机制。

2. 激发残疾人公共服务创新主体活力

增加残疾人公共服务社会化供给比重，支持和引导社会力量有序参与残疾人公共服务，健全政府购买残疾人公共服务政策，推进政府购买服务承接机构备案和助残服务机构名单管理，扩大政府购买残疾人公共服务的选择范围。定期公布适合社会参与政府购买残疾人公共服务项目名录，引导更多运作成熟、服务规范、信誉良好的社会服务机构参与。建立创新试错、容错机制，让残疾人公共服务创新成为各级残联工作推动的动力。加强残疾人公共服务创新的智库支持，每年度举办残疾人公共服务项目创新设计大赛，让基层残疾人工作者好创意不断涌现出来，成为助力残疾人公共服务政策完善的工具。加强残疾人公共服务创新与资源要素的匹配，建立残疾人公共服务创新项目申报、遴选、管理与荣誉机制，推动残疾人公共服务创新工作者不断脱颖而出。

3.探索残疾人公共服务大数据创新路径

以每年度残疾人基本状况调查数据为基础，建立全省残疾人工作大数据服务平台，运用残疾人大数据的收集、储存与共享、分析与挖掘、监控与预测等处理机制[①]，驱动残疾人公共服务创新工作一体化建设。加强残疾人需求分级分类管理与分发机制建设，实现残疾人需求数据挖掘与服务创新有机衔接，促进残疾人需求与供给资源标准匹配。创新和完善残疾人康复、教育、就业、文化、体育、托养、无障碍环境建设等需求表达与服务创新机制，改善服务经费管理方式，提高基层残联资源整合力量，夯实基层开展残疾人工作创新的基础条件。

参考文献

郁建兴、吴玉霞：《公共服务供给机制创新：一个新的分析框架》，《学术月刊》2009年第12期。

李利文、王磊：《公共服务下沉创新：理论框架、实践样态与支撑逻辑》，《新视野》2021年第6期。

刘伟、宋丽华等：《残疾人公共服务管理系统的设计与实现》，《信息技术与信息化》2020年第4期。

李健、李苗苗、马小红：《残疾人社会组织发展现状、问题与对策建议》，《残疾人研究》2020年第3期。

---

① 唐跟利、陈立泰：《大数据驱动区域公共服务一体化：理论逻辑、实现机制与路径创新》，《求实》2021年第5期，第56页。

治理篇

Reports on Social Governance

B.9
陕西社区治理法治化的实践与对策研究*

胡映雪**

摘　要： 党的十八大以来，我国社会建设进入新时期。社会治理创新实践大力推进，社会治理取得重大新进展，尤其是社区治理法治化取得新成效同时也面临新形势。随着经济发展和社会转型，陕西社区治理法治化面临治理方式亟须升级、治理主体不断增加、治理内容日益复杂的新形势，迫切需要强有力的法治支撑。当前，陕西社区建设法规框架体系基本确立，社区依法治理的机制更加完善，法治社区文化氛围初步形成，社区法律服务体系逐渐完善，然而，陕西社区治理规范体系尚需进一步完备，社区的法定职责范围界定需进一步明确，社区依法治理机制需进一步完善，社区法治人才队伍建设需进一步强化。为推进陕西社区治理法治化，应当完善陕西社区治理政策法规体系，强化社区依法治理的体制

---

* 基金项目：陕西省社会科学基金项目"推进城乡网格化服务管理，提升基层社会治理效能研究"（2021ZX13）。
** 胡映雪，陕西省社会科学院政治与法律研究所助理研究员，研究方向为政府治理、法治建设。

机制建设，明确社区自治的权限范围、运行程序及评价体系，加强社区法治队伍建设，为社区治理法治化提供人才保障。

关键词： 社区治理　法治化　法治支撑　陕西省

治理现代化的重要内容之一是社会治理法治化，社会治理的重点和难点都在基层，加强和创新城乡社区治理，必须打通社会治理的"神经末梢"。要促进社区和谐稳定发展，必须依法规范各社区治理主体的权利义务，使社区自治始终在法治轨道上运行。

一　陕西社区治理法治化面临的新形势

改革开放后，随着经济发展和社会转型，社会治理模式也不断升级，逐渐从集中、单向的管控模式转变为多元、互动的服务模式。随着改革进一步深化，治理理念、方式也不断进步，管理过程以人为本的价值理念逐渐体现。

（一）治理方式亟须升级，从管理为主转变为服务为主

党的十八届三中全会后，社会治理进入新发展阶段，社会治理模式也开始全面变革。习近平总书记指出："治理和管理一字之差，体现的是系统治理、依法治理、源头治理、综合施策。"[①] 这表明治理主体从单纯依靠政府主导转变为全社会共同参与，治理依据从行政命令为主转变为依法治理，治理方式从以"管"为主走向以服务为主。

以往的社区治理功能主要在于管理、维稳，当今的主要功能在于为居民

---

① 本刊编辑部：《推进中国上海自贸试验区建设加强和创新特大城市社会治理》，《上海人大月刊》2014年第4期，第6页。

服务，社区通过提供各类社区服务来推进治理工作。大部分社会保障工作被下放到社区，例如社会救助、企业离退休人员养老保险、流动人口管理、生育服务等，使得生活困难阶层、广大老年人、业主、租户的利益诉求都转向社区，社区成为承担基层民主工作的主力。要提高社区服务水平及总体治理效能，不仅需要转变治理理念，更需要明确的制度依据。此外，人民群众对物质文化生活的要求也越来越高，但部分地区社区治理中还存在政府管理"越位"和服务"缺位"的情况，要提高社区治理水平不仅需要"法治"，更需要综合运用政治、德治、自治、智治等多种手段，因此，需要运用各类法规、政策、制度加以规范，使"五治"形成基层社会治理合力。

（二）治理主体不断增加，从政府大包大揽转变为社会共同参与

党的十八大以前，社会治理主体高度单一，村、居委会只是被动执行上级政府的行政指令，协助党委、政府全面管理社区内各项事务，政府作为管理主体负责管理一切大小事务，群众则是管理对象，对于政府实施的管理措施和提供的公共服务，群众只能被动接受，村、居委会作为群众自治机关的主体性并未体现出来。党的十八大以来，社会治理不断创新，"治理主体多元化特征逐渐显现，体现为政府主导，企事业单位、人民团体、社会组织、城乡社区居民共同参与的共建共治共享的社会治理新格局。"[①] 然而，当前陕西共建共治共享的机制还不健全，社区工作繁多，社区工作人员筋疲力尽，而群众却感觉自己的诉求并没有被解决好。要纠正这种"错位"，必须充分发挥社会组织和社会公众在社会治理中的作用。当前陕西正在深入推进"一核多元"的基层党建引领基层社会治理的实践，如何规范和保障社区治理中各参与主体的权利义务，成为从政府单一主导到多元协同治理转变过程中的重要问题。因此，应积极探索从法治层面规范各治理主体尤其是社区的权利义务，保障群众的知情权、参与权、决策权和监督权，畅通居民参与社区治理的各种渠道，以法治保障社区协同共治的能力。

---

① 向春玲：《70年来中国社会治理的"四大转变"》，《人民论坛》2019年第29期，第41页。

（三）治理内容日益复杂，社区面临的风险防范化解任务更加艰巨

随着社会发展，公共事务不断扩大，社区承担的服务职能越来越多，各种现实风险和潜在的风险因素明显增多，尤其是疫情防控常态化实施以来，各类公共安全等隐患以及社会矛盾存在多发态势。在社区中由于协调各方利益的体制机制建设较为滞后，纠纷解决不畅，各主体利益难以协调，容易导致矛盾扩大；受疫情影响，经济发展放缓，如防疫要求部分商家需暂停营业，导致人民生活出现暂时性困难；由于城市扩大，人口流动加剧，因此对流动人口管理难度增大；老龄人口比例增加，"空巢老人"现象突出。当前社会风险和矛盾纠纷数量越来越多，种类越来越复杂，各类治理资源还未得到整合，而现行社区治理制度还不能满足化解矛盾的需要。社区是连接个人与社会的桥梁纽带，也是开展基层社会治理的主要"阵地"，要提升社区治理水平，必须以风险防范、矛盾化解为抓手，对公共安全、矛盾化解、信访调处、疫情等不确定风险进行充分准备，进一步建立和完善风险应对、矛盾化解机制，以完善的制度为基层矛盾化解提供法治支撑。

二　陕西推进社区治理法治化的主要成效

（一）社区建设法规框架体系基本确立

自2000年以来，陕西省大力推进城乡社区建设，关于社区建设的法规框架基本建立，支撑社区发展的政策保障体系不断完善，为不断提升社区治理能力奠定了法治基础。

陕西城乡社区治理的组织结构基本明确，成为基层治理创新的主要法规依据。首先，陕西省政府出台《陕西省实施〈中华人民共和国村民委员会组织法〉办法》《陕西省实施〈中华人民共和国城市居民委员会组织法〉办法》《陕西省村民委员会选举办法》《陕西省城市社区建设暂行办法》等政府规章，确定了社区及居民委员会的法律地位、主要任务、规模、产生、任

期、人员构成、经费来源等问题，成为陕西社区治理法治化的基础性规范，为陕西社区建设提供了有力的法治支撑。其次，陕西省政府出台了《陕西省城市社区居务公开民主管理办法》《陕西省村务公开民主管理办法》，社区居务公开民主管理工作得到加强，社区事务实行事前、事中、事后全过程公开，社区居民的知情权得到充分保障。此外，陕西省还出台《陕西省城镇社区专职工作人员管理暂行办法》，对专门从事社区管理和服务的社区服务站工作人员招聘和管理进行了规范，推动了社区人才队伍不断壮大和完善。

社区治理的顶层设计和政策体系进一步健全，内容不断扩展，成为陕西社区治理地方性规章的必要补充。近年来，陕西省先后以省委、省政府名义出台了《关于加强乡镇政府服务能力建设的实施意见》《关于加强和完善城乡社区治理的实施意见》《陕西省城镇社区组织建设管理规范》等政策文件，从城乡社区组织架构、工作机制、重点工作等方面做了进一步细化，促进了城乡社区治理体系和治理能力现代化。同时，陕西省还研究制定了《陕西省人民政府办公厅关于加快推进全省新型智慧城市建设的指导意见》等规范性文件，通过五项主要任务，实现便民服务更加完善、在线政府高效透明、城市管理更加精细、数据产业融合创新、安全体系自主可控，不断推进全省新型智慧城市建设有序发展，为社区治理的信息化建设提供依据。

陕西省民政厅先后印发一系列文件，内容涵盖了发展社区社会组织、基础设施、信息平台等方面，社区治理的政策依据更加完善。《陕西省民政厅关于进一步加强社区社会组织培育发展与规范管理工作的实施意见》《陕西省培育发展社区社会组织专项行动实施方案（2021－2023年)》指导全省社区社会组织培育发展工作。文件从财政投入制度、社区治理工作机制、网格化服务管理、"智慧社区"建设试点等方面对社区社会组织发展和运行进行了规划，社区治理水平进一步提升。陕西省民政厅《关于开展城市社区基础设施共建活动的意见》确定了城市社区基础设施建设的基本标准，加快了社区基础设施建设步伐，提升了社区服务功能，有助于充分发挥社区在城市基层管理和公共服务中的重要作用。

（二）社区依法治理的机制更加完善

近年来，陕西省积极创新发展新时代"枫桥经验"，在社区多元治理、矛盾化解机制方面持续发力，将法治思维和方式贯穿到矛盾调解全过程，运用政治、德治等多种手段规范居民行为，社区依法治理体系不断完善，为法治社区建设奠定了坚实基础。

社区矛盾纠纷排查化解体系日益健全。陕西省各地各部门创新完善矛盾纠纷排查化解机制，大量的矛盾纠纷解决在基层、化解在萌芽，为陕西地方经济发展、社会稳定做出了重要贡献。陕西在社区治理中坚持党建引领，充分发挥政治、自治、法治、德治、智治"五治"作用，坚持预防为主、统筹协调的原则，综合运用教育、调解、疏导等方法，使矛盾纠纷及时就地化解到位。多渠道排查和收集矛盾纠纷信息，对重点领域、重点问题开展专项排查，分析研判矛盾纠纷特点规律。人民调解、行政调解、司法调解三管齐下的矛盾化解工作机制不断完善，实现调解全环节覆盖。完善各级矛盾纠纷排查化解工作平台，优化工作流程，努力做到让当事人"只进一扇门""只跑一次腿"，提高解决问题的便捷程度，同时建立回访制度，最大限度地促进矛盾彻底化解。新城区依托全区网格员队伍，主动"上门寻访"排查，实时反馈搜集苗头性线索，做到纠纷排查不遗漏，真正做到矛盾纠纷"发现在小、处置在早"，有效防止简单问题复杂化和局部问题扩大化。灞桥区深化民间矛盾纠纷的排查登记和化解工作，把婚姻家庭、拆迁安置、劳资纠纷、医疗纠纷等易发多发矛盾纠纷列为重点排查范围，建立村（居）专业化人民调解队伍，由村（居）干部、法律顾问组成的专业化人民调解队伍共同解决村（居）矛盾纠纷，社会效果良好。

"一核多元、合作共治"的社区治理机制初步确立。陕西不断突出党组织在社区治理中的领导核心地位，探索"基层党建+"工作模式，初步形成了社区党委与辖区内各主体之间"一核多元"的治理格局。"一核多元"即包括社区服务中心、社会组织、驻地单位、群众团体等在内的社区治理主体在社区党委领导统筹下，共同参与社区治理和服务的治理模式，既是

"一核多元",也是"合作共治"。以此为基础,各地广泛促进社区党建和服务创新过程的融合与互动,初步形成党委、政府、社会、居民协同共治的基层党建和社区治理新格局。"四社联动"机制进一步完善,陕西大力推进社区资源共享、队伍联建、项目联动服务机制,不断提升社区治理法治化水平。莲湖区"从注册引荐、项目申报、财务托管、能力提升、创业支持等方面孵化培育社会组织"①,同时通过"公益创投"的形式,努力吸引社会组织投身社区治理和服务,有效实现治理资源整合,提升社区治理效能。

(三)法治社区文化氛围初步形成

陕西积极推进法治社区建设,以丰富多样的法治宣传教育活动引领社区法治文化建设,通过在社区不定期开展法律知识讲座,为社区居民解释法律问题,同时在社区设立法治宣传专栏,形成了以学法、守法、用法为荣的良好社区法治文化氛围。

一是通过宣讲法律,加大普法力度,提升社区居民尊法、知法、懂法的法治意识。富平县围绕县城街道规划,着力打造"法治宣传一街一路"新阵地,让广大群众在生活、工作、休闲中学习到法律知识,接受法治文化熏陶。雁塔区在社区设置法律咨询台,并且发放宣传资料,不仅给社区居民宣讲了《中华人民共和国民法典》、《中华人民共和国城市居民委员会组织法》和疫情防控等方面的法律法规,还通过现场解答法律问题的形式生动普法,教育引导居民进一步提升法治意识。

二是通过丰富多样的娱乐活动,让群众接受法治文化的熏陶,让法治社区意识入脑入心。"未央区在全区10个街道40多个社区开展法治电影进社区活动,播放《司法所长老秦》《东京审判》等电影"②,一方面丰富了人

---

① 《西安市莲湖区:坚持党建引领放手发动群众 打造共建共治共享的社区治理格局》,http://jl.people.com.cn/n2/2020/0611/c349771-34078736.html,最后检索时间:2021年11月5日。
② 《陕西未央区开展党纪法治电影进社区活动》,http://www.xinhuanet.com/politics/2016-06/21/c_129079492.htm,最后检索时间:2021年11月5日。

民群众业余文化生活，另一方面为居民认真学习法律知识创造了新平台。社区居民在潜移默化中形成遇事找法的思维理念，辖区居民法律素养得到提升。

三是强化乡村社区的法治宣传，增强乡村社区的法治氛围。乡村社区一直是法治社区建设的薄弱之处，近年来，陕西加强乡村社区法治宣传，乡村法治文化氛围不断增强。灞桥区贯彻落实中央全面依法治国委员会印发的《关于加强法治乡村建设的意见》，积极到农村社区开展各类主题法治宣传活动，用农村群众喜闻乐见的方式进行法治宣传，通过形式多样的"法律进乡村"活动，把习近平法治思想、《陕西省秦岭生态保护条例》等重点普法内容以通俗易懂的语言进行宣传普及，使广大群众看得懂、听得进、学得会、用得上，最大限度地发挥好普法宣传作用，在农村形成依法办事的新风尚。

（四）社区法律服务体系逐渐完善

社区法律服务是社区服务的重要内容之一，是保障人民生活安定和谐的重要途径，也是公共法律服务的"最后一公里"。近年来，陕西省大力推进社区法律服务体系建设，以公共法律服务实体、热线、网络三大平台建设为统揽，以便民利民为宗旨，社区法律服务体系基本形成并不断向纵深推进。

一是社区法律服务平台实现实体、网络、热线全覆盖。陕西省将律师、公证、法律援助、司法鉴定、人民调解、社区矫正等法律服务资源加以整合，依托司法行政业务场所，建立区县、街镇、村社三级公共法律服务中心、站、室。陕西省"共建成117个市、县（区）公共法律服务中心，1283个乡镇（街道）公共法律服务站，19741个村（社区）公共法律服务室"，[1] 形成了功能健全、各级联动的公共法律服务体系，通过法律服务大厅，居民可享受"一站式服务"，有效解决了群众维权门槛较高、诉讼途径不畅等问题。

---

[1] 陕西省司法厅：《2020年全省司法行政系统十项重点工作亮点之十九丨陕西司法行政机关全力推进三项举措落地落实 全民共享高质量公共法律服务》，http://sft.shaanxi.gov.cn/zt/sxzdgzldzs/38256.htm，最后检索时间：2021年10月14日。

二是社区法律服务质量进一步提升。陕西不断创新社区法律服务方式，实现了法律服务方式从单一向综合性的转变。陕西推进村居法律顾问制度建设，探索"一个顾问＋一个微信群＋一个自助系统"的服务模式，"共建立了8652个微信群，560个法律服务自助系统，全省共有8690名律师和基层法律服务工作者担任了17022个村和2719个社区的法律顾问"，[1] 线下有律师定时定点值班、线上有律师随时接受咨询，社区居民享受到高质量的"全天候"法律服务。西安市高新区通过政府购买法律服务的方式，"与12家律所签订法律服务项目，由其分别为辖区12个镇（街）226个村（社区）配齐法律顾问，一对一专项开展村（社区）法律服务工作。"[2] 各律所需按照相关服务标准，为全区村（社区）提供专业的法律咨询，参与重要合同、协议的起草审查、村（社区）自治管理、矛盾纠纷调处等多项服务，让群众足不出户就能享受到免费优质的法律服务。

三是社区矫正体系全面建立。"目前陕西省建成县级社区矫正中心102个，工作力量实现了全覆盖。"[3] 陕西省制定了进一步健全落实社区矫正工作体系、加强社区矫正队伍建设、推进社区矫正中心建设的规范性文件，工作机制逐步完善，社区矫正工作的法治化规范化水平不断提升。

三 陕西社区治理法治化存在的短板

陕西社区治理经过多年发展，各方面建设都取得了明显的进步，但仍然存在一些与法治陕西要求不符的短板。如社区承担的事务过于宽泛导致社区

---

[1] 陕西省司法厅：《2020年全省司法行政系统十项重点工作亮点之十九｜陕西司法行政机关全力推进三项举措落地落实　全民共享高质量公共法律服务》，http://sft.shaanxi.gov.cn/zt/sxzdgzldzs/38256.htm，最后检索时间：2021年10月14日。

[2] 西安高新技术产业开发区：《高新区为226个村（社区）配齐法律顾问》，http://xdz.xa.gov.cn/xwzx/gxyw/60f78488f8fd1c0bdc3baeb8.html，最后检索时间：2021年10月14日。

[3] 陕西省司法厅：《2020年全省司法行政系统十项重点工作亮点之十六｜陕西司法行政系统开展"红色教育进监所　改造质效再提升"主题教育活动成效显著》，http://www.fzsx.gov.cn/sx/fcsx/38128.htm，最后检索时间：2021年10月26日。

不堪重负，在社区事务讨论中，一些居民不遵守议事规则，法治意识还有待加强，社区法治人才短缺，无法承担相应职责，这些短板都阻碍了陕西社区治理法治化的顺利推进。

(一)陕西社区治理规范体系尚需进一步完备

首先，社区治理立法滞后，导致了部分新生事物"无法可依"，实践中面临合法性困境。1954年制定的《城市街道办事处组织条例》已经于2009年被废止。新的法规还未出台，街道办事处的法律地位和承担的职责欠缺法律依据。部分地区虽然制定了街道办事处条例的地方性法规，但在很多的地区仍然毫无进展。1989年颁布的《中华人民共和国城市居民委员会组织法》也无法满足当前的治理需求，如对于社区"两委"职权的界定、居民参与社区治理的权利义务、社区协商议事会等新型组织形式的法律地位均缺少相应的法律依据。同时，由于法律依据不足，大量的社区治理规范属于政府出台的文件，各种文件的规定甚至并不统一，导致其权威性、实效性和稳定性不足。

其次，社区的法律地位规定模糊。社区治理的范围和内容纷繁复杂，当前的法律却并未与时俱进做进一步完善，法律条文表述过于笼统，治理内容无法找到对应的法律依据，当前法律缺乏对"社区"这一主体法律性质的明确规定，模糊了群众自治组织与行政机构的界限，导致社区与镇街等基层政府之间关系错位，行政化趋势严重。《中华人民共和国宪法》第一百一十一条规定："城市和农村按居民居住地区设立的居民委员会或者村民委员会是基层群众性自治组织。"《城市居民委员会组织法》第二条规定："不设区的市、市辖区的人民政府或者它的派出机关对居民委员会的工作给予指导、支持和帮助。居民委员会协助不设区的市、市辖区的人民政府或者它的派出机关开展工作。"由此可见，居委会是群众自治组织，而非基层政权的延伸，然而法律同时也规定居委会接受政府的指导、支持和帮助，并需要协助政府工作。对两者关系这样含糊不清的表述，很容易将居民委员会认为是行政权力体系的末端，是国家行政权力的延伸，基层政府和职能部门在实际中成为社区的上级领导。同时，社区居委会的工作人员、经费来源、监督考评、工作方式等方面都受政府安排与管理，这导致社区居民委员会事实上偏离了作为基层自治主体的功能，也偏离了其自治组织的法律定位。政府是我国社会治理的主导力量，包括社区居委会在内的其他治理主体都应当支持、协助其工作，但这种对二者关系模糊不清的描述在实际中导致社区与镇街等基层政府之间关系错位，行政化趋势严重，成为一个"准行政性组织"，离自我管理、自我教育、自我服务的立法目的越来越远。

（二）社区的法定职责范围界定需进一步明确

《中华人民共和国城市居民委员会组织法》第三条规定居民委员会的任务包括六方面内容：宣传法律法规、政策；办理公共事务和公益事业；调解民间纠纷；协助维护社会治安；协助人民政府或者它的派出机关做好与居民利益有关的公共事业，如公共卫生、计划生育、优抚救济、青少年教育等；反映居民的意见和建议。随着社会的发展，公共事务的范围不断扩大，基层社区承担的事务也越来越繁重，这部1989年颁布的法律已不能适应社会变迁和当前社区治理的需要。《陕西省实施〈中华人民共和国城市居民委员会组织法〉办法》对居委会的职责进行了进一步补充，主要包括召集和主持居民会议；协助司法机关对依照法律被剥夺政治权利的人员进行监督和对假释、保外就医以及判处管制、缓刑的人员以及刑满释放人员进行教育、帮助和安置。这样的补充仍在上位法的框架之内，对社区职责范围仍未明确界定。社区以哪种方式协助基层政府开展工作，哪些工作属于可以协助的范围，当政府对自治职能过分挤占时，社区如何救济，这些都没有规定或规定过于笼统。社区在组织行政化和职责范围不明确的双重影响下，在实际中只能被动接受、承担大量政府职能部门的工作，无法拒绝行政机关的各种任务摊派，社区服务基层群众职能被大大削弱。

（三）社区依法治理机制需进一步完善

当前陕西社区治理仍处于政府主导阶段，政府指令是社区治理的主要动力，法律规定的社区自治还未真正实现，由于部门、街道、社区、居民各治理主体之间职责权限界定不够明确，治理机制也未完全理顺。社区服务仍是以政府、街道提供的事项办理为主，服务质量有待进一步提升，街道作为基层政府派出机构，整合社会资源的能力还不强，对于社区向上报送的需要解决的问题，只能催促职能部门尽快解决；职能部门要求协助办理的事项，街道和社区没有执法权，事情往往陷入僵局。政府、街道、社区、企事业单位、社会组织、居民在社区治理中的权利义务没有明确界定，各主体之间的法律关系并不清晰，如何依据法律各司其职、协同治理还缺乏合理的工作机制。社区治理法治化需要多元化的治理主体，要满足居民对更高水平服务和更完备权利保障的需要，仅依靠政府主导或社区居委会的工作远远不够，还需要更多社会组织参与进来。然而，党委领导、政府负责、社会协同、公众参与的多元治理格局目前还未有效建立，各主体间互动机制并不流畅，基于多元治理基础上的法治保障仍任重而道远。

居民参与社区民主法治保障不足。《中华人民共和国城市居民委员会组织法》规定的居民的民主权利难以保障，基层民主自治落实存在困难。例如社区代表大会闭会期间，居民如何对社区居委会、社区事务的决策、执行进行监督，居民对社区提出意见、建议的流程、救济等也还需要进一步探索。

（四）社区法治人才队伍建设需进一步强化

随着法治社会建设的全面推进，陕西法治人才缺口愈加明显。社区依法治理具有较强专业性，基层法治人才和资源也较为稀缺，现有法治人才供给与社区治理现实需求之间存在矛盾，社区治理法治化人才保障存在不足。

一是社区法治人才总量供给不足。陕西地处我国西部，经济发展与东部地区相比较为落后，为法治人才提供的发展机遇和薪酬待遇与东部地区相比差距较大，因此法治人才存在总量不足的问题，社区法治人才数量也捉襟见肘。社区工作者是社区服务的提供者，其专业技能水平与综合素质高低对于社区工作推进有着重要影响，其中如调解、综治等工作需要法律专业知识，专业化法治人才队伍建设与培养是社区治理法治化的必然要求。目前，社区中大部分工作人员年龄偏大，既缺少法律专业知识又缺少相关实践经验。受收入偏低、发展前景不明等影响，社区很难留住年轻专业人才，专业化的社区法治人才队伍也很难形成，这不仅制约了社区治理法治化工作的推进，也限制了社区综合发展。

二是法治人才在城乡分布不均衡。大部分法治人才集中在经济较为发达的城市，乡镇一级法治人才严重不足。尤其在商洛等地处山区的乡镇，大部分社区工作人员欠缺法律专业知识，导致业务办理不够熟练，执行随意性大。乡村振兴，关键在人才，法治人才就是其中的重要组成部分，必须加强乡村法治人才建设，才能提升乡村治理的成效。

四 推进陕西社区治理法治化的对策思考

（一）完善陕西社区治理政策法规体系

推进社区治理法治化是一项系统工程，政府作为治理的主导者，应当及时根据实际情况出台相应的政策法规，为社区治理与发展提供宏观框架，以便更好地支撑社区治理法治化的有序推进。

首先，加强陕西社区治理法治化的顶层设计，对社区及社区治理的范围、内容、机制、监督、保障方面进行总体规划。有关部门应当按照《中共中央国务院关于加强和完善城乡社区治理的意见》和《中共陕西省委陕西省人民政府关于加强和完善城乡社区治理的实施意见》的要求，围绕城乡社区组织架构、工作机制、重点工作等社区治理法治化的现实问题进行调研，探索符合陕西实际的社区治理法规政策。加快修订《陕西省实施〈中华人民共和国村民委员会组织法〉办法》《陕西省实施〈中华人民共和国城市居民委员会组织法〉办法》等地方性法规，明确社区的权利义务、职责范围、职能定位，进一步健全推进社区治理的地方性法规及其他规范性文件，在法治层面为推进陕西社区治理保驾护航。

其次，推进社区治理立法精细化，根据陕西社区治理法治化总体规划，及时完善相关法规或其他规范性法律文件，使社区治理法规体系更加完善。对于部分区县或社区经过实践检验的良好经验和措施、符合公共利益的习惯性做法，应当将其及时上升为通用的政策制度，提高法规制度的针对性和可操作性。

最后，注重社区治理立法的及时性。随着社区治理不断发展，社区治理中也不断出现新问题，对于新问题，应当立足于解决社区居民的实际困难，在立法权限范围内及时完善立法或对现有法规政策进行调整、修订，避免因为无法可依或立法滞后造成工作开展困难，最终损害居民的权益。

（二）强化社区依法治理的体制机制建设

各项体制机制建设不仅是社区治理法治化的重要内容，也是实现社区依法治理的载体和途径，强化陕西社区依法治理的体制机制建设，就必须不断完善社区治理模式，搭建治理平台，提高各项治理机制的科学性和可操作性。

一是完善社区协商机制。首先，确定协商范围，结合本地实际，梳理与居民切身利益相关的公共事务、常见矛盾纠纷、公益事业等事项，探索社区协商指导性目录。其次，培养居民协商意识，向居民大力宣传社区协商方法、途径，提高居民协商能力，推动形成居民依法自我管理、协商的民主治理氛围。再次，应建立协商机制，鼓励社区党员干部、人大代表、专业技术人员、社会工作者及居民代表等参与协商，从协商主体的广泛性、专业性确保形成科学的社区协商机制，这样的协商机制既能体现民主的价值，又能体现集中的效率。最后，应优化协商流程，根据具体协商内容，实行一事一议，落实决策之前必须协商的原则，健全协商结果采纳、落实和反馈制度，提高协商的实效性。

二是完善政府主导社区治理的形式。政府对于社区，应当由微观的、直接的行政管理转变为宏观的、间接的引导自治，政府不得干预明确属于社区自治范围内的事务。政府严格依据法律进行决策，严格遵守在法律规定范围内活动的原则，依法引导和规范社会团体、社会中介组织、经济组织等社区治理主体在各自的职权范围内活动，以实际行动支撑社区治理法治化建设。建立政府干预社区自治的救济制度，推动完善社区对政府的监督制度，使社区在遇到政府越权或随意摊派时能维护自身权利，形成与政府博弈机制，最终实现双向互动、高效合理的治理机制。

（三）明确社区自治的权限范围、运行程序及评价体系

首先，在现行的法律法规框架之下，应进一步明确社区自治的权限范围，拓展社区治理空间。一方面，应当明确政府及部门下派任务的范围，设立社区事项准入机制。属于准入事项的，社区可以协助办理，不属于准入事项的，社区则有权拒绝，如果准入事项之外确有社区实施办理的必要性，下派部门需提供办理人员和经费，以减轻社区的工作压力。另一方面，应当明确社区的自治范围，凡既不属于行政任务，也不属于企事业单位、居民家庭内部事务的，且与本社区居民生产生活各项权利义务密切相关的事项，都应当由居民通过民主方式来解决。从社区的职能定位和实际功能出发，社区自治权限包括以下几个方面：一是社区民主自治，如公共设施使用、绿化维护、文化活动开展等；二是社区治安维护、矛盾纠纷调处；三是社区服务与公益事业。可进一步探索社区事项的"正面清单"和"负面清单"，只有为社区自治划定了活动空间，社区依法治理水平才有可能稳步提升。

其次，应完善社区自治权的实现途径。一是通过社区内部议事机构行使选举、表达、决策、监督等民主权利，包括社区居民代表大会、议事会、听证会等；二是在政府部门的指导下自主安排社区公共服务，如通过安排法制宣传、治安维护、法律服务等活动行使社区自治权；三是社区居委会在社区内规范企事业单位、社会组织和群众团体为居民提供服务及其他活动；四是通过社区党组织对社区治理的引领和统筹，确保国家政策能落实到基层，保持社区治理法治化正确的政治方向。

最后，完善社区工作考核机制。建立健全社区管理考核办法并及时出台实施细则。改变社区处于权力末端、"婆婆"众多的局面，将对社区工作的

考核权统一收归至区（县）政府，以提高考核的合理性和科学性。探索通过群众满意度、交叉考评、第三方评估等方式健全考评模式，增加群众满意度在社区工作考评中的比重，深化考核结果的运用，明确考核结果使用范围及奖惩办法，发挥考核导向作用和"指挥棒"作用。

（四）加强社区法治人才队伍建设

立足于社区治理法治化的功能定位，强化基层法律人才和法律服务资源供给，着力解决现有法律服务机制与基层社区现实需求之间存在的矛盾，提高法治对社区和谐稳定的保障能力。

一是强化社区专业法治服务队伍组织保障。拟订社区法治队伍建设计划，建设一支包括法律咨询、法制宣传和社区调解等功能的社区法律服务队伍。完善社区法治人才引进，通过交流挂职及各种优惠政策吸引法律工作者到社区工作，充实社区法治服务队伍。加强社区法治力量整合，促进社区内法治力量协同运转，形成治理合力。健全社区法律服务的功能和组织体系，探索建立以纠纷调解、法制宣传、法律服务和查询为主要功能的社区公共法律服务体系。

二是加强社区法治人才教育培训。通过定期组织社区工作人员法治培训，强化社区干部的法治意识，提高其依法办事的能力，充分发挥社区法治人才队伍在矛盾调处、法治宣传方面的作用，以实现维护社区稳定、推动社会发展的作用，同时通过社区干部带动居民学习法律知识，树立法律至上的观念。

三是加强法律服务志愿者队伍建设。法律顾问的定位应当是密切联系群众，协助社区规范和引导各类社会组织健康发展，为社区居民提供法律服务。大力推广社区法律顾问制度，将部分区县"一村（社区）一法律顾问"制度加以提炼并在全省推广，以互联网技术为支撑，通过线上法律服务解决乡村社区法治力量薄弱问题，提高乡村社区法治服务水平，形成各方法治力量信息互通共享的治理格局，提升社区公共法律服务的效能。

参考文献

柯尊清：《当代中国城市基层社会治理研究——基于政府管理的分析》，科学出版社，2020。

李金红：《社区权力：一个城市社区治理结构的政治社会学解读》，湖北人民出版社，2015。

胡业勋：《城市社区治理法治化的理论偏误及体系改进——以C市Q区的实践为分析样本》，《中国行政管理》2020年第3期。

陈大为：《法治政府视阈下推进城市社区治理法治化研究》，《成都行政学院学报》2018年第6期。

马柏伟：《浙江社会治理法治化的创新实践与对策思考》，《中国司法》2021年第3期。

B.10
优化养老服务体系建设，推动医养康养融合发展*

何得桂　王怡涵　王盛罡　韩雪**

摘　要： 医养康养融合作为整合融通医疗与养老资源的重要举措，有利于完善服务体系、实现健康老龄化。陕西在医养康养融合发展中不断加快养老改革步伐，积极探索医养结合、康养结合、医养康养融合发展的不同形式，取得了一定成效。但是陕西医养康养融合发展在整体上还处于发展阶段，存在供给不足、质量不高、要素保障不全面、顶层设计不完善等问题。进一步推进医养康养深度融合发展要根据新发展阶段的新要求，自觉把优化养老服务体系建设、推动医养康养融合发展纳入构建新发展格局中统筹谋划和推进。要更加注重优势资源、重要主体和优良资本的结合，加强规划引领、基础配套，促进医养康养融合社区化发展，推动智慧养老与医养康养深度融合，建立健全医养康养融合管理制度，进一步明确医养康养融合养老机构的标准，不断健全多元化社会保障机制，完善医养康养融合支持政策是推进医养康养深度融合发展的有效对策。

---

* 基金项目：国家社会科学基金青年项目"乡村振兴中的基层'动员－参与'协同机制研究"（编号：21CZZ017）；中共陕西省委政策研究室重点课题"应对人口老龄化构建我省高质量养老体系"。

** 何得桂，西北农林科技大学人文社会发展学院公共管理系主任、博士生导师、教授，陕西省政协参政议政人才库特聘专家，研究方向为公共政策与社会保障；王怡涵，西北农林科技大学2021级社会学博士研究生，研究方向为社会治理与城乡发展；王盛罡，西北农林科技大学农村社会研究中心助理研究员，研究方向为社会发展；韩雪，西北农林科技大学农村社会研究中心助理研究员，研究方向为养老服务与社会治理。

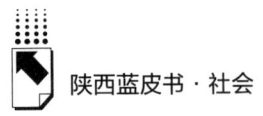

关键词: 人口老龄化 医养康养 养老服务体系 陕西省

为应对日益严重的人口老龄化,陕西省积极探索医养康养结合有效实现方式,认真探寻医养康养深度融合的方式,并取得一定成效,但是仍然存在供给不足、要素保障不全面等问题。如何切实做到政府主导、家庭尽责、市场和社会参与的有机统一,让所有老年人都能享受到应有的养老服务保障,还需要进一步健全应对机制。

一 陕西医养康养融合发展现状

(一)社会保障全面普及,医养康养基础夯实

一是养老保险实现应保尽保。截至2020年底,陕西参加城镇职工养老保险人数共有1156.95万人,其中,企业职工基本养老保险754.3万人、离退休人员人数212.55万人。陕西60周岁以上家庭经济困难人员全部享受城乡居民基本养老保险待遇;截至2021年5月,陕西106.45万名60周岁以上家庭经济困难人员按月足额领取城乡居民养老金。二是城乡居民医疗保险进一步完善。截至2020年底,陕西参加基本医疗保险3899.74万人,其中参加城镇职工医疗保险742.21万人,参加城乡居民医疗保险3157.53万人。三是保险辅助作用提升。中国人寿陕西省分公司在全省87家医院实现"一站式"即时结算服务;为1871.6万人办理城乡居民大病保险、补充医疗保险、基本医保门诊慢病保险;截至2020年底,大病保险累计赔付1063719人次,赔付大病保险46.35亿元。四是老年优待水平逐渐提升。依据《陕西省老年人优待服务办法》,陕西每年通过省、市、县三级配套资金为70周岁及以上老年人发放高龄补贴;例如渭南市2020年通过省、市、县三级向40.32万名70周岁以上的老年人发放3.31亿元高龄补贴资金。

（二）养老服务需求升级，医养康养亟待融合

一是人口老龄化程度持续加深。第七次全国人口普查数据显示：陕西60岁及以上人口为759.12万人，占全省总人口的19.2%，65岁及以上人口为526.66万人，占总人口的13.32%。与第六次全国人口普查相比，60岁及以上人口比重增加6.35个百分点，65岁及以上人口比重增加4.79个百分点，呈现明显的高龄化特征。从全国范围来看，全国80岁及以上人口有3580万人，占总人口比重为2.54%，比2010年增加1485万人，比重提高0.98个百分点；80岁及以上人口占60岁及以上老年人口的比重为13.56%，比2010年上升1.74个百分点，陕西也大体如此，高龄化趋势明显。二是健康意识增强及收入水平提高。近年来，陕西居民健康意识明显提升，特别是新冠肺炎疫情对居民健康意识提升产生积极影响。同时，居民收入提高也对健康、医疗服务需求产生直接影响，激发潜在健康需求。2020年全省居民人均可支配收入26226元，其中城镇居民人均可支配收入37868元，农村居民人均可支配收入13316元。

（三）养老改革步伐加快，医养康养不断发展

一是开展医养结合试点示范。截至2019年底，全省已经建成医养结合省级示范基地38个，医养结合机构232个，各级医养结合示范点200多个，80%以上的养老机构与当地医疗机构建立了签约服务工作机制。二是加强健康养老事业发展。2020年，全省65周岁及以上老年人健康管理率达到80%。截至2020年底，全省共有9家企业、18个街道、3个基地入选国家智慧健康养老应用试点示范单位。[①] 2019年成立全国第一个以康养产业发展为主的省级协会——陕西省长乐健康养老产业协会，拥有153家涵盖大健康、养老养生、医养结合等关联行业的会员单位。

---

① 刘可、王建威：《陕西鼓励民企投身健康养老产业》，《中华工商时报》2020年12月17日，第1版。

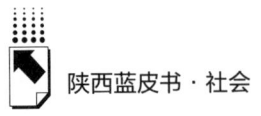

二 陕西医养康养融合发展的主要形式

（一）陕西医养结合的主要形式

一是"养老资源+医疗资源"。该形式主要有三种类型，第一类是养中有医。如安康市在全市所有公办养老机构设有医务室。第二类是医中有养。如榆林市高新医院依托医院既有的医疗资源开展"医养结合型"养老护理服务工作。第三类是医养并重。潼关县养老服务中心是陕西省首家"公建民营"和"医养结合"一体的养老服务机构，建有养老院、民生医院和水疗养生馆，实现了健康养老和疾病救治的结合。二是"养老资源+医疗资源+其他资源"。该形式主要有两种类型，第一是向家庭、社区延伸。如延安市居家养老设施按照就地就近的原则，与定点医疗机构开展合作，由医疗机构为老年人提供体检、健康保健知识咨询指导等服务。第二是向互联网资源延伸。如宝鸡市建设"智慧养老"综合服务管理信息平台，实现对各类养老服务资源的整合与利用。

（二）陕西康养结合的主要形式

一是打造康养小镇和康养社区。康养小镇和康养社区是促进康养有机结合的重要实现方式。例如，安康市石泉县汉水云溪康养小镇项目，建设用地209亩，按照"绿色、健康、人文、怡养、乐居"的整体发展理念，以汉江两岸山水生态资源为基础打造集生态康养、休闲度假、户外运动、文化展示为一体的高品质、复合型生态旅游度假区。二是利用自然资源发展健康养生项目。如宝鸡市的温泉度假酒店，依托太白山国家温泉旅游度假区良好的生态环境和温泉资源，打造高端温泉康养标杆项目。三是医疗服务导入的医疗健康项目。它以医疗服务、康复护理和养老养生为核心业态。例如，西安市中医医院南院区，立足于中医药康养，积极探索中医药康养有效实现方式。

（三）医养康养融合发展的主要形式

一级分级诊疗，分级住院，分级养护。例如，汉中市城固县医养结合社会养老中心，建立"养老区—慢病方式区—中医医院—慢病康复区—养老区"内部转区循环机制，一站式解决老人养老和就医需求。二是注重利用先进信息技术。咸阳市渭城区紧扣全国智慧健康养老示范基地建设，以新建成的区中心敬老院为平台，与咸阳秦云信息技术有限公司合作成立不老帮智慧健康养老中心。

三 陕西医养康养融合发展存在的主要问题

虽然陕西在推动医养康养融合发展方面取得一定的成效，但是与人民对美好生活的向往以及高质量发展的标准还有不小的差距。根据实地调研等方式发现，陕西在医养康养融合发展方面还存在如下几个值得关注的问题。

（一）医养康养深度融合供给不足

一是医养康养服务供需缺口较大。2020年陕西60岁及以上人口有759.12万人；随着老龄化加速，老年人对医养康养资源需求越来越高，但医养康养服务供给较为有限。据统计，全省各类养老床位共27.6万张，医养结合床位仅5万张，难以满足当前2/3的老人带病养老的需求。二是"医"与"养"发展不均衡。注重治疗疾病、忽视预防保健是当前养老事业难点之一，住院治疗的"医"与后续的"养"衔接融合不够，老年人康复疗养、长期照料的需求得不到有效满足。三是医养康养服务机制不健全。康复医疗机构、社区卫生服务中心和乡镇卫生院的家庭医生，在面向居家老人的入户服务标准和服务质量等方面监管机制不健全，针对失能老人康复指导、慢性病管理指导、护理人员的护理技能指导等方面体制机制也不健全。

（二）医养康养深度融合质量不高

一是医养康养结构失衡。在一些医疗等配套设施完善的养老机构或医疗机构医养康养融合实施得较好，取得了良好的成效。但是居家社区养老机构缺乏专业化的医疗和护理康复资源，医疗服务不足，康复护理服务基本缺失，还难以有效推动医养康养在居家社区养老层面深度融合发展。二是服务与管理尚未形成合力。医养康养的资源和管理主体分散在民政、医疗保障、卫生健康等多个部门，具体操作中存在权责不清、多头管理等问题，缺少综合应对人口老龄化的治理机制。基层养老资源缺乏与基层医疗资源闲置问题并存，难以做到统筹协调和横向资源整合。三是缺乏整体性的养老服务数据平台。信息技术在养老服务中的应用较为滞后，当前既未建立全省老龄人口养老需求的基础数据库，也缺乏覆盖全省的医养康养供给资源数据库。这种状况既不利于打破空间的限制，也制约了养老供需匹配的精准性和高效性。

（三）医养康养深度融合要素保障不够

一是资金保障不够。资金问题难以解决是医养康养深度融合面临的重要问题，导致可持续发展后劲不足。财政部门对医养康养深度融合服务的保障力度不够，尚未建立长效的资金保障机制，医养康养深度融合的推进缺乏财政补贴和配套资金。与此同时，由于医养康养融合养老产业投资周期较长、建设成本较高，自身运营产生的收益较低、风险较大，陕西的社会资本投资医养康养融合产业的积极性不够高。二是制度保障不完善。陕西的医养康养结合当前仍处于起步阶段，即使在一些试点地区，"长护险"（长期护理保险）和"医保"与养老服务也没有实现有效衔接。老年人的医疗支出发生在家庭养老、机构养老和社区养老不同养老模式的报销问题有待解决，不同部门、不同项目的医疗服务供给也缺乏较为统一配套的医疗报销措施，报销手续复杂。

（四）医养康养深度融合顶层设计不完善

一是发展规划不够清晰。医养康养融合尚未形成制度体系，服务体系的发展规划、运行模式和服务标准尚不清晰，部分地市没有制定比较完善的社会养老总体规划和详细规划，还没有对养老服务资源和卫生资源如何实现有效衔接进行科学的规划。二是配套措施有待细化。与发达地区相比较，养老照护制度和规范上还有一定的欠缺，养老机构和医疗机构间的转诊制度、合作规范、行业准入等缺少针对性、可操作的政策文件。三是政策体系不健全。现有关于医养康养深度融合的政策体系还缺少对产业、资金及人才的科学规定；医养康养融合产业发展模式在一定程度上还追求高端化、完全市场化，个别环节和领域还存在监管缺位或者说监管不到位的问题。四是缺乏相关法律保障。国家和省级层面均缺乏养老服务以及医养康养等方面的法律法规，从而导致对养老行业的监督考核不够严格、养老服务相关主体的责任落实不够到位，进而影响医养康养融合发展程度。

四 推进医养康养深度融合发展的对策

习近平总书记2021年8月24日在河北省承德市高新区滨河社区居家养老服务中心实地调研时强调："满足老年人多方面需求，让老年人能有一个幸福美满的晚年，是各级党委和政府的重要责任。"[①] 根据新发展阶段的要求、建设健康中国以及积极应对人口老龄化的需要，要更加自觉地把优化养老服务体系建设、更好地推动医养康养融合发展纳入构建新发展格局中统筹谋划和推进。

（一）促进医养康养融合社区化发展

一是推动机构改革。在社区卫生服务中心（乡镇卫生院）加挂"社区/乡镇医养康养综合服务中心"的牌子。政府加大资金投入，充分利用社区卫生服务中心的既有资源，先设置护理床位，在条件允许的情况下建立专门的社区护理院。将社区卫生服务中心转型为既能提供基本医疗和公共卫生服务，又能提供养老服务的医养康养结合型机构。二是完善运行机制。把社区

---

① 杨文明、刘晓宇、姜晓丹：《普惠型服务保障幸福晚年》，《人民日报》2021年9月3日，第11版。

服务中心作为枢纽，通过双向转诊和绿色通道等合作机制，形成社区、医院、养老机构互联互通的"养老联合体"，根据老人健康状况和具体需求提供治疗期住院、康复期集中护理、稳定期生活照料相结合的康养服务。三是继续推行家庭医生服务。通过与居家老年人和社区养老机构签订服务协议，积极为城乡社区及居家老年人提供连续性的医疗、康复、护理和健康管理服务，满足老年人群特殊医疗保障需求。加强家庭医生签约团队与社区服务中心的资源共享，从而提高家庭医生服务对社区居民的覆盖率。

（二）推动智慧养老与医养康养深度融合

一是建立大数据平台。依靠健康养老大数据建设，采集居民的日常基础身体指标、体征、睡眠等健康信息，建立集医疗、健康、养老于一体的"智慧医养康养数据管理平台"，加强信息数据的标准化和共建共享。为60周岁以上老人建立电子健康档案，实行老年人健康信息动态管理，推进全省老年人电子健康档案、电子病历互联互通。实施社区健康管理与干预，加强慢性疾病的预防控制工作。二是构建"服务+养老+医疗+企业"的医养康养相融合的综合服务模式。通过与医疗机构的深度合作，专业的医疗资源和优质服务资源融入社区、家庭养老的各个环节，老年人不出门就能享受医疗服务。三是完善市、县、镇、村四级远程医疗服务网络。构建一体化智慧医疗卫生服务体系，贯通诊疗服务线上线下一体化，实现就诊信息互联互通。

（三）建立健全医养康养融合管理制度

一是建立高质量医养康养管理体系。建立医养康养融合联席会议制度，形成卫生健康部门牵头、相关部门配合、社会共同参与的协同联动工作机制，明确各管理主体职责，强化部门协作配合。卫生健康部门联合民政部门整合医疗卫生和养老资源，引导和支持医养康养模式构建。对医养康养结合模式进行统一规划、多元监督、综合考核以及立法追责。二是设立医养康养深度融合机构的管理部门。界定其职责功能和定位，破解多头管理等问题。明确其在审批许可、人才培训、监督管理、长护险和健康养老相关政策制定中的管理范围和工作职责,打破各主体分散供给局面,实现政府、企事业单位、社会组织等在医养康养深度融合中的多方参与、有效互动和整体协同。

(四)明确医养康养融合养老机构的标准

一是界定医养康养融合养老机构边界。明确医养机构、康养机构和医养康养融合机构的区别;依据老年人需求和专业知识,对这三类机构进行科学划分。医养机构主要具备"医"和"养"两种重要功能;康养机构主要具备"护"和"养"两种重要功能;医养康养融合机构同时具备"医""养""护"三大重要功能,且三种功能有机衔接,同时将预防、诊断、治疗、康复贯穿起来。二是准确分级医养康养融合机构。建立健全养老服务标准体系,将不同层级医养康养融合机构根据其所能提供的服务分为低、中、高三种等级,满足老年人多层次、多样化的养老需求,对其内设基础设施、人员配备、医疗资质、收费等级设置明确标准。

(五)完善多元化社会保障机制

一是完善公共经费保障体系。设立医养康养融合服务建设专项资金,逐步增加财政投入。充分发挥基本医疗保险制度的支持作用,落实政府"兜底式"养老服务保障政策,将符合条件的医养康养融合机构中的医疗机构按规定纳入基本医疗保险定点范围,鼓励有条件的地方按规定逐步增加纳入基本医疗保险支付范围的医疗康复项目,推行可随时核算的医保卡,减少医疗报销时间。同时做好养老服务与长期护理保险、老年人福利和救助等制度的政策衔接。二是吸纳社会资本参与养老事业。积极探索多元化的保险筹资模式,实现政府、企业和个人多渠道出资,共同构建长期护理的经费保障制度。落实医养康养融合优惠扶持政策,完善政府购买服务机制;建立合理的成本分担机制和利益补偿机制,提高医院、社会组织、企业参与医养康养融合建设的积极性,弥补政府在养老行业投入的不足。

（六）完善医养康养融合支持政策

一是加强医养康养制度供给。建立合理的成本分担机制和利益补偿机制，提高医院、社会组织、企业参与医养结合的积极性。完善现行养老和医疗政策法规，尤其是医保政策，促进养老机构医疗服务费用在医保、长护险、个人支付三个分流口的合理分配。二是完善医养康养融合政策体系。在落实国家关于加快建设医养康养相结合的养老服务体系基础上，健全相关法规制度，明确和规范医养康养融合发展不同主体的权责关系、风险运营模式等内容。完善综合监管体系，加强养老服务领域社会信用体系建设，加大查处惩戒力度。三是增强政策的针对性和可操作性。地方政府针对当地的具体情况出台推进医养康养融合发展的实施方案，组织编制养老服务机构、设施布局专项发展规划。省政府针对医养康养结合养老机构的发展用地、资金配置、设施配备等出台"陕西省医养康养中长期发展规划"，为医养康养融合出台具体政策，明确相关服务标准。

参考文献

程雁、孙志明：《供给侧改革视角下基于社区的"医养+康养"新路径思考》，《卫生软科学》2021年第3期。

何得桂、武雪雁：《发展医养结合服务关键在因地制宜》，《中国人口报》2021年6月2日，第3版。

何得桂等：《深度贫困地区健康扶贫的镇巴经验研究》，中国社会科学出版社，2020。

李鲁：《发展智养融合医养 积极应对人口老龄化》，《浙江树人大学学报》2021年第3期。

徐榕、何得桂、蔡杨：《"健康中国"视域下家庭医生签约服务制度安排与实践思考》，《卫生经济研究》2020年第8期。

B.11
陕西智慧社区建设现状与对策分析

杨红娟*

摘 要： 为推动陕西智慧社区建设进一步发展，本报告通过实地调研，全面梳理陕西智慧社区建设的发展历程和总体状况，分析陕西智慧社区建设的特点、问题与不足。在此基础上，提出了加强陕西智慧社区建设的政策设计，加快智慧社区建设机制创新，加强重点领域智慧化建设，打造社区智能化综合服务平台，优化智慧社区的多元主体共建共治机制，加强智慧社区人才培养与储备等对策建议。

关键词： 智慧社区 典型示范 共建共治 陕西省

2018年，陕西颁布实施《关于加强和完善城乡社区治理的实施意见》，明确提出到2020年要建设500个智慧社区的目标任务，积极推进城乡社区治理体系和治理能力现代化。为此，陕西各地开展了智慧社区建设试点，特别是西安市出台了《西安市智慧社区建设评定标准（2020）》的地方标准，取得了一定成就。但总体来讲，我国智慧社区建设上还处在探索阶段，陕西的实践也面临诸多问题和困难。

一 陕西省智慧社区建设现状分析

在《智慧社区建设规范（征求意见稿）》中，住建部将智慧社区定义为

---

* 杨红娟，陕西省社会科学院副研究员，研究方向为社会政策。

"实现共建、共治、共享管理模式"的社区,实现方式为"利用物联网、云计算、大数据、人工智能等新一代信息技术,融合社区场景下的人、事、地、物、情、组织等多种数据资源,提供面向政府、物业、居民和企业的社区管理与服务类应用"。

(一)陕西智慧社区建设的基本状况

通过对实地资料和文献资料的梳理,研究认为,陕西智慧社区建设还处于初级阶段。在陕西社区建设中,现代信息技术与社区管理的结合,经历了从"信息惠民"到"智慧城市",再到"智慧社区"的发展历程,完成了"以信息技术为中心"向"以市民服务为中心"的初步转变,这种转变成为建设新型数字政府的基础,也创建了政府、社区、为民服务的新型关系模式。

陕西智慧社区建设是在政府规划、指导、协调下,职能部门、社区组织、技术企业、社会组织和居民等多元主体共同参与、不断推进的过程。智慧社区建设的参与主体具有各自的目标定位(见表1)。

表1 智慧社区建设的参与主体构成及目标定位

参与主体	成员	目标定位
政府职能部门	大数据资源管理局	执行、控制、协调
	发展和改革委员会	
	民政局	
	街道办	
社区组织	社区党组织	决策、指挥
	社区居委会	
社会组织	技术商业公司	参与、执行、反馈
	业委会	
	房地产开发公司	
	物业公司	
社区成员	网格员	参与、合作、宣传和协调
	社区居民	

2018年，陕西省将智慧社区建设纳入智慧城市建设框架，陕西省委、省政府出台《关于加快推进全省新型智慧城市建设的指导意见》，提出了明确的目标任务。陕西智慧社区建设深入推进，但在整体上来说陕西省智慧社区建设目前处于初级发展阶段，智慧程度普遍不高。

经过持续深入的调研，我们发现陕西省智慧社区建设在各地市的启动情况、建设模式、建设主体、认识水平、进展程度、内容侧重等方面存在较大差异。

（二）各地市发展差异显著

在省级政策推动下，陕西各地市智慧社区建设开始起步，但各地智慧社区发展十分不平衡。西安比较领先，宝鸡形成了自己的模式，其他各地市也各有特色。

1. 西安的领先经验

作为省会城市，西安具有智慧社区建设起步早、资金来源多元、服务内容全面等优势与特点。

一是西安具有较强的基础优势。西安具有较好的社区治理经验和技术、资本优势。西安市积极推进社区"四社联动"，社区专项经费项目化运作2000多项，通过购买服务，不断提高社区综合服务能力。同时西安也有较多可以为智慧社区建设提供技术支持的企业以及专业运营智慧社区服务的社会组织，直接赋能于社区群众，提升社区居民的智慧设施应用能力。

二是智慧社区PPP模式的探索。基于西安的优势条件和基础，2018年以来，西安智慧社区建设在政府主导下，以与社会资本合作的方式，实现智慧社区建设的目标。其中碑林区民政局按照碑林区政府的要求，负责实施碑林智慧社区PPP项目。该项目采用建设—运营—移交（BOT）方式，由社会资本方（项目公司）承担项目的投资、融资、建设和维护，政府负责项目监督、调控、绩效评价等，合同期满后社会资本方将该基础设施及公共服务移交给政府部门。政府对项目公司在项目运营后进行可行性缺口补助。

三是服务内容全面。西安莲湖区建设的"智慧社区"服务综合平台上，共有"政务服务、信息服务、智能生活圈、互联网+公共服务"等模块，运用社区综合信息平台，实现了政务、居务、商业、志愿服务以及各类缴费查询服务"五位一体"，实现信息多跑腿、居民少跑路。

四是以标准促发展。2020年，西安市大数据资源管理局和西安市民政局联合制定发布《西安市智慧社区建设评定标准（2020）》，建构了智慧社区建设综合评定标准体系，主要包括基础设施、综合信息服务平台、社区治理、小区管理服务、便民服务和创新应用等6个领域，有效推进西安智慧社区建设健康有序发展。

2. 宝鸡模式

宝鸡在智慧社区建设中，通过与广电、公安等部门合作，形成"公安主导、广电主建、政府支持、社会参与"的建设模式，将社区居民的养老、医疗、文化需求以及社区治理等各级服务项目进行整合，推进"智慧小区"建设，提升小区的安全管理和智慧服务水平，也全面激活了"社区服务信息网络平台"功能，形成了自己的特点与模式。

3. 铜川探索

铜川市委、市政府高度重视智慧社区建设，选择王益区进行智慧社区试点，以信息化提升社区治理效能。印台、耀州等区也加大投入，设立智慧社区专项，确定"有平台、有系统、有数据、能应用"的标准，在72个社区进行试点，加快推动智慧社区建设。

4. 延安移动客户端全覆盖

延安市的智慧社区建设，主要通过开发智慧社区移动客户端来开展工作。在32个社区通过QQ群、微博、微信等新媒体技术，建成社区居民、社区工作人员、网格员、志愿者的社区公共信息平台，为社区群众提供法律援助、社会保障、医疗保健等"一站式"便民服务。通过这一平台，有效组织邻里互助，促进社区居民日常交往，开展社区协商活动，使更多人参与社区公共事务。

5. 渭南社区"云"服务平台建设

渭南市的"智慧社区"试点，主要是加强社区"云"服务平台建设。

这个平台是由第三方网络公司开发的社区城市治理云平台微信小程序，包括基础数据、智慧党建、吹哨报到、便民服务四个模块，通过平台将社区网格及居民信息、党员及其学习实践信息、党建以及便民服务等有机融合，将社区内外资源进行对接、链接，形成服务清单，为社区居民提供及时便捷的服务，联动资源处理紧急事件，提升社区居民的安全感和获得感。渭南市已经在20多个社区建立运行了"云"服务平台，取得了较好成效。

6. 咸阳"5G+"社区建设

2020年，咸阳市实现了5G主城区和市区县主要场景全覆盖，其智慧社区建设主要在5G规模化商用的基础上，整合资源，以满足社区居民最为关注和迫切的需求为主要关注点，覆盖与居民生活相关的生活服务、法律服务、健康服务、文化服务等，推动居民服务信息系统与社区平台对接和集成，促进社区服务区域通办，助推居民"家门口服务"的精准对接，打造宜居安全的社区。

二 陕西省智慧社区发展存在的问题与挑战

陕西智慧社区建设时间较短，从陕西省政府层面全面推动不到四年时间，因为各地市发展基础和条件存在差异，发展极为不平衡，既有西安主城区这样能够与全国基本同步的碑林莲湖，也有还未启动的蓝田这样的贫困县，因此在顶层设计、建设内容、投入方式以及社会动员方面都有很多短板与不足。

1. 智慧社区建设顶层设计不够完善

智慧社区建设基础性和前提性工作需要在分析陕西智慧社区建设的基础上，进行总体规划，明确各个阶段的目标任务，通过部门力量整合和资源动员，形成协同机制，从而促进智慧社区建设总体目标的实现。但由于各地社区建设的水平参差不齐，因此，未能对智慧社区建设的基础规范和适应性要求进行规定；另外社区服务需求的多样性需要多部门协同促进，但大部分只是其中一个或者几个部门从自我职能出发，未能形成多部门合力；社区服务在实践推动中的不平衡也制约着社区的智慧建设设计。

2. 智慧社区建设中各地思想认识和建设主体不统一

在思想认识上,受财政情况制约和重要性认识不足等因素影响,各地工作虽已启动,但进度不一。在建设主体上,宝鸡市由大数据管理局牵头,西咸新区归口在信息办,其他地市由民政部门负责,建设主体不同导致了建设路径、标准、投入和功能等各方面存在差异。

3. 智慧社区建设的模式差异较大

陕西智慧社区建设在试点过程中,由于各地信息技术的设施建设、社区服务和社区治理程度不同,对智慧社区的应然状态不够明确,因此在建设思路上,有的地方建立了市级统一运行的智慧数据平台,有的以智慧街道为核心建立管理平台,有的仅仅是在社区建立了智慧数字平台。同时各地发展也很不平衡,有的还处于社区信息化建设阶段,有的已经通过最新的技术对社区服务进行集成,大多数还未能与社区居民需求进行精准对接,与畅通最后一公里的服务供需对接还存在较大距离。如何将各地的试点做法和经验进行总结,形成具有陕西特色的既可促进智慧社区规范有序发展,又能对各地的不同状况进行指导的包容性配套政策,以及智慧社区建设的规范和标准,以更加适应智慧社区建设需求,成为陕西面临的最大问题。

4. 社区服务和治理的基础数据兼容共享存在较大困难

在公共服务的长期发展过程中,各政府部门会将其服务下沉社区,从而使公共服务能够作用于社区有需求的居民。各部门在信息化建设中,各自为政,形成了不同的信息平台,一般其内部的纵向信息传递比较畅通,但对于社区每一个居民的需求来讲,需要整合相关资源,才能真正解决他们的问题,横向的信息递送更为重要,更需要不同职能部门点、线信息纵向联系,从而形成快速反应的纵横畅通的网络,精准满足居民服务需求和社区动员需求。社区信息采集和使用系统没有统一规划,采集后没有沉淀,在智慧社区基础资料统计录入过程中,公安、住建部门都有详细基础数据,但出于安全考虑,社区难以共享这些数据,社区工作人员不得不挨家挨户统计录入。可见,由于各职能部门在设施建设中互相隔离甚至排斥的技术设计,以及各自分散进行数据采集,各部门出于对自己信息安全性和权限的考虑,数据共享成为推进智慧社区发展的巨大障碍。数据共享的缺乏使得智慧社区难以实现快速的信息处理,难以精准的对接供需的资源,这既影响居民的实际体验效果,也使得智慧社区建设科学化、精细化水平难以真正提升,应有的作用难以发挥。

5. 资金投入以政府为主,PPP投入方式亟待完善

陕西省智慧社区建设依然停留在依靠政府投入,相比沿海发达城市,尚未形成"政府主导、行业引导、社会力量参与"资金筹集的模式。多数地区财力有限,配套资金难落实,严重阻碍了陕西省智慧社区建设步伐。比较早进行PPP投入探索的碑林项目,也存在项目建设内容过于宽泛,包含了多个领域,由职能部门民政局牵头,有小马拉大车的问题,难以协调推动同级各职能部门;同时PPP项目也存在企业利润与社会公共利益之间的平衡问题,政府的绩效监管需要加强,也需要专业的咨询团队和实力企业共同来进行监督执行。这一系列问题的解决需要完善风险共担、利益共享的合作机制。

6. 智慧社区建设的社会协同存在诸多困难

智慧社区建设涵盖面广泛,涉及社区服务供给的各个主体,包括社区、社会组织、志愿者等,同时也包括智慧技术提供的相关方,主要有硬件服务提供者、软件设计者等,以及由这些相关各方共同协作形成智慧社区的一揽子解决方案。要将不同利益诉求、不同专业要求和服务供给的各方力量整合起来,缺乏具有协调双方能力的人才和组织成为制约协同的关键因素。

7. 兼具技术与社区治理能力的人才严重缺乏

人才是智慧社区建设的最关键因素。调研发现,一方面,智慧社区建设在社区还是依赖于基本的社区工作人员,他们日常工作繁忙;另一方面,智慧社区的专业人才需要掌握相关信息技术,但陕西目前的社区工作人员薪酬对信息技术人才以及具有整合能力的社工人才吸引力有限。既有社区工作经验,又掌握智慧社区所需要的信息技术的复合型人才缺乏的问题日益凸显。

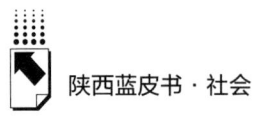

三 促进陕西智慧社区发展的对策建议

大数据和人工智能的发展为社区治理创新提供了技术基础，它不仅给社区治理和社区服务带来了巨大的可能性，更能通过信息技术与社区治理互动与互构，带给社区治理在理念、结构、方式和模式等治理过程中的巨大变革。

1. 加强智慧社区顶层设计

智慧社区的顶层设计基础在于社区建设与服务的发展，智慧化的实现需要智能技术的支持和支撑，通过数据的开发与应用，推动社区从信息化建设到智慧化建设。智慧社区建设应该明确以满足广大社区居民的需求、提高服务效能为目标，以现代信息技术强化社区治理的多元主体系统整合、资源的共建共享，要以治理的思维与技术的融合提升社区治理效能，激发社区资源潜力，充分满足社区居民需求，促进社区的团结与和谐。从2018年智慧社区建设试点以来，四年的陕西实践，基于不同的社会文化基础和社区基础、服务和治理模式差异形成了各自的特点，需要总结智慧社区建设试点的经验，以及试点过程中的问题、难点和体制机制性障碍，为在更广泛的区域进行应用推广创造基础条件。同时也要积极关注智慧社区建设中对社区治理和服务质量的影响方式和路径，推动智慧技术和社区的深度融合。要针对当前智慧社区建设中存在的主要问题和困难，明确智慧社区的发展方向，出台"陕西省智慧社区建设工作方案"、"陕西省智慧社区综合评价标准"及其相关配套政策，支持、规范社会力量参与智慧社区建设，促进智慧社区建设良性发展。

2. 加快智慧社区建设机制创新

以系统化思维统筹推进智慧社区的机制创新，以改革破解智慧社区建设的发展障碍，以创新激发智慧社区的动力活力。一是建构完善的社区服务和治理机制。要完善以社区、社会组织、社会工作者以及社区志愿者为主体的社区治理联动机制，整合社区资源，促进共建共享共治的社区治理格局基本形成。要分类分群体细化社区服务，梳理社区不同居民服务的需求，这包括社区中的普通社区居民、社区需要关爱的特殊困难群体以及需要政府兜底的特困群体等，形成可以满足不同群体的社区服务清单，通过政府、社会、市场等社区服务主体的资源整合，满足社区多元多样的需求。二是建立健全智慧社区运营模式，创新社区服务模式。智慧社区服务系统的建设、运营需要通过智慧设施的硬件提供商、社区服务的软件设计方以及社区服务供给者共同完成，其中满足社区服务和治理需求的社区服务供给者决定智慧社区的基本结构和方向，因此要明确以社区或社区服务供给者为主体，与智慧社区的软、硬件供给者共同完成智慧社区的设计、建设以及技术支持，整合政府购买服务、项目资金及相关补贴以及社区单位、社会等方面的资金和物资，建设社区智慧服务系统，把智慧社区落在实处，融入社会体系并稳固下来，及时、快捷地反映和满足居民需求，提高社区服务的可及性和社区治理的效能，构建社区生活共同体。

3. 加强重点领域智慧化建设

在智慧社区建设中，要结合社区发展和居民需求，以社区政务、物业、医疗、养老、零售等为重点，提升其智慧化水平。一是智慧社区政务建设。社区政务是社区实现政府民生服务的基本机制，智慧社区建设促进社区政务更加及时回应居民的公共服务需求，使便民服务更加多元，可形成线上线下结合更加紧密、公共服务资源配置更加优化的政务服务新格局。二是智慧物业建设。通过智慧停车App、智慧物业App、智慧安防服务等形成智慧物业系统。智慧物业建设使得小区居民所需的停车、缴费服务链接起来，也促进小区居民互动，形成居民信任，营造安全、和睦的小区环境。三是智慧医疗建设。社区医疗服务是基础医疗服务，社区医疗智慧化，重在建立居民电子健康档案，通过建立包括居民基本身体状况、体检、医疗服务信息等完整的电子健康档案，为居民制定完善的健康和治疗方案提供基础信息。再者是民营诊所信息化建设，社区医疗主体不仅有医生个人开设的诊所，不少企业也开始经营以全科医生为核心业务的民营连锁诊所，也有部分企业改制重组公立医院等，通过智慧医疗系统建设，将各种不同的医疗资源及其服务整合在社区信息平台上，使得社区居民有了更多选择。四是智慧养老平台建设。智慧养老平台将社区老人、政府服务、社会市场服务等资源聚合起来，可以更加集约地满足老年人日常生活、应急救助、照护服务等方面多层次、多样化甚至个性化的养老需求，提升老年人及其家庭获得感。五是智慧零售。伴随着信息技术发展的商业零售平台功能不断叠加，零售行业高效的零售流通系统日益完善，智慧社区建设将社区居民通过微信、QQ等自媒体联系起来，以团体购买的形式为社区居民提供更加便捷、经济的日常基本生活品服务，提升社区居民的购买体验。要以智慧化推动社区治理和服务重点领域问题的突破和解决，有效提高居民的社区感受，促进社区信任与团结。

4. 打造社区智能化综合服务平台

社区智能化平台建设通过信息处理平台、地理信息系统的聚合融合，将社区的人、力、物、资金，以及相关的服务资源整合起来，通过智慧政务、智慧物业、智慧医疗、智慧养老、智慧零售不同的模块，运用三维仿真技术和现代网络技术，将地理空间与信息空间叠加融合，对社区居民办事、生活、出行、求助等及时响应，满足不断变化的居民个性服务需求。在智慧社区建设过程中，社区资源信息作为基础性数据的重要性凸显。智慧社区建设采集的居民基本信息和民生信息，为基层政府及其派出机构查看所有驻地单位的基本信息，为辖区重点单位进行分类统计和分类服务提供方便；为旧城改造项目建设和方案制定提供第一手资料；为突发事件、自然灾害应急管理提供参考依据；为进一步打破政府部门间"信息壁垒"，促进政府公共信息、社会服务信息、市场产品信息等各类信息资源共享提供了可能。

5. 推动智慧社区的多元主体协同共治

智慧社区建设的治理性、社会性要求社会协同共治。加强社区网格化管理，建立"区—街道—社区—小区—楼栋"纵向工作网络和"街道—驻地单位—社会组织"的横向组织架构，以及"党组织—居委会—工作服务站—物业管理公司—业主委员会"的社区管理架构，实施以社区为平台的"社区、社会组织、社会工作者、志愿者、社区单位"等的联动治理机制。推动社区中社会力量的成长，培育参与社区治理的多元主体。通过社会组织的孵化，促进社区社会组织参与社会治理能力提升，以承接政府的公共服务转移；激发社会创新活力，增强群众自治能力，促进多元主体有序参与和谐社区建设，促进社区治理从"政府主导型"向"社会共建型"的转变，实现社区管理服务向末端延伸。要重视社区居民的参与性，一方面要广泛宣传智慧社区建设的政策和建设状况，促进社区居民的了解和理解，从而积极参与智慧社区建设；同时通过多种形式，使社区居民熟练使用智慧社区的相关设施，并能及时反馈相关的情况，提高社区居民的参与感。通过智慧技术，促进社区治理从政府的一元主体过渡到"政府—市场—社会"合作共治的多元主体共治。

6. 加强智慧社区人才培养与储备

智慧社区建设需要具有专业性、综合性的人才队伍。要强化对智慧社区建设人才的支持，将智慧社区建设需要的相关人才纳入社区人才的招聘、培养、能力建设计划；鼓励高等院校、社区、企业等合作培训相关技术研发型人才和应用型人才，培养智慧社区建设服务高级专门人才。形成智慧社区的专家团队，促进社区服务、智慧化技术的相关专家和企业家，参与智慧社区的规划制定、项目评审和政策咨询等。组建社区"智慧社区建设人才工作室"，开展专业智慧社区需求调查，确定社会服务项目并配套专项经费，为智慧社区专业人才发挥专业特长、开展专业社会服务提供广阔的舞台。把社区党组织书记、居委会主任纳入智慧社区人才培训规划，着力提高社区工作领导者合理安排和推进工作、团结和动员社区居民、正确分析和处理复杂问题、运用现代技术服务群众的"四种能力"。

参考文献

王京春、高斌、类延旭等：《浅析智慧社区的相关概念及其应用实践——以北京市海淀区清华园街道为例》，《理论导刊》2012年第11期。

郑从卓、顾德道、高光耀：《我国智慧社区服务体系构建的对策研究》，《科技管理研究》2013年第9期。

王令群、何世钧、袁小华、张术台：《基于 J2EE 和云计算的智慧社区架构设计》，《实验室研究与探索》2014 年第 1 期。

吴胜武、朱召法、吴汉元、段永华：《"智"聚"慧"生——海曙区智慧社区建设与运行模式初探》，《城市发展研究》2013 年第 6 期。

B.12
新时代陕西省城市社区居家养老服务网络体系及运营模式探索

吴 南 杨红娟*

摘 要： 积极应对老龄化是我国的一项国家战略。社区居家养老服务作为其中的重要组成部分，是适合我国国情及传统家庭文化的养老方式。经过多年实践，养老服务政策大致经过了初始应对、稳步发展及战略实施三个时期，推动社会养老服务的良性发展。陕西在城市社区居家养老实践中，经多方共同探索，呈现出融合式养老服务、智能式养老服务、嵌入式医养服务等多种模式，较好地解决了老龄化中突出的问题。但同时也出现了社区治理综合性与养老服务专业性、老年需求多样性与服务供给片面性等矛盾，这些问题与挑战需要积极应对妥善解决，以推进社区居家养老服务的健康发展。

关键词： 老龄化 居家养老服务 传统文化 陕西省

2000年以来，我国进入老龄化社会。党和国家对老龄化现象高度重视，出台了一系列政策法规及实施细则。党的十九届五中全会首次提出"实施积极应对人口老龄化国家战略"，[1] 对我国人口结构性变迁做出重大决策部署。根据第七次全国人口普查结果，我国60岁及以上人口为264018766人，

---

* 吴南，陕西省社会科学院社会学所研究员，研究方向为老年社会学；杨红娟，陕西省社会科学院社会学所副研究员，研究方向为社会政策。

[1] 《中共中央关于制定国民经济和社会发展第十四个五年规划和二〇三五年远景目标的建议》，http://www.gov.cn/zhengce/2020-11/03/content_5556991.htm，2020年11月3日。

占全国总人口的18.70%。陕西省60岁及以上人口占全省总人口的19.20%，65岁及以上人口占全省总人口的13.32%。① 根据当前我国人口发展的周期性特征，人口老龄化趋势日益严峻，积极老龄观、健康老龄化已成为社会共识。目前，根据资源配置结构状况，养老服务体系呈"9073"特征，即居家养老占90%，依托社区养老占7%，机构养老为3%，以居家养老为主。社区居家养老是适合我国国情和传统家庭文化的主要养老方式，也是养老服务政策及实践关注的重点。

一 社区居家养老服务网络体系的政策发展脉络

2021年重阳节来临之际，习近平同志再次强调，要大力弘扬孝亲敬老传统美德，落实好老年优待政策，维护好老年人合法权益，发挥好老年人积极作用，让老年人共享改革发展成果、安享幸福晚年。② 党的十八大以来，以习近平同志为核心的党中央高度重视老龄工作。2015年党的十八届五中全会提出积极开展应对人口老龄化行动，2020年党的十九届五中全会正式提出"实施积极应对人口老龄化国家战略"。根据服务政策颁布实施过程，我国社区居家养老大致可以划分为以下几个阶段。

1. 2000~2012年，初始应对时期

1993年，《关于加快发展社区服务业的意见》，首次提出"养老服务"概念，并将养老服务纳入社区服务内容。

2000年，《关于加快实现社会福利社会化的意见》提出以"居家为基础、社区为依托、社会福利机构为补充"的社会化发展方向。

---

① 国家统计局、国务院第七次全国人口普查领导小组办公室：《第七次全国人口普查公报（第五号）——人口年龄构成情况》，http://www.stats.gov.cn/ztjc/zdtjgz/zgrkpc/dqcrkpc/ggl/202105/t20210519_1817698html，2021年5月11日。
② 《习近平对老龄工作作出重要指示》，http://www.gov.cn/xinwen/2021-10/13/content_5642301.htm，2021年10月13日。

2006年,"养老服务"首次被纳入"十一五"国家发展纲要。出台《关于加快发展养老服务业意见的通知》,鼓励发展居家老人服务业务。

2008年,《关于全面推进居家养老服务工作的意见》,首次对居家养老服务工作从具体任务到保障措施层面提出明确要求及专项部署。

2011年,《中国老龄事业发展"十二五"规划》第一次将老龄事业发展写入国家发展规划。《社会养老服务体系建设规划(2011-2015年)》对社区居家机构养老服务提出了功能定位、实施要求。

2012年,新修订的《中华人民共和国老年人权益保障法》,首次以法律形式确立"以居家为基础、社区为依托、机构为支撑的社会养老服务体系"。《民政部关于鼓励和引导民间资本进入养老服务领域的实施意见》出台,鼓励民间资本参与居家和社区养老服务。

这一时期处于应对老龄化初期阶段,对老龄化社会的需求、特征、发展变化规律等处于探索期。虽然存在相关政策针对性不强、措施不到位等问题,但以上一系列文件为社区居家养老服务的进一步发展提供了政策支持。

2.2013~2018年,稳步发展时期

2013年,《国务院关于加快发展养老服务业的若干意见》对我国养老服务业的发展具有重要指导意义,被视为养老服务发展的新起点。

2016年,《国务院办公厅关于全面放开养老服务市场提升养老服务质量的若干意见》出台,重在提高养老服务质量以及社区居家养老的覆盖率。《社区老年人日间照料中心设施设备配置》(GB/T 33169-2016)和《社区老年人日间照料中心服务基本要求》(GB/T 33168-2016),首次将老年人社区日间照料服务上升为国家标准,为社区日间照料中心设施建设标准化、规范化提供了依据。

2017年,《关于加快推进养老服务业放管服改革的通知》出台,首次明确提出政府购买社区居家养老服务,对社区居家养老服务提供财政支持。《"十三五"国家老龄事业发展和养老体系建设规划》提出建立"以居家为基础、社区为依托、机构为补充、医养相结合的养老服务体系"。机构由"支撑"又转变为"补充",机构在养老服务体系中的重新定位体现了政策对社会养老服务需求的及时回应。《关于制定和实施老年人照顾服务项目的意见》鼓励和引导社会力量开展专业性照顾服务。

这一阶段从国家层面制定的相关政策、意见、规划等，涉及养老体系建设、发展目标以及财政支持、设施质量等，对社区居家养老服务起到积极的推动作用。

3.2019年至今，战略实施时期

2019年，《国家积极应对人口老龄化中长期规划》制定老龄化战略总目标以及阶段性目标。在社区居家养老方面提出提升居家社区养老品质，探索社区互动式养老等。《关于进一步扩大养老服务供给促进养老服务消费的实施意见》《国务院办公厅关于推进养老服务发展的意见》旨在推动社区居家养老服务融合发展。

2020年，《关于加强老年人居家医疗服务工作的通知》重在解决老年人医疗服务需求。《关于切实解决老年人运用智能技术困难实施方案的通知》，让老年人更好地融入智能化社会。《国务院办公厅关于促进养老托育服务健康发展的意见》提出促进发展的23项举措。《国务院办公厅关于建立健全养老服务综合监管制度　促进养老服务高质量发展的意见》，是首次以监管为主题的养老服务文件，为发展提供制度保障。

2021年，《中华人民共和国国民经济和社会发展第十四个五年规划和2035年远景目标纲要》提出实施积极应对人口老龄化国家战略。新修订的《中华人民共和国老年人权益保障法》指出积极应对人口老龄化是国家的一项长期战略任务。《国家基本公共服务标准（2021年版）》老有所养部分，对养老助老服务、养老保险服务等都做出了明确规定。

政策演变体现了政策与社会现实的互动过程，政策积极回应社会养老服务的现实需求，妥善解决人口老龄化提出的问题挑战，积极引导养老服务的均衡发展。在这一过程中，居家、社区、机构三者之间的动态关系，三者在养老服务结构中所占的比重也根据现实状况发生着改变。在互动发展进程中，具有中国本土特色的社区居家养老服务网络体系逐渐形成。我国养老服务体系是"居家为基础、社区为依托、机构为补充、医养相结合"的结构。养老服务网络体系以服务体系为中心，建构纵横交织网络，支持服务体系的正常运行。其中家庭、社区、机构等是养老服务体系结构性要素，共同服务于社区居家养老。在网络体系中，纵向以社区为平台，连接街道、区、市等行政管理体系相关部门，通过社区平台对社区居家养老服务的建设和发展进行管理、引导和监督，建立街道综合服务中心、社区日间照料中心、社区居家养老服务站、智能化平台等养老设施支持社区居家养老服务。横向建构起以社区为载体、机构为补充、医养相结合的服务架构，培育十五分钟养老服务圈，以社区为中心探索多种居家养老运营模式。养老服务网络体系是在实践中不断调整、补充、发展、完善的动态平衡体系。

二 陕西省城市社区居家养老服务运营模式

近年来，陕西省相关管理部门先后出台了《推进养老服务发展的实施意见》《关于深入推进医养结合发展的实施意见》《社区居家养老服务规范》等20多个政策法规，涉及社区居家养老服务的具体服务规范、组织管理制度、监督评估机制等方面。一系列政策发布及实施有力地促进了社区居家养老服务的健康发展。

截至2020年底，陕西城市社区日间照料中心1060个，社区老年人日间照料中心覆盖32.6%的社区；咸阳市探索的"时间银行"养老服务新模式入围"2019中国改革年度案例"；延安市获得全国居家社区养老服务改革试点考核优秀[①]；社区居家养老服务发展取得显著成效。在社区居家养老实践方面，政府、社区、机构及民众面对新情况、解决新问题，探索新模式，为社区居家养老服务的良性发展奠定了坚实的基础。

在社会居家养老服务实践中，政府对特殊老年群体实现兜底保障，确保应保尽保、应养尽养。在满足老年人需求、提升老年人生活品质等方

---

① 《养老零距离》第二季，https：//new.qq.com/omn/20211026/20211026A0BEMQ00.html，2021年10月26日。

面,各方创新思路积极探索,不断推出新的措施,如居家探访制度化、居家适老化改造等,并呈现社区居家养老服务新模式,主要包括以下几种类型。

1. 融合式养老服务

社区与专业性养老服务机构合作,发挥机构的专业养老院经验,在社区内设立养老服务站等,为社区老年群体提供专业养老服务,提升社区居家养老服务质量。如陕西瑞泉有1个中医康复医院、2个中央厨房及智慧居家养老指挥中心等,西安、咸阳和宝鸡市建成社区智慧居家养老服务站点50余个。社区服务目前有居家养老服务中心、日间照料中心、驿站等多种形式。陕西全乐居家养老服务中心是专业型社区养老服务机构,其将社区群体细化,分为自理老人、半失能老人、失能老人、高龄独居孤寡老人、社区所有居民等类型,根据不同类型提供便民服务、文化娱乐及长者照护健康医疗等综合性养老服务项目。融合式养老模式在社区实施居家养老服务中具有综合性、稳定性、规范性、长期性等特征,管理制度较健全,服务范围覆盖面广,合作形式多样化,服务队伍较为稳定,为居家老人提供的专项服务质量相对较高。家庭养老床位试点工作可以看作此模式的进一步拓展,如《莲湖区慈善幸福家园智能看护项目(家庭养老床位)试点工作方案》,依托养老院综合养老功能,为社区内老年人提供上门照护服务,受到老年人的欢迎。

2. 智能式养老服务

"万物互联",互联网技术的发展对全球经济、政治、文化、社会等产生着深远的影响,社会生活、社会生产等因此发生深刻的转变。顺应信息化发展趋势,利用科技发展提升服务能力,成为当务之急。社区居民养老服务如何运用数字技术精细管理、及时沟通、实时照护等,是当前社区居家养老服务关注的重点。莲湖区虚拟养老院公建民营的实践提供了可供参考的思路。莲湖区"虚拟养老院"项目于2018年3月正式启动,并于2020年10月完成改造提升,由陕西金宝美公司运营。"虚拟养老院"以信息化平台为载体,整合政府、社区、养老机构、服务机构多方资源,建立老年人信息库,老年人通过信息平台，提出服务需求，服务中心负责联系相关机构提供服务。① 虚拟养老院是社区居家养老服务在智能化时代的有益探索，其所具有的即时性、便捷性、视觉性等特征有效促进社区居家养老服务的管理与服务效能。

3. 专项式养老服务

专项式养老服务主要指在社区居家养老服务中，针对某些难点和重点项目采取适当措施，满足老年人特殊需求，如用餐服务、文化需求等。不同类型的社区，资源各异，社区养老服务重点也不同。同类型社区内老年人口结构差异大，收入、身体状况、爱好、需求也不尽相同。因此，有的社区根据本社区资源，结合老年人特点，选择本社区老年人需求度高的项目提供专项服务。如新城区专项解决老年人用餐难的问题。2018 年，新城区在新园社区成立首家"饭大爷"老年助餐点，通过社区无偿、低偿提供场地，引入专业社会组织，根据老年人的饮食习惯，为老年人提供助餐服务。2020 年，新城区政府印发《西安市新城区关于推行"饭大爷"全域老年助餐服务工作的实施方案》，进一步解决高龄、空巢老人等群体吃饭难问题。

4. 嵌入式医养服务

近年来，依据社区居家养老服务的特征及老人的实际生活需求，嵌入式养老以其便利易行成为广受瞩目的新形式。适应不同社区类型的各种嵌入式养老模式也应运而生，其中，嵌入式医养服务目标明确、针对性强，较好地解决了社区居家养老中面临的专业性医疗难题，拓宽了居家养老与医疗机构之间的沟通途径，提高了老年健康服务的质量。2019 年，陕西省首家社区嵌入式医养结合项目——康隆西城长者屋启动。之后，嵌入式医养结合服务在社区居家养老服务中得到推广，符合规范要求的社会组织、医疗机构开始在社区实施医养服务，为居家老人提供多种健康、医疗服务。在此基础上更进一步，2021 年莲湖区卫健局、医保局制定出台了《西安市莲湖区家庭病床服务规范（试行）》，开始推行家庭病床试点服务，医护人员对老年患者

---

① 《社区养老难点多 陕西推动社会力量发展社区居家养老服务》，http://m.news.cctv.com/2021/03/21/ARTIe6GiyuLkV85GgW7Wph7T210321.shtml，2021 年 3 月 21 日。

定期上门系统治疗、护理和康复。家庭病床服务对于解决部分年老体弱、长期卧床或行动不便的患者就医问题，是一种有效途径。[1] 据统计，目前西安失能、半失能老人在12万左右，随着年龄增长，身体机能退化，老龄群体对医疗资源的需求将更突出，嵌入式医养服务的开展提供了解决此类难题的途径。

三 城市社区居家养老服务中的困难与挑战

经过多年的发展，社区居家养老服务在政府、社区、机构、老龄群体、家庭以及志愿者等多方共同努力下，各个方面均取得了明显的成效。但是在发展过程中，出现的问题也不容忽视，影响政策实施的社会效能。

1. 社区治理综合性与养老服务专业性的矛盾

改革开放以来，国企改革，非公有制单位大量出现，社会流动加强，人们逐渐从"单位人"转变为"社会人"，社区成为社会治理的基础。这个变化过程也被概括为基层社区治理从行政性向社会性的转变或从垂直型管理向扁平化治理的转变。[2] 在以政府为主导、以社区为抓手的基层治理方式下，社区成为社会治理的重要载体。社区是政府各级养老服务政策实施、落实、监督的责任方及主要平台。社区工作人员兼职养老服务，但受社区财力、人力和机制等制约，养老服务方面存在专业队伍不稳定、投入不足、设施不标准等问题。有的居家养老服务站由社区工作人员负责运营，但社区常规性工作具有综合性特征，养老服务只是其中一部分，在人员结构基本不变的前提下，工作人员较难提供高质量专项养老服务。目前社区养老服务站主要提供文化娱乐活动，针对老年人的生活照料、精神慰藉、医疗保健等专业服务项目较少，与老年人实际需要差距较大。

---

[1] 陈太富：《足不出户就医"住院"服务到家——陕西省西安市家庭病床服务开始在莲湖区推行试点》，《陕西老年健康》2021年4月2日。

[2] 李培林：《新冠疫情背景下的基层社区治理》，《社会治理》2020年第12期。

2. 机构运营市场性与社会效益长远性的矛盾

习近平总书记指出："有效应对我国人口老龄化，事关国家发展全局，事关亿万百姓福祉。"① 积极应对老龄化利于维持国家长治久安、社会和谐团结、经济高质量发展、中华文明传承创新以及中华民族的伟大复兴。从近年来各项养老政策的发布推行可以看到党中央和各级政府的深思熟虑、长远布局。社区居家养老为老人在社区熟悉的生活范围内享受优质养老服务提供了基础性条件，不仅有利于保障物质上的需求，更可满足心理及精神层面的追求。但目前社区居家养老服务社会化运行存在的经济效益问题成为发展的主要障碍，如社区经费未按老年人口测算，但不同社区老龄人口数量差异大，经费使用效能不高；部分社区养老用地不足，场所靠租赁或购买方式解决，增加社区财政支出；居家养老服务资金来源单一，主要依靠社区专项运作经费、运营奖励等，资金不足以支持多项养老服务；社会养老机构投入成本高，利润低或无盈利，不能继续维持运营，很难更好地开展工作等。

3. 政策实施规范性与养老服务复杂性的矛盾

养老政策主要类型以法律、行政法规、规划、通知、意见等形式为主，对社区居家养老的发展起到重要的支持、引导和监督等作用。但是，政策执行过程中，统一性管理易忽视各地区经济、社会、文化等差异，以及老龄人口发展的阶段性、复杂性及多样性问题，影响政策实施效能。社区居家养老服务存在服务范围广泛、服务对象复杂、服务项目繁多、难易程度不一及投入成本不同等特征。社区居家养老服务情况复杂，面临困难较多，如制约社区居家养老服务的硬件设施方面，部分老旧小区养老用地短缺、部分新建社区和城改社区前期未落实养老配套设施等具体问题，对政策的适时改进提出了新的要求。

4. 老年需求多样性与服务供给片面性的矛盾

老年需求主要包括精神层面需求与物质层面需求。在物质需求方面，包

---

① 《加强顶层设计完善重大政策制度 及时科学综合应对人口老龄化》，http://www.xinhuanet.com//politics/2016-02/23/c_1118132709.htm，2016年2月23日。

括老年餐、医疗保健、生活照料、紧急救助等基本服务,以及失能、半失能老人的医疗、护理、康复等特殊服务。精神需求方面,有社会交往、人际交流、群体认同、文化娱乐、心理满足等,涵盖老年生活的方方面面。在这些需求当中,部分需求可以通过购买服务得到满足,但存在服务的可及性、可靠性、便利性及持续性等问题,以及是否有能力、有意愿支付费用。低收入老年群体普遍存在支付能力低、消费意愿不强的现象,老人在养老服务机构活动主要集中于免费项目如健康理疗、文化娱乐活动等。社区提供的养老服务,主要是免费活动,包括健康讲座、信息应用等免费讲座及娱乐活动。机构运营在考虑成本的前提下,仅能提供保证收支平衡的服务。

5. 老龄趋势紧迫性与观念实践滞后性的矛盾

老龄化是人口发展的规律。未来的中国如果还保持较低的生育率,那么我国必然是一个老龄化不断加剧的老龄社会。人口老龄化的基本情况如此,需要适应和应对。在调研中发现,存在部分养老服务工作人员对老龄化整体发展的趋势认识不清、对养老政策的认知程度不够、理解不到位、行动滞后及工作成效不明显等问题。有的社区居家养老服务机构对政策知晓度较低,工作人员专业化程度不高,在服务中注重项目内容中的盈利部分,不能提供需求度高的有效服务等。推动政策实施中,仍存在较多问题,如信息化管理应用程度偏低,有的社区无信息化社区居家养老服务管理平台;部分社区虽然有智慧养老服务平台,但实际利用率不高。

四 关于城市社区居家养老服务的对策建议

为促进社区居家养老服务的高质量发展,满足老龄群体精神以及物质需求,发挥老年人在社会发展中的作用,基于以上存在的问题,在文化观念、组织制度、实践探索等方面提出以下建议。

1. 弘扬敬老爱老传统美德,建设新时代孝亲敬老文化

古人讲,"夫孝,德之本也"。自古以来,中国人就提倡孝老爱亲,倡导老吾老以及人之老、幼吾幼以及人之幼。我国已经进入老龄化社会,让老年人老有所养、老有所依、老有所乐、老有所安，关系社会和谐稳定。我们要在全社会大力提倡尊敬老人、关爱老人、赡养老人，大力发展老龄事业，让所有老年人都能有一个幸福美满的晚年。① 孝道观是中华民族传承数千年的美德，一直以来在家庭延续、关系和谐、社会稳定等方面发挥了重要功能。家庭是传统社会培养道德规范和养老的主要形式。新时代老龄化趋势下，不仅要传承中华优秀传统孝文化的"感恩报恩"观，更需要在养老服务中实现创造性转化、创新型发展，在家庭和社会中继承爱老敬老文化，发展适合新时代的养老文化及养老形式，营造敬老文化社会氛围，提高养老服务社会效能。

2. 加强社会调研，完善社区居家养老服务的政策体系

社区居家养老服务是动态过程，面对新情况、新问题，需要加强顶层设计，重视社会调研，及时修订相关文件，修正管理细则，对社区居家养老做出预测研判，引导养老服务发展。我国正处于社会转型时期，国际国内形势变化较大，人口老龄化与少子化同步，与经济结构调整、人口流动加快、社会结构改变等并行，加大了社区居家养老服务的难度。在实践中，需要学习西方发达国家养老服务发展理念、吸收成功经验，避免进程中出现的弊病等。同时，加强调查研究，深入基层，了解社区居家养老需求及问题。进一步明确社区居家养老服务在我国养老服务体系中的基础性定位，关注发展中的问题，形成推进社区居家养老服务的政策体系，发挥政策的引导和促进作用，营造公平公正的社区居家养老服务制度环境，推动社区居家养老服务的稳步发展。

3. 培育专业养老服务品牌，提高社区居家养老供给品质

社区居家养老服务的高质量发展需要品牌效应，对目前社区居家养老服务的运营主体进行分类管理，选择社会信用良好、管理运营规范、竞争力强的养老服务企业和社会组织进行重点培育。引入社会力量参与社区居家服务

---

① 《习近平在2019年春节团拜会上的讲话》，http://cpc.people.com.cn/n1/2019/0204/c64094-30613956.html，2019年2月4日。

运营，提供专业化养老服务，从人员资质、规章制度、服务项目等方面监督管理，促进社区居家养老服务站的规范化及标准化程序运营。建立健全社区养老服务监管平台，通过智能化管理，实现监管到位，规范运营服务。同时，关注特殊家庭的需求，增强家庭照料能力，为失能老人提供家庭照护能力提升辅导，对特殊困难家庭提供居家照护入户指导服务。注重精细化管理，以需求为导向，提高服务质量，提升养老服务品质。

4. 加强服务设施建设，提升社区居家养老服务管理质量

科技进步推动了社会的发展，促进了人们生活的便利，改善了交往的方式等。将科技成果运用于社区居家养老服务，不仅有利于提升养老服务的管理，更有利于老年人融入社会生活，共享科技发展的成果。智慧养老的推广，增强了社区与居家老人的沟通，使行动受限的老年人体会科技发展的优势。在设施方面，注重硬件设施建设，加强街道办事处、镇（乡）级的社区综合养老服务中心以及社区全托型、日托型、助餐服务点等托养服务设施，开展家庭照护床位试点等。支持社区养老服务机构运行，通过多种管理模式实现社会化运行，加强对运营机构的管理监督等。

5. 推动多方参与，促进社区居家养老服务资源整合

线上线下多种方式促进各方参与，有序扩大各类社会组织、家庭、辖区单位、志愿者等广泛参与社区居家养老服务的途径。社区根据法规政策协调，以社区为平台，引导各类组织在社区居家养老中开展慈善性、社会性、市场性等活动，整合各种社会力量共同服务老年人。如出台《养老服务时间银行实施方案》，探索基于全生命周期理念的时间银行实施办法、标准体系、项目内容、运行机制等，通过智能平台进行全程管理，鼓励不同年龄阶段的老年人、家庭成员、在校学生、职工等在社区为老年人提供养老志愿服务，促进社会互助养老。注重养老服务专业人才队伍的培养和管理，加强教育培训，提高从业人员素质，促进队伍的健康、良性、长期、稳定发展，保障养老服务质量。

6. 开展老年需求及能力评估，推动实现健康老年生活

"要为老年人发挥作用创造条件，引导老年人保持老骥伏枥、老当益壮

的健康心态和进取精神,发挥正能量,做出新贡献。"① 积极推动老年社会组织的建立,形成资源的有效利用及再生产,为老年人发挥正能量提供社会化途径、组织化平台。制定老年人需求评估办法,明确评估主体、评估标准、评估机制、评估流程等内容,全面对居家老人进行需求以及生活能力评估。全面掌握居家养老的需求,对居家老年人信息进行分类别、分层次管理,为社区居家养老服务布局,为老年人提供更加精准的高质量服务。

习近平总书记指出:"要积极看待老龄社会,积极看待老年人和老年生活,老年是人的生命的重要阶段,是仍然可以有作为、有进步、有快乐的重要人生阶段。"② 社区居家养老在养老结构中占比超过90%,大多数老人选择居家养老,生活在熟悉的社区,有家人朋友相伴,符合中国传统的家庭养老文化,同时,有利于社区提供及时有效的养老服务。养老是每个人、每个家庭都会面临的现实问题,需要全社会共同努力,积极应对老龄化。

---

① 《习近平主持中共中央政治局第三十二次集体学习》,http://www.gov.cn/xinwen/2021-07/31/content_ 5628647.htm,2021年7月31日。
② 《习近平强调推动老龄事业全面协调可持续发展》,http://cpc.people.com.cn/n1/2016/0529/c64094-28387539.html? winzoom=1,2016年5月29日。

B.13
西安市域社会治理现代化试点研究报告[*]

张燕玲 赵 娟[**]

摘 要： 政策实验是一种独特的治理模式和制度创新方式。西安市作为全国市域社会治理现代化试点城市，自试点工作启动以来，在市域社会治理工作布局现代化、治理方式现代化、治理体制现代化等方面取得不俗的成绩。进入下个阶段，要顺利通过试点工作考核验收，形成新时代具有西安特色的市域社会治理新模式，实现市域社会治理现代化的既定发展目标，还要在凝聚社会认同和价值认同、以基层党建统领基层治理以及治理结构的优化升级等关键环节取得突破。

关键词： 社会治理 平安建设 西安市

"市域社会治理现代化是具有现实意义、制度价值和中国特色的概念。"[①] 市域社会治理现代化具有如下本质特征：一是以"市"为整体的治理单元，实现政府职能的重新定位和城乡社会的均衡发展；二是城市治理主体的多元性，治理效能的协同性、整体性，在市域范围内形成全周期、全要素、全链条共建共治共享的社会治理体系；三是治理方式的转型升级，智能

---

[*] 该文系2021年度西安市社科规划基金项目"新时代'枫桥经验'下西安打造共建共治共享基层社会治理新格局的路径研究"（立项号：FS63）的阶段性研究成果。

[**] 张燕玲，陕西省社会科学院政治与法律研究所助理研究员，研究方向为政府治理；赵娟，陕西省西安市公安局未央分局副局长，研究方向为刑事法学。

① 张文显：《新时代中国社会治理的理论、制度和实践创新》，《法商研究》2020年第2期，第3页。

化、精细化、专业化成为主导；四是治理模式的多样性，市域社会治理重在理顺行政治理层级之间、部门之间、城乡之间的关系，探索协同高效的治理模式，因此没有统一的实践范式。

2019年12月3日，中央政法委召开了全国市域社会治理现代化工作会议，标志着市域社会治理现代化实践创新的正式启动。依据中央政法委部署的全国市域社会治理现代化试点实施方案，西安市被确定为全国市域社会治理现代化第一期（2020～2022年）试点城市。目标是用三年时间，全面打造全国市域社会治理和平安建设先进城市，为国家中心城市建设提供有力支撑。自试点工作启动以来，西安市域社会治理现代化的总体思路和顶层方案已经形成；"多网合一"的全科网格化管理、社会治理综合指挥信息平台建设、更高水平的"平安西安"建设等重点任务有序推进；党委领导社会治理体制机制、政府负责体制、市域民主协商体制、群团助推体制、社会力量协同体制等制度创新取得新突破，市域社会治理工作体系更加完善，问题联治、工作联动、平安联创的共建共治共享格局基本形成。

一 西安建设全国市域社会治理现代化试点城市的重要意义

1. 加快推进市域社会治理现代化是实现社会治理现代化的切入点和突破口

在党的文献中，党的十八届三中全会首次提出"推进国家治理体系和治理能力现代化"的战略目标。2018年，习近平总书记在上海考察时指出："一流城市要有一流治理。提高城市管理水平，要在科学化、精细化、智能化上下功夫。"[①] 2019年1月15日，习近平总书记又在中央政法工作会议上提出"要加快推进社会治理现代化、努力建设更高水平的平安中

---

① 徐青山：《深入学习领会总书记讲话精神全力打造全国数字治理第一城》，《杭州》（党政刊）2020年第7期，第54页。

国",并强调"要把市域社会治理现代化作为社会治理现代化的切入点和突破口"。2019年,党的十九届四中全会明确提出"要加快推进市域社会治理现代化",把它作为实现国家治理体系和治理能力现代化的重要组成部分。市域在推进国家治理体系和治理能力现代化中处于特殊地位,发挥着承上启下的枢纽作用、以城带乡的引擎作用和以点带面的示范作用。市域具有政策制定的自主空间,具有解决问题的资源基础,具有大胆尝试的回旋余地,实现市域治理现代化,是契合中央部署、时代发展和城市建设的重大创新,是当前和今后一个时期亟待研究和探索的重大命题,对于实现国家治理体系和治理能力现代化、打造共建共治共享的社会治理新格局具有深远意义。

2. 加快推进市域社会治理现代化是贯彻落实习近平总书记来陕考察重要讲话的必然要求

市域治理处于国家治理和基层治理的中观层面,是推进国家治理体系和治理能力现代化的"前线指挥部"。党的十八大以来,习近平总书记高度重视城市治理与城市建设,做出了一系列重要论述。2020年以来,习近平总书记在多个场合反复强调,"这次疫情是对我国治理体系和能力的一次大考""要着力完善城市治理体系和城乡基层治理体系,树立'全周期管理'意识,努力探索超大城市现代化治理新路子"。[①] 习近平总书记2020年来陕考察时要求:"要加强和创新社会治理,坚持和完善新时代'枫桥经验',深化扫黑除恶专项斗争,加强安全生产和食品药品监管,切实维护国家安全。"并强调"要根据这次疫情中暴露出的问题,从机制、力量、素质等方面加强城乡社区建设,把这道防线筑得更牢靠"。这一系列重要讲话,体现了习近平总书记对推进国家治理体系和治理能力现代化的深入思考和谋划布局,为做好新时代社会治理创新提供了根本遵循、指明了前进方向。贯彻落实习近平总书记重要讲话精神,加快推进市域社会治理现代化,是西安城市治理的奋斗目标,也是新时代赋予西安城市发展的历史使命。可以说,没有

---

① 郑长忠:《"全周期管理"释放城市治理新信号》,《人民论坛》2020年第18期,第72页。

社会治理体系和治理能力的现代化，就谈不上城市的现代化；没有平安稳定的社会环境，国家中心城市建设也就成了空中楼阁。

3. 加快推进市域社会治理现代化是西安对标先进经验、解决社会治理领域突出问题的现实需要

党的十八大以来，在中央统一部署下，全国各地都高度重视社会治理领域的改革创新，许多地方大胆地试、大胆地闯，形成了一整套"新时代市域社会治理现代化"体制机制。如北京市基层社会治理"街道吹哨、部门报到"的典型模式；上海市基层社会治理"党建+网格+科技"的典型模式；浙江省社会治理"大平安、大治理"的典型模式；深圳市"织网工程+"大数据服务治理典型模式；杭州市域社会治理"六和塔"工作体系、衢州市"主"字型基层治理体系等，都是在实践中创造的新鲜经验。许多经验经过检验后上升为国家决策，推动实践向更深层次发展。

在社会治理方面，西安市开展了卓有成效的改革创新，为新时代推进市域社会治理现代化打下了良好的基础。站在新发展阶段，要实现建设国家中心城市和国际化大都市的发展目标，需打牢社会治理的根基，形成较为完备的社会治理体系，营造全社会共建共治共享的社会治理格局。随着经济和社会发展，西安市社会治理领域要应对的新困难、新挑战依然复杂严峻。快速城市化考验着城市治理能力和水平，传统"碎片化"社会治理模式在治理主体、治理方式、治理体制等方面，不能适应大流动、大融合的城市发展趋势，更不能满足新时代高质量发展的目标要求。作为推进市域社会治理现代化的首批试点城市，西安市也在自身的实践中存在不足，主要表现在：治理体制运转还不够顺畅，部门协同配合意识不强，基层治理基础薄弱，基层网格赋能不足、作用发挥不明显，治理方式陈旧，缺乏信息化、智慧化的治理手段等。这些短板和问题，是实现市域治理现代化必须直面和解决的痛点、难点，只有迎难而上、主动作为，全面、系统、协调推进社会治理，才能为实现新时代高质量发展、建设国家中心城市保驾护航。

二 打造市域社会治理现代化"西安样板"的探索与实践

1. 强化引领:加强党委领导,注重发挥各级党组织在市域社会治理现代化中的领导核心作用

党的十九届四中全会《决定》指出:"社会治理是国家治理的重要方面,要把党的领导落实到国家治理各领域各方面各环节。"市域治理现代化,必须始终在党的领导下扎实推进,通过有效的顶层设计、制度安排和政策改进,充分发挥各级党委在市域社会治理现代化试点工作中总览全局、协调各方的领导作用,从而保证市域社会治理始终能够按照党指引的方向和人民的意愿前进。

西安市始终把党的领导作为推进市域社会治理现代化试点的根本保证,充分发挥各级党组织牵头抓总、统筹协调、督办落实等作用,推动改革各项任务落到实处。

一是高位推动,健全党的领导制度体系。在宏观规划方面,为更好地做好试点方案和制度的顶层设计,西安市委十三届十次、十一次全会先后对市域社会治理现代化试点工作进行了安排部署,市委常委会多次专题研究部署,并把推进市域社会治理现代化工作纳入2020年度工作要点,从全局角度进行谋划。2020年1月,市委十三届十次全会审议通过的《关于深入贯彻党的十九届四中全会精神高质量推进市域治理体系和治理能力现代化的实施方案》中提出:"要积极开展市域社会治理现代化试点,统筹规划建设管理、理顺治理体制机制、革新治理方式手段、把握治理重点任务,加快推进市域治理能力和治理水平现代化。"同年5月,西安市委十三届十一次全会审议通过了《中共西安市委关于深入学习贯彻习近平总书记来陕考察重要讲话奋力谱写西安新时代追赶超越新篇章的决定》,明确提出打造市域社会治理"西安样板",力争在全国率先建成市域社会治理现代化试点合格城市,形成可复制、可推广的"西安经验"的行动目标。以这两份指导性文件为基础,西安市出台了"1+N"系列文件,标志着市域治理现代化制度框架的基本建立。其中,印发的《西安市推进市域社会治理现代化试点三年行动方案》,将《实施方案》中的市域社会治理任务进行细化量化,明确了试点三年的任务书、路线图、时间表,共设置了41项共性分解任务、8项区域特色任务和111条基本要求;印发的《"护航十四运·共建保平安"推进市域社会治理现代化工作实施方案》,以护航第十四届全运会为切入点,部署开展"六大主题活动",有力地推进市域社会治理和平安建设工作落地落实;还印发了《关于全面加强城市基层党建引领基层治理工作的实施意见》《关于建立健全党建引领基层治理"四个体系"实现"民有所呼、我有所行"的实施方案》等文件,各区县也结合自身实际制定出台了相关配套文件。这些规范性文件的出台,为西安市推进市域社会治理现代化提供了可靠的制度保障。

二是健全工作体系,推动改革任务落地落实。作为第一批全国市域社会治理现代化试点城市,西安市将"市委平安建设领导小组"调整更名为"市委社会治理和平安建设领导小组",在市委全面深化改革委员会下增设"西安市域社会治理改革专项小组",分别由市委书记、副书记任组长,23个重点市级部门为成员,并将市域社会治理创新纳入全市经济社会发展规划、列入年度市委常委会工作要点、写入市委全会决定,统筹谋划、高位推动市域社会治理现代化试点工作。率先在全省成立了市、区(县)两级及全市165个镇(街)实体化运行的社会治理和平安建设工作办公室,建立了西安市域社会治理现代化"一建四联五安"的"1+4+5"工作体系:"一建"指党建引领;"四联"指市、区县、街镇、社区(村)四级联动;"五安"指自治促安、法治守安、德治育安、智治保安、心治稳安。市委坚持管方向、抓全局,研究解决重大事项,出台相关政策和办法;区县委、街道党工委抓指导、抓协调,统筹资源整合,协商解决热点难点问题;社区党组织抓共建、抓服务,织密基层治理网络,打通基层治理"神经末梢"。建立了全域"四级联动"工作体系,建成市、区县、镇街、社区村四级综合治理和网格化服务管理中心,初步构建了市级统筹协调、区县组织实施、镇街抓好落实的市域社会治理工作格局。

三是加大保障投入,切实提高制度执行效能。2020年西安市财政累计投入33.24亿元用于统筹市域社会治理现代化,全力保障试点工作的有序开展。同时,坚持目标导向、结果导向,突出全过程督导,每月围绕市域社会治理创新重点指标,实施"红、黄、绿"三色管理动态预警,跟踪督办预警问题整改,年终再根据市委目标责任考核及市委年度目标督查计划安排。创建了"年初一纸责任状、每月一张通报表、每季一个点评会、半年一份督查书、年底一张考核单"的"五个一"工作考核机制,将考核结果纳入全市目标责任考核,推动各级各部门补齐工作短板、形成合力。

2. 重点突破:打造全科网络,创新全域"多网合一"网格化服务治理新模式

在传统"碎片化"社会治理模式下,社会治理各层级、各部门分别进行信息储备,提供管理服务的方式是分散式、部门化的,制约了治理效能整体性、系统性的提升。"多网合一"的全科网络治理模式,以流程再造为核心,彻底打破部门界限,依据网络化治理结构的协同关系改变传统分散的、各自为政的公共服务供给方式,最终实现社会治理在信息资源、服务与沟通渠道等方面的有机整合。推进"多网合一",打造"全科网格",是西安市打造市域社会治理"西安样板"的主要任务之一,也是提升社会治理体系和治理能力现代化的重要创新。2020年3月,以治理网格化、管理精细化、服务便民化为导向,西安市出台了《关于推行基层社会治理网格化建设的意见》,并陆续出台《网格员队伍管理办法》《网格员职责清单》等配套文件,初步形成了全域覆盖、职责明晰、协调联动、运转高效的现代化网格治理体系。

西安市创新网格化市域社会治理的经验做法主要体现在以下三个方面。

一是建设基层社会服务治理的"一张网""一张图"。在全省率先制定《西安市社会治理网格划分规范》,按照相关标准和要求,全面建成覆盖城乡、条块结合、横向到边、纵向到底的服务管理网格,统一划分网格,统一网格名称、统一网格编号。截至2020年4月30日,全市13个区县和7个开发区划分基础网格5085个,专属网格1815个,共6900个全科网格。将

基层党建、环保、治安、交通、教育、卫生、城管等服务治理人财物资源统一纳入网格，实行多网合一、一网运行。依托各级综治中心，全市20个区县（开发区）综合治理和网格化服务管理中心（以下简称综网中心）已全部挂牌、165个镇街级综网中心全部挂牌；2738个社区（村）综网中心全部挂牌，人员编制和职能职责已经全部明确，初步形成了市、区县（开发区）、镇街三级综合治理和网格化服务体系。

二是建设一套全市统一的社会治理与服务一体化平台。西安市全面推进基层人、物、组织、事件等社会治理各要素关联归集，建成了全市统一的社会治理综合指挥信息平台、统一地址应用与服务平台、社会治理要素数据库、统一地址数据库及其移动端App，实现了公安、司法、房产、民政、应急等多个市级部门数据库数据同步、业务流转、共享融合。同时在市、区县（区）两级平台建成"大数据研判分析"模块，已基本具备实时反映网格化社会治理大数据变化、智能分析变化趋势、综合研判社会稳定形势等功能。截至2020年4月30日，西安市社会治理综合指挥信息平台已建成七大模块（党组织建设、网格化管理、综治信息化、便民服务、公众参与、平安建设考核和平安文化宣传）。全市网格员平均每日通过"长安e格"App共上报事件超过2万件（最高超过26000件）、办结率达到98%以上，市综网中心融合"雪亮工程"4.9万多路，综治视联网340多个视频点位，形成了市域社会治理视频大数据资源池。信息化、智能化治理平台发挥效能初见成效，问题联治、工作联动、平安联创的共建共治共享治理格局正在逐步形成。

三是建立了一支专兼结合的基层网格员队伍。在全省率先建立基层网格员"三岗十八级"薪酬体系，平均涨薪30%左右，规范了基层网格员队伍建设管理及薪酬待遇。探索实施《社区工作者备案管理办法》，积极探索打通基层工作者成长通道的办法和途径，基层网格员的工作热情得到明显提升，责任感、荣誉感、归属感也显著增强。截至2020年12月31日，全市13个区县和7个开发区在所有镇街都建立了专兼职结合"一长多员、一员多能"的基层网格员队伍，共7075人。其中，专职网格联络员队伍1357人。基础网格专职网格员队伍采取聘任和社区工作者担任两种方式建立，共

5703人，其中聘用的专职网格员551人，由社区工作者担任的专职网格员5152人。阎良区凤凰路街道的网格化治理、鄠邑区人民路社区"全科网格+360情绪疏导"等做法，充分发挥了网格员在基层社会治理中的重要作用，起到了良好的效果。

3.夯实基础：协同共治，加强和创新共建共治共享的基层社会治理体制机制

基层社会治理是市域社会治理的基本单元，也是凸显现代化治理理念的重要载体。在试点工作中，西安市注重以基层党建为引领，以社区居委会为主体，以基层社会服务中心（站）为服务平台，以社会组织和社区工作者为载体，联动其他社会力量，形成"多个主体良性互动、多种途径形成合力"的基层社会治理机制。

第一，强权赋能，做强镇街、社区两级基层治理体制。推动社会治理重心向基层下移，深化镇街行政体制改革，完善镇街机构设置，优化调整职能配置，增强镇街统筹协调能力，着力解决权责不统一、"小马拉大车"等问题。在镇街内设机构中设置社会治理和平安建设办公室，在事业单位中增设综网中心（12345市民热线服务中心），并在全省范围内率先将镇街综网中心规格明确为副处级（县为副科级），增强基层社会治理统筹协调和指挥调度能力。取消了镇街招商引资、协税护税等任务，赋予镇街人事管理、考核奖惩、指挥调度等职责权限。修订《全市基层自治组织依法自治和协助政府工作主要事项清单》等制度，推进社区减负增效，着力做强街道、做实社区，建立健全党建引领基层治理、配合协作、基层审批和公共服务、综合执法和部门联合执法、基层网格化管理、基层考核奖励、街道财政保障等工作机制。

第二，创新模式，做细市域社会治理细胞——多方参与的社区治理机制。新冠肺炎疫情发生以来，以社区为单位的防控体系成为市域最直接最有效的防控手段并表现得愈加明显。因此，建好社区也就抓住了市域社会治理现代化的"牛鼻子"。在这方面，西安市重点打造了以社区党组织为核心、社区居委会为基础、社区居民为主体、社区社会组织等多方参与的社区治理模式，以社区治理主体的多元化促进了基层协同共治机制的形成。莲湖区"大片区"

社区治理模式、"六微"社区治理工作法；碑林区"三治共育、多元参与"的社区治理模式；市妇联开展的"让爱回家"社区基层反家暴新模式等，这些社区治理创新模式的核心，就在于有效整合了社区资源，聚合多方力量参与社区治理，既凸显了构建多元参与、合作共治的基层治理基本取向，又彰显了各试点社区探索共建共治共享社会治理新格局的西安特色。

第三，培育载体，作专协同共治、服务基层的社会组织参与机制。作为现代化社会治理主体之一，社会组织在提供公共服务、表达基层利益诉求、激发社会活动等方面具有重要的促进和补充作用。西安市把培育和提升社会组织服务基层的能力，作为基层社会治理现代化的关键点来抓。建设了一批市区县社会组织孵化培育基地，培育布局全域枢纽型社会组织；通过公益创投、政府购买服务等方式扶持社会组织发展；以破解基层治理问题、满足居民服务需求为导向，有重点、有层次、有计划地支持培育一批基层急需的社会组织；探索建立项目运作、第三方评估等方式带动社会组织参与基层公共服务供给机制等。比如，莲湖区在功能性社会组织、志愿者队伍的培育和发展方面卓有成效，依托"萤火虫"志愿者协会，引进平安公益法律服务中心、西安医疗应急救援服务队莲湖志愿服务中心、陕西零贰玖公益服务中心、陕西为民社会工作志愿服务中心等5家社会组织，为更多的群众参与社会治理提供渠道与路径。

4. 强化保障：推进平安建设，筑牢市域社会治理现代化的安全防线

习近平总书记指出："平安是老百姓解决温饱后的第一需求，是极重要的民生，也是最基本的发展环境；人民安居乐业，国家才能安定有序。"[①]开展试点以来，西安市把平安建设放在推进市域治理现代化大局中统筹把握，以打造"全国最具安全感城市"为奋斗目标，以争创"平安鼎"活动为载体，用平安建设为市域社会治理现代化破题。2020年，全市刑事发案同比下降11.18%、治安案件同比下降14.22%，生产安全事故和死亡人数

---

① 中共中央宣传部：《习近平总书记系列重要讲话读本》，学习出版社、人民出版社，2016，第223页。

同比分别下降39.2%、17.3%,交通事故死亡人数同比下降8.66%,公众安全感创历史新高。

第一,从健全长效机制入手,打造市域社会治安防控体系。在"大平安"理念下,建立健全了法治保障、群众参与、数据支撑等一系列长效治理机制。推动公共安全监管执法和社会治理一体化,建立了"833"(八大责任、三项措施、三项机制)维稳工作体系;严格落实责任制,印发了《西安市委常委会成员安全生产工作职责清单》《西安市政府领导干部安全生产工作职责清单》,明确了责任追究制度;完善公共安全形势分析和监测预警机制,建立了行业安全稳定风险评估、化解和管控制度,对全市9700余家金融企业舆情数据及相关流转操作进行监测预警,2020年全年共破获破坏营商环境类型案件2897起,企业获得感、满意度持续提升;紧盯人民群众反映强烈的治安问题,健全经常性专项打击整治机制,开展了婴幼儿乳粉提升、校园食品安全守护、农村假冒伪劣食品治理、餐饮质量安全提升和"药品安全放心工程"等专项行动,保障了群众舌尖上的安全。

第二,坚持群众观点和群众路线,拓展人民群众参与公共安全治理的有效途径。[①] 以民意需求为导向,推进市域社会治理现代化更加利民、惠民、便民、安民,让人民群众成为推进市域社会治理现代化的真正主体和最大受益者。一是坚持专群结合,建设了一批新时代群防队伍,强化警民共治。充分整合发挥社会力量,开展"萤火虫""咸东小哥""末梢治理""一院一员两长""微治理"等特色群防群治工作,共筑平安治理新模式。比如,在辖区民警带动下,调动辖区内各行各业人力资源组建的"红袖章"义务群防队,通过治安巡逻、矛盾化解、法制宣传、爱心救助等活动,实现了基层治理群众参与、群众评判、群众共享。二是坚持和发展新时代"枫桥经验",完善人民调解、行政调解、司法调解"三调联动"工作体系。新城区创新多元矛盾纠纷化解新模式,依托"区—街道—社区"三级综网中心和

---

① 习近平:《习近平在中共中央政治局第二十三次集体学习时的讲话》,载《习近平关于全面依法治国论述摘编》,中央文献出版社,2015,第77页。

矛盾调解室，整合公安、法院、检察院、司法所、律师事务所、街道社区多方力量组成了专业服务团队，为辖区内群众全面提供矛盾调解、普法宣传、法律咨询、司法援助"一站式"服务。国际港务区强化专业调解，以国际商事诉讼、调解、仲裁等为核心，在园区内打造了"一带一路"国际商事法律服务示范区，提升了矛盾纠纷化解水平。

第三，深化科技赋能，创新平安建设与治理现代化有机结合的新模式。依靠信息技术和大数据的挖掘运用推动治理智能化，是治理现代化和治理创新的国际潮流。① 为顺应互联网新时代新需要，西安市积极创新"互联网＋社会治理"，以提升预测预警预防能力为导向，不断增强基层社会治理的预见性、精准性和高效性。一是实施大数据战略，建设"智慧公安""智慧司法""智慧社区"等社会治理信息平台，增加市域社会治理的科技含量。全市社会治理综合指挥信息平台基本实现了平安建设的"一网联动"，13个区县、7个开发区区级综网中心综治视联网已全部建成覆盖，实现了"手中有终端、空中有探头、线上有平台"，推动平安治理从被动"堵风险"向主动"查漏洞"转变。二是重点实施"雪亮工程＋互联网"，全面提升预警预测预防能力。截至2020年4月8日，"雪亮工程"项目累计完成修复供电故障2389处；运营商累计完成修复链路故障1172处。"雪亮工程"在线率提升至74.09%。在此基础上，积极探索"雪亮工程"在预防预警风险隐患、打击违法犯罪、线上便民服务等方面的应用。三是强化科技应用，打造智慧社区。围绕基层社会治理的痛点、难点，开发建设"智安小区"。大力推进"智慧门牌"建设，把群众关心、安全可控的公共安全视频监控资源，通过手机App、电视终端等推送到群众家里和手中。比如，高新区枫林绿洲小区正在运行的全方位智慧社区综合服务平台，以19项功能支撑小区人口动态管理、安全防范和便民服务，通过数据自由流通、实时更新、自动比对、碰撞分析研判，实现社区治理管控方式向信息化、智慧化转变。

---

① 何增科：《地方治理创新与地方治理现代化——以广东省为例》，《公共管理学报》2017年第2期，第2页。

三 西安进一步推进市域社会治理现代化存在的问题短板

西安市域社会治理现代化试点虽然取得了阶段性成效,但更高水平的建设还在推进之中,还有一些短板和弱项,主要体现在以下四个方面。

一是对于城市治理的认同问题。表现为基层自治组织乏力,行政色彩依然强烈;群众参与意识不足,主动服务意识较弱;志愿服务组织的热情和活力没有充分显现。城市居民对于城市治理的认同主要来源于基于共同利益之上的情感认同和价值认同。一个比较重要的问题是,如何进一步彰显城市居民在市域社会治理中的主体地位,重塑政府与社会的关系。因此,市域社会治理现代化必须建立在激发人民群众的内生动力和活力之上,让更多的主体主动参与到治理中来,不仅是社会治理现代化结构的优化,而且是塑造社会认同、凝聚社会共识的根本。

二是基层党建和"治理"两张皮问题。表现为部分基层党组织功能弱化、虚化;在深入发动群众、动员社会组织、引导社会力量参与社会治理方面还存在明显短板。基层党组织能否在人民群众与社会中介力量之间承担组织、引导和应责的功能,目前看来还存在薄弱点。

三是体制转轨中治理结构的优化升级问题。表现为基层治理负担过重,"小马拉大车"现象突出;镇街体制改革还不到位,"事权下放、权随责走、费随事转"职责清单和工作准入等制度机制未得到充分落实;部分职能部门的权责边界重叠交叉,互为前置审批,系统治理与源头防控存在短板。就基层"网格化"治理而言,由"以条管理""属地为主"向"条块协同、上下联通""谁主管,谁负责"的转变过程,依然比较艰难。

四是精细化治理与技术化治理的融合问题。表现为大数据、人工智能、云计算等新技术在社会治理领域运用的水平还比较低;各部门信息系统差别较大,资源共享、信息互通仍难以真正实现;信息采集与信息应用还不同步。以技术化治理来推动治理精细化、精准化是当前的一个趋势。然而,精细化治理与技术化治理的深度融合问题,尤其是技术化治理所伴随的"数字鸿沟",给市域社会治理现代化的深入带来了新的挑战。

四 对西安进一步推进市域社会治理现代化的对策思考

按照西安市《推进市域社会治理现代化城市试点三年行动方案》的目标要求,2022年,西安市域社会治理现代化工作将进入提质增效、完成目标的重要阶段,顺利实现试点工作通过考核验收,形成新时代具有西安特色的市域社会治理新模式、进入决胜的时间节点。增强市域社会治理的系统性、整体性、协同性,进一步实现市域社会治理的科学化、法治化、智能化,是当前改革的主要方向。

第一,塑造市域社会治理的价值认同。价值认同是形成共建共治共享社会治理体系的动力和源泉。市域社会治理现代化的成效,可以说最终取决于城市居民是否在价值观、思想方法和生活方式上对其产生认同,这意味着要按照"人民是社会治理的主体"的理念,进一步完善民主议事、民主办事、民主管事的城市治理体系,将一个个利益共同体经由文化共同体转化为价值共同体。首先,要夯实以社区为单位的利益认同根基。利益是参与治理的重要驱动力。能否及时反映、协调和解决人民群众各方面各层次的利益诉求,是能否真正实现基层社会治理现代化的关键。因此,要畅通不同学历、年龄、工作单位等差异化群体的利益表达渠道,满足其合理的利益诉求,进一步完善利益协调和权益保障机制。其次,社会治理要进一步去行政化,促使社会自治组织真正成为群众利益和意愿的忠实代言人。探索赋予街道、社区对物业、业委会更多的监督、制约权限,让社区职能真正回归服务居民本位。最后,要强化基层文化建设,培塑好人文化、家风文化、楼栋文化,打造特色文化社区,使社会主义核心价值观在社区落地生根,从而破解基层治理中法律手段太硬、说服教育太软、行政措施太难等长期存在的难题。

第二,强化党建引领社区治理。要通过深入推进"网格化"模式,实现"基层党建+基层治理"的深度融合，进而实现党建引领下社区差异化治理。一是要理顺社区党建机制。建议出台西安市居民社区党支部建设的指导意见，从顶层设计的角度保证基层各级党组织、党员干部充分发挥党建引领和统率作用。建立政法部门领导班子成员包街办、中层干部包挂社区的工作机制，基层社会治理不应是普法部门的"单打独斗"，而要向党委、政府统一领导，政法机关、全社会共同参与转变。二是发挥基层党员作用。建议建立在职党员回居住区党支部报到制度①，深入挖掘居住小区内党员资源，通过在职党员进居住小区报到服务，发挥党员的先锋模范作用。推广"社区红管家"和"城市党建日"等活动，激发在职党员社区认同和身份认同，结合在职党员的专业性优势，增强基层党组织的发展动力。三是整合基层党建资源。建议统筹建设社区党群服务中心（站点），整合党员、业委会、群团、居民等活动阵地资源，将基层党建与阵地建设、网格化治理相结合，推动辖区内各领域资源和党员力量向网格责任区下沉，激活基层治理"末梢神经"。

第三，完善市域社会治理中的几个关键体制机制。依托体制机制实现市域社会治理现代化，要紧紧围绕建立健全跨部门、跨层级的高效协同体制，以及积极回应基层需求、支撑基层治理创新的体制机制来展开。一是要从西安市域社会治理现代化的水平和规律出发，全面理顺市域社会治理纵向联动机制和横向跨部门治理运行机制。要按照市级重在统筹协调、区县重在组织实施、镇街重在固本强基的总体思路，梳理各级政府在市域社会治理中的职能和权责边界，建立并实施市域社会治理现代化工作事项准入制度和工作事项清单，依法健全基本公共服务资源市级统筹与财政转移支付机制，从根本上打破治理"碎片化"问题。二是要落实基层减负赋能，明确把权力、资源、管理重心都沉到基层的规则和制度，彻底解决基层治理"条块分割""多头治理"问题。要深化政经分开、居站整合、赋权定责、人事提管"四

---

① 蓝庆华：《党建引领促进社会治理创新的思考与实践》，《党建研究》2019年第10期，第56页。

项改革";落实社区党委的领导保障权、人事安排权、监督管理权、事务决策权"四项权力"①。

第四,加速提升市域大数据治理水平。大数据治理是市域社会治理现代化的必要条件和重要支撑。大数据治理发展到一定阶段,应该从为社会治理科技赋能的工具与手段,转向深层次推进共建共治共享的社会治理现代化体系的变革。一是要加快全市社会治理综合指挥信息平台建设和应用,在促进市域多层级、多部门之间数据共享与协同共治的同时,以技术的强大力量推动市域治理各系统纵向体系的协同,减少社会治理的层级。二是要坚持用科技提升治理能力,给市域治理现代化赋能增效。在现有体制机制下,大量增加社会治理的人力投入的可能性不大,因此要转换思维方式,加强科技在提升治理效率,提高基层工作者职业化、专业化素质和水平上下功夫。三是要深化运用大数据惠民利民。大数据推动下的市域治理现代化,要以"人民及其需求"为中心的制度创新为根本性保障,这就要求总是以"群众视角"促进治理理念与治理技术的深度融合。

---

① 李红淼:《城市社区治理的问题及对策研究——以深圳市龙岗区为例》,华中师范大学硕士学位论文,2016,第41~52页。

B.14
疫情防控常态下西安城市精细化管理的新思路

西安市社会科学院经济学研究所课题组*

摘　要： 疫情防控常态下，实现地摊治理的科学化和有序化对于激发城市经济活力、建设服务型政府具有重要意义。在城市精细化管理的背景下，西安地摊治理取得长足进步，为缓解就业压力、恢复市场秩序、加速经济复苏做出了巨大贡献。但目前依然存在管理效率偏低、市场公平性欠缺、政策细则有待完善等发展瓶颈。西安要尽快转变城市管理理念，拓宽新思路，围绕民本思想，鼓励城市精细化管理创新，加大对地摊治理的扶持力度，做好政策宣传引导，助推城市高效、健康和可持续发展。

关键词： 疫情防控　城市管理　精细化　地摊治理　西安市

城市精细化管理是提高城市管理效能、改善城市环境、提升城市品位的有效途径，也是应对疫情防控常态下经济复苏和社会稳定的重要保障。随着疫情防控从战时状态进入常态化管理状态，城市管理中针对商铺、店面、早夜市和临时摊贩进行的地摊治理具有特殊意义，不仅是考验城市综合治理水平的重要标尺，更是疫情防控常态下稳定就业、刺激消费、激发市场活力、

---

* 课题组成员：程丽辉，西安市社会科学院经济学研究所所长、研究员，研究方向为区域经济学、城市经济学；姚蕾，西安市社会科学院经济学研究所助理研究员，研究方向为产业经济学；周忆南，西安市社会科学院经济学研究所研究实习员，研究方向为环境经济学、城市经济学；于远光，西安市社会科学院经济学研究所助理研究员，研究方向为产业经济学。

恢复城市经济繁荣、构建服务型政府的重要抓手。近年来，地摊治理成为热词，从国家到地方各级政府纷纷为地摊治理解绑。中央文明办明确表示，在文明城市测评指标中不将占道经营、马路市场、流动商贩列为考核内容。目前全国已有27个城市明确鼓励加强地摊治理，标志着在疫情防控常态化下的城市精细化管理迈入新发展阶段。

一 概念界定

（一）城市精细化管理的内涵

随着我国城镇化快速推进，城市人口不断集聚，城市管理工作日益复杂，传统、粗放的管理方式已难适应当前形势，城市精细化管理被正式提上日程。党的十九届四中全会提出要"加快推进市域社会治理现代化"，并要求"更好提供精准化、精细化服务"。城市精细化管理就是围绕"细致、精准、高效、可控"的原则，在城市治理中把工作做细，把管理和服务渗透到城市的每一个角落和空间，覆盖到所有不同类型的人群。同时，利用现代科技手段，特别是利用互联网和人工智能等技术，强化科技在城市治理中的应用和实践。简言之，城市精细化管理就是要把城市管理得更科学、更便捷、更高效。

城市精细化管理是一种先进的管理文化和管理方式的有机融合，其本质体现在：一是彰显人性化。要把管理和服务融为一体，解决企业和社会以及城镇居民生活和就业方方面面的问题。二是突出公平性。精细化治理是面对所有城镇居民，除户籍居民外，还包含外来人口和进城务工就业的农业转移人口等。三是富有弹性化。强调柔性治理，彻底改变盲目主观的决策模式，防止"一刀切"政策的泛滥。四是体现动态性。符合政策发展演变以及改革大趋势，既要考虑既定目标，也要考虑长远改革目标，实现灵活、高效管理。五是具有包容性。提供更好的载体，创造更多的机会，把精细化治理从具体细致的工作范畴，上升到基于科学分析的执政理念高度，适应创新型社会发展的要求。

（二）城市精细化管理与地摊经济的关系

地摊经济属于城市管理范畴，是城市基层治理的缩影，其治理水平反映了城市精细化管理能力的高低。一方面，城市精细化管理为地摊经济拓展了发展空间。精细化管理的最终目标是给群众创造高品质生活，真正方便群众、惠及群众。只有秉持科学态度，将新理念、新模式、新技术与城市管理、社会治理深度融合，形成技术、制度等层面的有效创新，坚持以人为本，以民为先，才能让城市在更智慧的同时更具烟火气，更贴近群众需求，让人民群众在城市生活得更舒心、更美好。地摊经济正是在这种理念的推动下释放潜能，发展壮大。适当为地摊经济松绑，赋予地摊经济合法化的各项政策陆续出台，在本质上亦体现了以人为本的发展理念。

另一方面，地摊经济水平是城市精细化管理能力的试金石。国务院总理李克强调研时也表示，地摊经济、小店经济是就业岗位的重要来源，是人间的烟火，是中国的生机。政府只有采取更加精细化的管理措施，尊重地摊经济发展的必然性和生存规律，摒弃"一刀切"的武断做法，坚持刚柔并济、恩威并施，融入民本思想，创新管理模式和管理方法，才能充分发挥地摊经济对城市发展的巨大贡献，才能使得城市精细化管理道路越走越远，越走越畅。

（三）地摊经济的类型及现状

地摊经济主要包括三种类型：一是集中型。主要是早市、夜市和临时摊贩集中经营区，这类地摊时间短，缺乏稳定性，主要满足周边市民的临时生活需求而形成。二是延伸型。主要是沿街商铺出店经营，在不影响交通的前提下，利用店铺门前的公共道路资源摆摊设点，具有一定的民众熟知度和市场口碑。三是特色型。主要是大型综合商业体内承租商户的占道经营，在综合商业体的统一管理下，在限定的区域和时间内，利用公共道路资源销售特色商品或开展大型促销活动。

在新冠肺炎疫情突袭而至的特殊背景下，全国各地纷纷出台文件和管理办法，通过搭建摊贩集中经营区、允许临时占道经营等举措，有效引导地摊治理，激发市场活力。成都率先出台《成都市城市管理五允许——坚持统筹疫情防控助力经济发展措施》《成都市以新消费为引领提振内需行动方案（2020－2022年）》，鼓励提振内需，发展地摊经济；上海制定了《上海市城市管理行政执法局关于优化营商环境的指导意见》，以推进夜市经济，支持特色小店等新消费业态发展，支持地摊经济转型；重庆提出在黄金区域实施分时间段运营不同市集业态模式，对低收入者在特定区域免费摆摊三个月等举措，促就业增消费，充分释放"地摊经济"活力；广州从优化营商环境入手，出台"七允许"措施支持地摊经济等。

国内外媒体亦将目光聚焦于中国地摊治理，"地摊经济"一词频频出现于国内外众多媒介传播渠道。国内媒体分别从各自地区、各自发展的视角，解读地摊经济对当下经济发展的意义所在、政策所向。国外媒体对地摊经济也表现出了极大关注，据路透社报道，地摊经济为小店个体经营提供了许多就业岗位，是人间烟火，与那些高大上的企业相比没有高低之分，都是中国的生机。《联合早报》则认为，摆地摊是不错的就业方式，但不能忽视城市管理，要有长远眼光。美国媒体则普遍认为中国地摊经济是一项很好的政策。当然，国内也有一些媒体将地摊经济"曲解"了，存在注水宣传和误导地摊经济的现象。

（四）疫情防控常态下发展地摊经济的积极意义

疫情防控常态下鼓励和恢复地摊经济，对于解决就业、刺激消费、增强经济活力有着积极的促进作用。

一是有效解决低收入人群的就业创业。地摊经济具有市场门槛低、投资成本低、失败风险小等特征，可为城市低收入、低技能人群提供就业岗位，降低商户运营成本，增强市场主体活力，充分发挥就业"蓄水池"作用。比如，成都市设置3.6万个流动商贩摊位，实现了10万人就业，有效缓解了城市就业压力，有利于社会稳定。二是有利于拉动消费，增加经济活跃度。在当前疫情防控形势下，地摊经济有助于提升消费者在餐饮、卖场等室内的消费信心，符合当前疫情防控要求。地摊经济活跃城市氛围，丰富了人们生活，形成独特的市井街头文化。三是有利于推进服务型政府的职能转变。"小地摊，大民生"，地摊经济将柔性执法和审慎包容的执法理念有机融合，构建城市治理的新体系，这将倒逼城市改革，让城市不断探索更科学、人性化的管理，实现城市治理体系和治理能力的现代化。

二 西安地摊治理的进展及存在问题

（一）进展与成效

借鉴各地地摊治理的成功举措，以及陕西省政府办公厅发布的《陕西省促进市场消费积极应对新冠肺炎疫情影响的若干措施》，西安市委、市政府积极贯彻落实疫情防控常态化下城市防控管理的柔性执法要求，先后研究出台了《放心早餐网点设置管理导则》《关于加强临时占道摊群点（夜市）设置管理工作的通知》等文件，通过首批设置的128处早市、夜市、临时摊群点，有效引导企业和小商贩占道经营，打造了临时摊群点的全新样板，地摊由过去的"脏乱差"，华丽变身为城市"干净、安全、有序"的新标志。新时期西安地摊经济发展和治理，呈现出有别于传统地摊治理模式的新亮点。

1. 缓解就业，经济得到恢复

地摊经济为西安疫情防控期恢复经济做出了重要贡献。有关统计数据显示，截至2020年5月底，全国约有1200万小店和路边摊收入实现了同比增长，每天有超10万人开通收钱码做生意，地摊经济的发展潜力充分彰显。摆地摊的配套器材也成为"香饽饽"，被推为市场热销商品。消费券作为"地摊经济"的创新举措，更是显示出不凡带动力。据官方数据公布，支持支付宝消费券核销的数字小店，收入流水比发消费券前一周，环比增长高达73.4%。西安各类地摊经济的主体规模、范围、收入也出现"井喷式"增长，据西安市城管部门不完全统计，截至2020年6月8日，全市有纳入集中管理491处、16394个流动摊位，曲江新区等区域甚至达到一摊难求的火爆状态。

2. 理念转变，体制机制完善

一方面是由堵到疏，转变城市管理理念。确定了"疏堵结合、以疏为主，疏就疏通、堵就堵住"的工作方针，通过行政和经济手段，把流动摊贩引入合理区域和空间，努力从根本上实现"稳得住、不反弹"的目标。另一方面完善体制机制，变"撵"为留。建立了联合审批机制，各级职能部门层层把关审核；压实各级责任，监督检查临时占道摊群点（夜市）日常管理情况，并建立健全监管台账。探索开展共建共管，鼓励引导第三方物业公司委托管理临时摊群点，有效缓解摊贩与城管执法者之间的矛盾冲突。此外，通过优化管理体制机制，发挥规模效应，让老百姓和流动摊贩收到实实在在的好处，实现了政府、商户、百姓多方共赢局面。据西安市城管执法部门反馈，近一年来，城管人员被投诉数量显著减少，社会矛盾有效缓解，社会和谐进一步改善。

3. 秩序井然，市场管理规范

西安围绕地摊治理出台了"三个一百"城市管理办法，有效引导地摊经济，让流动摊贩不流动。通过实施"严禁区""严控区""严管区"，对地摊进行统筹规划，实行分区分类管理。同时，按照经营性质，区分为蔬菜早市、水果摊群点、放心早餐和便民夜市，按不同标准和要求进行管理。制定了"七定、七统一、三悬挂、两达标"的管理制度，达到统一、美观、有特色的目标。创新性引入"登记卡"，实行牌照管理，坚持从易到难、由点到面，让经营合法化。这些举措不仅实现了满足周边居民生活需求与环境秩序改善的双赢，受到了社会普遍认可，而且使得西安临时摊群点实现了华丽蜕变，成为西安城市精细化管理的新亮点。

（二）存在的问题

地摊经济给西安这座古城带来了烟火气，为西安就业创业提供了机遇，但地摊治理本身仍存在难题，给城市精细化管理带来了新挑战。

1. 入市门槛低，存在跟风炒作现象

国家倡导地摊经济发展，其主要目的是降低创业门槛，给社会低收入阶层更多自主创业的机会，同时刺激消费，恢复经济。据调研，目前西安街头出现的地摊商贩包含了各类收入人群，且摆摊设点的目的也绝非仅仅是寻求就业渠道，增加收入。包括为增加网红热度和点击率的；为寻求媒体宣传的"超高收益"来掘金的；为追求"地摊热"单纯来体验生活的；甚至也有不抱任何目的来凑热闹的，五花八门，无奇不有。摆地摊，多是希望给那些中低层收入人群一条谋生道路，而非跟风炒作，盲目美化摆地摊。

2. 商业门店的经营主体受到不同程度影响

地摊经济因无铺面租金、装修费、转手费、雇员工资，以及办理证照、纳税等经营负担，相比较商业门店或临街店铺有一定的成本优势和价格优势，地摊经济被推上经济热潮，势必会造成门店或临街店铺客流下降、效益下滑等现象。据调研，部分地摊餐饮、小商品因其质量较好、价格低廉、特色鲜明，在市场上形成了良好口碑，其经营收益已超过门店收益，不仅给门店经营者带来压力，也导致门店出租市场的疲软发展。

3. 地摊经济市场主体自身素质有待提升

地摊经济入市门槛过低，对经营从业者无过多要求和限制，经营过程中还存在卫生、安全、环保等问题。据了解，一些露天经营的商贩着装随意、食品暴露在外、餐具不合标准、清洗设备缺乏、无下水设施等问题依然存在，给食品安全和质量保障带来了极大隐患。此外，还有一些地摊商品的进货渠道难以保证，一旦出现商品质量问题或食品卫生问题，消费者难以寻求服务和补偿。此外，由于流动摊贩自身素质不高以及缺乏城市管理部门的有效监管，地摊经济再次成为堵塞交通、噪声扰民、安全隐患的主要因素。相关统计部门数据显示，仅2020年6月1～17日，西安市民反映投诉问题有3280件，其中反映占道经营、出店经营问题的案件有3274件，占投诉总量的99.8%。

4. 地摊常态化管理的实施细则有待出台和完善

疫情防控常态下，地摊治理是西安有效缓解底层民众就业创业的重要抓手，是重要的民生工程。地摊治理能否实现常态化、有序化发展已经成为检验城市综合治理能力与治理水平的重要标志。目前，西安城管职能部门对地摊的管理大多是依据城市管理的地方性综合法规或相关文件，且多为临时性引导和管理，还缺乏针对地摊治理发展的常态化、系统化的顶层设计和管理办法。因此，地摊经济的市场秩序还有待完善，发展潜能还未真正释放。

三 西安地摊治理的思路与重点

（一）指导思想

坚持人民至上的发展理念，积极探索具有西安特色的城市治理与民生幸福的新路径，为实现治理体系和治理能力现代化积累经验。全面贯彻中央"六稳""六保"决策部署，加快复工复市，提高就业率，保障经济发展和社会稳定大局。结合创建全国文明城市和国家卫生城市的要求，按照"系统设计、有序管理、扩大就业、繁荣经济"的原则，做到因地制宜、因时布局、因街施策，制定出符合西安实际的地摊经济发展规划、制度和措施，最大限度地拉动就业、刺激消费、惠及民生，成为提升西安城市精细化管理的新动力和带动经济复苏的新引擎。

（二）重点任务

1. 转换视角，为地摊正名

充分认识到如今的"地摊经济"已绝非之前的地摊，其内涵和外延发生了变化，是当前增加就业、繁荣经济的重要方式之一，可统称为"室外经营"。发展地摊经济不应只是疫情之下急于恢复消费活力的权宜之计，也不应以牺牲城市环境为代价，需要城市管理者打破传统的思维桎梏，以科学化、精细化、智慧化的高标准来规范地摊经济，使之成为提升城市形象的一道亮丽风景线。

2. 系统设计，人性化管理

地摊属于室外经营，涉及民生就业、市容环境、交通秩序、食品安全等多领域，需要城管、公安、交警、市场监管等多部门齐抓共管、多措并举，确保政策落实到位。让小摊点进得来、摆得下、做得稳，是人性化的城市管理理念的集中体现。因此，要坚决防止"一管就死，一放就乱"，加强顶层设计和系统规划，制定地摊经济实施方案，尽快出台柔性执法和人性化管理细则，形成长效机制，确保地摊经济健康、持续发展。

3. 推陈出新，改善生活品质

从满足人们对美好生活、精致生活的更高层次追求出发，鼓励地摊经济创新思维、推陈出新，培育草根创业的内生动力。针对地摊流动性强、监管难的情况，创新诚信监管制度和网格化管理机制；针对地摊模式老旧、种类单一问题，注入民俗文化特色，发展地摊美学，共创美丽场景；善用科技力量，以互联网思维创新地摊经营，满足现代人的消费习惯，回应人们对美好生活和市井文化气息的期待。

4. 科技赋能，提升管理效能

地摊治理作为彰显城市精细化管理的重要窗口，不仅需要城市管理者秉持科学理念、立足实际、合理规划、科学管控，更离不开科技赋能来提高城市精细化管理效能。当前，大数据、物联网、人工智能等新一代信息技术发展日新月异，政府可通过构建城市数据管理中心或"城市大脑"，针对地摊发展需求，进一步开发"互联网+服务管理"技术，建设城市对地摊经济的信息化管理体系，搭建政府各相关职能部门之间、管理者与被管理者之间的信息交流平台，提升城市管理的智能化、便捷化、人性化水平，同时也为城市治理体系和治理能力建设奠定坚实基础。

四 西安地摊治理的对策建议

（一）创新思路，变堵为疏，尽快出台室外经营的制度规范

转变观念，充分认识地摊经济是当下恢复经济社会发展的必要的"有益补充"，体现着城市管理的温度和精度。站稳以人民为中心的立场，克服

懒政怠政思想，深入调查研究，借鉴成都、南京、兰州等城市管理措施，尽快出台西安城市室外占道经营管理的办法和制度，变堵为疏、疏堵结合，使城市执法者和经营者都有章可循、有法可依。加强顶层设计，以"大城管"理念探索多部门联动协作机制，提供统一的资格审查、证照申办、卫生许可、宣传引导等管理服务，尽快完善管理链条，形成城市管理的长效机制。

（二）审慎监管，柔性执法，彰显城市治理的民本情怀

通过协商、劝诫、指导等柔和的执法方式，取代命令式、机械式的强制性执法，推动城市治理向人性化执法、服务型城管转变。实施分区分类管理，对固定摊点、流动摊贩、出店经营做出不同限定，明确在哪摆、何时摆、怎么摆；实施牌照管理，制定准入标准，采用电子资质，经营者和消费者分别出具和扫描二维码建立联系。合理进行公共空间规划，允许居住社区集中开辟临时摊点，允许利用公共场所和闲置空地，设置便民服务摊点，体现惠民便民宗旨。培养一支高素质执法队伍，赋予执法人员一定的自由裁量权，加强对阻碍交通、噪声扰民、环境脏乱、伪劣产品的执法检查力度，坚持质量安全第一，确保民众健康。积极回应摊主和群众在交通、卫生、安全等方面的诉求，主动提供精细化服务，提升经营者、消费者的安全感和幸福感。

（三）综合投入，加大扶持，为地摊经济保驾护航

加大扶持，实现人、财、物的综合投入。拨付支持地摊经营的城市治理专项资金，出台"社会资本建设地摊设施投资补助的指导意见"，建设和完善发展地摊经济的软硬件设施。加大税收和信贷支持力度，减免小商贩的各种税费，根据其不同经营形式和诚信状况，提供低利率的信贷资金；引导金融机构发展社区金融等普惠性金融，提供无须抵押担保的小额信用贷款，帮助其灵活就业。在食品安全、防疫检测、标准化经营等方面为摊贩提供必要的支持和帮助，通过政府补贴、企业捐赠等办法减轻其经济负担。推出针对地摊商户的金融帮扶、数字化培训以及线上运营等措施，支持美团、阿里巴

巴等电商的百万小店计划、生意贷等帮扶计划，以数字化助力地摊经济发展。

（四）鼓励创新，注入特色，提升城市治理的新境界

新时期重启地摊治理，在加强管理的同时更需要创新发展思路，满足人们对美好生活的向往和追求。创新监管机制，开通手机 App 和数字支付渠道，以互联网思维管理地摊经济；采取"一证一码"管理模式，实现商贩二维码在线预约场地，划定卫生环境责任区，有序经营；搭建互联网监管平台，采取积分诚信制，通过平台曝光和扣分处理，使流动从业者接受城管部门和广大人民群众的监督。创新地摊文化，注入地域特色和民俗文化，借鉴日本、新加坡经验，设计文化摊车、造型摊位，出售特色小吃、非遗手工、文创产品、网红潮品等，形成特色集市，发展地摊美学，以点带面示范带动。

（五）政策宣传，公众引导，积极取得社会各界支持理解

加强政策宣传引导，通过网络、报刊、电视等多种媒体，及时推送发展地摊经济、室外经营的相关政策信息，积极取得市民支持和商贩认同。加强正面宣传，报道各地成功的经验举措，防止过度渲染，以个案特例代替普遍现象，以真实、客观、准确的报道，鼓励地摊经济发展。强化服务指导，开展多种形式的公众引导行动，及时调整优化各类举措，解决政策实施过程中产生的各类矛盾纠纷，努力搭建好市民和商贩的沟通桥梁。定期在商家摊贩间开展劳动技能培训和行业规则培训，帮助其解决经营过程中的问题和困难，推进其在小本经营的基础上做大做强，做到知法守法，文明健康经营。

参考文献

人民日报社：《凝聚智慧力量 迈上新的征程——热烈祝贺十三届全国人大三次会议胜利闭幕》，《人民日报》2020 年 5 月 30 日。

郭平：《后疫情时代我国地摊经济发展解读》，《经营与管理》2021年第4期。

李铁：《城市精细化治理不能忽视的关键点》，《北京日报》2019年12月9日。

唐皇凤：《后疫情时代城市治理的新变化》，《江苏大学学报》（社会科学版）2020年第4期。

王玉刚：《双驱动视角下财经类大学生创新创业模式研究——以地摊经济为例》，《质量与市场》2020年第11期。

章轲：《拥抱"地摊经济"烟火里的生机和温度》，《第一财经日报》2020年6月5日。

B.15
安康市汉滨区推进社会治理创新研究报告

刘 源 张春丽*

摘 要： 市域社会治理现代化是推进基层社会治理创新、促进国家治理体系和治理能力现代化的基础支撑。安康市汉滨区紧紧围绕中央、陕西省、安康市关于社会治理创新的要求，立足汉滨实际，系统谋划，统筹推进，在市域社会治理创新中先行先试，在治理理念、治理模式和体制机制上进行了有益探索，有效保障了全区脱贫攻坚任务的圆满收官和乡村振兴战略的高点起步，在提升共建共治共享中，不断增进群众的获得感、幸福感和安全感。

关键词： 社会治理 网格化治理 安康市

创新社会治理体制是推进国家治理体系和治理能力现代化的目标之一。党的十九大以来，党中央高度重视加强和创新社会治理工作，明确打造共建共治共享的社会治理格局目标。党的十九届四中全会和五中全会，进一步聚焦基层社会治理创新，要求推进市域治理现代化，构建基层社会治理新格局，提升共建共治共享水平。近年来，安康市汉滨区紧紧围绕中央、陕西省、安康市关于社会治理创新的要求，立足汉滨实际，系统谋划，统筹推进，在市域社会治理创新中先行先试，有效保障了全区脱贫攻坚任务的圆满收官和乡村振兴战略的高点起步，在提升共建共治共享中，不断增进群众的获得感、幸福感和安全感。

---

* 刘源，陕西省社会科学院中国马克思主义研究所副所长、副研究员，研究方向为中国特色社会主义理论和法学；张春丽，安康市汉滨区委政法委执法监督室主任。

一 安康市汉滨区创新市域社会治理现代化的探索

安康市汉滨区位于陕西省东南部,是安康中心城市所在地,总面积3646平方公里,辖27个镇(办)387个村(社区),有20个镇分布在山大沟深、灾害频发的南北两山。总人口102万,贫困人口占全省的4%、全市的25%,是全省唯一贫困人口超过10万人的县区。属国家秦巴山区集中连片特困地区,是一个典型的人口大区、农业大区、经济欠发达区。近年来,汉滨区始终坚持以人民为中心的发展思想,紧紧围绕提升人民群众获得感、幸福感、安全感目标,不断深化社会治理创新,着力提升社会治理立体化、法治化、专业化、智能化水平,为全区经济社会发展创造了良好的环境。

(一)搭建高效的社会治理体制机制

近年来,区委、区政府认真落实党中央、省委和市委一系列部署要求,以首善之区、善治之区的政治站位和责任担当,努力当好更高水平平安安康建设暨市域社会治理现代化试点的先锋军、排头兵。按照市域治理现代化的要求,成立了市域社会治理现代化试点工作领导小组,建立了市域社会治理现代化试点工作联席会议制度,印发了《汉滨区市域社会治理现代化示范点培育暨全省市域社会治理现代化试点现场观摩会筹备工作方案》《汉滨区平安建设暨市域社会治理现代化工作考核评价办法(试行)的通知》。先后召开区委常委会8次、政府常务会3次专题研究,推进会、现场会、调度会31次推进落实,开展综合督导2次,重点管理大竹园镇、茨沟镇2个,扎实推进市域社会治理现代化工作高质量发展,切实把党的领导优势转化为市域社会治理效能,有力地推动了重大政治责任落地落实。各级各部门严格落实党政主要领导平安建设第一责任,严格执行社会治安综合治理"十个一"工作制度,构建了区委常委班子集体抓、区政府领导全体抓、政法部门主责抓、镇和部门协同抓的齐抓共管格局。把党政领导抓平安建设、区域社会治理现代化试点合格城市创建列入全区重点工作督导检查范围,严格考核奖惩，注重结果应用，对工作落实措施不力、社会治安状况不好、公众安全感较低和年度考核排名靠后的镇办实行重点管理，使平安建设的压力传导到基层，责任落实在一线，形成了平安建设齐抓共管、群防群治的良好工作态势。

（二）探索试点社会治理实践模式

1. 以"583"工程推动社会治理大融合

近年来，汉滨区结合新民风建设及脱贫攻坚工作，实施社会治理"583"工程，在全区大力推行"五老"进中心、八千红袖章、三个清零法，把矛盾纠纷化解在基层，治安防范落实在基层，党建工作、发展任务、群众诉求完成清零在基层，党群干群关系融洽，民风向上向好治安稳定，形成社会治理的大融合。

（1）"五老进中心"创新社会治理新引擎

伴随着人口老龄化的趋势，如何挖掘和用好老年人资源助力市域社会治理，是汉滨区推进社会治理创新的重大课题。全区确定基础较好的老城办、早阳、大河等6个试点镇，注重从老党员、老教师、老干部、老军人、老贤达中挖掘优秀资源，特别是挑选具有法律专长的退休法官、检察官、警官和律师组建"五老"调解队伍，参与人民调解工作，协助化解基层群众纠纷，促进新民风建设和社会和谐。目前试点已取得明显效果，呈现出矛盾纠纷减少、民风向善向好的安定局面，全区社会治理工作步入良性发展的快车道。

（2）"八千红袖章"实现社会治理全民参与

汉滨区正式警察仅有500余名，警力不足成为当下治安防控的老大难。围绕这一问题，汉滨区组建三类红袖章巡逻队：第一类是中心城区红袖章专业巡逻队，有队员150人；第二类是大系统红袖章巡逻队，有队员3350人，包含城管系统市场收费员、清洁工人，教育系统各校门卫、安保人员，卫生系统各医院安保人员，住建系统各小区安保人员；第三类是各镇（办）村社区巡逻队，有队员4500人。同时，扩大基层群众参与面，结合脱贫攻坚和社区管理服务工作，注重从低保户、精准脱贫户、零就业家庭和低收入群体人员中优先选拔。目前，防汛抢险、疏导交通、维护治安、志愿服务，红袖章冲在前边；大街小巷、居民小区、广场学校、公园夜市，红袖章亮在眼前；重大活动，节日庆典，风里雨里，到处都有红袖章的身影，红袖章成为安康城一道最亮丽的风景线。红袖章作用的有效发挥，促进了全区刑事治安案件的下降，综治平安建设工作取得了新成效。

(3)"三个清零法"促进党群干群更融洽

"三个清零法"是区委政法委为有效化解基层社会矛盾的实践探索。主要是通过每个季度的村民小组会议，集中研判信访矛盾纠纷、脱贫攻坚任务清单和群众重大利益诉求台账，及时化解、落实和清零，在提高工作效率的同时，不断提升群众的满意度。这一探索最早在包湾村试点成功，目前这一经验正在全区推广，为全区乡村振兴战略保驾护航。

(4)"35819"模式促进社会治理大融合

在"五老"进中心、八千"红袖章"上街巡逻的基础上，区委、区政府重点抓好"三治"（德治、法治、自治）融合系统治理，有效解决当前基层社会治理存在法律手段够不着、行政措施难促效、说服教育显得软的客观问题，以"促守法、调纷争、打邪恶"为法治保障，以"群众说、乡贤论、榜上亮"为德治强基，以网格化管理"促联防、保平安"为自治基础，进一步加强社会治理。继续深化民生政法"5·20"这一综治品牌活动，坚持以民生政法"5·20"为主线，强化公安、检察、法院、司法、信访等9个方面的特色创新，补齐短板，打造特色，实现追赶超越目标。

2. "123基层社区微治理"模式

为了加强搬迁地的社会治理，汉滨区在巩固和加强八千"红袖章"群防群治工作的同时，探索出以"一个中心、两支队伍、三步工作法"为主要内容的"123基层社区微治理"模式，即依托村（社区）综治中心综治平台，发挥基层网格员、公益岗、村组干部、平安建设志愿者常态化治安巡逻队伍和"五老乡贤"常态化矛盾纠纷排查调解队伍作用，按照"网格员+五老乡贤"说事、"村支部+片警"评理、"镇党委+法律顾问"说法解难的"矛盾纠纷化解三部曲"，实现了"问题排查在网格、矛盾化解在村组"目标，使针对新搬迁群众这一原居住地基层党组织管不着、新搬迁地党组织不好管的难题得到有效破解。"红袖章志愿巡逻队"、"五老乡贤"调解队日益发展成为新时期乡村社区社会治理"专群互动"的有效生力军。在全力推进市域社会治理现代化试点工作的同时，创新和拓展"一心五联三动"基层社会治理模式，培育了红升社区"专群齐动123"乡村社区微治理和双堤社区"双网双员"城市社区微治理示范点，完成了汉滨公安分局"双品"培验点、新城街道"一心五联三动"基层治理创新工作点、县河镇观摩点、白天鹅法治文化广场及法治文化长廊观摩点等5个示范点培育任务硬件建设。全省创建全国市域社会治理现代化试点合格城市推进会在汉滨区双堤社区观摩交流。

3. 基层"网格化"治理模式

近年来，城镇化建设步伐加快，人口总量大、流动人口多、矛盾纠纷多、社会管理难度大成为影响汉滨社会稳定的突出问题。汉滨区委、区政府积极创新社会治理模式，把推进基层"网格化"治理作为贯彻落实中央、陕西省、安康市加强和创新社会治理重大决策部署的重要抓手，服务于全面建设美好汉滨、实现富民强区的战略目标。

（1）科学设置网格，健全服务管理组织体系。按照"街不漏巷、巷不漏户、无缝覆盖"原则，依据人口数量、居住集散程度、群众生产生活习惯等情况，将社区划分为三级网格。通过科学划分网格，着力构建了横向到边、纵向到底的社区工作组织网络，为实现精细管理、无缝服务奠定了基础。

（2）明确职责内容，扎实做好规范管理服务。按照"网中有格、格中定人、人负其责"的要求，将法律法规宣传、计划生育、医疗卫生、城市低保等十四大类服务管理任务，逐级落实给网格长，网格长既是社区管理的活地图、活户籍、活档案，又是网格内的政策法规宣传员、社情民意调查员、综治维稳信息员、邻里纠纷调解员、生产生活安全员。同时，指导社区建立了网格化管理服务示意图，网格内设立了网格长公示牌，公布了网格长、社区干部、辖区民警电话号码，为每户居民发放便民联系卡，为每个网格长颁发上岗工作证，并对网格长进行了业务培训。

（3）狠抓制度建设，构建社区服务管理长效机制。根据服务管理性质和工作要求，区政府配套建立了各项工作制度，以长效机制确保社区服务管理及时到位。一是建立信息管理制度。在派出所全面掌握户籍人口的基础上，按照网格划分，各级网格长全面开展辖区内人口信息摸底工作，建立人口信息册、人口定位图，初步实现了基本群体、特殊群体、流动群体三项翔实信息入库工作。二是建立工作排查制度。针对城镇流动人口多、管理难度大的实际，要求规定社区每月开展一次工作排查，对要害部位、关键环节、重点对象进行摸排，适时掌握稳控情况，认真倾听群众呼声，关心帮助弱势群体，确保重要社情民意、重大苗头隐患早发现、早报告、早解决。三是建立联席议事制度。坚持网格联席议事会议制度。实行一级网格每月召开一次网格长联席会，社区每季度分格召开一次网格长联席会议，沟通工作情况，交流工作经验，研究解决问题。

广泛开展"网格化"管理后，群众困难得到有效解决，矛盾纠纷得到及时化解，城区治安环境明显好转，党群干群关系明显改善。汉滨区网格化管理的做法，得到省市领导的好评，省综治办以简报的形式转发全省予以推广，《西部法制报》《安康日报》头版头条以及人民网、法治网等进行了深度报道。在推进和实施网格化管理的过程中，汉滨区形成的重要经验有："网格化"能从源头上预防矛盾纠纷的产生；能有效提高管理服务效率；能有效推动居民自治健康发展，实现小管理大服务，起到服务广覆盖、管理精细化、低成本、高效益、均等化，有利于城市包容发展；切实改善了党群干群关系；提升了应对突发事件的快速处置能力。"网格化"管理的精细化，使网格长成为党委、政府的信息员、综治信访维稳的防火墙，高效的服务促进居民之间联防互动，感知矛盾、发现问题的基础优势得到充分发挥，及时摸排不稳定因素，及时报告社区综治工作站或治安民警，使党委、政府第一时间掌握预警信息，提高对突发事件的快速处置能力。

（三）坚持民生至上实现共建共享

汉滨区委政法委把市域社会治理现代化作为推进更高水平平安汉滨建设的重要抓手，坚持常态化开展新时代"十个没有"平安创建活动，夯实区域社会治理基石；高质量高标准推进区、镇、村三级综治中心建设，全区27个镇办、387个村社区、一个区综治中心共415个点位综治中心实现了视联会议系统、公共安全视频监控、网格员手机App终端联网应用三个百分百，区、镇办、村社区三级综治中心全部设立了"一心四室"，专兼职工作人员全部入驻中心开展工作，基本达到实体化运行工作要求；创新诉调对接、诉源治理、多元止纷、三力联调、律师化访等社会治理方式，不断提升社会治理效能；常态化开展"民生政法5·20""基层基础583""三联两带一推进"民生政法工作，推进更高水平的平安汉滨、法治汉滨建设。扎实践行新时代"枫桥经验"，创新实施"一心五联三动"基层社会治理模式，大力推广"五老进中心"、律师化访、一村一政法干警调处矛盾纠纷有效做法，创新推行德治、法治、自治、智治基层治理工作机制，提升党建引领乡村治理精准化、精细化水平。通过整合治理资源，创新治理方式，努力把综治中心打造成服务群众"小窗口"、普法宣传"大喇叭"、矛盾调解"终点站"，推动区级解决突出问题、镇级解决具体问题、村级解决服务问题落到实处。

2020年全市公众安全感调查结果显示，汉滨区公众安全感满意率达到99.31%，超96%的考核评价要求3.31个百分点，全区治安警情同比下降22%，"黄赌毒"案件同比下降30%、20%、73%，全区治安大局持续稳中向好。公众安全感调查满意率实现了"六连升"，先后荣获全省平安县区、扫黑除恶专项斗争先进县区称号，并被授予全省首批"平安铜鼎"。

二 安康市汉滨区创新市域社会治理现代化面临的挑战

安康市汉滨区在国家治理总体推进的进程中稳步推进着市域社会治理现代化进程，但随着"十四五"规划的开启，社会治理迈入了新的征程。对照社会治理更高的目标和要求，汉滨区社会治理的试点也随之面临新的挑战。

（1）综治中心规范化建设有待提升。全区各级综治中心建设在功能配套上不平衡，导致工作联动有效性上存在不足，在推进多元化纠纷解决机制、调动融合各类资源、充分发挥特色优势上还需要进一步加强。

（2）基层服务的精准化和精细化水平不高。主要体现在：基层党群服务中心的整体利用率和群众参与性不高；基层服务的专业化水平需要进一步培训提升；财政经费与购买专业化社会服务的需求还不匹配；网格员的激励保障机制效果不够。

（3）信访维稳压力大。汉滨目前各类社会矛盾交织，特别是房地产领域房屋销售、物业管理，非法集资案件集中爆发，涉案人员多、潜在风险高，教育疏导、安抚稳控工作难度较大。

（4）镇村换届后工作存在短板弱项。镇村换届刚刚完成，部分镇村新配备的分管领导对平安建设业务不够熟悉，统筹推进工作能力还不够强。部分镇村综治中心网格化服务、管理、应用还需加力。

（5）反诈工作质效需要进一步提高。电信诈骗手段不断升级，电信网络诈骗案件屡禁不止，给社会诚信带来严峻挑战，严重威胁公众安全感。

（6）汉滨平安建设市域社会治理扫黑除恶斗争"九率一度"考核中将恒口示范区、高新区、中央、陕西省、安康市驻区单位统一纳入汉滨考核，但恒口示范区、高新区的行政管理权限不隶属汉滨区统一管理，中央、陕西省、安康市驻区单位综治平安建设扫黑除恶斗争多年来虽然较好地坚持了属地管理原则，但区仍存在"小马拉大车"的窘况。

（7）网格化管理亟待改进和加强。一是报酬与义务。因财力有限，除新城办双堤社区部分网格长落实了一定待遇外，其他网格长基本属于义务性质，因此，经费保障是面临的最大困难和挑战。二是培训与提高。多数网格长由社区指定，大体为社区干部、居民小组长、中心户长和低保户，少部分为退休干部、老党员等，呈现年龄高低不一、文化参差不齐，有的未经过居民会议选举，缺乏一定的代表性，素质有待于进一步提高。三是科技化与管理。"网格化"管理的重要手段就是科技化，但区财政财力有限，无法满足信息化建设投入资金的需要，缺乏科技化支撑，制约了网格化发展。

三 安康市汉滨区创新市域社会治理现代化的新路径

党的十九届四中全会确立了坚持和完善中国特色社会主义制度、推进国家治理体系和治理能力现代化的总体目标，即到我们党成立一百年时，在各方面制度更加成熟、更加定型上取得明显成效；到2035年，各方面制度更加完善，基本实现国家治理体系和治理能力现代化；到新中国成立一百年时，全面实现国家治理体系和治理能力现代化，使中国特色社会主义制度更加巩固、优越性充分展现。新的征程，安康市汉滨区应当对照国家战略，以创建全国市域社会治理现代化城市为抓手，制定好社会治理现代化的规划图、时间表和任务书，在成功应对各种挑战中实现社会治理的高质量发展。

（一）坚持党的统一领导，探索市域社会治理现代化新路子

一要抢抓机遇、乘势而上，锚定目标、先行先试。以试点建设为牵引，以防范化解市域重大风险为着力点，以增强市民获得感、幸福感、安全感为落脚点，坚持统一性与创造性相结合、试点目标与阶段性目标相统一、规定动作与自选动作相衔接，解放思想，大胆探索，使市域社会治理更好地体现试点要求和汉滨特色。二要发挥党组织的引领作用，厚植市域社会治理优势。打破思想观念、行政级别、行业分割藩篱，统筹兼顾不同部门、不同行业、不同群体之间的利益关系，形成治理合力。三要创新党建模式，增强市域社会治理活力。在党建引领方面，推进三级党群服务中心建设，构建"15分钟党建服务圈"，打通最后"一公里"，把党群服务中心打造成基层党建引领社会治理的主阵地。在街道社区，推行街道"大工委"、社区"大党委"和兼职委员制。开展"街道吹哨、部门报到"和"在职党员到社区报到"参与社会治理活动。在乡镇农村，推进"村村联建、村企联建、产业联建、城乡联建"大党建格局，构建自治、法治、德治"三治融合"的村级治理体系。

（二）完善体制机制建设，构建市域社会治理共同体

一要健全党委总览全局、协调各方领导机制，完善政府社会治理考核问责机制。以人为本，集中做好基础性、普惠性民生工作，不断提高公共服务能力，为民谋划、为民办事、为民解忧，不断增强人民群众获得感、幸福感、安全感。二要坚持发展新时代"枫桥经验"。关口前移、重心下移，牢牢抓住基层基础这一根本，把更多资源、服务、管理下沉到基层，明确乡镇推动社会治理具体任务，最大限度地将各类社会矛盾化解在基层。广泛开展行业依法治理，加强全过程监管，健全社会矛盾排查预警机制，重点对道路交通、劳动争议、婚姻家庭、土地、房地产开发经营、物业管理、旅游、医疗等纠纷多发领域进行排查，及时发现不稳定风险隐患。三要完善公众参与机制。推动民主协商广泛、多层、制度化发展，实现"民事民议、民事民办、民事民管"。在党建带群建的体制下，通过政府购买社会专业化服务，充分调动各类社会组织参与社会治理的积极性。发挥青年日益增长的参与积极性，为他们充分参与社会治理开辟足够空间。发挥律师在协调解决社会矛盾、保护群众合法权益等方面的作用。发挥新媒体网络人士在传达公共意见和利益诉求、传播正能量等方面的作用。四要坚持汉滨的事大家想、大家说、大家干，开展美好社区、美好乡村示范创建活动。及时总结、广泛宣传基层社会治理的做法和经验，以示范创建带动社会治理现代化，以先行先试带动各地普遍创新，形成争创一流的良好氛围。

（三）建设多元解纷平台，坚持把非诉讼纠纷解决机制挺在前面

一要充分认识多元解纷在维护社会和谐稳定中的基础性作用。广泛宣传多元解纷的典型案例和特点优势，让人民群众切身感受到非诉讼方式调解的便捷、高效和低成本，提高群众认可度。二要完善政策规定，进一步明确党委政府、司法机关、基层组织及社会组织、行业协会等纠纷化解主体的职责任务。对多元解纷的资源配置、途径渠道、程序设置、法律效力的确认、组织保障，以及多元主体参与调解的渠道、不同调解类型的衔接配合等做出总

体设计。探索引入市场化运营模式,将调解、仲裁、公证等多元解纷服务纳入政府采购目录,加大政府购买社会服务力度。重视引入"两代表一委员"、心理专家、社区工作者、社会志愿者等力量参与解纷工作。三要建立统一的"矛盾纠纷多元化解"平台,推动地区、部门之间技术兼容、信息互通和资源共享。探索提供线上咨询、评估、调解、仲裁、诉讼等专业服务。当前应以各县(市、区)为主体,推动综治中心、网格化服务管理中心、信访接待中心、公共法律服务中心融合,建设集受理接待、协同指挥、分流转办、调处化解、司法确认、跟踪督办为一体的"一站式"矛盾纠纷调解中心,"一个窗口"受理群众提出的各类纠纷化解诉求。采取常驻、轮驻、随叫随驻相结合的方式,安排或引导政法部门、行政部门、行业性专业性调解组织、法律咨询、心理服务、仲裁、鉴定、公证、评估、保险等调解主体和社会力量入驻中心。建立受理窗口与入驻部门协调对接机制,对有非诉讼方式调解意愿和可能的矛盾纠纷,依据纠纷性质分流至不同调解组织和主体予以化解。对调解成功的矛盾纠纷,及时出具调解协议书,如有必要可引导当事人依法申请司法确认,提高调解协议履约率。对调解不成或不适合调解的矛盾,导入仲裁或诉讼程序,构建闭环化解流程,做到一揽子调处、全链条解决。

(四)加强资金人才保障,确保市域社会治理现代化试点任务落实落地

一要以"财政支撑+社会挖潜"强化社区、农村治理资金保障。按照政府购买服务指导性目录工作的要求,将基层组织活动和公共服务运行经费、社区工作者基本报酬、人民调解经费、社会服务设施和信息化建设经费纳入财政预算。通过资金补助、购买服务、公益创投等方式,支持更多社会组织参与基层社会治理,开展公共服务。统筹使用各级各部门投入基层开展社会治理的资金。积极发展根植社区、农村的社会企业,补充资金来源。二要以注册志愿者和进社区报到的在职党员为依托,组织开展各种社会治理志愿活动。同时发挥新社会组织人员、流动人口、新媒体从业人员等参与社会治理。三要进一步培训提升基层党组织的业务水平，加强对网格员业务能力的培训。四是坚持把社会治理与汉滨高质量发展紧密结合，以高效的社会治理服务保障汉滨新时代高质量转型发展。

（五）推进社区网格化治理的科学化规范化

重点是认真总结成功经验，突出为民便民根本，高点起步，科学定位，真抓实干，加大人财物投入力度，进一步健全机制体制建设，选好配好网格长，加强对网格长的教育培训管理，着力解决网格长在工作生活上的困难，充分发挥网格长综治维稳的基层战斗堡垒作用，确保网格化管理工作升层次上水平，为平安汉滨建设做出更大贡献。

市域社会治理现代化在国家治理现代化中起着承上启下的重要作用，安康市汉滨区需要在新的征程中在治理理念、治理体系和治理能力现代化中实现质的突破，为推进基层经济社会更高质量发展提供重要保障支撑。

参考文献

周振超、侯金亮：《市域社会治理法治化：理论蕴含、实践探索及路径优化》，《重庆社会科学》2021年第8期。

李颖：《市域治理下的社会风险整体性防控研究》，《山东社会科学》2021年第9期。

B.16
汉中市南郑区基层社会治理模式的创新与探索

李 莉[*]

摘　要： 科学有效的基层治理是全面乡村振兴的关键，也是确保乡村社会和城市社区充满活力、和谐有序的基本前提。近年来，陕西省汉中市南郑区在夯实基层社会治理基础、健全城乡社区治理和服务体系工作中，创新"院落自治"，延伸"庭院问政"，并在全区深入推广创新典型经验，共建共治共享取得显著成效。

关键词： 基层社会治理　院落自治　庭院问政　汉中市

科学有效的基层治理是全面乡村振兴的关键，也是确保乡村社会和城市社区充满活力、和谐有序的基本前提。习近平总书记对此强调："要把党的惠民政策宣传好，把社区居民和单位组织好"，多次明确要求推进基层治理体系和治理能力现代化，树立系统治理、依法治理、综合治理、源头治理理念，把共建共治共享原则贯穿治理全过程，确保群众安居乐业、基层社会安定有序、和谐稳定。

近年来，在市政法委、区委区政府的正确领导下，汉中市南郑区基层社会治理工作坚持以习近平新时代中国特色社会主义思想为指导，全面贯彻党的十九大以来历次全会精神、习近平总书记来陕考察发表重要讲话重要指示

---

[*] 李莉，中共汉中市南郑区委党校教研股股长，高级讲师，研究方向为基层社会治理、经济哲学、区域经济发展。

精神和关于社会治理现代化的重要论述,紧扣"4+4重点任务"目标,坚持强基础、补短板、抓试点、带全局,健全完善党委领导、政府负责、民主协商、社会协同、公众参与、法治保障、科技支撑的现代社会治理体系,根据《关于深入推进基层社会治理创新的指导意见》(汉办字〔2020〕31号)、《关于推进基层社会治理创新的实施方案》(南办字〔2020〕55号)、《关于在全区推广"庭院问政"党建引领基层治理模式的实施意见》(南办字〔2020〕59号)相关精神和要求,在"院落自治"基础上,全区推广"庭院问政"党建引领基层治理模式,实现以自治增活力、法治强保障、德治扬正气,不断构建共建共治共享的基层社会治理格局。

一 南郑区基层社会治理的基本做法

南郑区位处秦巴之间,北临汉江南依巴山,是我国版图的地理中心、汉中"双百"城市规划的重要组成,总面积2809.0363平方公里,常住人口46.62万,下辖22个镇(办)313个村(社区)。党的十八大以后,南郑区各级党委、政府积极实践基层治理新探索,在原有的"双五"机制、"大院"建设、"庭院式"工作法、实名制群众工作室等基础上,在农村推行了"三三"工作法、"四院一园"、党员中心户长党员责任区、"大喇叭"、群众工作室等,在社区推行了社区网格化管理、党员做义工、在职党员社区报到等一系列行之有效的便民利民举措。同时全区大力推广基层治理"三治融合"九个一工程和"院落自治"治理模式,推进"一约四会"、道德评议"红黑榜"、道德讲堂、爱心呼叫器、红袖标治安巡逻队、群众积分制管理等做法,着力打造基层社会治理"南郑品牌",有效提升党建引领基层治理专业化、规范化水平。

(一)以聚集群落和血缘纽带关系为基础,推行院落长制

南郑作为千年古镇,素来乡风淳朴、民居畅阔,几乎每户农家房屋前垫有一块院坝,平常作为劳作、晾晒、纳凉闲聚之地,现如今这小小的院落或

庭院,被干部群众赋予了"自治"和"问政"新使命,成为南郑区基层社会治理的新模式新载体。

2017年,汉山街道办事处汉山村率先开创"院落自治"制度。汉山村总面积12.6平方公里,484户1752人。2012年由原郑家榜、李家山、团山三个"有女不嫁"的贫困村合并而成。2013年汉山村被区委确定为基层软弱涣散党组织对其进行整顿,同时作为建档立卡贫困村,有贫困群众195户594人,2014年贫困发生率为33%。村支书李文忠下定决心要与干部群众一道来改变这种状况。全村依照相对集中连片聚集地和基本姓氏,将484户家庭划分为11个院落,分别成立院落议事委员会,自主推选能人、乡贤担任"院落长",团结带领群众共谋村集体治理及发展。2020年12月,"院落自治"在全区各镇(办)推广,以政治、法治、德治、自治、智治"五治"融合治理体系为基准,按照"便于管理、资源整合、连接成片、村民认同"的基本原则,指导各农村党组织划分院落单元,由村民自主推选德高望重的乡贤能人担任"院落长",明晰院落长职责,引导村民按照"富脑袋"(即做好理论政策宣讲、抓实科技科普推广、丰富群众文化生活等)、"鼓口袋"(即合理规划发展路径、做好产业发展服务、营造融洽营商环境等)、"亮面子"(即做美做亮村容村貌、大力提升乡风文明、做细做实群众服务等)、"优里子"(即:完善民主议事规则、抓好矛盾纠纷调解、定期开展道德评议等),持续健全城乡基层治理体系,不断提升群众自我管理和自我服务水平。

(二)从"院落自治"向"庭院问政"赋能

2020年4月,汉山村延伸开展"庭院问政"制度。"一个院子,几把椅子"成活动标配,镇办、村委干部和群众代表围坐庭院中,针对干部作风、经济发展、社会民生等急难愁盼各领域事项、群众诉求、意见建议畅所欲言,镇办村干部对此照单全收,形成用百姓听得懂的话语现场商议解决办法,承诺有效办结时限、及时公布成效并形成良性办结回路,受到群众信赖。2020年12月,南郑在全区以社区网格和农村院落为基本单元,与"院落自治"同步推广"庭院问政"模式,要求以"民情快速反应、民求及时回应、民需积极办理、民困全力解决、民怨有效化解"为目标,全面吸收整合全区近年来在主题教育中探索推行的各种基层党组织联系服务群众好经验、好做法,以镇(办)为核心、村(社区)为单位、基层党员干部为触角,建立集走访收集、汇总梳理、分级办理、结果反馈、评价监督于一体的联系服务群众综合办理体系,将推进基层服务型党组织建设和完善基层治理体系有机结合,做好联系群众、组织群众、服务群众、团结群众工作,增加和谐因素、增强发展活力,为加快建设高质量平安南郑提供广泛牢固的组织和群众基础。

强调重点把握七个方面。一是建立工作体系。实行以"庭院问政"区级统筹、部门参与、镇办主管、村级党组织为主体的运行体系。二是明确工作机制。以网格化管理为引领,实行差别化管理。城市社区推行党建组织网格为引领、社会综合治理网为保障、城市管理网为基础的"三网融合"工作体系,在基层农村推行"院落自治"。三是理顺工作流程。"庭院问政"的开展主要实行由镇(办)、群众之间的"双向发起"模式。四是把握关键环节。紧盯摸排走访中群众强烈关切、事关群众切身利益、事关区域发展的重点事项等展开,把其中能够及时解决的突出问题作为首要主题。按照"测问答办"四步程序有序组织实施。"测"即指发放"民情意见征集表","问"指群众代表结合征求意见依次提出诉求、意见,"答"指由党员干部针对群众反馈诉求、意见进行逐一答复,"办"指在问政结束后,对需解决事项由党员干部现场办公。五是强化事项办理。村组干部、网格长(院落长)同时兼职民事代办人员提供代办服务,打通服务群众"最后一公里"。六是坚持结果导向。定期组织群众对代办、领办、专办结果;每月第一书记(党建指导员)、驻村(居)干部、网格长(院落长)对村干部办理情况;村干部对第一书记(党建指导员)、驻村(居)干部、网格长(院落长)工作情况;每季度镇办党委对各村开展"庭院问政"情况进行评价。评价结果作为差异化考核和评先树优的重要参考。七是强化督促指导。对"庭院问政"议定的事项、领办代办、任务要求、完成时间、推进情况进行公示,接受群众监督。镇办党委每月对推行情况进行研究、督促、检查和指导,加强对议题承办情况进行监督。

(三)突出底层社会文化传统与政治关怀相结合

从"院落自治"到"庭院问政",管理平台模式在延展变化,治理成效和趋势不断健全,二者既是乡约纾困的与时俱进,也是取长补短的相得益彰,"庭院问政"是"院落自治"的时代版、升华版。二者共同之处在于均属于群众性自治基层组织,不同之处在于"院落自治"更多体现中华优秀传统治理制度与文化,南郑区委、区政府充分尊重群众自治的主观意愿,发挥秦巴乡邻社区亲熟社会长期自然形成而约定俗成的管理秩序的作用,其间渗透着群体间彼此依存、油然而生的认同信赖、团结互助和温暖关怀。"庭院问政"更深一层的融入党委核心、政府主导、社会协同的组织力量,体现在新时代面临新形势新挑战下,基层群众对社会融合、公共服务、权益保障和利益协调等迫切盼望的新要求,需要以更加法治化、专业化、多元化方式来实施现代治理。同时,党和政府也彰显服务品质,借此提供了更为丰富和优质的机会与平台,民众在获得广泛参政议政权利、积极参与社会事务、无障碍表达诉求等感受当家做主的民主化进程中更加自信,不断进发出干事创业的激情与群体活力。

二 南郑区基层社会治理的基本成效

成效一:强化了党建引领和政治保障,及时化解老百姓切身实际难题,干群关系得到融洽,党支部的号召力、凝聚力、向心力大大增强。

成效二:基层基础管理水平提升,实现"三个加强":一是重点人群管理基础加强。抓好对重点人群、特殊群体的管理服务,对全区960名三级以上精神障碍患者规范管理,200名在册社区矫正人员、206名衔接管理安置帮教对象等重点人员整体平稳可控。二是矛盾纠纷调解措施加强。落实"三调联动""以案定补""以奖代补"机制,将扶贫领域、重点村、重点人群、重点问题矛盾纠纷大排查大化解贯穿全年，共排查各类矛盾纠纷1298件，调处1298件，调解成功1259件，调成率97%。三是信访积案化解力度加强。坚持压实责任、分类处理、依法化解，落实区级领导坐班接访、约访下访制度，健全"五定三包一落实"（定包案领导、定承办单位、定办案人员、定结案时间、定办结要求，包调查、包处理、包劝导，落实稳控责任）机制，持续规范信访秩序，全区信访形势总体平稳可控。

成效三：强化了科技支撑，基层社会治理智能化提升。一是依托"5412345"等信息平台，集成建设社会治理信息平台。二是全面推进"雪亮工程"，与电信、移动等运营商协作，采取政府购买服务方式，在各镇（办）安装高清视频探头3538个，高标准建设网格化管理中心，着力打造智能综合调度平台，实现城市公共场所、道路、重要部位视频监控全覆盖。三是持续推进"最多跑一次"改革。积极推广圣水镇新营村"群众工作室""10分钟便民服务圈"等经验，"数据跑"代替"群众跑"，构建纵向到底的三级便民服务网络。推动开展"互联网+智慧法院"、南郑掌上"微法院"、执行天眼系统、云上法庭等，推进司法水平持续提升。

成效四：夯实平安建设根基。一是系统化建设综治中心。整合镇（办）综治、司法、信访等机构工作职能，建立镇（办）综治中心，设立镇（办）专职政法委员，加强村（社区）综治工作站建设，健全完善网格化管理体制机制，形成点、线、面结合的社会管理基础网络。二是培育孵化各类社会组织。建立心理疏导、文化卫生、社区服务、纠纷调解、养老助困、社会帮扶等基础性社会组织，逐步搭建区、镇、村（社区）三级社会组织服务中心。三是构建常态化平安建设机制。以镇（办）综治中心为主轴，规范镇（办）、村（居）综治维稳机构工作责任和流程，推进流程化、一站式服务管理。进一步健全"矛盾联调、治安联防、事件联勤、调解联动、问题联治、平安联创"工作机制，完善月分析、季研判、信息报告、首问负责、督查督办、考核奖惩等制度，推进工作落实，提升服务效能。

成效五：促进经济社会加快发展，如汉山村充分发挥区位优势和资源禀赋，兴产业、建园区，累计争取财政资金700余万元，引进社会资本3000

多万元，先后引进新型农业主体8家，流转土地3200余亩，74.4%的土地集中连片为产业基地，先后成立汉山溢彩等7家专业合作社，打造特色民宿24家，带动贫困群众通过土地流转、园区务工、产业分红等年均实现增收4000元以上，实现整村脱贫摘帽。2020年村人均纯收入1.56万元，并于2021年11月突破2万元。

成效六：矛盾纠纷大大减少，形成了共同参与村务、互助互让、团结友善的亲情暖心氛围，群众工作收获更多的幸福感。

成效七：促进公共服务事业得到更好发展。各院落通过不断总结，修订完善了村规民约，并把勤俭持家、尊老爱幼、邻里互助、公益纾困等理念根植于民心，崇德文明蔚然成风。

2019年以来，南郑区获评全国"七五"普法中期先进县（区）；区法院"执行天眼+云上法庭"荣获全国最高法院组织的"2019年互联网+政府服务创新应用"奖，成为陕西唯一受奖单位。区法院家事审判庭被评为"全国维护妇女儿童权益先进集体"。汉山村"院落自治"农村基层社会治理模式入选全国村级"文明乡风"建设典型案例，2019年度被省委宣传部授予"陕西省宣传思想文化工作创新项目"二等奖，4月入选汉中市"十大自主创新改革奖"，汉山村先后获评"全国乡村旅游重点村""陕西省乡村旅游示范村""陕西省美丽宜居示范村""陕西省基层党组织标准化建设示范村""陕西省乡村振兴试点村"等荣誉称号，村支书李文忠同志先后荣获"陕西省脱贫攻坚优秀村干部""陕西省优秀共产党员"等荣誉称号。

三 南郑区基层社会治理的社会文化渊源与难题

首先，中国农耕文明历史悠久，人们依山傍水筑舍耕田，在定居生产生活中形成自然村落。以宗族血缘关系为纽带、儒家文化作主流交织成亲熟社会，长幼有序，亲疏有度。院落和庭院是家户之间对外交流的公庭场合，承担着传统治理文化的惯性需求，并在新时代赋予治理新内涵。

其次，矛盾无处不在、无时不有，二者相互依存。各种家长里短、乡邻攀比、人情冷暖、挑拨离间、厚此薄彼的是是非非、恩怨情仇等，激发的林林总总争执纠纷，或者矛盾隐患，可以说从古至今似曾相识。乡邻间沾亲带故，彼此了解相互照应，事出有因，隐患危机或动机线索往往隐匿其间。

再次，对于思想敏锐的执法者和热心群众来讲，开放的院落和庭院是镇村、社区各类矛盾的重要发生地，也是村情民意、奇闻未见、新鲜事物的信息集散地，在占道经营、牲畜放养、修路征地、婚丧嫁娶等过程中引发的矛盾纠纷和天灾人祸在生产生活中常发或突发，人们往往会因资金短缺、亲朋无靠、应急能力不足等因素而六神无主，或因危机处理不当而情绪失控，若不及时化解就容易加重其过激反应。当好身边人，管好身边事，这赋予了乡村、社区各级优秀基层组织和德高望重的乡贤能人不负众望所托，主动出谋划策、定向调理抚慰、解读法律法规、提供政策依据、帮忙处理人情世故与疑难杂症的神圣使命。

最后，一般性矛盾纠纷经由群众依靠自身化解，激活了群众作为公民实现自觉自愿管理国家和社会事务的主体意识，随着经济财富和文化品质生活不断积累和丰盈，会有更多的人愿意参政议政，关切民生事务，主动帮助他人，热心公益事业，这将有助于群众个体精神和生命价值得到提升，也有助于推动社会治理体系和治理能力迈向更高水平的现代化。

上述浓厚的社会文化渊源表明，陕南"三市"作为秦巴连片特困地区的主体，南郑区身处其中，经济还欠发达，小农意识普遍，民风相对保守，群众普遍富裕程度较低，积极自觉参与社会公共管理和服务的创新能力、处事水平有待进一步增强。部分干部主动作为不力，服务意识、拼搏意识不强。不同的认知也带来沟通理解上的差距，新时代人们广阔的发展空间和纷繁复杂的业态变化，在给治理者带来不小压力和挑战的同时，有些深层次矛盾所造成的不合理现象，则需要在深化体制机制过程中逐渐加以解决。院落"自治"和"问政"作为基层一般基础性、普惠性的治理手段，科学化、法治化进程还需要各个职能部门、治理层级能够不断凿通行业壁垒，提升科技、信息、管理等服务化水平。从管理到治理，再到自觉，是一个需要全社会整体民众富裕程度、文化素质、文明程度全面提升的长期过程。

四 完善与提升南郑区基层社会治理效能的基本思路

（一）不断培育基层公民的主人翁意识

在新时代，平凡人可以成就不平凡的事业。其一，走进新时代，我们迎来新思想新使命，呈现新征程新气象。和平与发展仍然是当今世界的主题，发展是第一要务。只有把握住新时代脉搏，基层治理与之紧密结合，才能迸发出更高远的智慧和力量，迎来更光明的未来。其二，要积极主动地融入新时代，国家不断富强给14亿中华儿女创造了更多更好的机遇，搭建了更大更美的舞台，随着"一带一路"深入推进、汉中区域中心城市建设步伐加快，数字化时代加速到来，智慧城乡高质量发展加快建设，普通人群拥有更加幸福的生活，南郑人不仅有更广阔、更有个性、更现代的治理才能需要施展，更有信心谱写好新时代不平凡的治理故事。

（二）充分发挥基层党员干部的示范带头作用

作为基层党员干部，南郑党员始终坚持以习近平新时代中国特色社会主义思想为指导，增强"四个意识"，坚定"四个自信"，做到"两个维护"，紧扣汉中区域中心城市建设任务，做实基层治理。要不断克服官僚主义、力戒形式主义，脚踏实地久久为功，切忌急功近利，才能提升社会安全指数，优化公共治理服务化质量与水平，人们才会主动融入社会事务的服务与治理，并从中增加获得感、满足感和幸福感。

小庭院也能写好平安大文章。过去人们遇到糟心事，往往"一哭二闹三上吊"，请族长、告政府，甚至越级上访，经年受累，身心难以解脱，甚至抱憾终身。南郑区庭院虽小，却可以层层剥茧抽丝，晓之以理、动之以情，解百姓之难，抚生民悲忧。这就启迪我们需从大处着眼，从小处着手。

一要以高质量发展理念作为引领,细化工作能力和作风。所谓细节决定成败,在处理事务实践操作中,既要尊重客观内在规律和干群主观意愿,又要科学高效、公开透明,体现公平正义、公正高效原则,严守政策制度底线和法律红线,做到合情合理合法合规。要细化时间、任务和角色分工,及时总结经验,去伪存真,形成可复制、可推广的优秀基层治理案例。二要了解庭院文化,塑造小而美的说事环境,不断形成民事民办、民困民助、平安民创、矛盾民解的基层社会共治氛围。院落虽小却五脏俱全,庭院保持宽畅干净,在户外阳光明亮、空气清新的自然环境中,老百姓在没事闲聚聊天的热闹当中融入了责任和担当,厘清了思绪,明白了是非利害,有效化解了嗔恨积怨,将散碎的力量凝聚到一处,便能汇成建设更美家乡的动力和效能,聚集基层治理成果。

(三)把制度建设与尊重群众首创精神结合起来

要善于剖析基层社会治理中的矛盾和问题,把牢治理方向和本质。认识和剖析一般性矛盾与可能诱发、突发的特殊矛盾,分轻重缓急并项归类和分级施策,及时查漏补缺。一方面对特殊人群要有的放矢,细心观察,建立重点人群数据库,周详摸排调查,遇到特殊气候、外来不良人员等状况提高警觉,构筑高效的应急响应机制;另一方面要加强教育疏导,主动、长期对其进行心理疏导和在生产、生活中的常态化关怀,将党和政府温暖带到千家万户,不仅要形成专业化、制度化、规范化、常态化庭院治理方式,还要凝聚起社村居民自我约束、利人利己、安居乐业的暖心氛围;要不厌其烦地做好经常性沟通走访,了解群众所思所求,通过把脉基层深度思考,切身感受淳朴民风的美好和民间疾苦,真诚对待群众所需所叙,尊重群众首创精神,才能呵护好、引导好群众自发形成和自愿接受的庭院治理模式。

(四)综合运用"自治"、"德治"和"法治"杠杆

在"自治"基础上融合"德治""法治",丰富治理内涵。要将时政宣讲、政策引导、普法教育、美德善行、良俗公序等优秀传统内容和方式涵盖

进庭院村落。南郑区以家风建设作为"德治"切入点，积极培育和践行社会主义核心价值观，树崇德向上、见贤思齐良好风尚。积极推广梁山镇、阳春镇道德讲堂、小南海镇"乡贤治理"、圣水镇留守老人和儿童"三化三服务"等创新做法，探索建立基层道德评价体系，实行"红黑榜"制度，广泛开展道德模范、身边好人、见义勇为先进评选活动。实施"社会心理服务建设推广"工程，对"三失人员"等特殊群体及时进行心理疏导，建立温情关怀帮扶机制，着力凝聚向上向善的基层社会正能量。在融入法治保障方面，南郑区从提升基层干部依法办事能力、健全人民群众依法维权机制、开展基层社会治理标准化试点工作、完善基层公共法律服务、加强村规民约"软法"之治等多方面入手，深入推进基层法治建设。推广实施公共法律服务体系"1+5"示范点建设（即公共法律服务体系+人民调解室、法治宣传教育室、法律援助室、法律顾问室、社区矫正室五个功能室），以点带面逐步实现公共法律服务网络全覆盖。

（五）加强区委区政府的牵头抓总和协调指导

既要立足当下，又要着眼全局和长远抓基层治理。凡事预则立，不预则废，不谋全局者不足以谋一域，要统筹基层治理与疫情防控工作，"向科学要答案、要方法"，南郑区还要继续扎实学习"枫桥经验"，采取更多柔性水治，深化乡村社区的自治实践。

一是加强组织领导。由区委办公室、区委组织部牵头成立区级"庭院问政"统筹调度工作小组，统筹推进全区推广工作。区委政法委负责做好相关工作衔接；区委宣传部负责做好与新时代文明实践等相关工作衔接。各镇（街道办）要党委书记亲自抓，党委副书记具体抓，村级基层党组织具体承办，凝聚组织合力，层层狠抓落实。

二是注重示范带动。围绕总体目标，分阶段、分批次、分重点对模范人物的先进事迹和典型经验挖掘宣扬。南郑区择优选择镇村（社区），全力打造基层治理和"三治融合"示范点3处：在圣水镇打造镇级"枫桥式"综治中心、派出所、司法所，推广"十分钟便民服务圈"群众工作室等创新做法，巩固提升"三治融合""九个一工程"成果；以向阳社区民警袁建军为标杆，建设推广"袁建军"警务室，全力打造镇域社会治理典型示范镇。以汉山镇汉山村"院落自治"为依托，结合乡村振兴美丽乡村建设，弘扬乡贤文化，科学划分院落，完善工作流程，全面打造乡贤治理典型示范村。以青树镇青树村"十有十没有"平安建设为载体，结合旅游名镇建设，严格对照标准，着力打造民事民议、民事民办的平安建设示范村。

三是强化舆论宣传。运用广播、电视、报纸杂志及"三微一端"等媒介开展形式多样、丰富多彩的宣传活动，营造浓厚的治理氛围，生动反映出南郑党建引领基层治理体系和治理能力现代化的最新成果。

四是注重统筹兼顾。把基层治理的创新推广与学习贯彻习总书记来陕考察重要讲话重要指示精神、党的十九届六中全会精神、全面乡村振兴高质量发展等各项工作任务紧密结合起来，不断提升法治化思维和依法行政能力水平，为建设"产业兴旺、科教领先、生态宜居、文明幸福"的平安南郑提供坚强有力的法治保障，更好地实现群众的获得感、幸福感和安全感。

B.17
乡村振兴战略推进过程中陕西农村基层治理的难点及路径

孟宏斌 郭松月*

摘　要： 农村基层治理有效是乡村振兴的重要任务，同时助攻乡村振兴的实现。以中央文件为指导，陕西结合省情出台了多个文件推进乡村振兴战略的实施。在此过程中，陕西省农村基层治理初步形成了善治乡村格局，培养了乡村治理示范村，基础设施建设飞速发展、乡村人居环境大幅改善、农村黑恶势力基本肃清、法治化治理水平有所提升。但仍面临着收益的偏向性分配制约治理意向、治理所需各类资源供给端严重不足、村级组织泛行政化且职责混淆不清、缺乏活跃而有力量的乡村社会组织、同质化治理模式难以应对普适需求、多元治理主体间尚未形成治理合力六大治理难点。针对此，本报告提出多渠道解决村民持续性增收问题、开源节流式弥补治理资源的漏洞、积极推行两委交叉任职强化监督、鼓励和培育多样化乡村社会组织、效仿典型与因地制宜要双重发力、深化各治理主体间的联动和协作六条治理路径，以促进陕西农村基层治理现代化、推动乡村振兴。

关键词： 乡村振兴战略　基层治理　陕西农村

---

* 孟宏斌，陕西师范大学哲学与政府管理学院副教授，硕士生导师，研究方向为"三农"问题和社会主义经济学；郭松月，陕西师范大学马克思主义学院硕士研究生，研究方向为马克思主义基本原理。

2017年，乡村振兴战略于党的十九大被郑重提出。随后全国各地开始紧锣密鼓地实施和推进这个新发展理念。其中，"加强农村基层基础工作，健全自治、法治、德治相结合的乡村治理体系"是其对农村基层治理的基本方向要求。[①] 2018年，《乡村振兴战略规划（2018－2022年）》中第八篇详细地叙述了现代乡村治理体系的建设问题。2020年，中央一号文件进一步明确了加强农村基层治理的四个工作指向以确保如期实现全面小康。2021年，中央一号文件则把加强党的农村基层组织建设和乡村治理作为全面推进乡村振兴加快农业农村现代化的重要内容。综上可知，农村基层治理是乡村振兴的重要内容，治理有效是乡村振兴的价值目标。为此，根据中央文件，陕西结合省情出台了多个文件推进乡村振兴战略的实施。

一　陕西省乡村振兴战略的实施和推进

2018年3月，陕西省印发《中共陕西省委、陕西省人民政府关于实施乡村振兴战略的实施意见》（以下简称《意见》），《意见》对陕西乡村振兴的实施做出了初步的整体部署，分别制定了2020年、2035年、2050年计划实现的阶段性目标。其中，《意见》强调要"以治理有效为基础，推动乡村和谐发展"，通过强化农村基层党组织建设、健全乡村治理体系和建设平安乡村等途径实现自治、德治、法治的极佳融合。[②] 以党建夯实乡村振兴之基，以基层协商保证民主之实，以综治维稳攥紧治安之拳，激发各治理主体的积极性，以实现有效治理。

依托省情，陕西以高质量高标准编制了省级乡村振兴战略实施的配套方案——《陕西省乡村振兴战略实施规划（2018－2022年）》。同样，西安市、铜川市、延安市等纷纷以中央及省级文件为指导印发了市级《乡村振兴战略实施规划（2018－2022年）》，这些规划均正视了本市的治理短板，

[①] 习近平：《决胜全面建成小康社会　夺取新时代中国特色社会主义伟大胜利》，《人民日报》2017年10月28日，第1版。

[②] 《关于实施乡村振兴战略的实施意见》，《陕西日报》2018年3月29日，第1版。

都非常重视乡村治理能力的提升和效果的呈现，并参照各市实际情况从党建、治安、人居环境和治理体系的建设等多方面对农村基层治理做出了细致的近远景谋划。

与此同时，陕西省各部门也以昂扬的状态落实本省的乡村振兴战略。比如，省旅游发展委员会出台《关于发展乡村旅游促进乡村振兴的实施意见》①，省发展改革委会同省农业农村厅制定《陕西省乡村振兴示范村建设方案》②，省科技厅提出创建乡村振兴科技示范村的建议，这些都配合省市级规划推动着陕西乡村振兴战略的实施和推进。

二 陕西省农村基层治理的成效

作为乡村振兴的重要内容，农村基层治理受到陕西省各地区各部门的格外重视。农村地区积极配合全省的乡村治理工作，基层党组织、村民委员会、农村居民、农村社会组织等多股力量纷纷参与到乡村治理中来，从政治生态到人居环境，从经济发展到乡风文明，从基层干部到农村群众，陕西农村发生了大变化，初步形成了善治的乡村格局。质言之，陕西省农村基层治理已经在不同环节上取得了明显成效。

（一）基础设施建设飞速发展

基础设施是乡村治理的基本。不完善的基础设施可能会导致"外强中干"的治理效果。因而，乡村振兴战略实施以来，陕西农村在公路、水电、快递、互联网、文体设施等各方面狠下功夫，取得了飞速发展。其中，"十三五"以来农村公路总里程达15.4万公里，实现全省所有具备条件建制村

---

① 《陕西：发展乡村旅游促进乡村振兴》，中华人民共和国中央人民政府网站，http://www.gov.cn:8080/xinwen/2018-06/18/content_5299454.htm，最后检索时间：2021年12月12日。
② 《推动经济高质量发展 陕西扎实推进乡村振兴战略规划实施》，陕西省发展和改革委员会网站，http://sndrc.shaanxi.gov.cn/fgyw/mbsdfgw/1038099i6faai.htm，最后检索时间：2021年12月12日。

通沥青（水泥）路，农村公路网初步形成。① 在此基础上还涌现出咸阳彬州市彬蒋公路、汉中市城固县城石公路、安康市平利县长安茶旅产业路、千阳县千宝公路等具有代表性的旅游路、产业路、特色路。水电用取方便，自来水入户率超高，全省农村饮水安全问题基本解决，电网改造效果明显，实现了"户户通电，村村通动力电"。各类快递公司的网点纷纷进村，柞水县木耳的配送多亏了菜鸟乡村物流，岚皋县先后建成了县级电商服务中心、物流配送中心各1个，镇级电商站12个，二级分拨站11个，村级电商服务点64个，村级物流服务点50个。② 这既能便捷地把村外的物品送进来，又能帮助村民及时输送农产品"进城"，有效地打通了物流的"最后一公里"。农民基本户户有智能手机，互联网的触角遍及各乡村。棋牌室、村史馆、图书室成了村村的必备，体育器材也纷纷下乡，在丰富村民物质世界和精神世界的同时，也强健了其体魄。

（二）培养出乡村治理示范村

为激发乡村治理的积极性，中央多部门联手制定和发布《关于开展乡村治理示范村镇创建工作的通知》（中农发〔2019〕7号），并详细规定了村党组织领导有力、村民自治依法规范、法治理念深入人心、文化道德形成新风、乡村发展充满活力、农村社会安定有序的六项示范村创建标准。③ 陕西农村基层积极理解消化并配合落实政策，对照创建标准，优中择更优，先后培养出两批全国性乡村治理示范村。具体来看，西安市蓝田县小寨镇董岭村等31个陕西乡村（注：2019年陕西共征集典型案例151个）被认定为第

---

① 《"十三五"以来陕西农村公路总里程达15.4万公里 农村公路网初步形成》，西部网，http://news.cnwest.com/bwyc/a/2021/08/26/19910060.html，最后检索时间：2021年12月24日。
② 《安康市岚皋县以共同配送为突破口 推动城乡快递协同发展》，陕西网，https://news.ishaanxi.com/c/2021/0513/2059778.shtml，最后检索时间：2021年12月24日。
③ 《中央农村工作领导小组办公室 农业农村部 中央宣传部 民政部 司法部关于开展乡村治理示范村镇创建工作的通知》，《中华人民共和国农业农村部公报》2019年第7期，第20~22页。

一批全国乡村治理示范村，占总入选村庄（共998个）的约3.11%。① 其中，汉阴县的"三线两化一平台"乡村治理模式最具代表性和创新性。西安市灞桥区狄寨街道社陵村等32个陕西农村被认定为第二批全国乡村治理示范村，占总入选村庄（共1000个）的3.2%。② 由此可见，陕西培养出多个全国性乡村治理示范村，乡村治理已小有成效。当然，培养、选拔和推荐示范村并不只是为了个别村庄的单线有效治理，而是通过榜样做示范为其他村庄的发展提供方案模板，实现农村基层的整体有效治理。需要注意的是，各示范村有其创建的特殊条件，切不能抛开某村的现实因素硬套现成的治理模式，这是有悖常理的不可取行为。

（三）乡村人居环境大幅改善

近年来，陕西各地区从农村生活垃圾入手，辐射生产性垃圾、农村旱厕、污水处理、拆临拆违、村容村貌等多个关涉居住体验的领域，不断加强乡村人居环境治理建设。事实证明，陕西大部分农村人居环境质量确实大有提升，农村居民正以十足的劲头参与到环境整治中去。合阳县和家庄镇充分发挥网格员网格化管理的服务优势，通过走巷入户的方式管理网格辖区，本着"随手拍，随时报"的原则，利用微信群和网格化App对巡查中发现的问题进行及时上报和处理，这在很大程度上解决了农村环境潜在的各类问题。③ 汉中市开展畜禽养殖废弃物处理和资源利用实用技术培训，用实例说明废弃物处理不当对村居环境的污染和危害，以为警示。口头号召很难触动村民，视觉冲击解封了他们的保护欲。实用技术培训是人居环境治理的可操

---

① 《中央农村工作领导小组办公室 农业农村部 中央宣传部 民政部 司法部关于公布全国乡村治理示范村镇名单的通知》，《中华人民共和国农业农村部公报》2020年第1期，第8~24页。

② 《中央农村工作领导小组办公室 农业农村部 中央宣传部 民政部 司法部 国家乡村振兴局关于公布第二批全国乡村治理示范村镇名单的通知》，中华人民共和国农业农村部网站，http://www.moa.gov.cn/govpublic/NCJJTZ/202110/t20211028_6380723.htm，最后检索时间：2021年12月25日。

③ 《合阳县和家庄镇：小小网格员助力乡村振兴"大作为"》，陕西省农村网，https://www.sxncb.com/2021-09/01/content_9208373.html，最后检索时间：2021年12月12日。

作性手段，值得各地学习。另外，草堆、柴堆、垃圾堆、杂物堆，乱贴乱画、乱摆乱放、乱搭乱建都是影响居住体验感的因子。咸阳市旬邑县聚焦"三堆"、生活垃圾、白色污染等顽瘴痼疾，采取"分片包干"的形式分门别类地开展集中整治，以村规民约的方式提升村民保护环境的意识。

陕西农村针对这些乡村环境问题各显神通、你争我赶，"比武打擂"般争先恐后地开展环境清洁工作。经过持续的高强度发力，他们纷纷好似开了"美颜"模式，村容村貌发生了质的改善，村庄"颜值"疯狂上涨。村民更是一改往日的观望态度和侥幸心理，不仅负责好自己街道的卫生，有的人甚至义务打扫整个村庄，全体村民动起来参与人居环境治理，村里的"土味"和"臭气"变成了"情味"和"人气"，环境变美了，人心聚齐了。

（四）农村黑恶势力基本肃清

自启动"扫黑除恶"专项斗争以来，陕西农村围绕建立健全乡村治理体系，把扫黑除恶与基层党组织建设工作紧密结合起来，厘清乡村"关系网"，深挖彻查严打各种"保护伞"，有效地整顿了软弱涣散基层党组织——黑恶势力的"培养皿"，净化了乡村政治生态和治安环境，扫黑除恶治乱取得阶段性成效。《陕西日报》报道，3年多来，全省依法打掉涉黑组织91个，涉恶犯罪集团315个、团伙487个。[①] 以西安市未央区北辰村原党支部书记葛七宝为首的"北霸天"黑恶势力被打掉，武功县"蔡国强案"的审判更是大快人心，这两案已作为典型经验供全省学习。

按照党中央、国务院"扫黑除恶"部署，陕西全省于2018年和2019年大力度开展农业农村领域扫黑除恶专项整治行动。着力于查处农业农村重点行业、重点领域的各类涉黑涉恶涉乱问题，重拳打击农村基层中侵农害农的违法犯罪行为，有效保障农民权益，维护农村社会和谐稳定。2020年"扫黑除恶"斗争逐渐向纵深推进，陕西深入开展"三访三查"行动，组织开展农资打假"春雷"行动、夏季百日行动和农药、"瘦肉精"、生鲜乳等专

---

① 《陕西省扫黑除恶专项斗争战果统计表（累计）》，《陕西日报》2021年1月31日，第3版。

项整治行动以打好组合拳①，落实村民自治，宣讲法律知识，使得农村居民的治理意识进一步攀升。总体来看，开展"扫黑除恶"专项斗争的将近四年来，陕西农村黑恶势力基本肃清，乡村治理能力和治理水平明显提升。

（五）法治化治理水平有提升

法治是乡村治理的保障，与自治、德治共同编织出治理网来维护乡村的稳定。陕西农民的法治意识跟随社会的发展不断增强，政府也越来越重视法治乡村的建设，众多原因使得农村法治化水平明显提升。为配合乡村振兴战略的实施，渭南市蒲城县开展"农村公共法律服务体系建设"和"法律服务惠民"行动，推出"一村（社区）一法律顾问"活动，采取"一对一"或"一对多"的方式对103名法律顾问进行包联分配，他们负责向村民宣传法律知识，为他们提供法律援助、进行民事调解等，并充分利用数字化平台为村民提供多样又便捷的法律服务，足不出户就能以法律途径解决村民的问题。安康市白河县和汉阴县、西安市灞桥区等多个市县为特殊群体提供上门公证法律服务，这种"绿色通道"使得法律饱含温度。石泉县播放《呼唤》普法微电影、镇巴县开展送法下乡活动、渭南市大荔县举办"法治宣讲进校园　扫黑除恶在行动"的专题报告会等也是陕西农村重视法治治理的体现。通过在基层大范围大力度地推广普法性活动，陕西农村的法治思维和法治行动都发生了极大的转变，乡村治理法治化水平取得了质的进步。

三　陕西省农村基层治理的难点

乡村振兴战略实施的几年来，陕西农村基层治理颇有成效。但由于治理涉及的主体多、涵盖的范围广、囊括的内容杂，加之"三农"问题本身就属于疑难问题，因而仍难免存在一些治理难点。

---

① 《陕西省农业农村系统深入推进扫黑除恶治乱取得阶段性成效》，西部网－陕西新闻网，http://sannong.cnwest.com/snyw/a/2020/12/08/19352267.html，最后检索时间：2021年12月12日。

（一）收益的偏向性分配制约治理意向

改革开放释放出的能量使得全国经济水平持续攀升，城乡一体化发展战略和脱贫攻坚战的叠加效应改变了陕西农村的经济面貌，农民正在逐渐甩掉"贫穷"和"落后"的"身份标签"，尤其自乡村振兴战略实施以来，陕西农业农村农民发生了翻天覆地的变化。但是，数据显示，农民仍然存在收入持续增加的经济性困难，制约经济收益的因素多、波动大，加之生活消费占比增幅大，这严重影响了陕西农村居民参与农村基层治理的积极性，出现了"心有余而力不足"的局面。

国家统计局陕西调查总队以商洛市和铜川市为研究对象展开了有关农村居民增收情况的调研，两市农村居民的收入较陕西其他地区偏低，参考价值极高。整体来看，2021年上半年两市农村居民增收形势稳定，这得益于疫情受控后回暖的就业形势、特色产业的发展、政府补贴、土地流转的收益等多重性稳定，83.7%的农村居民表示2021年收入比上年持平或增长，他们收入的主要来源是外出务工和农业经营。[①] 然而，外出务工常以体力型岗位为主，农村居民自身能力不足是限制其工资上浮的重要因素。再者，农民靠"天"吃饭，自然条件约束农业经营的发展，陕西全省以高原、山地为主，农业资源禀赋不高。多重因素导致陕西农村居民面临持续增收的困难。

另外，2021年上半年陕西农村居民人均收入（不含自产自用）同比增长15.1%，生活消费支出持续回暖，约占人均收入的86.8%，[②] 但经济的不确定因素增多仍使稳定增收面临较大挑战。也就是说，除基础消费和服务类消费之外，农村居民收入余数甚少，基本无力支撑其他活动，当然也就无法将收入分流到乡村治理领域，就算农村居民有极高的参与意愿，多数情况下

[①] 《农村居民增收情况调研报告》，国家统计局陕西调查总队网站，http://snzd.stats.gov.cn/index.aspx?menuid=4&type=articleinfo&lanmuid=18&infoid=4050&language=cn，最后检索时间：2021年12月12日。

[②] 《2021上半年陕西农村居民人均收支水平》，国家统计局陕西调查总队网站，http://snzd.stats.gov.cn/index.aspx?menuid=3&type=articleinfo&lanmuid=13&infoid=4070&language=cn，最后检索时间：2021年12月12日。

也因经济压力而无奈放弃。这已是目前陕西农村基层治理的难点，即农村居民经济能力跟不上治理意识。

（二）治理所需各类资源供给端严重不足

农村基层治理不是纸上谈兵就能完成的事情，需要的是脚踏实地的实践和努力，在此过程中，离不开各类治理资源之间的配合。但是，从目前来看，陕西农村基层治理的优质资源并不充足，资源间尚未实现有效对接。具体表现为财力支撑不足、人才走多进少、治理渠道老套的"财人路"三维供给端不敷。

1. 农村基层治理财力匮乏

没有物质支撑的乡村治理是寸步难行的。农村基层治理财力主要源自基层政府的财政拨付和农村居民的自愿贡献，或者可以说大部分村民更乐意无偿受益。从上文可知，陕西农村居民的收入大部分用于生活性消费，增收困难和支出扩大逐渐缩小其富余财力的空间，几乎很难再有可支配资金投到乡村治理中。质言之，政府的财政支持是农村基层治理成本的核心来源。然而，陕西省农村基层政府财政较为薄弱，需要应对的财政需求过多，无法及时化解来自多方的财政压力，因而也就缺少了利用财政干预治理的能力。

2. 治理人才流失多缺口大

与第六次人口普查（2010年）相比，第七次人口普查（2020年）数据显示，陕西省城镇人口增加7710394人，乡村人口减少5508773人，城镇人口比重提高16.96个百分点。[1] 也就是说，乡村人口大量流向城市，人才损失极大。由于城乡间存在事实上的众多差距，就业机会、教育质量、医疗水平等都相差甚远，而农村又面临劳动力饱和的局面，故农村居民便一窝蜂地涌向城市，这在充分消化农村剩余劳动力的同时也卷走了大批的乡村治理人才。

3. 线上信息化平台下乡难

农村的低速发展很难追上互联网时代日新月异的步伐，陕西农村基层治

---

[1] 《陕西省第七次全国人口普查主要数据公报（第六号）》，陕西省统计局网站，http://tjj.shaanxi.gov.cn/tjsj/ndsj/tjgb/qs_444/202105/t20210528_2177397.html，最后检索时间：2021年12月12日。

理迫切需要便捷的数字平台提高治理效率。但是，线上信息化平台下乡却面临着种种挑战。农村居民的文化水平偏低，对于智能应用程序的接受性差。村级组织向农村输送技术渠道的意识和能力较低。据统计，全国乡村的互联网普及率提升至59.2%，说明陕西过半农村业已被互联网覆盖。农村居民使用互联网早不再是稀奇事，但是互联网的"政治功能性"使用率仍旧偏低，未能满足乡村数字治理的期待。

（三）村级组织泛行政化且职责混淆不清

村级组织是农村居民参与乡村治理的重要载体，其工作人员是农民诉求的最佳知情者和直接维护者，同时也是农村基层治理的主体之一，他们以服务农民为工作，在基层扮演着"管理者"的角色。目前，陕西一些农村基层组织泛行政化问题较为突出，长期运行的"政社合一"治理模式使他们习惯于"听从"基层政府的"指令"，变服务农民为完成基层政府下达的"任务"，颠覆了基层政府与村级组织之间原本该有的指导与被指导的关系，多呈现"上下级"式行政色彩厚重的领导与被领导的关系，缺乏带领乡村实现有效治理的能力。同时，村中的大量公共事务由村干部牵头并推动，时常出现"干部干、群众看"的倒置现象，村民过分依靠所谓的"村领导"稳定乡村秩序，而忽略甚至放弃了自身在公共事务中的权利，使得公权力异化成村领导的私权力，最终使得乡村基层治理变质变味。

再者，村民委员会与村党组织间缺乏明确的职责分工，双方对各自理应负责的板块混淆不清，大量的村级公共事务在实际操作时无章可循，很容易出现权力"越位""错位""推诿""扯皮"的矛盾，成为影响"两委"关系的罪魁祸首。同时，陕西省农村有些干部"官味"十足，恃"权"为威，总认为自己比普通农村居民高出一等，在与村民交流时摆出"官架子"，级层式色彩过于浓厚，没有找准自己的定位。由此，这类村级组织无论单独作为主体参与乡村治理，还是与其他主体一道参与治理，都不是合格的治理主体，都将阻碍陕西农村基层治理现代化的实现。

（四）缺乏活跃而有力量的乡村社会组织

乡村社会组织是指村民出于某种特定的目的或目标而自愿地组合成的社会团体。这种合作具有稳定性和指向性。他们越来越成为农村基层治理中的骨干力量，其貌似"置身民外"却又"身临民中"的双面特殊身份擦亮了自身在参与治理中的竞争力，像一个"中转站"一样既聚集、维护村民的权力，又释放、发散村民利益诉求的信号。然而，整个陕西农村内部很缺乏孕育社会组织的土壤，也少有影响力强的社会组织。现有的乡村社会组织不够活跃和有力量，他们的发展极其受限，难以发挥出参与乡村治理的实力。也就是说，陕西乡村社会组织的培育及提升体系还不够完善，体现为数量不够多、质量不够高、作用发挥不到位。

（五）同质化治理模式难以应对普适需求

陕西虽然不乏优秀的农村治理模式，但这些治理模式似乎很少能实现根本的创新，本质来看并没有脱离老模式而走出新路子，同质化现象比较严重。然而，陕西农村需要的是普适性极强的治理模式，同类条件、同等水平的乡村适用同样的治理模式，即治理模式不只是能满足某一乡村或者说极少乡村的发展，而是能够经过与绝大部分乡村的现实条件调和从而达成推广甚至普及的目标。当然，这也不能全归责于治理模式的不成熟，也受陕西农村复杂的社会情况影响。陕西省汉阴县"三线两化一平台"的治理模式虽然得到全国性认可，但是这种模式很难在与汉阴县有相似县情的其他地方推广，且大部分比较优秀的治理模式都很难突破固化的框架，这也增加了陕西农村基层治理的难度。

（六）多元治理主体间尚未形成治理合力

党的十九届四中全会指出，要充分发挥党组织的领导能力，发挥群团组织、社会组织作用，发挥行业协会商会自律功能，实现政府治理和社会调节、居民自治良性互动,夯实基层社会治理基础。① 这表明,乡村基层治理是多元主体协同治理的过程,少了谁都难以实现有效治理。然而,陕西农村出现了不同程度的党组织"被边缘化"、基层政府职能转变滞后、村民原子化和人口构成复杂化等多重矛盾,各治理主体或多或少都尚存一些没有克服的问题。最重要的是,普通农民不能全身心投入治理中,农民的主体性作用难以发挥。加之,多元主体间协作的机会少,没有磨合出良好的合作体系,没有找寻到合适的职责定位,也暂未摸索出最佳的合作方式,这使得他们在合力治理乡村过程中难以充分展现各自的强项,无法通力合作去实现高质量的有效治理。

四 陕西省农村基层治理的提升路径

农村基层治理关乎农业的发展,关乎农村的稳定,关乎农民的幸福,是乡村振兴的关键环节。只有正视陕西农村基层存在的治理难点,以农村实际情况为基本,以解决治理问题为抓手,以实现有效治理为导向,从村民增收、补足资源、厘清权责、培育组织、因地制宜、多元共治等六方面提出针对性的提升路径,才能助力陕西农村基层的有效治理,推动乡村振兴战略的全面实施。

(一)多渠道解决村民持续性增收问题

"仓廪实而知礼节。"陕西农村居民持续性增收面临着很多不确定因素,使得绝大多数村民并无剩余财力参与乡村治理,村民"钱包"的问题严重影响着"脑袋"的问题。因而,要从物质和精神两轮驱动农村居民参与乡村治理的积极性,为陕西农村基层的有效治理奠基。实际上,增加经营性收入和工资性收入是解决农民持续性增收问题的根本出路。

对于农业,应该鼓励并加大土地流转,实行适度的规模化经营。农业规模化经营既有利于劳动力的集中,又便于机械化的农业操作,为现代化农业奠定

---

① 《中共中央关于坚持和完善中国特色社会主义制度 推进国家治理体系和治理能力现代化若干重大问题的决定》,《人民日报》2019年11月6日,第1版。

基础。分散细碎的土地会占用大量的劳动力、耗损大量的经营成本，影响农民的增收。同时，应该鼓励合作化经营，以合作社的形式分摊风险、同享收益。政府应在可承受范围内加大农业生产性补贴，尽最大可能降低农业生产成本，保护农产品的价格。例如，榆林市子洲县苗家坪镇建立了承包合同管理、土地流转、招商引资、信息发布等系列土地流转机制，落实了一系列促进土地流转的优惠政策，积极引导土地向陕西果业集团集中，规模经营，实现增收。

对于农村，应该以集体经济为"龙头"带动农村的经济发展。发展二、三产业，带动农民非农就业，提高兼业化程度，拓展就业渠道，逐渐把农民从农业拉入二、三产业。也可以结合当地特色挖掘种植、养殖、旅游等各类产业，发展特色产业。例如，延安黄龙县发展"大红袍"花椒产业助力村民增收。西咸新区通过发展葡萄产业脱贫致富。安康市以毛绒玩具文创产业为主导，走出了一条"龙头企业+新社区工厂+家庭工坊"的产业发展新模式。再者，农村可以定期开展职业技能培训，使农民拥有除去种地之外的一技之长，提高其外出务工时的核心竞争力。礼泉县采取"半农半读"、弹性学制等方式，搭建苹果、桃试验站，石榴专家大院和产业园区实践教学平台，开展农村田间课堂培训，举办农民夜校。也可以增加乡村内的工作岗位，但本质来说这并不是长久之策。

对于农民，应该主动学习现代农业生产知识，提高农产品产量。要紧跟时代潮流引进电商，让农产品搭上"数字快车"，用"直播带货"的方式送农产品更快地"出村进城"。武功县西北网红直播基地、陕西美农电子商务公司、眉县电商服务中心、横渠镇文谢村电商服务站等都是陕西农民发展电商的有力证明。疫情期间，商洛市依托电子商务进农村综合示范项目，以直播带货为主要手段推动市场供销两旺，有效降低了疫情的冲击。农民要积极参与职业培训，转变思想、行动起来，变"等、靠、要"为主动出击、自力更生。鼓励农民进城，即加大劳动力转移量才是提升其收入的有效渠道。同时，要加大教育投资力度，提升农民的受教育水平和科学文化素质。铜川市宜君县结合当地群众创业、务工需求，积极探索形成了"556"农民培育模式，农民职业技能培训工作取得新成效。

（二）开源节流弥补治理资源的漏洞

1.推动"政银"合作，建立金融支点

为弥补陕西农村基层政府薄弱的财力资源，建议推动"政银"合作。要求各级农业农村部门与各大银行支行取得联络、进行合作，为农民信贷争取一些便利，减轻农民在申贷过程中不必要的负担，开通借贷还贷绿色通道，将金融服务融入乡村治理中，以金融带动农村产业的发展，以金融支持农村治理和乡村政务工作，以金融助力乡村治理体系的建设和创新。陕西建行推出"秦务员"App迎合"互联网＋政务服务"的机制，实现了金融助力农村数字化转型。铜川市耀州区、宜君县举办农村资产综合管理平台暨"三资"监管系统运行专题培训班，进一步深化了政银合作。

2.强化政策支持，创新人才机制

留住原有人才和引进外部人才是补充人才资源的妙策，充足的人才是乡村治理的基本要素。陕西基层政府可以根据人才的切实需求设定相关的乡村人才机制。要以村级干部为人才抓手，收紧村级干部的选拔和任命机制，对其进行专业化培训，同时又要保障村级干部的薪酬，建立薪酬与绩效挂钩的机制，既要激发他们的工作活力，又必须保障其基本的公平待遇。引导乡村老党员、高校毕业生、退伍军人、经济文化能人等群体扎根本土，壮大新乡贤队伍，为在外精英清除返乡治理的阻碍，树立治理榜样。加强农村常住居民的教育和培训，提升其综合素质，培养本土人才。近年来，白河县麻虎镇积极引导外出务工能人、返乡企业家、产业发展能手等主体离城下乡，邀请专业技术人员对乡贤人士开展种养殖、餐饮服务等技能培训。不断加强乡贤文化建设，树立乡贤先进典型。安康市开办乡村治理人才农村实用技术培训班，提升人才质量，为乡村振兴铺路架桥。

3.设计可接受性强的数字平台

根据陕西农村居民的实际能力，利用现有的数字平台设计出简单易操作的参与平台，既保留了数字化的便捷度，又适应了村民的接受度。数字平台要兼具"字体大""流程少""图示化"等特点，将操作步骤最简化、操作形式直观

化，相关部门要及时回应农民诉求，解决问题、反馈效果，打造出农民能够独立完成全套操作的线上参与平台。陕西联通提供了数字乡村、阳光村务等低门槛、轻应用、全触点的数字化产品，两款数字平台为宜君县、绥德郝家桥、佛坪西岔河的治理工作提供了便利，提高了村民的参与感、获得感。

（三）积极推行两委交叉任职强化监督

《中国共产党农村基层组织工作条例》等多个文件已经对村党组织书记通过法律程序担任村民委员会主任和村级集体经济组织、合作经济组织负责人的"一肩挑"式工作模式表示肯定和支持，这不仅能够强化党的全面领导，也能够提高办事效率，协调"两委"步调，消除"两委"间不必要的摩擦和误会，增强村组织间的凝聚力和向心力。但是，"一肩挑"不等于"挑一肩"，这使得村级权力更加集中，对村党组织书记的选拔和其能力也提出了更高的要求。截至2020年6月，陕西省16047个村（社区）实现"一肩挑"，占比达到94.3%。① 榆林市榆阳区实现了74%的有集体经济组织的行政村"三职一肩挑"，梳理村级"小微权力"清单49项、村党支部书记27项，织密监督制度，"一肩挑"效益充分释放。② 高陵区开设"一肩挑"干部示范培训班，永寿县多措并举打出"一肩挑""组合拳"，陕西全省正在如火如荼地推行"两委"交叉任职。

为激发村组织活力，消除村组织疲沓的工作心理，厘清权责边界、强化权力监督成为乡村治理的当务之急。健全小微权力清单，要明确每个主体的权力，明确每个权力主体的权力运行范围、程序步骤、是否有法律依据等。要建立健全小微权力监督制度，对权力主体及其施权行为进行全过程、全方位的有效监督，着力于小微权力腐败的惩治，形成群众参与监督、干部间互

---

① 《陕西省16047个村（社区）实现"一肩挑"善治乡村格局初步形成》，西部网－陕西新闻网，http://news.cnwest.com/bwyc/a/2020/06/23/18868003.html，最后检索时间：2021年12月12日。

② 《榆林市榆阳区："三职一肩挑"挑出农村发展新气象》，陕西党建网，http://www.sx-dj.gov.cn/a/ncdj/20200917/33774.shtml，最后检索时间：2021年12月24日。

相监督的交叉型监督模式。咸阳市旬邑县建立村级权力运行流程图，推行"小微权力"清单制度，有效地解决了群众"办事难"的问题。潼关县逐步建立"科学确权、阳光晒权、严格控权、规范用权"的"微清单+办理流程+全程监督"的运行体系。明晰权责的目的在于激发个体内在活力，更好地行使权力、为民服务，而绝不是借职务之便谋私利、蚀组织。这里一定要指明的是，尽管权责需要确切的具体的实施理路，但是这并不意味着各权力主体间的权责没有丝毫的重叠或相似，乡村治理追求的是各主体间敦睦合作但又生动活泼的治理局面。

（四）鼓励和培育多样化乡村社会组织

陕西农村基层治理离不开多样化乡村社会组织的参与。为此，首先要培育社会组织的生存生态和协同治理生态，优化社会组织登记注册制度。陕西省各级农业农村部门应该发布积极的政策鼓励乡村社会组织的成立和发展，同时要大力宣传其在乡村治理中举足轻重的地位，让农村干部和农村居民都认识到社会组织的巨大作用，保障其在治理中参与身份的合法性。也需要适当地以法律途径提升其公信力。可以为乡村社会组织提供资金和人力的支持，准备定期的实践培训活动，逐步培养并激发其参与农村基层治理的热情。同样，乡村社会组织自身也要提升专业度，提升治理能力，吸引各类人才加入组织。根据村民需求成立不同性质的社会组织，"激发农村社会组织活力，重点培育和优先发展农村专业协会类、公益慈善类、社区服务类等社会组织"[①]，同理，社会组织的类型要尽可能实现多样化，满足不同村民的差异化需求。乡村社会组织是乡村治理中的"协调者"，一头连着村民，另一头连着基层政府，要充分利用自身优势调解二者间的关系，分担政府的治理压力，满足村民的治理需求。总之，要为社会组织发展提供政策支持、智力支持和财力支持，

---

① 《中共中央国务院关于加大改革创新力度加快农业现代化建设的若干意见》，《人民日报》2015年2月2日，第1版。

以激励其参与乡村治理。

陕西省民政厅已经开始行动,它们在社会组织扶贫合力团的基础上,重新调整组合,成立12个省级社会组织乡村振兴合力团,将与11个国家乡村振兴重点帮扶县、15个省级乡村振兴重点帮扶县形成"一对一""多对一"的帮扶关系,重点围绕产业振兴、组织振兴、人才振兴、消费扶贫等领域,充分发挥社会组织整合社会力量、调动资源、专业技术等方面的特长和优势,全面助力乡村振兴战略实施。①

(五)效仿典型与因地制宜要双重发力

在陕西农村进行乡村治理时,首要的也必须的是充分考虑和评估各地的个性特征,比如自然环境、经济状况、资源类型、乡风乡格等。以治理示范村为学习榜样,但又不能完全"粘贴"其治理模式,而是要因地制宜地摸索出适配各自乡村的特色治理模式,通过双重发力形成各有特色但又互相促进的乡村治理局面。具体来说,对于经济发展欠缺的乡村,则应该首先发展生产力,解决治理的后顾之忧。经济基础是参与治理的根本,忽视经济基础的乡村治理是行不通的。不同的乡村有相异的特色资源,应该从每个村庄的资源优势出发制定特色的治理模式。比如,有的村庄传统文化具有明显优势,就可以结合德治激发村民内在的治理热情。不同的乡村也有不同的人文风格,有的思想保守,有的思想前卫,针对这些不同的情况,应该经过详细考量探索出治理模式。制定治理模式时,既可以选择挖掘乡村的优点加以发扬,也可以选择抓住乡村的不足加以改进,二者都是为乡村定制治理模式的可取之策。同时,政府应该对陕西省和其他省份中较为典型的治理模式做出归纳和总结,提炼出共同的成功经验,对于适用度和实用度高的治理模式进行宣传和推广,在凝练普遍性做法的同时要参考各村的实际情况,避免出现"同质"模式而变成了全省"雷同"的治理局面。例如,杨陵区学习借鉴浙

---

① 《【省民政厅】成立12个省级社会组织乡村振兴合力团》,陕西省人民政府网,http://www.shaanxi.gov.cn/xw/ldx/bm/202109/t20210903_2189338.html,最后检索时间:2021年12月12日。

江金华"两次四分法",结合村民生活习惯,探索出"户分类、村收集、镇转运、镇处理"的生活垃圾治理模式。石泉县委探索建立完善"群众意见建议、群众利益诉求、群众投诉举报"书记"民情三本账"制度,形成了以民意和问题为导向的治理思维和县域治理体系。陕西各地应该多向这些地方学习。

(六)深化各治理主体间的联动和协作

目前来看,陕西农村基层各治理主体尚未形成亲密的合作关系,多元主体之间亦缺乏互动和交流。为改善这种"亚和谐"的局面,各治理主体应各自努力,尤其要活跃并吸收普通农民的治理效能,并最终归于一处共同促成有效治理。

农村居民要认识到自己在乡村治理中的主人翁地位,切不可做"甩手掌柜",把原与自己利益密切相关的公共事务"托付"给村级组织,过分依赖村干部而失了自己的本位。同样,村级组织也不能全权掌管和决定村里的公共事务,而隐没了村民的自治意识。基层党组织要充分发挥领导核心作用,基层群众自治组织要充分调动村民的自治积极性。基层政府要快速从精英化决策的惯性模式中抽离出来,适应角色的转换,找准角色定位,指导村级组织展开乡村治理工作。乡村社会组织要快速释放能量,以特殊身份代表农民利益参与乡村治理过程。鼓励妇联、残协、团支部等组织和部分公益性、服务性组织深入群众、联系群众并团结群众、动员群众参与乡村治理。各主体在完善自身的同时也要加强联动和协作,农民要经常主动向基层组织表达参与意愿,要为参与程序出谋划策,基层组织也要主动了解农民的利益诉求,设置农民能够接受的参与渠道。各治理主体要明确乡村治理的目标是构建共建共治共享的乡村治理格局,每个主体都是治理过程中至关重要的分支,只有多元主体间加强沟通、互通有无,才能知己知彼,通过扬长避短探寻出合适的合作模式,从而形成治理合力,实现乡村"善治"。

参考文献

龚睿:《政党嵌入与主体塑造——乡村振兴视阈下农村基层治理的生成逻辑》,《河南社会科学》2020年第10期。

韩玉祥:《乡村振兴战略下农村基层治理新困境及其突围——以农村人居环境整治为例》,《云南民族大学学报》(哲学社会科学版)2021年第2期。

刘丽娟:《村级治理行政化形成机制、治理绩效及路径重构》,《湖北社会科学》2021年第7期。

李紫娟:《农村基层互动治理的现实困境及其实现路径》,《甘肃社会科学》2018年第1期。

彭建军、李英:《乡村振兴战略背景下农村社区治理模式的研究——以广东珠海为例》,《云南开放大学学报》2021年第1期。

沈费伟、叶温馨:《数字乡村建设:实现高质量乡村振兴的策略选择》,《南京农业大学学报》(社会科学版)2021年第5期。

童成帅、周向军:《提升农村基层干部治理能力的实现理路——基于乡村振兴战略的分析视角》,《西南民族大学学报》(人文社会科学版)2021年第9期。

王巍:《乡村振兴视阈下农村基层治理的意蕴困境与优化路径》,《陕西社会主义学院学报》2019年第1期。

王文彬:《农村基层治理困局与优化路径:治理资源运转视角》,《深圳大学学报》(人文社会科学版)2021年第3期。

王海娟:《乡村振兴背景下农村基层民主治理转型:制度空间、实现路径与当代价值》,《求实》2021年第5期。

张建国:《乡村振兴视阈下乡村治理体系优化路径研究》,《农业经济》2021年第9期。

赵欢春、丁忠甫:《"乡村振兴战略"架构下基层党组织领导乡村治理的能力体系研究》,《江苏社会科学》2021年第1期。

周文、刘少阳:《乡村治理与乡村振兴:历史变迁、问题与改革深化》,《福建论坛》(人文社会科学版)2021年第7期。

调查篇
Investigation

B.18 2021年度陕西省民生热点分析报告

张芙蓉*

摘　要： 2021年受国家重大政策、自然灾害、社会突发事件及疫情散发影响，教育、住房、自然灾害、疫情防控、社会治理、医疗卫生等成为陕西公众关注热点。热点的形成与发酵呈现商业力量不断介入民生话题，焦点向政策性议题聚集，短视频、直播成为重要源头，正能量激荡舆论场等特征。针对民生热点背后折射出来的问题，相关部门应从净化网络空间、诊脉民意、回应民意，持续改进民生建设等方向治理应对。

关键词： 民生热点　"双减"意见　住房调控　自然灾害　陕西省

民生热点是公众关注的焦点，反映了百姓关心关切所在。梳理、分析民

---

* 张芙蓉，陕西省社会科学院助理研究员，研究方向为民生舆情。

生热点,对研判公众注意力聚焦点,把握群众诉求,精准解决群众急难愁盼问题,提升群众幸福感、获得感,推动经济社会高质量发展具有重要意义。2021年,受国家重大政策、自然灾害、社会突发事件及疫情散发影响,教育改革与房地产调控受到公众持续高热关注,自然灾害牵动三秦父老心,社会治理小议题引发大思考,疫情扩散风险与防控举措依然是关注焦点。

一 民生热点分布概况

以微博热搜、微博同城热搜300万以上阅读量民生议题为基础,结合微信、新闻客户端和论坛进行梳理分析显示,2021年陕西民生热点主要分布于教育、住房、自然灾害、疫情防控、社会治理、医疗卫生等领域。

(一)"双减"意见成为陕西公众关注焦点

教育一直是热点民生问题。教育领域的突发事件与教育制度改革尤其是公众关注的焦点。2021年7月,国家层面印发重磅级教育改革"双减"意见,因其力度之大、影响之深远受到公众的广泛关注。公众围绕"双减"意见预期成效与影响展开热烈讨论。自7月"双减"意见吹风、出台直到落实以来,"双减"意见一直呈现高热关注状态。"双减"意见成为第三季度陕西公众讨论热度最高、议论最频繁的话题。据微博同城(西安)热搜不完全统计,3个月间"双减"话题15次登上同城热搜,且阅读量多次突破500万人次。话题围绕教育公平、行业发展、教培人员就业、社会心态、社会焦虑、政策持续性等展开。

"双减"意见推进的不同阶段公众关注议题呈现不同特点。5月,中共中央全面深化改革委员会第十九次会议审议通过《关于进一步减轻义务教育阶段学生作业负担和校外培训负担的意见》之初,"双减"议题仅在媒体与先知先觉的自媒体、公知大V、教培群体中引发关注与讨论。议题围绕"双减"规范学生作业与课外培训方式、教培行业发展、教培机构发展前景等展开,普通百姓仅作为坊间新闻流传,讨论热度不高。7月24日,随着中办、国办正式印发《关于进一步减轻义务教育阶段学生作业负担和校外培训负担的意见》，以及各地密集出台细化配套措施，推进"双减"意见实施，公众对"双减"意见的关注开始升温，舆论从各个领域汹涌袭来。基于不同的利益诉求，各群体形成不同的关注中心。媒体、公知等围绕学生学业负担、教培机构规范发展、学校教学质量提升、教培行业影响、教育公平、"双减"意见实施障碍等中观教育发展问题展开讨论。普通老百姓基于个体微观利益，围绕政策成效、可执行性、可持续性、可能产生的负面影响等广泛讨论。并围绕家庭教育负担加重、催生私人家教带来教育新不公流露担忧情绪。还有公知群体质疑"双减"意见治标不治本，没有解决教育资源不公平分配的根源问题，贸然"一刀切"或可带来更深的教育焦虑。9月，随着"双减"意见的全面落地，大量教培机构停业、转型，各教育培训机构掀起裁员浪潮，大量教培人员失业，应届毕业生录用通知被取消，"双减"意见舆论传播向就业话题扩散。9月，新闻《中学教师面试一半是博士，教培从业人员也来竞争》冲上微博热搜第一，引发3亿人关注和公众就业担忧。有统计显示，教育股截至9月共计蒸发7400亿元人民币，由"双减"意见引发的影响和讨论还在进一步扩散。

（二）陕西密集出台房地产调控政策，与地产相关话题成热点

2020年全国人口统计数据显示，陕西城镇人口占常住人口的62.66%，其中，市辖区内人户分离人口为3993217人，流动人口为9273878人[①]。统计数据表明，陕西省大量人口生活、工作在户籍地以外的城镇，拥有住房成为许多人的刚性需求。2021年，陕西密集出台了一系列房地产调控政策。据不完全统计，截至9月，西安市先后推出9次房地产调控政策，涉及限购、限售、限价、限贷、预售标准提高、土地出让规范、二手房价格监管、房地产市场秩序整治、保障性住房建设等多个领域。与以往顶层施策的间接

---

① 《陕西省第七次全国人口普查主要数据公报（第六号）》，http：//tjj.shaanxi.gov.cn/tjsj/ndsj/tjgb/qs_444，最后检索时间：2021年10月14日。

性相比，2021年政策的密集性、直接性、精准性使公众充满期待。公众对房地产调控维持高热关注。自限购、二手房指导价等出台后，网上网下、街头巷尾、各个群体对房价走向的讨论不绝于耳。几乎每个调控政策都成为关注热点，登上微博热搜榜，引发舆论大量解读，如"限购"政策出台后《西安百万人或失去二套房资格》，"限价"政策出台后《西安房价将现拐点》，"限售"政策出台后《大局已定：房价或跌回十年前》等预测政策效果类文章点击量居高不下。

一系列政策的落地实施，在地产行业产生了明显效果。统计数据显示，进入2021年9月，西安楼市持续降温，住宅成交面积呈负增长，房屋租赁价格也持续下降。公众对陕西楼市调控政策总体呈肯定支持态度，社会情绪积极向上，对省委、省政府解决群众住房问题表现出极大信心。公众围绕政策预期效果与实际效果差异、楼市未来走向、房价走向、房屋供应量等进行预测。也有部分群体对政策意图存质疑，担忧政策的真实目的在于去库存。还有声音认为政策力度仍然不足，"万人摇号盘"依旧在，房价过高"还是买不起"。如何推动政策实效不断显现，使老百姓感受到实实在在的获得感依然是摆在各级政府面前的重要考题。

（三）自然灾害频繁严重，与灾害相关议题受到社会关注

近几年来，由于气候异常，陕西省自然灾害尤其是洪涝灾害频发，受到社会的广泛关注。2021年陕西遭遇60年以来最强降水，入汛以来，高强度、密集性降雨使陕西全省104个县区813.54万人受灾，紧急转移避险122.16万人，农作物损失958.2千公顷，房屋倒塌和受损4.67万间，严重的灾情牵动着三秦父老的心，公众对灾情给予巨大关注。2021年7~10月，灾情现状、防汛救灾等相关新闻、信息占据了微博同城（西安）热搜榜的最高比例，公众对灾情现场情况、抢险救灾工作、人员安置、中央政府救灾支援、捐款捐物、救灾感人事迹等高度关注。"陕西遭遇近60年最强降水！""降雨导致陕西大荔23.9万人失守""大荔灾情最新进展：疏堵同步加快排涝13个村转移25126人""两部门拨款8000万资金"等灾情相关新

闻点击量都在百万以上。对抢险救灾中抗洪人员英勇事迹、感人事迹、艰辛事迹的新闻报道感动全国人民,受到公众的高度赞誉,公众鼓劲"陕西加油""陕西挺住"。"陕西抗洪人员浑身湿透吃辣椒驱寒"登上全国热搜榜,点击阅读量达到2000万,"大荔村民坚守堤坝为救援人员烧水""救援队讲述大荔救灾情况""风雨同行,驰援陕西"等新闻受到公众高度关注,"温暖""团结""大爱"刷屏留言榜。

省委、省政府应对洪灾的有力措施受到公众的普遍认同。省委、省政府借鉴往年经验和各地应对极端天气的经验做法,紧盯险情易发地区,排查风险隐患,做好紧急预案工作,在洪灾发生之前转移大量群众,政府的办事能力与执政能力受到公众的一致好评。直面洪灾,公众在感慨自然力量的强大与生命的脆弱时,在直观省委、省政府全力救援、中央增援、全国驰援,最大限度地保障人民群众的生命安全与财产安全中,提升了政府认同感与社会安全感。

(四)疫情散发不断反复,涉疫话题依然是社会热点

因多地疫情散发与陕西出现交叠、关联情况,涉疫话题高热度贯穿全年。上半年受南京、黑龙江、福建、云南等地疫情散发影响,新型病株德尔塔传播特征、传播能力、防控方式等受到公众关注,疫情扩散风险加剧社会担忧情绪。7月,陕西开始陆续出现关联病例,重庆赴西安旅游情侣回重庆确诊,上海退休教师夫妻赴西安旅游确诊阳性等事件引发公众极大关注。病例的行程轨迹、病毒溯源、传播链、扩散状况等受到公众高度关注。"重庆病例与澳门病例兵马俑交集""澳门确诊病例关联情况通报"等高悬热搜榜。因上海退休夫妇引发的疫情传播链不断延伸,传播面积持续扩大,对上海退休夫妇的道德谴责、疫情防控的薄弱环节、防疫漏洞、境外输入可防性等成为公众热议焦点。全员核酸检测、中高风险地区回陕赴陕人员隔离等疫情防控措施也受到社会的高度关注,"西安全员检测""通宵检测""西安街头现核酸检测亭"等相关新闻登上微博同城热搜甚至全国热搜榜,阅读量在百万以上。同时疫情防控反复收紧,景点关停、社区封闭、影院停业、商业体商业街关门,以及公众减少外出就餐、娱乐等商业活动,疫情防控带来

的经济影响也成为关注焦点。在瑞丽因疫情防控人民生活生产遭受重大影响被广泛关注的情况下,陕西相关新闻也不断登上热榜,"西安大唐不夜城暂停关闭,商户哭诉一天损失一万""西安商业为疫情做出的贡献应当被看见"等相关话题均具有较高的点击量。

2021年为构筑免疫屏障,筑牢抗疫防线,全国各地稳妥有序地推进疫苗接种工作。陕西积极贯彻落实中央精神,从6月开始在全省动员推动疫苗接种工作。疫苗有效性、疫苗副作用、疫苗接种适应人群、疫苗供应量、疫苗接种方便性等成为社会关注焦点。8月推动学生疫苗接种工作,"不接种疫苗能不能上学"成为社会聚焦点。除此之外,福建莆田疫情首次突破防线进入校园传播,引发陕西公众恐慌与焦虑,校园疫情防控、变异病毒潜伏期、境外入境人员隔离期延长、秋季能否正常入学等成为公众讨论焦点。为实现接种的全民覆盖,陕西各地创新做法,出奇招鼓励群众接种疫苗,如接种疫苗抽奖、送米面油等,有效提高了部分群众疫苗接种的积极性,基层政府办事能力受到公众一致好评。在疫情散发、扩散风险依然严峻的情况下,"如何做好全运会期间疫情防控工作",防止疫情输入,举办一届不一样的全运会也受到社会的广泛关注。

(五)对高品质高质量生活的向往,推动社会治理成为关注热点

对美好生活的向往,对高质量高品质生活的追求,使公众更加重视生活环境建设,也使公众对公共管理与服务中的瑕疵容忍度越来越低。在网络新媒体高度发达和政府应急处置能力仍然不足的双效叠加下,小事件大舆情事件频现。8月31日,西安地铁发生保安拖拽女乘客事件,受到社会广泛关注。澎湃新闻、观察者网、中国新闻网、界面新闻等大量知名媒体对事件进行调查报道与评论,央视新闻、央视网等权威媒体发表评论,该事件一度登上全国热搜榜成为最热话题。舆论指责保安暴力执法损害乘客尊严,缺乏法律意识。诟病地铁官方回应不及时、还原事实缺乏完整性以及保安溯源成谜团。批评西安地铁应急处置能力、地铁监管和保安公司培训质量欠缺。公共安全突发事件因对家庭、社会的伤痛性,对公众的警示性,往往成为新闻报

道热点、公众关注焦点。2021年,陕西多起公共安全事件引发社会广泛关注,陕西煤矿冒顶伤亡事故、电动车乘客被公交车碾压身亡事件引发公众普遍关注。相关新闻阅读量均在百万以上,公众关注时间长,讨论热度高。人们在表达哀伤同情时,对社会安全治理、公众社会安全意识、煤矿等特殊行业安全防范进行反思。社会公共服务因与公众生活相关,直接影响或改善当下的生活、工作状态,也一直是公众关注热点。"西安多地提前供暖""陕西上线电子驾照""西安鄠邑乘公交需持48小时核酸检测"等生活事件登上同城热搜榜,达到上百万阅读量,反映了精细、合理的社会服务是公众的需求所在、关注所在。

二 热点传播特征

对公众社会关注点形成原因的调查显示,与个人利益相关和媒体广泛报道引发注意是热点形成的重要原因。对2021年陕西公众关注民生热点特征进行分析,公众关注话题呈现以下特点。

(一)政策性话题成热点

2021年,脱贫攻坚取得全面胜利,决胜全面建成小康社会取得决定性成就,我国开启全面建设社会主义现代化国家的新征程。立足新征程新阶段,党中央、国务院统筹国内外形势,围绕人民对美好生活的追求,提出了一系列新任务新目标。围绕民生建设,"十四五"规划目标明确指出,要持续增进民生福祉,制定共同富裕行动纲领,扎实推动共同富裕,让发展成果更多更公平地惠及全体人民。为实现对人民的庄严承诺,解决民生领域群众急难愁盼问题,2021年针对人民群众高度关注的教育、住房问题,中央层面出台了系列重磅政策。7月,中共中央办公厅、国务院办公厅印发"双减"意见,推动教育减负实施。虽然从1995年开始,国家和地方便开始颁布多道减负令,意在减轻学生学业负担,保障学生身心健康,促进德智体能全面发展,但因政策的碎片化与整体协同性不足,政策成效不明显。此次

"双减"意见发端于国家层面,政策力度之大、改革之彻底前所未有,被期待"重塑教育秩序"。政策从吹风开始就受到公众的高度关注。随着中央指导意见的出台和陕西一揽子规范学校、教培机构细化政策的落地、执行,公众对"双减"意见的关注度居高不下。同时,为解决房价居高不下问题,国家持续推进房地产调控,推动"住房不炒"不断走实。在国家因城施策和"一城一策"工作要求下,2021年陕西省出台了一系列政策,全方位对住房市场进行调控与规范,受到公众持续关注与热烈讨论。尤其是随着政策效应的显现,二手房交易价格、房屋租赁价格、新房交易面积走低,公众对政策成效的信心使住房调控政策受到越来越多的关注。政策性话题成为公众关注讨论的热点。

(二)正能量成为舆论场主旋律

圆满举办全运会,疫情防控实现"零感染",政府执政力广受肯定与称赞。第十四届全国运动会是在疫情防控常态化下举办的国内首个大型综合性体育赛事,是对举办省份社会治理能力的一次大考。陕西省没有辜负全国人民的期盼,在这次大考中交出了令人满意的答卷——全运会疫情防控"零感染",有效保障了全运会的顺利举办。更值得一提的是与东京奥运会空荡荡的体育场馆相比,陕西全运会完全向观众敞开大门。陕西全运会的疫情防控能力受到公众的高度赞扬,疫情防控经验被主流媒体争相报道,被赞誉"为北京冬奥会提供了经验借鉴"。灾情应对广受好评。入汛以后,陕西省建立防灾避险转移工作机制,大力加强汛期排查,开展"拉网式"排查,密切关注气象信息,做足监测预警,实现了险情灾情早发现早处置。汛期中,对临河临江、背山靠水等高风险区群众坚决开展避险转移工作,转移房屋受损严重、生活困难群众50万余名,各地区启动防汛应急响应900余次,有效保障了群众的生命安全与财产安全。在防汛抢险救灾中,党员干部实行24小时轮班值守制度,镇村干部逐村逐户排查危险。抗洪一线,党员干部不顾个人安危,以忘我的精神投入救灾中,涌现出无数感人事迹,受到社会的高度赞誉。因疫情防控被赞"防疫最严城市"。公共场所疫情防控不断创新做法，除严格落实扫码、测温等常规防控措施外，在公共场所设置取餐台、重点区域每天进行防疫消杀、入学前两周要求师生必须返回入学地。出现疫情，及时关闭景点，杜绝人群聚集，防止疫情扩散。第一时间开展核酸检测，进行排查管控。2021年，陕西省举办大事要事、应对急事难事的能力受到公众的一致认可与称赞，正能量激荡舆论场。

（三）短视频、直播成热点重要来源

分析2021年公众关注的民生热点，其显著特征是短视频、直播成重要来源。一是短视频、直播制作者以普通百姓为主。他们感知、透视问题的视角具有平民代表性，展示了普通百姓的趣味与关怀，往往成为社会热点。如"地铁拖拽女乘客事件"即由车内乘客拍摄短视频上传网络引发。平民视角往往让普通百姓产生强烈的代入感，形成物伤其类感受，易引发围观与热议。二是短视频、直播使人人成为信息生产者、发布者。信息的多元性、丰富性增加，信息呈现的方式更加生动。一些理论性、生涩性的知识以通俗易懂的方式展现，增加了议题吸引力。例如"双减"意见、房地产调控政策出台后，抖音、快手等众多短视频平台出现以通俗易懂的语言向公众解读政策的直播，均吸引了大量注意，使相关领域成为公众关注热点。第三短视频、直播给公众最直接、最直观的感官体验，同时配上简洁的文字说明，给公众更深的触动感。例如"地铁拖拽乘客事件"视频中地铁保安方式过激，用力拽拉女乘客，导致女乘客衣不遮体，身体大面积裸露，视频观感带给公众不良体验，受到公众诟病与围观。短视频、直播在议题设置、传播中正在发挥越来越重要的作用。

（四）商业力量介入民生信息

经济民生领域有着巨大的关注度，易于形成热点，产生传播效应，成为商业力量介入、炒作的重要对象。重大国计民生政策出台、热点民生事件发生，往往成为公众号、微博账号、短视频平台聚焦点。他们通过耸人听闻的标题、夸张的解读博取眼球，赚取流量。房地产调控政策一经出台，大量自

媒体即围绕房价走势、房屋抛售、买房建议等发表"高见";"双减"意见出台后商业媒体从教育差距拉大、教育责任向家庭转移、师范专业就业焦虑等多角度消费政策、解读政策,蹭热点提高自身关注度。互联网平台在信息公共服务中正在承担越来越重要的角色,尤其是新冠肺炎疫情发生以来,实体业务受阻,上云上线成为企业发展新方式。吃、穿、住、行等几乎所有问题都可以通过超级 App 实现。信息供给来源的巨大变化强化了网络平台在民生议题中的话语权,增加了资源垄断、竞争垄断风险。美团优选、河马生鲜、多多买菜等社区团购代表着网络平台正在无孔不入地进入公众生活。商业力量正在极大地介入民生信息供给,塑造民生话语。

三 对策建议

民生议题发酵为社会热点具有复杂的成因。目前来看,民生诉求缺乏有效回应、商业媒体夸大炒作、民生建设实效不显著、急难愁盼缺乏精准把脉等是主要问题,针对此,可从以下方面改善民生舆情与民生问题。

(一)及时回应民众关切,维护民众利益

民生关注热点既是自身利益关切所致,也是媒体议题设置的结果。2021年陕西诸多民生热点皆呈现媒体议题设置最终引发社会广泛关注的特征。在此背景下,如果政府对民众意见重视不足,依然秉持管控思维,或敷衍了事,或不闻不问,将严重破坏政府公信力,造成社会负面情绪蔓延。政府应与社会保持良性沟通,针对社会关切,及时、诚恳回应。如实还原事件过程,说明事情始末,针对问题不遮不掩,拿出整改措施,赢得社会谅解。针对误解,说明事情原委,还原真相,树立政府公信力,改变负面呆板印象,营造理性舆论氛围。对与民生关系紧密的国家政策、省级政策进行官方解读,对冲自媒体赚取眼球的夸大、误导性解读,合理引导公众认知,使公众对民生问题有合理期待,避免不切实际的期待扰乱社会秩序,滋生社会不满情绪。政府不仅要树立为人民服务的理念,还需增强引导社会认知的能力,

使公众不因超越社会阶段的过高期待落空而心生抱怨,丧失信心,理性看待发展阶段与社会矛盾的关系,正确评价政府民生建设能力与行为。

(二)构建多元主体参与的网络治理机制,净化网络环境呈现真实民意

参与主体的多元利益诉求使网络生态复杂化。网络新媒体的逐利性往往使其为吸引眼球,提高关注度而散播虚假信息、恶意炒作相关事件,甚至部分媒体为了制造轰动效应,抛却社会责任、社会道德,打法律"擦边球",发布未经证实、偏离事实的虚假信息,严重污染了网络生态。如2021年6月一起最终被证实为子虚乌有的医疗事件在网络媒体的炒作下登上微博西安同城热搜,引发公众广泛关注。虚假、误导性信息破坏了公众表达诉求,政府倾听民意的良性网络环境。其放大了社会矛盾,强化了公众负面情绪,使公众意见失真,理性表达环境被破坏。同时,部分网民易受不良社会思潮影响,对政府和主流媒体缺乏信任感,面对突发事件易持负面一边倒情绪,使情绪发泄与社会抨击代替真相成为关注焦点,易造成"群体极化"风险。因此,应加强网络法制管理,规范信息传播。一是加强立法建设,填补网络立法空白,使网络不再是法外之地。二是加大执法力度,严厉打击不良媒体。对传播虚假信息、故意炒作不良情绪、恶意夸大负面影响、散播谣言等行为依法进行严厉制裁,使相关主体付出沉重代价,以儆效尤。三是建设完善多元主体参与的网络监督机制。建设舆情反馈机制,使人民群众充分地参与到网络舆论监督之中,不断扩大舆论监督的社会基础。

(三)重视公众社会参与

解决民生问题,最有发言权的就是老百姓。建立健全民意反馈渠道,使老百姓的发言权进一步增强,让民意获得充分表达。一是建立社情民意收集反馈机制。利用政府门户网站、听证会、留言箱、网络留言板、微信公众号等多种平台倾听民意、收集民意,下情上达,解决群众急难愁盼问题,增强群众的幸福感、获得感、安全感。二是进行网络舆情监测,对社会关注热点、焦点进行研判，分析其背后折射出的社会问题，不断完善社会制度，解决社会问题。三是建立基层民意收集制度，使民意收集覆盖社会各群体。在网络舆情监测之外，实施民意调查，给各群体提供发声、表达诉求的渠道。同时发挥人大代表密切联系群众的作用，呼吁人大代表广泛收集民意，使群众诉求转化为国家议案。四是发挥广大党员干部和网评员的积极作用。加强对政府重大政策、重大工程、重点工作等的内涵诠释与意义宣传，促进公众对政府工作的了解与意义认同，获取公众对政府工作的理解与支持，进一步增强社会凝聚力，对冲社会负能量。

（四）着力改善保障民生

近年来，陕西省不断深化医疗卫生、住房、教育等领域改革，实施一揽子惠民工程，极大地改善了民生，提升了公众生活质量。未来发展中，一要继续推进民生领域改革，不断健全、完善相关措施，推进制度成熟，使改革走深走实。如继续推动私立教育与公立教育均衡发展，在完善中小学摇号制度的基础上，增加优质公立学校供给，探索公立学校与私立学校资源共享方式，推动教育的公平发展。二是落实教育改革、房地产改革、医疗卫生体制改革等，探索管用办法，使老百姓看到实实在在的效果。实施监督检查，根据制度执行中暴露出的缺陷不断调整完善政策。如细化"双减"意见、"房地产调控"政策，使其掷地有声、刀下见菜。三是做好民生兜底保障工作，尤其是在统筹疫情防控与经济协调发展叠加政策影响的背景下，做好就业、救助、救济等民生保障性工作。

参考文献

刘鹏飞、曲晓程、杨卫娜：《2020年中国互联网舆论场分析报告》，载唐绪军主编《新媒体蓝皮书：中国新媒体发展报告 No.12（2021）》，社会科学文献出版社，2021。

单学刚：《论突发公共卫生事件的应急宣传》，《中国报业》2020年第3期。

B.19
2021年社会热点、焦点事件：
陕西公众问卷调查分析报告

陕西省社会科学院社会学研究所课题组*

摘　要： 2021年是疫情得到一定控制后恢复生产的第一年，也是多灾多难的一年。从陕西公众视角出发，他们关注哪些社会热点、社会焦点，又持何种态度？课题组就此问题进行了专题问卷调查。调查数据表明，受访陕西公众对事关身体健康、生命安全的突发公共卫生事件以及特大自然灾害等给予了高度关注，其中"全民免费接种疫苗""多地出现变异毒株引发的新冠疫情""河南多地遭遇罕见特大暴雨"关注度位居前三。在受访陕西公众眼中，"建党百年""十四运""双减政策"等位居2021年度20个社会热词前三。公众认为，"全民免费接种新冠疫苗""多地出现变异毒株引发的新冠疫情""中国共产党喜迎建党100周年"社会影响力较大。此外，"中华人民共和国第十四届运动会在西安举行""习近平总书记在榆林考察调研""渭南市大荔县遭遇特大水灾"等事件对陕西经济社会发展影响重大。

关键词： 社会调查　社会热词　社会影响力　陕西省

2021年是我们党百年华诞，新时代的中国航船在党的引领下继续前行。

---

* 课题组成员：高萍，陕西省社会科学院社会学研究所助理研究员，研究方向为质性社会学；李巾，陕西省社会科学院社会学研究所研研究员，研究方向为人口社会学；谢雨锋，陕西省社会科学院社会学研究所副研究员，研究方向为社会工作理论与实务、社区社会工作、社会调查与方法。

同时，2021年也是新冠肺炎疫情得到一定控制后恢复生产的第一年。回顾这一年，新冠肺炎疫情多点散发或局部暴发，继续影响着社会运行秩序，部分地区和上年一样被暂时按下了暂停键，日常生产和生活活动被迫停止，让疫情防控和社会治理等再度成为社会公众关注的焦点和讨论的热点。在此背景下，以习近平同志为核心的党中央再次强调高质量发展对于疫情防控常态下经济社会发展的重要意义，重申了推动高质量发展的战略要求和政策取向。面对新冠肺炎疫情的不确定性和风险性，陕西省委、省政府将高质量发展视为新时代对陕西经济社会发展赋予的新使命、新内涵、新遵循，以承办十四运为契机，全面提升陕西建设水平。面对国内外不断蔓延的疫情，以及多地特大洪水灾害，陕西仍须披荆斩棘保持奋斗姿态，把握机遇，迎接挑战。在喜迎建党100周年这一具有伟大意义的一年，陕西经历了许许多多的事，陕西公众对哪些社会事件和社会现象保持关注，又如何评价这些社会事件、社会现象给社会发展和公众生活带来的影响？我们以社会调查中常用的问卷调查法对年龄在20~70岁的陕西公众进行专题问卷调查，最终获得300个成功样本。

一 公众对2021年度社会事件、社会现象的关注度

2021年，国内、省内发生的一系列社会事件、社会现象，既引发了社会和公众的关注和热议，也让公众对疫情防控常态下社会发展的价值理念、目标指向和衡量标准产生了新的态度和感知。为此，我们在调查问卷中列出了15项2021年11月前社会关注度高、社会影响力大的社会事件、社会现象，请受访陕西公众回答。

在调查陕西公众对所列社会事件、社会现象的关注度时，我们按照"不关注""不太关注""一般""较关注""很关注"五级得分量表让陕西公众对其进行评价，具体见表1、表2。总体来说，公众除对"全民免费接种新冠疫苗"、"多地出现变异毒株引发的新冠疫情"以及"河南多地遭遇罕见特大暴雨"等关乎百姓生命健康、公共卫生防疫以及自然风险灾害等

社会事件、社会现象保持较高关注度外，对其他社会事件、社会现象的关注度在受访陕西公众内部则存在一定差异。

调查结果显示，"全民免费接种新冠疫苗"备受受访公众关注，各地各社区的积极动员以及公众的积极响应，一时间引起全民的广泛关注和热议，关注度平均分值达4.53分（满分为5分，下同），被排在首位。其中，近九成（89.7%）受访公众表示"很关注"（66.6%）或"较关注"（23.1%）。多数受访者表示，自己积极接受疫苗接种并表达了对党和国家高度的认同感和信任感；同时不少受访者认为，面对国内外不断蔓延的疫情，免费接种疫苗不仅会减轻民众对于疫情的恐惧感，还会增强民众与党和国家齐心协力克服疫情的信心。排在第二位的是"多地出现变异毒株引发的新冠疫情"，有85.6%的受访者表示对此"很关注"（59.2%）或"较关注"（26.4%），平均分值达4.41分，只有1.0%的受访者明确表示"不关注"。大多受访者表示虽然已经接种疫苗、疫情也得以控制，但是仍不能掉以轻心，所以多地出现变异毒株引发的新冠肺炎疫情仍时刻牵动着公众的心。排在第三位的是"河南多地遭遇罕见特大暴雨"，受访公众对这一突发自然灾害事件的整体关注度打分为4.24分，得分介于"较关注"与"很关注"之间，较接近"很关注"。其中，逾八成（82.2%）受访者表示"很关注"（47.8%）或"较关注"（34.4%）这一突如其来的自然灾害事件。据此我们可以发现，相较于其他有关政治、社会热点事件/现象，受访公众对于事关身体健康、生命安全的突发公共卫生事件以及特大自然灾害等给予高度关注。再次提醒人们，我们已经进入风险社会，不确定性日益增多，危险性在不断增大，人们也越来越关注风险。

"教育部出台为学生减负的'双减政策'"以4.14分的平均分值居总选项的第四位，逾八成（76.9%）受访者表示"很关注"（50.5%）或"较关注"（26.4%），近一成（9.7%）受访者表示"不太关注"（6.4%）或"不关注"（3.3%）。这反映出受访者对"双减"政策的高度关注与热议，毕竟教育是每个家庭最为关切的事情。部分受访者认为该政策的出台是十分必要的，表示现在孩子的压力从上小学就开始，课程压力、作业压力、课外辅导的压力等像一座座大山压得孩子们喘不过气，不利于孩子身心健康发展，所以该政策的出台一定程度上减轻了孩子的学业压力，对青少年的成长发展、提高素质教育有着重要意义。但也有不少受访者担忧，孩子成绩会不会受影响？家庭教育成本是否会上升？

受到公众较高关注的社会事件还包括："中华人民共和国第十四届运动会在西安举行"、"中国共产党喜迎建党100周年"和"神舟十二号载人航天飞船成功发射"，受访公众对上述社会事件的关注度打分分别为4.10分、4.07分、4.00分，得分比较接近，均接近"较关注"范围，位居第五到第七位。其中，近3/4（74.2%）的受访者"很关注"（49.5%）或"较关注"（24.7%）"中华人民共和国第十四届运动会在西安举行"，这反映出陕西公众对十四运的知晓度、关注度、参与度和认可度都比较高，对陕西西安成功举办十四运信心十足。对于西安来说，十四运既是一场期盼已久的体育盛会，更是一次凝聚力量、提升文明、扩大影响力的重要机会。同样，对于"中国共产党喜迎建党100周年"这一重要的历史节点，民众对其有着高度的重视，有高达74.2%的受访者表示"很关注"（41.8%）或"较关注"（32.4%）。此外，我国航天事业的发展也被公众持续关注，72.9%的受访者表示"很关注"（37.1%）或"较关注"（35.8%）"神舟十二号载人航天飞船成功发射"，多数受访者认为这标志着中国综合实力增强，为后续空间站的建设和利用起到好的开头。

此外，受访者关注度比较相近的活动/事件还包括："渭南市大荔县遭遇特大水灾"（均值3.84分）、"全国人大授权国务院开展房产税改革试点"（均值3.65分）、"国家开放三胎生育政策和配套支持措施"（均值3.61分）、"十九届六中全会召开"（均值3.61分）、"《长津湖》《山海情》等主旋律影视剧热映"（均值3.60分）"和"习近平总书记在榆林考察调研"（均值3.59）。相比之下，公众对"全党开展学党史学习教育"和"'绿巨人'动车组在陕西全面开行"等社会事件的关注度偏弱，平均分值依次仅为3.48分、3.22分，处于"一般"水平。

总体而言，2021年是不平凡的一年，社会热点事件（话题）频发和突发社会、自然事件不断,网上线下舆论跌宕起伏,但社会舆论态势总体平稳、积极向好。

新冠肺炎疫情、水灾、教育等民生话题折射出公众焦虑又渴求社会安全感,期待恢复正常社会交往的急切心情。建党100周年、"十四五"规划出台并起步、全面建成小康社会,又让公众强烈意识到2021年是具有特殊重要性和里程碑意义的一年。可以发现,对与百姓切身利益关联较强,以及社会影响力大、能引起普遍共鸣的社会事件、社会现象,公众均保持了较高关注度。

表1 公众对2021年主要社会事件/活动的关注度均值

单位:人次,分

社会事件/活动	频次	均值	标准差	排序
全民免费接种新冠疫苗	299	4.53	0.791	1
多地出现变异毒株引发的新冠疫情	299	4.41	0.844	2
河南多地遭遇罕见特大暴雨	299	4.24	0.902	3
教育部出台为学生减负的"双减政策"	299	4.14	1.085	4
中华人民共和国第十四届运动会在西安举行	299	4.10	1.118	5
中国共产党喜迎建党100周年	299	4.07	1.004	6
神舟十二号载人航天飞船成功发射	299	4.00	1.000	7
渭南市大荔县遭遇特大水灾	299	3.84	1.133	8
全国人大授权国务院开展房产税改革试点	299	3.65	1.120	9
国家开放三胎生育政策和配套支持措施	299	3.61	3.127	10
十九届六中全会召开	299	3.61	1.116	11
《长津湖》《山海情》等主旋律影视剧热映	299	3.60	1.240	12
习近平总书记在榆林考察调研	299	3.59	1.094	13
全党开展学党史学习教育	299	3.48	1.191	14
"绿巨人"动车组在陕西全面开行	299	3.22	1.244	15

表2 公众对2021年主要社会事件/活动的关注度分项值

单位:%

社会事件/活动	很关注	较关注	一般	不太关注	不关注
全民免费接种新冠疫苗	66.6	23.1	7.7	1.7	1.0
多地出现变异毒株引发的新冠疫情	59.2	26.4	11.4	2.0	1.0
河南多地遭遇罕见特大暴雨	47.8	34.4	13.4	2.7	1.7

续表

社会事件/现象	很关注	较关注	一般	不太关注	不关注
教育部出台为学生减负的"双减政策"	50.5	26.4	13.4	6.4	3.3
中华人民共和国第十四届运动会在西安举行	49.5	24.7	15.7	6.0	4.0
中国共产党喜迎建党100周年	41.8	32.4	19.1	4.0	2.7
神舟十二号载人航天飞船成功发射	37.1	35.8	19.7	4.7	2.7
渭南市大荔县遭遇特大水灾	35.8	28.1	26.1	4.3	5.7
全国人大授权国务院开展房产税改革试点	27.1	30.1	28.1	10.0	4.7
国家开放三胎生育政策和配套支持措施	26.1	23.7	25.8	16.4	7.7
十九届六中全会召开	25.1	30.8	28.4	11.0	4.7
《长津湖》《山海情》等主旋律影视剧热映	29.8	27.4	23.4	11.7	7.7
习近平总书记在榆林考察调研	22.1	33.1	30.1	9.4	5.0
全党开展学党史学习教育	25.8	23.7	28.8	16.4	5.4
"绿巨人"动车组在陕西全面开行	16.4	28.8	27.4	15.1	12.4

二 公众对2021年社会热词的认定

当前社会发展变化速度加快，社会经济、文化等发展不平衡、不充分给公众带来的压力感、冲突感不断加大，这种社会心态由于社会环境的变化而表现出相当的动态性，又由于新冠肺炎疫情影响、自然灾害频发、经济社会发展形势复杂严峻、社会发展不平衡不充分等大背景而表现出相当的复杂性。而社会热词正是在这样的社会处境中被公众关注并被赋予一些新的含义。通过社会热词，我们基本上就能对2021年的社会发展概貌有一个直观而深刻的印象，它反映了公众对社会观念、社会事件、社会发展动向的看法，呈现出了2021年度经济政治发展的趋向。它被公众关注和热议的背后，正是其代表的社会心态与时代发展同频共振，我们从中既可感知时代的发展脉络，也可窥见社会变迁之端倪。基于这样的思考，我们对2021年这个不平凡年度的"社会热词"进行梳理、分析，以剖析它们背后隐喻的含义，一方面了解陕西公众对2021年重要社会事件、社会现象的关注度以及人们对它们的评价和态度，感知公众的表达如何代表着当前社会的价值观；另一方面也可了解在碎片化的现代生活中公众的生活态度，感知在错综复杂社会发展环境下的社会情绪能量，可以管窥我们这个变得更加开放、宽容的现代社会。为了解陕西公众眼中的2021年"社会热词"，我们在调查问卷中列出了21个涵盖政治生活、经济发展、社会建设、文化建设、生态文明等领域的社会热词，请受访公众做出研判（见表3）。

表3 陕西公众对2021年度"社会热词"的认定

单位：人次，%

社会热词	频次	百分比	排序
建党百年	166	55.5	1
十四运	146	48.8	2
双减	133	44.5	3
共同富裕	109	36.5	4
全面小康	90	30.1	5
乡村振兴	80	26.8	6
三胎政策	73	24.4	7
民法典	69	23.1	8
学党史	63	21.1	9
就地过年	62	20.7	10
长津湖	59	19.7	11
房产税	58	19.4	12
"十四五"开局	53	17.7	13
躺平	44	14.7	14
新疆棉花	36	12.0	15
凡尔赛	35	11.7	16
全红婵	33	11.0	17
碳中和	25	8.4	18
新消费	18	6.0	19
大湾区	13	4.3	20
其他	4	1.3	21
合计	1369	457.7	—

注：由于本题为多项选择设置，故百分比之和大于100%。

从表3的统计数据中可以看出，表中所列出的2021年度反映社会发展脉络的21个社会热词中，"建党百年"居首位，提及率高达55.5%。多数受访者表示，"建党百年"不仅是2021年尤其是前半年各类媒体的报道重点，也是最能反映2021年度特征的社会热词，从侧面反映出公众对建党百年的关注度。其次是"十四运"，近五成（48.8%）受访公众选择了该选项。大多受访者表示，对陕西来说，"十四运"无疑是2021年最具影响力的重大事件，通过举办"十四运"这一全国瞩目的体育盛会，不仅展现了陕西近年来经济社会发展的新形象、新变化，也可以借举办"十四运"为契机，努力提升陕西城市文明水平。"双减"政策被公众列在第三位，提及率为44.5%，多数公众认为，现在青少年学业压力过于繁重，应多关注青少年身心健康发展，国家提出"双减"政策亦在为实现教育公平、公正、稳定和健康而努力。也有不少公众认为，"双减"之所以被重度关注，不在于其有何实际意义，而在于大家希望我们的教育真的需要一个深刻的反思和改革。"共同富裕"被受访公众评为2021年度第四大社会热词，提及率为36.5%。无论是持有共同富裕较难实现观点的受访公众还是认为实现概率较大者，都反映出这一热词具有深刻的社会价值，是人们对当前社会发展评价与对未来社会发展期待不同态度的一个写照。"全面小康"被列在第五位，受访者提及率为30.1%。

2021年是全面建成小康社会的决胜之年，全面建成小康社会，"上承新中国成立以来尤其是改革开放以来的改革发展，下启实现第二个百年奋斗目标和中华民族伟大复兴中国梦的新征程，具有十分重大的历史和现实意义"[1]。调查还发现，"乡村振兴"持续成为社会热词，26.8%的受访者给予了关注，列第六位，折射出公众对实现乡村振兴战略、解决新时代我国社会主要矛盾、实现"两个一百年"奋斗目标的殷切期盼。调查数据还显示，"三胎政策""民法典""学党史""就地过年""长津湖""房产税""'十四五'开局"等话题亦成为2021年度社会热词，受到较高关注，提及率分别为24.4%、23.1%、21.1%、20.7%、19.7%、19.4%、17.7%。此外，"躺平""新疆棉花""凡尔赛""全红婵""碳中和""新消费""大湾区"

---

[1] 徐德莉：《全面建成小康社会与全面建设社会主义现代化国家》，《光明日报》2021年8月16日。

等也被部分受访公众选为2021年度社会热词。特别是对于"躺平"这一带有"消极"色彩的社会热词，年轻受访公众提及较多，多数受访者认为，这个词用来调侃生活可以，但年轻人更应理性看待竞争，以积极的态度面对压力，永不放弃，为理想和未来努力奋斗。总体而言，被受访公众提及的2021年度社会热词，都呈现出2021年度的国家、社会和个体形象，记录了2021年国家、社会和个体的时代烙印，描述了公众视野下的社会发展与时代变迁。

三 对主要社会事件/活动社会影响力的评价

公众关注、讨论社会热词从侧面反映出当前老百姓对社会关注的焦点。这一结果既反映出陕西省2021年度一系列经济社会建设举措深入人心，也体现出全社会对陕西省"十四五"开局之年以及今后经济社会发展的关注与期待。故此，我们在问卷设计中除了解公众对2021年度社会热词的关注度外，也请受访公众对有典型代表意义的八类社会事件和社会现象按照"没有影响""影响不大""较有影响""影响很大"四级评价维度对其进行评价。需要说明的是，为便于对所列社会事件、社会现象的影响力进行排序，在数据统计中，我们将"没有影响"赋值为1、"影响不大"赋值为2、"较有影响"赋值为3、"影响很大"赋值为4，然后统一进行加权平均得出所列八类社会事件、社会现象的综合加权比例，以此作为研判公众评价的重要依据（见表4）。

表4 公众对2021年度主要社会事件、社会活动影响力的评价

单位：%

社会事件/活动	影响很大	较有影响	影响不大	没有影响	加权比例	排序
全民免费接种新冠疫苗	74.9	20.7	2.3	1.7	36.8	1
多地出现变异毒株引发的新冠疫情	70.6	22.7	5.4	1.0	36.2	2
中国共产党喜迎建党100周年	60.5	27.4	8.0	3.3	34.4	3
教育部出台为学生减负的"双减政策"	56.5	31.1	10.0	1.7	34.1	4

续表

社会事件/活动	影响很大	较有影响	影响不大	没有影响	加权比例	排序
十九届六中全会召开	44.1	36.8	14.0	4.7	32.0	5
全党开展学党史学习教育	38.5	40.5	15.1	6.0	31.2	6
全国人大授权国务院开展房产税改革试点	34.8	41.5	20.4	3.0	30.8	7
国家开放三胎生育政策和配套支持措施	31.8	33.4	24.1	10.7	28.6	8

调查结果显示,"全民免费接种新冠疫苗"的社会影响力居首位,认为"影响很大"(74.9%)或"较有影响"(20.7%)的受访者比例高达95.6%,全民接种疫苗体现了我国国民坚持底线思维,忧患意识强,有效防范和化解疫情带来的影响。实践证明,我们在新冠肺炎疫情防控中坚持清零政策以及全体注射疫苗策略就是最好的防疫。相反,明确表示"没有影响"的受访者比例仅占1.7%,认为"影响不大"的也只占2.3%。被公众排在第二位的是"多地出现变异毒株引发的新冠疫情",70.6%的受访者认为"多地出现变异毒株引发的新冠疫情"会对国内外疫情管控以及社会发展产生深远的影响。被公众排在第三位的是"中国共产党喜迎建党100周年",多数受访者认为,"中国共产党喜迎建党100周年"对中国来说是一件头等大事。正因如此,超过六成(60.5%)的受访者认为"中国共产党喜迎建党100周年"对社会发展"影响很大",近三成(27.4%)受访公众认为"较有影响",仅有少数受访公众(3.3%)认为"没有影响"。此外,在不少受访公众看来,"教育部出台为学生减负的'双减政策'"和"十九届六中全会召开"等社会事件的总体影响力也比较大,受访者认为"影响很大"或"较有影响"的比例均在80.0%以上,分别为87.6%和80.9%。至于"全国人大授权国务院开展房产税改革试点"和"国家开放三胎生育政策和配套支持措施"等社会政策,尽管它们与老百姓的切身利益高度相关,但受访公众认为"影响很大"或"较有影响"的比例相对而言不算太高,分别为76.3%和65.2%。具体见表4。

四　主要社会事件/活动对陕西发展影响力的评价

在陕西经济社会发展过程中，2021年无疑是具有浓墨重彩和有着里程碑意义的一年。其是陕西省"十四五"开局之年，这一年，中华人民共和国第十四届运动会时隔多年之后再次在三秦大地上举行，高质量发展成为省委、省政府最醒目的政策标签。同时，受新冠肺炎疫情影响，陕西省经济社会发展尚未恢复到完全正常状态，整个经济社会秩序都还在继续恢复中。在疫情防控、恢复秩序、推动高质量发展等社情民意的共鸣中，公众如何评价这些社会事件和社会现象的影响力？故此，我们在问卷中也列出了2021年度对于陕西经济社会发展具有重要意义的社会事件，请受访公众按照"没有影响""影响不大""较有影响""影响很大"四级评价维度对其进行评价。需要说明的是，为便于对所列社会事件、社会现象的影响力进行排序，在数据统计中，我们将"没有影响"赋值为1、"影响不大"赋值为2、"较有影响"赋值为3、"影响很大"赋值为4，然后统一进行加权平均得出所列八类社会事件、社会现象的综合加权比例，以此作为研判公众评价的重要依据，具体见表5。

表5　2021年主要社会事件/活动对陕西发展的影响力评价

单位：%

社会事件/活动	影响很大	较有影响	影响不大	没有影响	加权比例	排序
中华人民共和国第十四届运动会在西安举行	61.9	28.8	8.0	1.3	35.1	1
习近平总书记在榆林考察调研	43.5	44.8	8.4	3	32.8	2
渭南市大荔县遭遇特大水灾	44.1	37.1	16.4	2.3	32.3	3
陕西六个城市进入深度老龄化	35.8	38.8	21.4	4	30.6	4
陕西秦岭国家公园创建获批	29.1	41.1	25.1	4.7	29.5	5
"绿巨人"动车组在陕西全面开行	26.8	40.5	27.4	5.4	28.9	6

调查结果显示，"中华人民共和国第十四届运动会在西安举行"的社会影响力居首位，认为"影响很大"（61.9%）或"较有影响"（28.8%）的

受访公众比例高达90.7%。受访者纷纷表示，十四运在陕西举行意义非凡，对于陕西省来说既是挑战，也是一次机遇，陕西省交上了一份令人满意的答卷，圆满完成国家体育总局赋予的责任和人民给予的信任，借此机遇展示精彩陕西，建设健康中国。被公众排在第二位的是"习近平总书记在榆林考察调研"，近九成（88.3%）受访者认为"影响很大"（43.5%）或"较有影响"（44.8%），大多受访者认为习近平总书记在榆林考察调研会对陕西省发展产生深远的影响，有利于更好地服务和融入新发展格局，谱写陕西高质量发展新篇章。被公众排在第三位的是"渭南市大荔县遭遇特大水灾"，超过八成（81.2%）的受访公众认为这一自然灾害对陕西经济社会发展尤其是大荔县当地的社会发展"影响很大"（44.1%）或"较有影响"（37.1%），认为"没有影响"的仅占2.3%。大多受访者认为，突如其来的渭南大荔特大水灾让我们充分意识到，河南水灾其实已经是一种讯号，气候变化其实就在我们身边，自然风险不断增加对人类的影响力不断加大，我们不应该漠视，应尽快建立健全陕西省自然灾害防御及重建机制。对于调查问卷中列出的"陕西六个城市进入深度老龄化"、"陕西秦岭国家公园创建获批"和"'绿巨人'动车组在陕西全面开行"等社会事件，虽然其对陕西省的经济社会发展也有较大影响，但在受访公众看来，整体影响力稍偏弱。认为"影响很大"或"较有影响"的受访者比例分别为：74.6%、70.2%和67.3%。

2021年是"十四五"规划的开局之年，是具有历史性意义的一年。2021年，我们正站在两个"一百年"的历史交汇点上，开启全面建设社会主义现代化国家的新征程。"2021"已成回忆，"2022"悄然开启，我们将在省委、省政府的领导下，乘十四运东风，在服务和融入新发展格局上展现新作为，在推动经济高质量发展、改革开放实现重大突破、文化强省建设取得显著进展、生态环境质量持续好转、共建共治共享社会治理新格局基本形成和改善民生等领域取得更大的成绩。

B.20 陕西公众对共同富裕的理解、认知调查分析报告

陕西省社会科学院社会学研究所课题组*

摘 要： 为了解陕西公众对"共同富裕"的理解和认知状况，调研组对年龄在20~70岁的社会公众进行了专题问卷调查。调查结果显示，作为解决我国当前发展不平衡、不充分问题的一种发展策略和工作思路，"共同富裕"引发社会各界高度关注。贫富差距、城乡差距和区域差距是推进共同富裕面临的最大困难和挑战，也是公众最为关注和担忧的影响因素。目前，公众对实现共同富裕普遍较有信心。当前社会政策已为实现共同富裕提供了基本条件，但要完全实现这一战略目标，还需要我们在推进过程中用发展的办法解决发展中遇到的问题，构建新的驱动力。该调查为实现共同富裕提供了重点领域和努力方向，具有深刻的借鉴意义。

关键词： 陕西公众 共同富裕 贫富差距 收入差距 区域差距

自2021年10月16日《求是》杂志第20期发表习近平总书记的文章《扎实推动共同富裕》后，"共同富裕"一词不仅成为2021年度社会热词，

---

* 课题组成员：谢雨锋，陕西省社会科学院社会学研究所副研究员，研究方向为社会工作理论与实务、社区社会工作、社会调查与方法；高萍，陕西省社会科学院社会学研究所助理研究员，研究方向为质性社会学；李巾，陕西省社会科学院社会学研究所副研究员，研究方向为人口社会学。

而且热度不断上升。共同富裕是社会主义的本质要求，是中国式现代化的重要特征，是人民群众的共同期盼。实现共同富裕不仅是经济问题，而且是关系党的执政基础的重大政治问题。因此，站在新时代社会发展的背景下，我们要适应我国社会主要矛盾的变化，坚持以人民为中心的发展思想，主动解决影响共同富裕目标实现的收入水平差距、城乡区域差距和地区发展差距等问题，从而回应人民日益增长的美好生活需求。2021年6月10日，《中共中央国务院关于支持浙江高质量发展建设共同富裕示范区的意见》发布，提出六大方面20条重大举措。这体现了党中央对解决我国发展不平衡不充分问题的坚定决心，对社会主义本质要求的不懈探索，对全体人民美好生活新期待的殷切回应。那么，究竟什么是共同富裕？站在新阶段的历史新起点，如何全面理解、把握共同富裕的深刻内涵？在高质量发展中促进共同富裕实现的路径有哪些？对此，陕西省社会科学院社会学研究所从公众视角出发，就公众对"共同富裕"的理解和认知状况对年龄在20~70岁的社会公众进行了专题问卷调查，最终获得300个成功样本。经数据分析，获得如下结果。

一 对"共同富裕"的关注度和认知度

《扎实推动共同富裕》是习近平总书记在2021年10月16日出版的第20期《求是》杂志上发表的重要文章，也是习近平总书记2021年8月17日在中央财经委员会第十次会议上讲话的重要组成部分。这篇文章对共同富裕的内涵、方向、总体思路、路径和重要任务等都进行了全面、系统、深入的阐释。文章一经刊出，就受到社会各界的高度关注。调查结果显示，逾六成（64.2%）受访公众对"扎实推动共同富裕"表示"非常关注"（23.4%）或"比较关注"（40.8%），仅有不到一成（9.4%）的受访者对扎实推进共同富裕表示"不太关注"（7.0%）或"不关注"（2.4%）。另有26.4%的受访公众持"一般"态度。若以五级量表赋值进行测算，受访公众对"扎实推动共同富裕"整体的关注度打分为3.76分（满分为5分），得分均介于"一般"与"比较关注"之间,且更接近"比较关注"(见图1)。可见,共同富裕作为解决我国当前发展不平衡、不充分问题的一种发展策略和工作思路,引发全社会各界的高度关注。

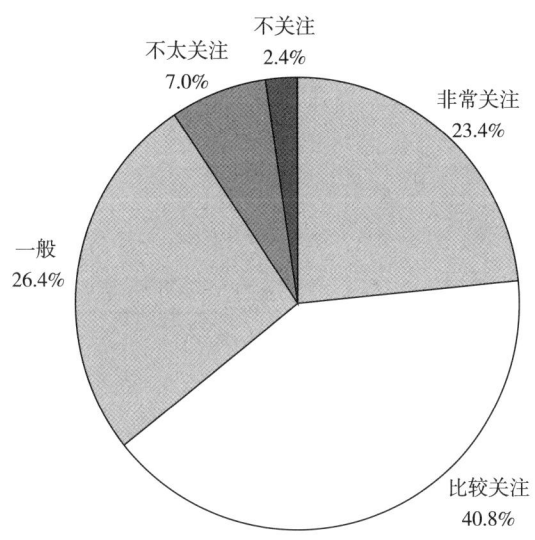

图1 公众对"扎实推动共同富裕"的关注度

为进一步了解居民对共同富裕内涵的理解,问卷采用多选的方式供受访者选择。调查结果显示,"全体人民共同富裕"和"物质、精神生活都富裕"被选择的频次分别达225次和209次,逾3/4(75.8%)的受访公众认为所谓共同富裕首先是"全体人民共同富裕",其次是"物质、精神生活都富裕"(70.4%),受访公众对上述二者的认同比例不仅相当高,而且排序也居前两位。受访公众对共同富裕就是"少数人的富裕"或"整齐划一的平均主义"的说法或看法认同度比较低,只有少数受访者认同此说法或提法,提及率也分别仅占9.1%和9.1%。换言之,大多受访者反对将共同富裕搞成平均主义。正如有专家所言,为了实现共同富裕,我们仍要继续把"做大蛋糕"和"分好蛋糕"两件事情办好,这两件事情不可偏废,"做大蛋糕"是"分好蛋糕"的物质基础,蛋糕不大,分得再好意义也不大;要循序渐进,逐步实现;要缩小差距,但不搞平均主义;要体现共同劳动，共同创造；要以高质量发展为基础。由此可见，大多数受访公众对共同富裕内涵的理解比较一致，只有极少数受访者持有不同的看法（见表1）。

表1 公众对共同富裕内涵的理解

单位：人次，%

共同富裕的含义	频次	比重	排序
全体人民共同富裕	225	75.8	1
物质、精神生活都富裕	209	70.4	2
少数人的富裕	27	9.1	3
整齐划一的平均主义	27	9.1	4
合计	488	164.4	—

注：由于本题为多项选择设置，故比重之和大于100%。

二 对"扎实推动共同富裕"意义的理解

促进共同富裕的核心在于如何理解、阐释、践行"共"字背后的丰富内涵？理解了"共"的深层蕴含，也就理解了中央提出这一发展战略的重要价值。对于"扎实推动共同富裕"的社会价值和重要意义，调查结果显示，在可以多选的情况下，多数受访者认为首先要有利于"增强人民群众的获得感、幸福感、安全感"，提及率高达78.3%。这是因为，"共，是脱贫攻坚战中'决不能落下一个贫困地区、一个贫困群众'的坚定决心；也是全面建成小康社会进程中'一个民族都不能少'的铿锵承诺；共，是'想群众之所想，急群众之所急''努力让每个人都有人生出彩的机会'；也是不断缩小地区、城乡、收入差距，让区域、行业发展更协调、平衡和包容；共，是追求全体人民而非少数人的富裕，也是人民群众物质生活和精神生活都富裕……"[1] 是以人民为中心思想的体现，也是社会主义的本质要

---

[1] 邹伟、于佳欣、樊曦、刘红霞：《从"共"字看扎实推进共同富裕——习近平经济思想的生动实践述评之五》，《人民日报》2021年12月9日。

求。接下来，不少受访者认为主要体现在"促进经济社会高质量发展"和"彰显中国特色社会主义制度的优越性"方面，提及率分别为59.5%和57.5%。在不少受访者看来，全球收入不平等问题突出，一些国家贫富分化，中产阶层塌陷，导致社会撕裂、政治极化、民粹主义泛滥，教训十分深刻。我国必须坚决防止两极分化，促进共同富裕，实现社会和谐安定。此外，认为是"夯实党的执政基础，巩固党的执政地位"的受访者提及率为50.2%；认为是"走好中国式现代化发展道路"的提及率为47.2%。至于扎实推进共同富裕是"丰富和发展马克思主义反贫困理论"，囿于受访者的理解力和认知水平，提及率只占27.1%，反映了受访者对于马克思主义反贫困理论认知较浅，关注较少，具体如表2所示。由此可见，大多数公众对于扎实推进共同富裕的重要意义的理解都集中在党的执政、中国化以及人民群众体验感的理解层次。

表2　公众对于"扎实推动共同富裕"重要意义的理解

单位：人次，%

"扎实推动共同富裕"的重要意义	频次	比重	排序
增强人民群众的获得感、幸福感、安全感	234	78.3	1
促进经济社会高质量发展	178	59.5	2
彰显中国特色社会主义制度的优越性	172	57.5	3
夯实党的执政基础，巩固党的执政地位	150	50.2	4
走好中国式现代化发展道路	141	47.2	5
丰富和发展马克思主义反贫困理论	81	27.1	6
合计	956	319.8	—

注：由于本题为多项选择设置，故比重之和大于100%。

三　公众对当前社会三大差距的认知与评价

当前，收入差距、地区差距、城乡区域发展差距较大已成为制约我国经济社会协调发展及实现共同富裕这一战略目标的难题，是实现共同富裕的"拦路虎"和"绊脚石"。"在新时期下,更加有效地消除城乡区域发展和收入分配差距、更加有效地推动不同领域的协调发展,将成为解决我国'不平衡、不充分'发展问题的主要路径。"①为此,我们在问卷调查设计中就公众对城乡贫富差距、收入差距和区域差距的认知状况展开了调查。在调查公众对当前社会三大差距的评价时,我们按照"影响很大""影响较大""影响不大""没有影响"四级得分量表让公众对其进行评价。

1. 对贫富差距的认知与评价

调查结果显示,在受访者看来,"贫富差距"在三大差距中对实现共同富裕的影响力最大,居首位。其中,近2/3（65.5%）的受访公众认为"影响很大",近三成（29.2%）受访公众认为"影响较大",二者叠加比例高达94.7%,这说明,大多数受访者认为贫富差距对实现共同富裕是有极大影响的,已经成为掣肘共同富裕目标实现的最大阻力。相比之下,认为贫富差距"影响不大"（4.7%）或"没有影响"（0.6%）的受访者比例仅占5.3%（见图2）。

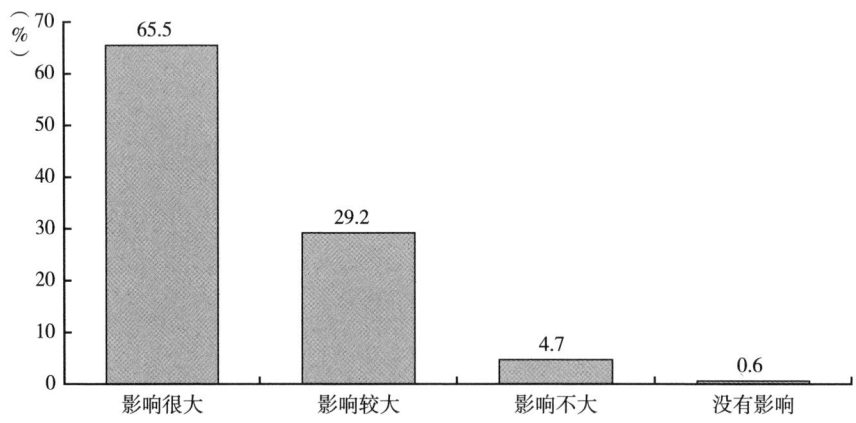

图2　公众就贫富差距对实现共同富裕影响力的评价

---

① 许光建:《加快解决发展不平衡不充分问题》,《人民日报》2018年3月1日。

问及贫富差距对实现共同富裕的影响的主要体现，进一步调查发现，63.5%的受访者认为首先是"影响社会和谐安定"；其次是"破坏社会公平正义"和"影响社会制度的公正权威"，提及率分别为44.8%、42.1%；35.5%的受访者认为"影响社会风气"；"引起仇富、仇官心理"、"降低政府公信力"和"阻碍经济发展"的提及率也在两成以上，分别为24.1%、23.4%、23.1%；此外，还有19.4%的受访者认为贫富差距过大会"削弱国家凝聚力"（见表3）。由此可见，贫富差距问题作为当前我国诸多社会问题中一个十分严峻的问题，其社会影响是多方面的，其影响主要体现在社会层面，表现为秩序以及制度的稳定发展。正因如此，习近平总书记在其文章中特别强调，我国必须坚决防止两极分化，促进共同富裕，实现社会和谐安定。

表3 贫富差距对实现共同富裕的影响体现

单位：人次，%

主要体现	频次	比重	排序
影响社会和谐安定	190	63.5	1
破坏社会公平正义	134	44.8	2
影响社会制度的公正权威	126	42.1	3
影响社会风气	106	35.5	4
引起仇富、仇官心理	72	24.1	5
降低政府公信力	70	23.4	6
阻碍经济发展	69	23.1	7
削弱国家凝聚力	58	19.4	8
合计	825	275.9	—

注：由于本题为多项选择设置，故比重之和大于100%。

2. 对收入差距的认知与评价

在当前社会三大差距中，对实现共同富裕影响力的考量中，相较于贫富差距，"收入差距"的影响力显然也占据相当重要的位置。调查结果显示，近七成（67.2%）受访者认为"影响很大"；认为"影响较大"的受访者比例占26.4%；少数受访公众选择了"影响不大"或"没有影响"，占比分别为5.1%和1.3%（见图3）。

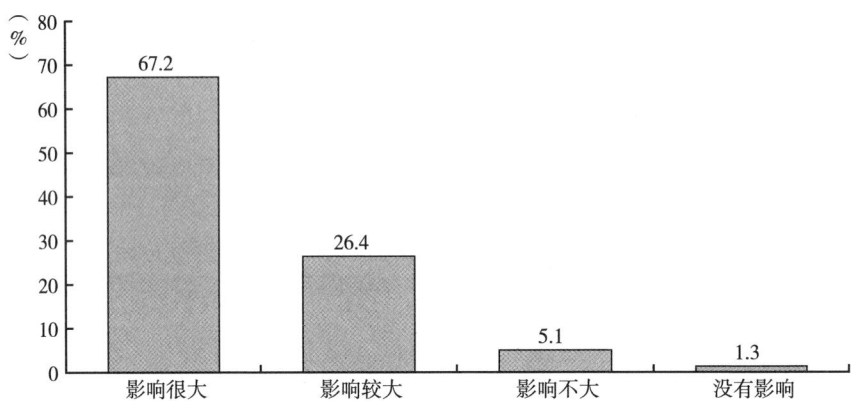

图3　公众就收入差距对实现共同富裕影响力的评价

问及"您认为当前收入差距对实现共同富裕的影响主要体现在"这一问题时，受访公众在可以多选的情况下，八成多（80.9%）的受访公众认为主要体现在"收入高低"方面。72.9%的受访者认为主要体现在"子女的教育环境"，而解决教育问题对共同富裕的影响也恰恰是习近平总书记在其文章中多次提及的。如"为人民提高受教育程度、增强发展能力创造更加普惠公平的条件"，"要提高高等教育质量，做到学有专长、学有所用"，"要深化户籍制度改革，解决好农业转移人口随迁子女教育等问题，让他们安心进城，稳定就业"。可见，解决好教育问题是实践共同富裕的有效路径之一。受访公众认为收入差距的另一大影响体现在"享有的医疗服务条件"，提及率为62.9%，认为这也是衡量是否实现共同富裕的一个重要指标。相比之下，"房产数量"和"有无私家汽车"对实现共同富裕的影响则不太大，只有少数受访者提及，提及率分别为34.1%和10.7%。这表明，大多数公众认为收入差距在实现共同富裕的影响体现具体有收入、教育环境和医疗服务条件三个层面。具体如表4所示。

表4 收入差距对实现共同富裕的影响的体现

单位：人次，%

主要体现	频次	比重	排序
收入高低	242	80.9	1
子女的教育环境	218	72.9	2
享有的医疗服务条件	188	62.9	3
房产数量	102	34.1	4
有无私家汽车	32	10.7	5
合计	782	261.5	—

注：由于本题为多项选择设置，故比重之和大于100%。

3. 对区域差距的认知与评价

尽管我国当前区域发展还处于不均衡的状态，不论从纵向还是横向角度来看，区域之间资源分配不够均衡，仍存在较大差异，但随着我国近年来城市化的加快以及城镇化率的提升，区域差距正进一步缩小。正因如此，在受访公众看来，相对于贫富差距和收入差距，区域差距对实现共同富裕的影响相对偏弱。调查结果显示，认为区域差距对实现共同富裕"影响很大"的受访者比例为56.7%；认为"影响较大"的占32.9%；有10.4%的受访者认为"影响不大"，无人选择"没有影响"（见图4）。

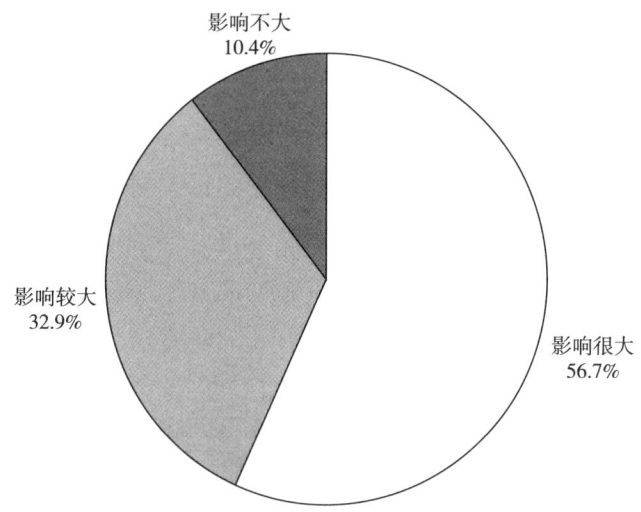

图4 公众就区域差距对实现共同富裕的影响的评价

问及"您认为当前区域差距对实现共同富裕的影响主要体现在"这一问题时,"居民收入水平""教育环境""医疗条件"位列前三,三者的提及率分别为67.9%、58.9%和55.2%。此外,"就业机会"和"消费水平"也占两到三成;"发展环境"的提及率接近两成(19.1%);相比之下,"公共服务""社会文明度""交通条件"对实现共同富裕的影响较小,提及率均在一成左右,分别为11.7%、10.4%、6.7%(见表5)。综合来看,居民就区域差距对实现共同富裕影响体现的选择上,都倾向于关注收入、教育、医疗这三大板块。结合我国当前国情以及公众的需求,收入、教育、医疗是实现共同富裕的重要环节和关注点,只有贴合人民群众最根本、最迫切的需要,才能更好地推动共同富裕的实现。

表5 区域差距对实现共同富裕的影响的体现

单位:人次,%

主要体现	频次	比重	排序
居民收入水平	203	67.9	1
教育环境	176	58.9	2
医疗条件	165	55.2	3
就业机会	93	31.1	4
消费水平	74	24.7	5
发展环境	57	19.1	6
公共服务	35	11.7	7
社会文明度	31	10.4	8
交通条件	20	6.7	9
合计	854	285.7	—

注:由于本题为多项选择设置,故比重之和大于100%。

总而言之,当前我国尚处于社会主义初级阶段,收入差距、贫富差距以及区域差距这"三大差距"的存在是我国在多年持续高速发展过程中累积的结构性问题,而造成结构性问题的原因既复杂又多样,绝非短时间内可以得到很好解决。正因如此,习近平总书记在其文章中明确提醒我们要认识到实现共同富裕目标的长期性、艰巨性和复杂性,围绕不断推动高质量发展,做好打大仗、打硬仗、打恶仗的各项准备。而其中需要解决的最重要、最关键的问题就是推动以缩小区域差距、城乡差距、收入差距为标志的社会变革。

四 当前社会政策对实现共同富裕的作用

对于当前社会政策对实现共同富裕的作用，调查结果显示，超过1/4（25.8%）的受访公众认为当前社会政策对实现共同富裕的"作用很大"；逾三成（32.8%）受访公众认为"作用较大"。二者叠加比例为58.6%，反映出多数受访者对于社会政策的认知程度，就当前社会政策对实现共同富裕的影响给予较高肯定。值得注意的是，认为"作用不太大"的受访者比例占11.4%；此外，有1.9%的人选择了"没有作用"（见图5）。

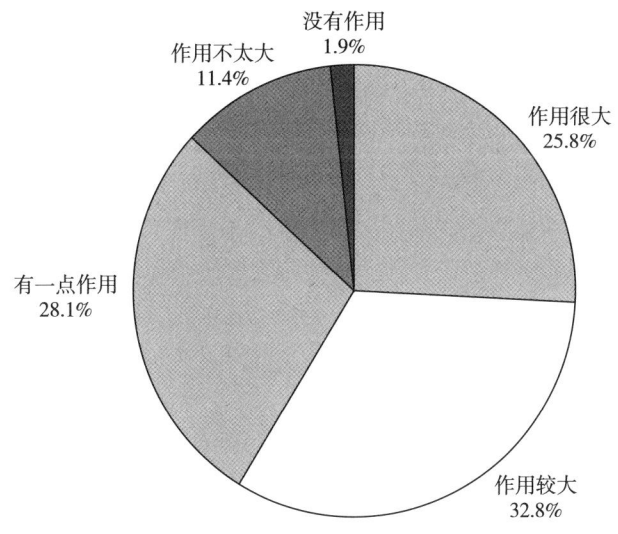

图5 公众认为当前社会政策对实现共同富裕的作用

可见，当前社会政策已为实现共同富裕提供了基本条件，但要完全实现这一战略目标则需要我们在推进共同富裕过程中补齐短板，构建新的驱动力。用5级量表赋值方法测量，受访公众就当前社会政策对实现共同富裕的作用整体的影响力打分为3.70分（满分为5分），得分介于"有一点作用"

与"作用较大"之间,且更接近"作用较大"。这表明,尽管我国已进入城乡全面融合发展阶段,人均 GDP 达到较高水平,全面建成小康社会,但对照共同富裕的要求、百姓对美好生活的追求,还有不少差距。比如,高质量发展体制机制还不健全,发展不平衡、不充分问题依然突出,"三大差距"客观存在,特别是城乡形态面貌反差大、城镇连城带乡功能不强、乡村内生发展动力不足等,这些都要求我们加强顶层设计,完善政策制度,从而为实现共同富裕创造一个良好的政策支持环境。

五 公众对实现共同富裕面临困难与挑战的认定

对于实现共同富裕所面临的困难和挑战,调查结果显示,"缩小贫富差距难"和"城乡区域发展不平衡"被排在前两位,提及率分别为 61.9% 和 57.9%,这反映出贫富差距、城乡差距和区域差距是推进共同富裕过程中面临的最大困难和挑战,也成为公众最为关注和担忧的影响因素。换言之,实现共同富裕,就要以缩小贫富、城乡和区域三大差距为主攻方向,解决好三大差距问题,也就为实现共同富裕打下了良好的基础。受访者认为面临的第三大困难和挑战是"社会财富分配方式结构失衡",提及率为 43.1%。正如习近平总书记在《扎实推动共同富裕》一文中提到的,实现共同富裕,分配政策方面,要构建初次分配、再分配、三次分配协调配套的基础性制度安排,加大税收、社保、转移支付等调节力度并提高精准性;在分配格局方面,要扩大中等收入群体比重,增加低收入群体收入,合理调节高收入,取缔非法收入,形成中间大、两头小的橄榄形分配结构。足见只有推动社会财富的公正分配,不断缩小收入差距、贫富差距,降低基尼系数,使全国人民共享经济社会发展成果,才能最终实现共同富裕。接下来,25.4% 的受访者认为面临的主要困难和挑战是"社会保障存在不足";22.4% 的受访者认为是"'内卷'和'躺平'"。"内卷"和"躺平"是近两年我国"90 后"甚至"00 后"们常常挂在嘴边的词。一个指向"过度竞争",另一个代表"退出竞争",这两个截然相反的词语折射出年青一代面对中国社会竞争白热化以及表现出的挫折感。而年青一代正是实现共同富裕的主力军,因此,"内卷"和"躺平"被受访者列为实现共同富裕面临的困难和挑战折射出受访者对这一现象的担忧。此外,受访者认定的困难和挑战还包括"通货膨胀严重"、"基本公共服务供给不平衡"和"国家治理体系和治理能力有待完善",提及率都在两成左右,分别为20.4%、19.1%、18.1%。至于"公众对共同富裕的心理认同度不高"(9.0%)和"代际流动性减弱"(5.0%)等困难和挑战,多数受访者认为影响力有限(见表6)。总之,推动共同富裕面临的主要困难和挑战就是"三大差距",这是亟须补齐的短板。尤其是一些发达国家因为贫富差距拉大而出现了社会分裂,给我国提出了警示,处于转型期的中国也面临翻越中等收入陷阱的巨大挑战。

表6 公众对实现共同富裕要面临的困难与挑战的认定

单位:人次,%

面临的困难与挑战	频次	比重	排序
缩小贫富差距难	185	61.9	1
城乡区域发展不平衡	173	57.9	2
社会财富分配方式结构失衡	129	43.1	3
社会保障存在不足	76	25.4	4
"内卷"和"躺平"	67	22.4	5
通货膨胀严重	61	20.4	6
基本公共服务供给不平衡	57	19.1	7
国家治理体系和治理能力有待完善	54	18.1	8
公众对共同富裕的心理认同度不高	27	9.0	9
代际流动性减弱	15	5.0	10
其他	1	0.3	11
合计	845	282.6	—

注:由于本题为多项选择设置,故比重之和大于100%。

六 对促进共同富裕原则和关注领域的认定

调查结果显示,问及"要促进共同富裕,您认为应重点坚持以下哪些原则"这一问题时,受访者认为首先应坚持的原则是"鼓励勤劳创新致富",提及率达75.8%。多数受访者认为,无论是国家还是个人,改革开放这么多年的事件经验告诉我们,要实现共同富裕,根本途径还是要靠共同奋斗。国家还是要鼓励勤劳致富、创新致富,鼓励辛勤劳动、合法经营、敢于创业的致富带头人,允许一部分人先富起来,先富带后富、帮后富,不搞"杀富济贫";在不少受访者看来,实现共同富裕的另一种路径就是国家也要为大众畅通向上流动通道,给更多人创造致富机会,形成人人参与的发展环境,避免"内卷""躺平"。其次是"坚持基本经济制度",提及率为56.2%。不少受访者认为,我国改革开放40多年来之所以取得巨大成功与始终坚持基本经济制度有很大关系。这是推动共同富裕过程中必须坚持的重要原则。此外,35.7%的受访者认为应"坚持循序渐进",毕竟在我国发展不平衡不充分问题尚未得到有效缓解、解决的背景下,推动共同富裕必然会面临不少问题和挑战,这些都提醒我们实现共同富裕必须坚持"循序渐进"原则,处理好现实利益和长远利益、过程目标和结果目标等方面的关系,利用好政府这只看得见的手来消除市场这只看不见的手对共同富裕的消极影响;17.8%的受访者认为应"尽力而为量力而行",认为我们新时期的发展不仅要继续聚精会神搞建设,更要考虑如何把蛋糕分好,如何构建人人享有的合理分配格局,获得感得到真正意义上的提升。具体如表7所示。

表7 为促进共同富裕公众认为应重点坚持的原则

单位:人次,%

应重点坚持的原则	频次	比重	排序
鼓励勤劳创新致富	225	75.8	1
坚持基本经济制度	167	56.2	2
坚持循序渐进	106	35.7	3
尽力而为量力而行	53	17.8	4
合计	551	185.5	—

注:由于本题为多项选择设置,故比重之和大于100%。

当问及"对于要实现共同富裕,您认为我们当前应加强的领域或方面"这一问题时,调查结果显示,在所列出的18个领域或方面中,居前两位的是

"提高居民收入水平"和"增强区域发展的平衡性",选择比例分别为47.5%和46.5%,这表明,不断提高居民收入水平,破解区域差距、城乡差距问题,推进城乡一体化发展,是实现共同富裕必须予以重点关注和强化的领域和方面。其次是"完善医疗保障体系",有39.1%的受访者提及这一问题。排在第四、第五位的是"扩大中等收入群体规模"和"推进教育资源均衡发展",分别有35.5%和33.4%的受访者选择。认为"促进农民农村共同富裕""健全社会保障制度""强化行业发展的协调性""加强对高收入的规范和调节""促进人民精神生活共同富裕""促进基本公共服务均等化""严厉打击腐败"等领域或方面是重点的受访者均在两成区间,分别为28.8%、27.8%、26.1%、26.1%、24.4%、23.1%和22.1%。另有19.1%的受访者认为"改革分配、税收制度"是重点,18.1%的受访者认为应是"增加就业",15.4%的受访者认为应是"严惩官商勾结",12.7%的受访者认为应是"建立社会慈善体系"。也有少数受访者认为应是"建立利益协调机制"和"加强法治建设",提及率分别仅为7.7%和0.7%。具体结果如表8所示。

表8 为促进共同富裕公众认为应加强的领域

单位:人次,%

应加强的领域	频次	比重	排序
提高居民收入水平	142	47.5	1
增强区域发展的平衡性	139	46.5	2
完善医疗保障体系	117	39.1	3
扩大中等收入群体规模	106	35.5	4
推进教育资源均衡发展	100	33.4	5
促进农民农村共同富裕	86	28.8	6
健全社会保障制度	83	27.8	7
强化行业发展的协调性	78	26.1	8
加强对高收入的规范和调节	78	26.1	9
促进人民精神生活共同富裕	73	24.4	10
促进基本公共服务均等化	69	23.1	11
严厉打击腐败	66	22.1	12
改革分配、税收制度	57	19.1	13
增加就业	54	18.1	14

续表

应加强的领域	频次	比重	排序
严惩官商勾结	46	15.4	15
建立社会慈善体系	38	12.7	16
建立利益协调机制	23	7.7	17
加强法治建设	2	0.7	18
合计	1357	454.1	—

注：由于本题为多项选择设置，故比重之和大于100%。

七 对未来实现共同富裕的信心

调查结果显示，当问及"您对未来实现共同富裕的信心"这一问题时，逾七成（72.2%）受访者的信心度较强，其中，近三成（29.4%）受访者表示"非常有信心"，近五成（42.8%）受访者表示"比较有信心"；此外，16.4%的受访者表示"有一点信心"；相比之下，不到一成受访者的信心度偏低，主要表现在2.7%的受访者明确表示"没有信心"，6.4%的受访者表示"信心不太强"，剩余2.3%的受访者表示"说不清"。具体结果如图6所示。

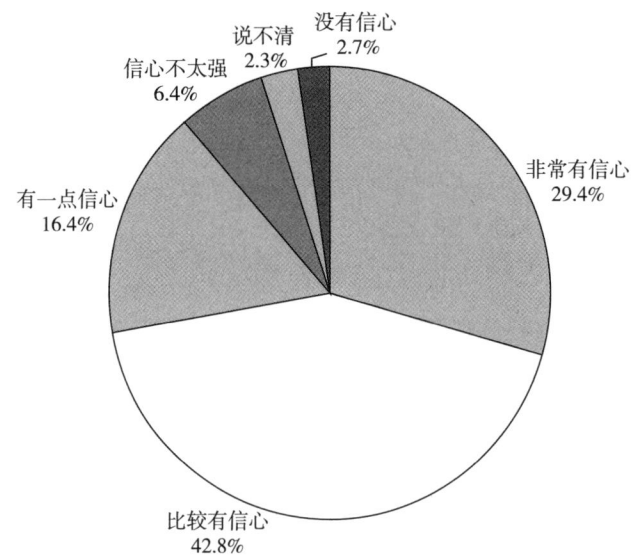

图6 公众对未来实现共同富裕的信心

总体上看，公众对中央提出的关于共同富裕的措施和意义都表示较为关注，当前社会的三大差距也恰好对应了公众对实现共同富裕的相关需求，收入水平、医疗保障以及区域发展协调三大领域成为实现共同富裕道路上的焦点，面对未来共同富裕的实现，公众普遍较有信心。因此调查数据对于今后实现共同富裕的重点领域和要求提供了大致方向，具有深刻的借鉴意义。

参考文献

习近平：《扎实推动共同富裕》，《求是》2021年10月16日第20期。
黄征学：《把握共同富裕深刻内涵的五大关系》，《重庆日报》2021年8月26日。
张占斌：《共同富裕的科学内涵和实现路径》，《经济日报》2021年8月25日。
王若磊：《准确把握共同富裕的内涵与要求》，《光明日报》2021年6月11日。
罗志勇：《开启"扎实推动共同富裕"新征程》，《苏州日报》2021年1月14日。
李文：《新中国70年社会建设和民生改善的成就与启示》，《光明日报》2019年12月25日。
马德坤：《新中国70年社会建设的经验与启示》，《中国社会科学报》2019年12月24日。

B.21
2021年陕西社会民生发展状况调查分析报告

陕西省社会科学院社会学研究所课题组*

摘　要： 民生工作在政府众多工作中占据着重要地位，省委、省政府向来把全面解决民生问题作为工作的重中之重。为了解公众对陕西2021年社会民生发展状况的看法和态度，调研组采取偶遇式抽样方法做了专题调查。调查结果显示，近六成受访者对陕西2021年社会民生建设状况表示满意，且教育、养老、收入等为公众重点关注的问题。当前，公众对陕西2022年及未来社会民生建设乃至"十四五"时期陕西经济社会发展充满期待。在今后一段时间，持续推进教育公平、不断缩小贫富差距、大幅提高居民收入，准确抓住并不断解决好人民最关心、最直接、最现实的利益问题，让发展成果更多、更公平地惠及全体人民，促进社会公平正义，是陕西经济社会发展面临的紧迫任务和重要工作。

关键词： 民生建设　经济发展　教育　养老　陕西省

民生不仅是社会画卷的微观构成，也是社会健康发展的简单表达。百姓生活的具体需求、要求是否得到回应和满足，是判断一个社会发展水平和政

---

* 课题组成员：谢雨锋，陕西省社会科学院社会学研究所副研究员，研究方向为社会工作理论与实务、社区社会工作、社会调查与方法；李巾，陕西省社会科学院社会学研究所副研究员，研究方向为人口社会学；高萍，陕西省社会科学院社会学研究所助理研究员，研究方向为质性社会学。

府管理能力的重要内容。关注民生、重视民生、保障民生、改善民生，是我们党全心全意为人民服务宗旨的要求，是人民政府的重要职责，也是当前构建社会主义和谐社会的关键所在。党的十九大以来，陕西省社会民生建设站在了一个新的历史起点上。省委、省政府始终坚持"民本"思想，将社会民生建设作为政府责任的重要内容，用有限的财力解决人民群众普遍关心的教育、卫生、扶贫、社会救助等民生问题，促进社会和谐发展，取得了明显成效，受到人民群众的广泛好评。当前，陕西省在经济领域、社会建设与社会治理、生态文明建设、民主法治建设和社会主义精神文明建设等领域都存在一定程度的发展不平衡和不充分问题，尤其是社会建设与治理领域，补齐民生保障短板、解决好人民群众急难愁盼问题仍然是陕西省当前乃至今后较长一段时间社会建设的紧迫任务和重要工作。为了解公众对陕西2021年社会民生发展状况的看法和态度，陕西省社会科学院采取偶遇式抽样方法针对20~70岁的居民进行访问，最终共获得299个成功样本。经数据分析，获得如下结果。

一 对陕西省2021年社会民生建设状况的评价

在调查公众对全省的整体评价时，我们按照"很满意""比较满意""一般""不太满意""不满意"五级评价量表让受访公众对其进行评价。调查结果显示，近六成（57.5%）受访者对陕西2021年社会民生建设状况表示"很满意"（14.7%）或"比较满意"（42.8%），相较于2019年下降13.3个百分点。表示"不太满意"或"不满意"的分别仅占3.0%和1.4%，另有高达38.1%的受访者持"一般"评价，换言之，近四成受访公众态度比较模糊。用5级量表赋值方法测量，受访公众对陕西2021年社会民生建设整体发展状况的满意度评分为3.67分（满分为5分），评分位于"一般"与"比较满意"区间，且更接近"比较满意"水平。这表明，尽管大多数受访公众对陕西2021年社会民生建设状况持较满意评价，但受新冠肺炎疫情冲击和影响，全省社会民生建设在过去的两年中呈现徘徊状态。具体如图1所示。

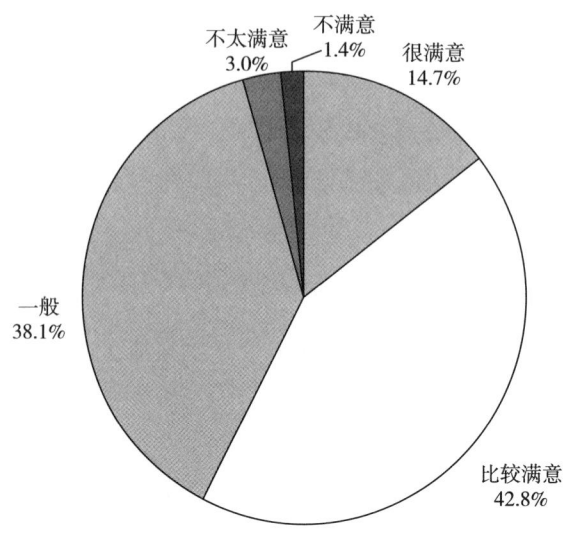

图 1　陕西公众对本省 2021 年社会民生建设状况的评价

进一步调查发现，当被问及"在 2022 年全省民生建设中，您认为哪些方面应重点关注"这一问题时，受访者将"教育"置于最显著位置，提及率高达 64.9%，高出第二选项 18.1 个百分点。可见，"双减"政策受到社会广泛关注，有关教育改革、政策减负效用、教育培训行业前景等方面话题成为舆论热门话题。排在第二位的是"养老"，46.8% 的受访者认为"养老"问题是当前另一重要的民生问题。可见，在我国人口老龄化"高增长、高龄化"趋势不断增强的背景下，人口抚养比将大幅提升，来自老年人的"五老"需求也随之不断增加，切实解决社会养老保险可持续性、老年人长期照料筹资与供给、医养结合以及社会养老服务体系建设等问题已经十分迫切。被受访者排在第三、第四、第五位的分别是"收入""就业""医疗"，提及率分别为 41.5%、40.5%、40.1%。尤其是就业备受关注。在不少受访公众看来，正是由于新冠肺炎疫情的常态化，陕西省经济发展环境的不确定因素有所增加，就业的结构性矛盾比较突出，就业形势比较严峻，这些给就业工作带来不少困难和不利影响。"住房"（33.8%）被受访公众排在第六位，显示出"房子是用来住的、不是用来炒的"国家管控政策得到有效实施，取得了较好的社会效益。对于"生态""文化""公共服务""信息安全"等,受访公众的提及率均较低,分别仅为6.7%、6.4%、5.7%和1.7%(见表1)。

表1 陕西公众对本省2022年民生建设重点的认定

单位:人次,%

民生发展重点	频次	比重	排序
教育	194	64.9	1
养老	140	46.8	2
收入	124	41.5	3
就业	121	40.5	4
医疗	120	40.1	5
住房	101	33.8	6
生态	20	6.7	7
文化	19	6.4	8
公共服务	17	5.7	9
信息安全	5	1.7	10
合计	861	288.1	—

注:由于本题为多项选择设置,故比重之和大于100%。

二 公众对2021年社会民生建设的评价与对2022年发展的期待

1. **经济发展:重点关注加快经济结构调整、多措并举促消费、提高发展质量**

在经济不断发展的过程中,老百姓从过去的"盼温饱"到现在"盼环保",从过去的"求生存"到现在"求生态",从过去的强调"发展速度"到现在注重"发展质量",人们对于经济发展的认知、理解水平和要求正在不断提升。调查结果显示,对于陕西省2021年的经济发展状况,近半数(47.4%)受访公众表示"很满意"(8.5%)或"比较满意"(38.9%),不到一成受访公众表示"不太满意"(4.8%)或"不满意"(2.4%),另有高达45.4%的受访者持"一般"模糊评价。用5级量表赋值方法测量,受访公众对陕西省2021年经济整体发展状况的满意度打分为3.46分(满分为5分),得分介于"一般"与"比较满意"之间,较接近"比较满意"。

可见，受访公众对陕西2021年经济发展状况的满意度评价基本上处于中位水平（见图2）。

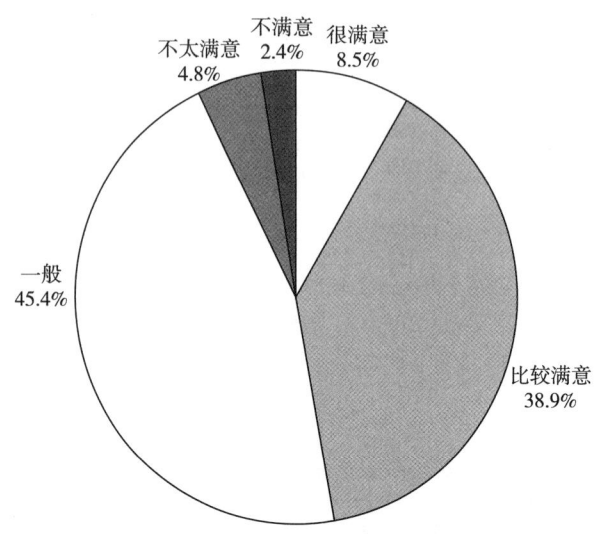

图2　陕西公众对本省2021年经济发展状况的整体评价

进一步调查发现，受访者期待陕西省2022年的经济发展从多方面发力。其中，41.4%的受访公众认为首先应"加快经济结构调整"，认为陕西省过去结构调整的效果不明显是因为政策不够科学或者执行不够有力，建议进一步加大结构调整的政府干预力度。其次是"多措并举促消费"（31.3%）、"提高发展质量"（27.4%）和"主动融入新发展格局"（27.3%）。特别是消费对于经济发展的作用，多数受访公众认为，在新冠肺炎疫情影响市场出口和外部需求减弱的背景下，作为拉动经济增长"三驾马车"之一的消费，无疑对陕西省经济发展有绝对的推动作用。14亿中国人已经构成了世界上最大的一个消费市场，通过改革开放富裕起来的人们，不像老一代人倾向于储蓄，他们更习惯于即期消费，追求生活品质，重视品牌，消费强劲，购买能力强。尤其是衣食住行游购娱这些刚需领域，对经济增长的贡献率连年不断提升。另外，有两成多的受访公众认为"全面推进乡村振兴"、"促进科技成果转化"、"加强招商引资"和"提升实体经济发展水平"是2022年陕西经济发展中应重点抓好的工作,提及率分别为26.9%、26.3%、23.9%、20.5%。接下来,部分受访者认为,"狠抓项目扩投资"(18.5%)和"深化改革开放"(17.2%)也是2021年陕西经济发展应予以重点关注的方面。相比之下,受访公众认为"加强军民融合"(16.2%)、"改善投资环境"(12.8%)和"扎实推进新型城镇化"(12.1%)等领域或方面则不太重要(见表2)。

表2 陕西公众对本省2022年经济发展应重点关注领域的认定

单位:人次,%

经济发展重点	频次	比重	排序
加快经济结构调整	123	41.4	1
多措并举促消费	93	31.3	2
提高发展质量	133	27.4	3
主动融入新发展格局	81	27.3	4
全面推进乡村振兴	80	26.9	5
促进科技成果转化	78	26.3	6
加强招商引资	71	23.9	7
提升实体经济发展水平	61	20.5	8
狠抓项目扩投资	55	18.5	9
深化改革开放	51	17.2	10
加强军民融合	48	16.2	11
改善投资环境	38	12.8	12
扎实推进新型城镇化	36	12.1	13
合计	815	274.4	—

注:由于本题为多项选择设置,故比重之和大于100%。

2. 社会建设:重点关注加强城乡社区建设、维护社会公平正义、加快发展社会事业、完善社会保障体系、增加就业

调查结果显示,受访公众对陕西省社会建设整体发展状况的满意度打分为3.64分(满分为5分),得分位于"一般"与"比较满意"区间,且更接近"比较满意"水平。按照得分结果,我们可以看出,受访公众对当前陕西省社会建设的评价总体较高。其中，近六成（58.2%）受访公众持正面评价（回答"很满意"和"比较满意"），持负面评价（回答"不满意"和"不太满意"）的受访者比例仅占4.8%，二者相差高达53.4个百分点。另有37.0%的受访者对陕西省2021年社会建设总体评价"一般"（见图3）。

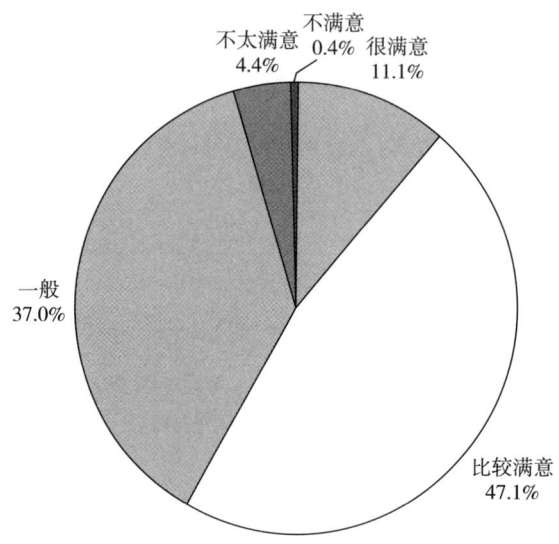

图3 陕西公众对本省2021年社会建设的整体评价

针对"陕西省2022年社会建设的重点应该是"这一问题，调查结果显示，"加强城乡社区建设"、"维护社会公平正义"、"加快发展社会事业"、"完善社会保障体系"和"增加就业"等五大方面最受关注，分别有38.5%、36.8%、32.4%、31.4%和31.1%的受访公众选择。相比以往的社会调查结果，加强城乡社区建设日益成为公众关注的焦点、媒体聚焦的中心。城乡社区是我国社会的基本单元，是人民群众安居乐业的家园，是创新社会治理的基础平台，是巩固党的执政基础的重要基石。习近平总书记强调，"社会治理核心在人，重点在城乡社区，关键是体制机制的创新"。这些都凸显政府已将城乡社区建设置于前所未有的高度以及加强城乡社区建设的重要性和必要性。接下来是"健全公共安全体系"、"提高社会文明程度"和"维护社会和谐安定"，也都有两成以上（24.7%、24.1%、22.1%）的受访公众选择；此外，

"预防和化解社会矛盾"的提及率为15.4%、"建立法治环境"的提及率为14.4%、"加强社会治安综合治理"的提及率为13.0%。总体而言,从社会公众关注视角来看,加强城乡社区建设、维护社会公平正义、加快发展社会事业、完善社会保障体系和增加就业等与老百姓切身利益息息相关的领域/方面是2022年陕西省社会建设的重要着力点。具体如表3所示。

表3 陕西公众对本省2022年社会建设应重点关注方面的认定

单位:人次,%

社会建设重点	频次	比重	排序
加强城乡社区建设	115	38.5	1
维护社会公平正义	110	36.8	2
加快发展社会事业	97	32.4	3
完善社会保障体系	94	31.4	4
增加就业	93	31.1	5
健全公共安全体系	74	24.7	6
提高社会文明程度	72	24.1	7
维护社会和谐安定	66	22.1	8
预防和化解社会矛盾	46	15.4	9
建立法治环境	43	14.4	10
加强社会治安综合治理	39	13.0	11
其他	1	0.3	12
合计	850	284.2	—

注:由于本题为多项选择设置,故比重之和大于100%。

3. 文化建设:重点关注重视青少年价值观教育、提高全民文明素养、完善公共文化服务体系、弘扬优秀传统文化和创新实施文化惠民工程

文化是综合国力的重要组成部分,中国要强,文化必须强。政治是骨骼,经济是血肉,文化是灵魂,文化与经济、政治相互交融、相互渗透。积极健康的文化导向,繁荣发展的文化局面,不仅是经济社会均衡发展的重要标志,也是实现人的全面发展的重要引擎[1]。推动经济社会高质量发展,文

---

[1] 鲁阳:《没有社会主义文化繁荣发展,就没有社会主义现代化》,《人民网-观点频道》2020年11月4日。

化是重要支点。满足人民日益增长的美好生活需要，文化是重要因素。战胜前进道路上各种风险挑战，文化是重要力量源泉。对于陕西省2021年文化建设的状况，调查结果显示，受访公众对陕西省文化建设整体发展状况的满意度打分为3.67分（满分为5分），得分位于"一般"与"比较满意"区间，且更接近"比较满意"水平。按照得分结果，我们可以看出，受访公众对2021年陕西省文化发展的评价总体较高。其中，逾六成（62.1%）受访公众持正面评价（回答"很满意"和"比较满意"），持负面评价（回答"不满意"和"不太满意"）的受访者比例仅占3.8%，二者相差高达58.3个百分点。另有34.1%的受访者对陕西省2021年文化建设总体评价"一般"。这反映出公众对陕西省近年来在加快建设文化大省过程中开展的先行探索和实践给予了肯定（见图4）。

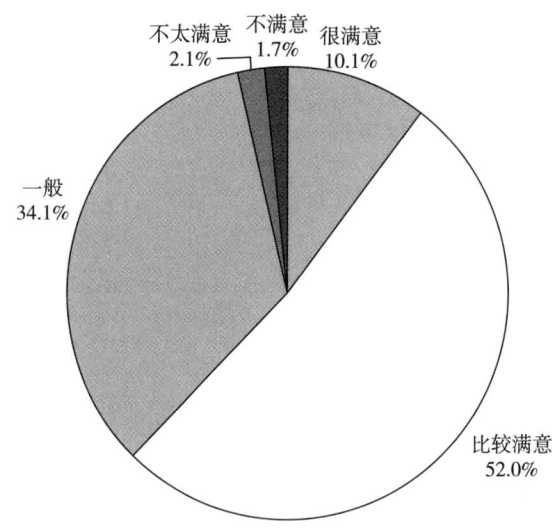

图 4　陕西公众对本省 2021 年文化建设的整体评价

对于2022年陕西省文化建设的着力点和必须重点关注的领域/方面，调查发现，"重视青少年价值观教育"的提及率最高，高达50.8%，高出第二选项13.3个百分点，被受访公众置于显著位置。可见，青少年的价值观教育问题已经引起全社会的高度关注。习近平总书记曾多次谈到青少年价值观教育的重要性，指出："青年的价值取向决定了未来整个社会的价值取向，而青年又处在价值观形成和确立的时期，抓好这一时期的价值观养成十分重要。这就像穿衣服扣扣子一样，如果第一粒扣子扣错了，剩余的扣子都会扣错。人生的扣子从一开始就要扣好。"对此，有学者站在当前社会发展处境下表达了自己的担忧："当代青少年的生活成长环境较之以往更加纷繁复杂，经济全球化、文化多样化、思想多元化，特别是信息网络化，让广大青少年接触外部知识和信息的机会大大增多。由于人生经验不足、思想不够成熟、缺乏社会实践，一些青少年对错误思潮和信息的甄别能力较弱，很容易受到外界不良因素的影响，导致思想困惑和价值迷失。[①]"因此，全社会各级学校要以高度的政治责任感，把青少年社会主义核心价值观教育作为重中之重，探索适合青少年特点的教育方式。其次，"提高全民文明素养"和"完善公共文化服务体系"被受访公众认为是2022年文化建设应重点关注的两个领域，提及率分别占37.5%和34.4%。接下来是"弘扬优秀传统文化""创新实施文化惠民工程""加强公共文化工程、项目建设"，也都有三成左右（31.4%、31.1%、29.1%）的受访公众选择。此外，受访者中，认为应该着力"推动文化产业高质量发展"（22.7%）和"讲好陕西故事"（18.7%）的占两成左右；另有一成多的受访者认为应重点在"净化文化环境"（14.4%）和"促进基本公共文化服务标准化、均等化"（13.4%）等方面下功夫。至于"提高文艺作品质量"，受访公众则不太关心，提及率仅为5.7%。具体如表4所示。

表4 陕西公众对本省2022年文化建设应重点关注方面的认定

单位：人次，%

文化建设重点	频次	比重	排序
重视青少年价值观教育	152	50.8	1
提高全民文明素养	112	37.5	2
完善公共文化服务体系	103	34.4	3

---

① 贾玉娥：《社会主义核心价值观教育要从青少年抓起》，《河北日报》2014年5月17日。

续表

文化建设重点	频次	比重	排序
弘扬优秀传统文化	94	31.4	4
创新实施文化惠民工程	93	31.1	5
加强公共文化工程、项目建设	87	29.1	6
推动文化产业高质量发展	68	22.7	7
讲好陕西故事	56	18.7	8
净化文化环境	43	14.4	9
促进基本公共文化服务标准化、均等化	40	13.4	10
提高文艺作品质量	17	5.7	11
合计	865	289.2	—

注：由于本题为多项选择设置，故比重之和大于100%。

4. 生态建设：重点关注加强大气污染防治、增加绿化面积和减少噪声污染

生态建设和环境保护是近年来公众关注的社会焦点问题之一。践行绿色发展理念，推进生态文明建设，积极把生态优势转化为经济优势，把生态资本转化为发展资本，一直是省政府近年来的施政重点。对于陕西省2021年生态建设的状况，调查结果显示，受访公众对陕西省生态建设整体发展状况的满意度打分为3.74分（满分为5分），得分位于"一般"与"比较满意"区间，且更接近"比较满意"水平。按照得分结果，我们可以看出，受访公众对2021年陕西省生态发展的评价总体较高。如果使用粗略估算法，将对于目前陕西省生态建设表示"很满意"和"比较满意"者归为高满意度群体，将"不太满意"和"不满意"者归为低满意度群体，则当前全省居民中高满意度和低满意度群体比例分别为63.3%和3.4%，二者落差高达近60个百分点。可见，公众对陕西省生态建设的满意度呈逐年上升趋势，越来越多的居民对陕西省生态建设的总体满意度稳步上升（见图5）。

对于2022年以及未来陕西省生态建设的重点工作，调查结果显示，"加强大气污染防治"和"增加绿化面积"两大举措最受关注，分别有

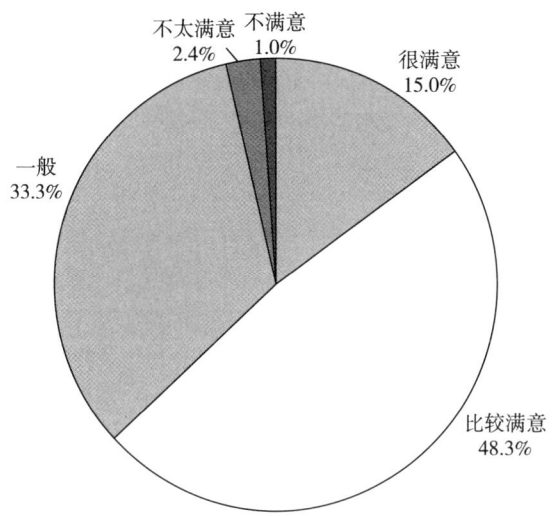

图 5 陕西公众对本省 2021 年生态建设的整体评价

52.2%和49.5%的受访公众选择。这反映出重视和加强这两项工作仍然是解决城乡尤其是城市环境问题的重要途径。其次是"减少噪声污染",提及率为36.8%;认为陕西省2022年及未来生态建设工作重点为"加强污水治理"、"加强环保宣传"、"加强环境保护立法"和"淘汰落后产能"等的受访者比例分别为27.1%、24.7%、23.7%、20.1%。相比之下,认为陕西省2022年及未来生态建设工作重点应"搞好秦岭生态保护"、"加强山林湖泊一体化治理"、"推动公众参与"和"加大执法力度"等的受访者比例则不太高,提及率分别仅为15.1%、11.7%、11.4%和7.0%(见表5)。

表 5 陕西公众对本省 2022 年生态建设应重点关注方面的认定

单位:人次,%

生态建设重点	频次	比重	排序
加强大气污染防治	156	52.2	1
增加绿化面积	148	49.5	2

续表

生态建设重点	频次	比重	排序
减少噪声污染	110	36.8	3
加强污水治理	81	27.1	4
加强环保宣传	74	24.7	5
加强环境保护立法	71	23.7	6
淘汰落后产能	60	20.1	7
搞好秦岭生态保护	45	15.1	8
加强山林湖泊一体化治理	35	11.7	9
推动公众参与	34	11.4	10
加大执法力度	21	7.0	11
其他	2	0.7	12
合计	837	280.0	—

注：由于本题为多项选择设置，故比重之和大于100%。

5. 社会保障体系建设：重点关注解决"看病难、看病贵"问题，完善社会保险制度、就业和再就业

调查结果显示，受访公众对陕西省2021年社会保障体系整体建设状况的满意度打分为3.58分（满分为5分），得分位于"一般"与"比较满意"区间，接近"比较满意"水平。按照得分结果，我们可以看出，受访公众对2021年陕西省社会保障体系建设的评价基本满意。其中，逾半数（54.2%）受访公众对陕西省2021年社会保障体系建设表示"很满意"（8.4%）或"比较满意"（45.8%）；与此形成鲜明对照的是，表示"不太满意"（3.4%）或"不满意"（0.6%）的受访者比例仅占4.0%。值得注意的是，有高达41.8%的受访者持"一般"评价。这表明，尽管陕西省近年来社会保障建设全面发力，参保范围扩大，待遇稳步提高，服务日趋便捷，但距离百姓的期待尚有一定距离，仍需继续通过加强法制建设、扩展社会保障覆盖面等举措，不断推动社会保障体系建设（见图6）。

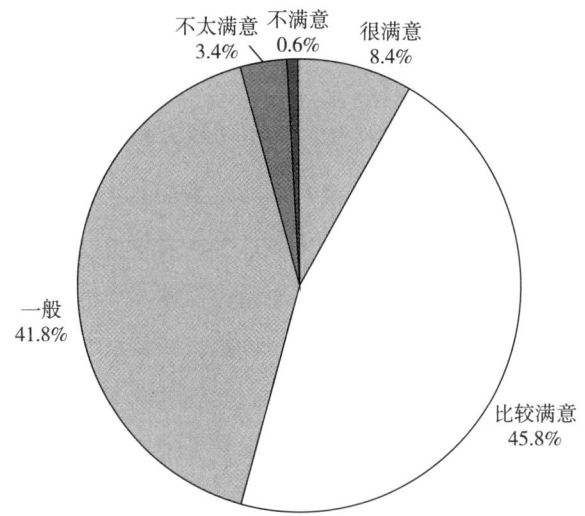

图 6　陕西公众对本省 2021 年社会保障体系建设的整体评价

进一步调查发现,在受访公众看来,陕西省 2022 年及未来社会保障体系建设的重点工作首先是"解决'看病难、看病贵'问题",提及率为 65.1%;其次是"完善社会保障体系",提及率为 57.0%。可见,医药卫生事业关乎普通百姓的身心健康,关乎千家万户的福祉,关乎经济发展与社会和谐,是重大的民生问题。无论是从全社会发展还是从个体健康角度考量,医疗卫生事业都具有非常重要的地位。近年来,随着陕西省多项医疗卫生改革政策的出台和实施,"基本医疗保障制度全面覆盖城乡居民,基本医疗卫生可及性和服务水平明显提高,居民就医费用负担明显减轻,[①]"但"看病难看病贵"依然是当前的社会热点问题,是建设和谐社会首要解决的问题。接下来,47.7% 的受访者提及"完善社会保险制度";43.3% 的受访者提及"就业和再就业"。此外,37.6% 的受访者认为应重点关注社会保障体系建设中的"公平、公正"问题;29.9% 的受访者认为社会保障体系建设中还

[①]　姚常房:《〈全国第六次卫生服务统计调查报告〉显示——居民医疗卫生服务可及性提高》,《健康报》2021 年 1 月 26 日。

是应继续"扩大覆盖面"。至于"社会互助",只有少数受访者对此表示关注,提及率仅为14.1%(见表6)。

表6 陕西公众对本省2022年社会保障体系建设应重点关注方面的认定

单位:人次,%

社会保障体系建设重点	频次	比重	排序
解决"看病难、看病贵"问题	194	65.1	1
完善社会保障体系	170	57.0	2
完善社会保险制度	142	47.7	3
就业和再就业	129	43.3	4
公平、公正	112	37.6	5
扩大覆盖面	89	29.9	6
社会互助	42	14.1	7
其他	1	0.3	8
合计	879	295.0	—

注:由于本题为多项选择设置,故比重之和大于100%。

6. 教育工作:重点关注平衡教育资源和落实"双减"政策

对于陕西省2021年的教育工作,调查结果显示,受访公众对陕西省教育工作的整体满意度打分为3.39分(满分为5分),得分介于"一般"与"比较满意"之间,且较接近"一般"。其中,不到半数(49.2%)的受访公众对陕西省2021年教育工作表示"很满意"(9.8%)或"比较满意"(39.4%);与此形成鲜明对照的是,表示"不太满意"(11.1%)或"不满意"(4.3%)的受访者比例达15.4%,不满意比例居调查问卷所有社会民生指标之首。倘若将"一般"和"不太满意"以及"不满意"比例相加,则发现高达50.8%的受访者对陕西省2021年教育工作评价不甚满意(见图7)。

对于2022年教育工作的重点,调查发现,"平衡教育资源"依旧是公众关注的热点,呼声也最高,提及率为61.9%,居首位,高出第二项7.4个百分点;其次是"落实'双减'政策",提及率为54.5%。多数受访者认为,"双减"政策无疑是2021年教育领域的热点和焦点,但大

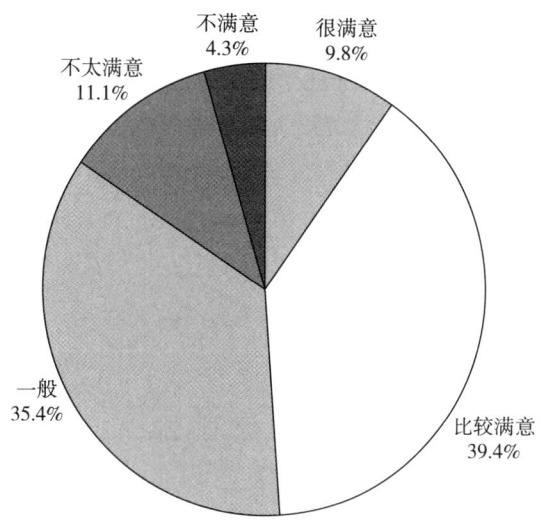

图 7　陕西公众对本省 2021 年教育工作的整体评价

家对该政策见仁见智，有人支持有人反对。有受访者认为，孩子的教育问题一直为广大家长所关注，也是焦虑的根源，出台"双减"政策就是为了切实解决家长的心头之痛。家长无非是因为教育孩子"太辛苦"和"太费钱"而惧怕生儿育女。教育既是有形的"传道、授业、解惑"，又是无形的潜移默化的熏陶，而绝非过多培训与辛苦作业所得，更不是靠金钱的堆砌与消耗换来的。但另有受访者认为，在高考改革没有取得实质性进展的背景下，"双减"政策让整个社会陷入"囚徒困境"，教育培训的价格也水涨船高，很多人逐渐养不起孩子了。接下来，部分受访者认为"提高办学质量和水平"（37.1%）、"增强学生身体素质"（33.1%）和"注重教育公平"（29.1%）才是2022年陕西教育工作的重点。此外，认为工作重点应"关注学生心理"的受访者占22.1%。认为工作重点是"发展职业教育"和"落实素质教育"的分别占18.1%和17.1%。至于"去行政化"，由于和受访者关联性不太强，故提及率较低，仅占12.4%（见表7）。

表 7 陕西公众对本省 2022 年教育行业发展应重点关注方面的认定

单位：人次，%

教育工作重点	频次	比重	排序
平衡教育资源	185	61.9	1
落实"双减"政策	163	54.5	2
提高办学质量和水平	111	37.1	3
增强学生身体素质	99	33.1	4
注重教育公平	87	29.1	5
关注学生心理	66	22.1	6
发展职业教育	54	18.1	7
落实素质教育	51	17.1	8
去行政化	37	12.4	9
合计	853	285.4	—

注：由于本题为多项选择设置，故比重之和大于100%。

7. 医疗卫生发展：重点关注完善居民医保体系、提升医疗服务、降低药价和提高卫生资源利用效益

调查结果显示，受访公众对陕西省 2021 年医疗卫生整体发展状况的满意度打分为 3.52 分（满分为 5 分），得分位于"一般"与"比较满意"区间。按照得分结果，我们可以看出，受访公众对陕西省 2021 年医疗卫生发展的评价总体较高。其中，超半数（51.6%）受访公众持正面评价（回答"很满意"和"比较满意"），持负面评价（回答"不满意"和"不太满意"）的受访者比例仅占 8.1%，二者相差高达 43.5 个百分点。另有 40.3% 的受访者对陕西省 2021 年医疗卫生发展总体评价"一般"（见图 8）。

对于陕西省医疗卫生发展下一步的工作重点，调查结果显示，"完善居民医保体系"依然最受关注，提及率高达 62.5%，远远高出第二项 21 个百分点。接下来，均有四成左右受访者认为陕西省医疗卫生下一步的工作重点应为"提升医疗服务"、"降低药价"、"提高卫生资源利用效益"和"提高卫生服务覆盖面"，提及率分别为 41.5%、37.8%、37.8% 和 36.1%。此外，部分受访者认为工作重点还是应聚焦于"药品安全"和"规范医疗服务竞争"，提及率分别为 25.4% 和 21.7%。至于"推进区域卫生规划"，多数受访者则认为关系不太大（见表 8）。

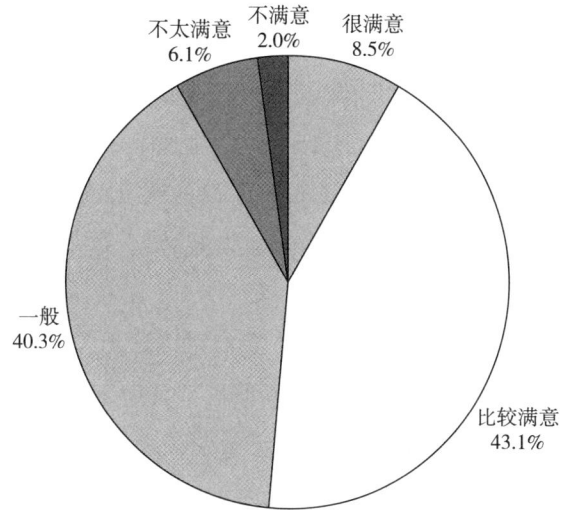

图 8　陕西公众对本省 2021 年医疗卫生发展的整体评价

表 8　陕西公众对本省 2022 年医疗卫生发展应重点关注方面的认定

单位：人次，%

医疗卫生发展重点	频次	比重	排序
完善居民医保体系	187	62.5	1
提升医疗服务	124	41.5	2
降低药价	113	37.8	3
提高卫生资源利用效益	113	37.8	4
提高卫生服务覆盖面	108	36.1	5
药品安全	76	25.4	6
规范医疗服务竞争	65	21.7	7
推进区域卫生规划	44	14.7	8
合计	830	277.5	—

注：由于本题为多项选择设置，故比重之和大于100%。

总体来看，受访公众对陕西省 2021 年度的医疗卫生事业发展持较满意评价，这也是对省委、省政府正确领导施政的肯定和认同。不过，调查结果也反映出，陕西省医疗卫生事业当前在回应人民群众期盼、推动医疗卫生健康事业高质量发展方面尚有较大提升空间。尤其是应积极回应群众个性化、多样化、多层次健康需求,加快促进"互联网+医疗服务",提升百姓就医的获得感和满意度,提升各级医疗机构的服务能力方面。

8. 基础、公共设施建设:重点关注公园、绿地等生态休闲设施和公办中小学

对于陕西省2021年基础、公共设施建设的状况,调查结果显示,受访公众对陕西省2021年基础、公共设施建设整体发展状况的满意度打分为3.72分(满分为5分),得分位于"一般"与"比较满意"区间,并更靠近"比较满意"水平。按照得分结果,我们可以看出,受访公众对2021年陕西省基础、公共设施建设持较高满意评价。其中,逾六成(64.9%)的受访公众对陕西省2021年基础、公共设施建设表示"很满意"(12.5%)或"比较满意"(52.4%);相比之下,表示"不太满意"(3.8%)或"不满意"(0.7%)的受访者比例仅占4.5%。另有30.6%的受访者持"一般"评价。可见,公众对陕西省基础、公共设施建设的满意度比较高(见图9)。

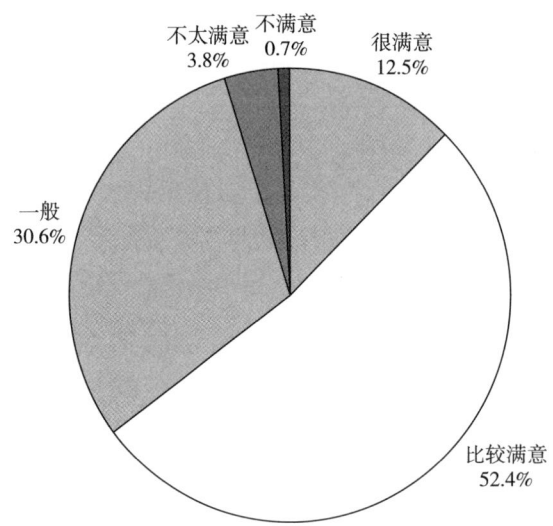

图9 陕西公众对本省2021年基础、公共设施建设的整体评价

调查进一步发现,与2021年不同,受访公众对医疗卫生机构和公办中小学与公办幼儿园均持有较高期待。其中,"医疗卫生机构"的提及率为

48.3%,位居第一;"公办中小学"和"公办幼儿园"紧随其后,提及率分别为46.3%和38.3%。可见,随着陕西省近年来城市化的加快以及新型城镇化建设的大力推进,居民对医疗卫生和教育设施、教育服务的需求日益增加,其已成为当下的社会热点和亟待解决的重要民生问题。与上述看法不同,部分受访公众认为今后陕西省的基础、公共设施建设应重点建设"公园、绿地等生态休闲设施""城市交通轨道""社会救助机构""图书馆、音乐厅等公共文化设施"等,提及率分别为34.9%、33.2%、28.2%和26.2%。至于公路建设和高铁,受访者的提及率较低,分别仅为12.1%和9.7%(见表9)。

表9 陕西公众对本省2022年基础、公共设施建设重点的认定

单位:人次,%

基础、公共设施发展重点	频次	比重	排序
医疗卫生机构	144	48.3	1
公办中小学	138	46.3	2
公办幼儿园	114	38.3	3
公园、绿地等生态休闲设施	104	34.9	4
城市交通轨道	99	33.2	5
社会救助机构	84	28.2	6
图书馆、音乐厅等公共文化设施	78	26.2	7
公路建设	36	12.1	8
高铁	29	9.7	9
合计	826	277.2	—

注:由于本题为多项选择设置,故比重之和大于100%。

三 对陕西2022年社会民生建设的期待

2021年是"十四五"规划开局之年,是陕西省深入贯彻习近平总书记来陕考察重要讲话精神、奋力谱写陕西新时代追赶超越新篇章的关键时期,是陕西省经济社会发展转型升级的关键窗口期。站在新的历史起点上,我们既要看到面临的复杂环境、严峻形势,更要看到陕西发展仍

处于重要战略机遇期，完全有基础、有条件下好先手棋、掌握主动权，在新的征程上实现新的更大突破，走出一条符合新时代要求、富有地域特色的区域经济社会高质量发展新路。要抓住这一难得的历史机遇加快经济社会发展，陕西省应重点解决好哪些问题？对此，我们在问卷中进行了专门设计并请受访公众作答。调查结果显示，在所列出的24项各类需要解决的问题中，"教育公平"被排在首位，提及率为47.8%；其次是"贫富差距"和"收入水平"，提及率分别为43.5%和41.8%。接下来，受访者认为应主要解决的问题是"高质量发展"、"就业压力"、"社会保障"，提及率分别为35.8%、31.1%、30.8%；不少受访者认为，陕西今后要加快发展，则需要重点解决"环境污染"（24.7%）和"干部作风"（23.4%）方面的问题。此外，部分受访者则认为应关注"疫情防控"（17.1%）、"政府职能"（17.1%）、"社会风气"（16.7%）、"创新创业"（16.1%）、"食品安全"（15.7%）、"思想观念"（13.0%）、"乡村振兴"（13.0%）、"公平公正"（12.7%）和"科技转化"（12.0%）等问题，认为这里面既有多年存在的顽固性问题，也有随着时代发展出现的新问题。另有少数受访者提及"法治建设"（6.4%）、"发展动能"（3.7%）、"治理创新"（3.0%）、"军民融合"（2.7%）和"国企改革"（2.3%）。具体结果如表10所示。

表10 要加快陕西发展，您认为今后陕西亟须解决的问题

单位：人次，%

亟须解决的问题	频次	比重	排序
教育公平	143	47.8	1
贫富差距	130	43.5	2
收入水平	125	41.8	3
高质量发展	107	35.8	4
就业压力	93	31.1	5
社会保障	92	30.8	6
环境污染	74	24.7	7
干部作风	70	23.4	8

续表

亟须解决的问题	频次	比重	排序
疫情防控	51	17.1	9
政府职能	51	17.1	10
社会风气	50	16.7	11
创新创业	48	16.1	12
食品安全	47	15.7	13
思想观念	39	13.0	14
乡村振兴	39	13.0	15
公平公正	38	12.7	16
科技转化	36	12.0	17
社会安全	35	11.7	18
对外开放	32	10.7	19
法治建设	19	6.4	20
发展动能	11	3.7	21
治理创新	9	3.0	22
军民融合	8	2.7	23
国企改革	7	2.3	24
合计	1354	452.8	—

注：由于本题为多项选择设置，故比重之和大于100%。

总体上看，调查结果显示出在新冠肺炎疫情形势依然严峻复杂的背景下，公众对陕西省2022年及未来社会民生建设高度关注，对"十四五"时期陕西省经济社会发展充满期待。一方面从公众视角盘点2021年陕西社会民生发展状况，显示出社会民生建设领域依然是老百姓关注的热点；另一方面再次凸显加强民生保障和社会建设就是将以人民为中心思想置于基础性的突出位置，体现出以人民为中心思想的价值取向。在"十四五"的新征程上，陕西省正处于创新驱动与投资拉动并重的时期，共建"一带一路"、新时代推进西部大开发形成新格局、黄河流域生态保护和高质量发展等重大战略叠加效应正加速释放，只要我们在省委坚强领导下，巩固发展当前全省上下人心思齐、人心思进、人心思干的大好局面，抢抓机遇、把握规律、扬长补短，就一定能够在追赶超越、勇立潮头中走好现代化之路、跨上高质量之阶[1]。

---

[1] 陕西省人民政府网站：《陕西省2021年政府工作报告》，http://www.shaanxi.gov.cn/zfxxgk/zfgzbg/szfgzbg/202102/t20210203_2151881_wap.html。

B.22
2021年度陕西网络舆情发展报告

田丽丽*

摘　要： 2021年，陕西网络舆情总体呈现积极向上的良好态势，表现出教育领域热点高发频发、疫情话题贯穿全年、网络流行语突破"圈层"传播等特点。同时，不同的思想认识、利益诉求、纷繁的媒介传播也带来各种社会情绪的交织与议题的碰撞，政策误读、情绪化表达、女性议题等值得关注。对此，需要从强化政策解读、加强社会情绪调适、重视突发事件舆论引导、净化网络环境等方面进一步做好网络舆情的治理工作。

关键词： 网络舆情　社会舆论　陕西省

2021年是我国"十四五"规划的开局之年，也是陕西省新时代追赶超越进程中的关键一年。虽然国内疫情多点发生、局部暴发，但经济发展已重回正轨并持续改善。在此背景下，陕西在省委、省政府的领导下，全省上下深入学习贯彻习近平总书记来陕考察重要讲话，坚持稳中求进工作总基调，持续巩固拓展疫情防控和经济社会发展成果，舆论总体态势积极向上。

一　总体态势

2021年，陕西省扎实开展党史学习教育活动，成功召开第十四届全运会，持续推进疫情防控工作，社会舆论呈现积极健康的良好态势。

---

* 田丽丽，陕西省社会科学院社会学所助理研究员，研究方向为社会舆情。

（一）党史学习教育活动扎实开展，广大党员干部在深学细悟中汲取强大力量，为新时代追赶超越积蓄强大精神动力

陕西围绕学史明理、学史增信、学史崇德、学史力行，把握"学党史、悟思想、办实事、开新局"的目标要求，在广大党员、领导干部中开展了一系列党史学习教育活动。陕西省委常委班子先后集体到延安、照金、马栏等地开展党史教育现场学习，获得舆论广泛关注。各市县以"三会一课"、主题党日为载体组织开展形式多样的教育活动，全省各级党组织积极开展"我为群众办实事""千名优秀年轻干部到一线""万名专业干部助万企"等实践行动，把学习党史同观照现实、推动工作结合起来，强化了广大党员的公仆意识、为民情怀，收获了群众赞扬。广大领导干部认为，通过教育学习，再次受到思想洗礼，更加深刻地认识到"中国共产党为什么能、马克思主义为什么行、中国特色社会主义为什么好"，越发坚定了"四个自信"。大家表示要从党史学习中汲取继续前行的智慧和力量，汲取尊重人民、依靠人民的智慧和力量，汲取勇于创造、善于创新的智慧和力量，推动陕西高质量发展迈上一个新台阶。

（二）全面建成小康社会目标如期实现，人们感受伟大成就、汲取前进力量，表示要"攻坚克难再出发"

在省委省政府的坚强领导下，陕西追赶超越成效明显，民生领域投入力度不断加大，教育、医疗等社会事业全面进步，2021年全省288万农村贫困人口实现脱贫，56个贫困县全部摘帽，24.93万户贫困群众搬入新居[①]，脱贫攻坚取得了决定性胜利，全面建成小康社会目标如期实现。舆论普遍认为，小康社会的建成，是"世界历史长河中不可思议的壮举"，体现了我党"把人民放在心上，把使命扛在肩上"的宗旨信念，人们坚信"伟大祖国越

[①] 《"十三五"期间陕西288万农村贫困人口实现脱贫》，https：//m.gmw.cn/baijia/2021-01/26/1302071063.html，最后检索时间：2021年11月17日。

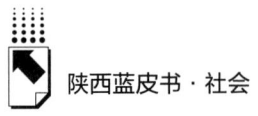

来越好""民族复兴的梦想一定能够实现",纷纷表示,要听党话、感党恩、跟党走,为实现第二个百年奋斗目标而努力奋斗。

(三)全省经济运行稳中有固,人们在高质量发展道路上奋力迈进,对陕西经济发展前景充满信心

2021年以来,陕西全省坚持稳中求进的工作总基调,以高质量发展为主题,经济运行呈现稳中加固、恢复有力、动能增强的较好态势[①],人们对经济发展前景充满信心,相信"三秦大地会越来越好"。同时,陕西进一步加大开放力度,加快中欧班列通道建设,发挥自贸试验区、丝博会平台作用,加快融入新的发展格局,全省凝心聚力,干事氛围浓厚,"拥抱未来,奋发向上"的主旋律更加高昂。

(四)第十四届全运会成功召开,三秦大地展现好客、文明、创新、和谐的新风貌,陕西人民对家乡的认同感进一步增强

第十四届全运会筹备期间,西安市充分利用各类媒体平台,加大对"十四运"的宣传,使"十四运"成为市民关注的焦点;全市开展了诸如迎"十四运"马拉松赛、"我要上全运"、"我文明、我行动,我为全运添光彩"等多种形式的活动,营造了"全民全运,同心同行"的良好氛围;以筹备"十四运"为契机,全力推动包括城市基础设施完善、生态环境保护、民生保障等在内的重大项目的进度,截至2021年7月,已完工191个,如西安灞河元朔大桥通车、幸福林带正式建成、兴庆宫公园改造提升等,这些项目改善了城市交通出行环境,提升了城市形象,增强了全体市民的幸福感、获得感。舆论认为,"十四运"首次在西部地区举办,是"国家对中西部地区发展的充分肯定""在疫情背景下,能把比赛组织得这么好,很难得""家乡人民的精气神有了变化,更自信了"。

---

① 《权威解读:2021年上半年陕西经济发展恢复有力》,https://m.thepaper.cn/baijiahao_13674152,最后检索时间:2021年11月17日。

（五）持续做好疫情防控工作，巩固了疫情防控的阶段性成果，增强了人民群众的安全感

在全球疫情持续演变、国内疫情多点发生的背景下，陕西疫情防控工作一直不曾松懈。2021年春节期间，陕西卫生健康委员会号召居民原地过年，得到人们广泛响应；8月，陕西加大疫情防控力度，健全了入境来陕人员"提前知、提前控、全程知、全程控"的管控机制，被赞"守好了群众安全防线"；"十四运"期间实现"零感染"，让全国人民为陕西的疫情防控成果感到骄傲和自豪；10月，西安发现外省阳性游客病例后，从严、从快组织开展流调追踪、隔离管控、核酸检测、医疗救治、环境消毒等疫情处置工作，同时启动全员核酸检测，及时召开新闻发布会，一系列快速有效的防控举措缓解了居民的紧张情绪，舆论称赞陕西政府"全力以赴，以实际行动践行初心和使命"，表示"陕西防控力度让人安心放心"。

二　网络舆情数据解读

对2021年1~10月的涉陕热点事件进行记录、整理，得到221个热点事件，以此为样本进行统计与分析，可以厘清陕西省2021年网络舆情的大体走势。

（一）时间分布

根据图1分析，2021年陕西热点事件数量在时间分布上呈波浪式推进态势，8月、10月出现两个高峰。1~3月，陕西"两会"、全国"两会"相继召开，由于此次"两会"上承"十三五"收官与脱贫攻坚，下启"十四五"规划开局和乡村振兴，意义不同寻常，热点议题丰富，舆论走势逐步上扬。7~8月，舆论目光投向"中国共产党建党百年""上海疫情外溢""双减政策出台"，舆情热度持续走高。9月，多地汛情令民众担忧。10月，陕西受外地游客影响出现本土疫情病例，"西安疫情"登上微博热搜，关于"陕西防控""疫情传播链"的话题多而集中。

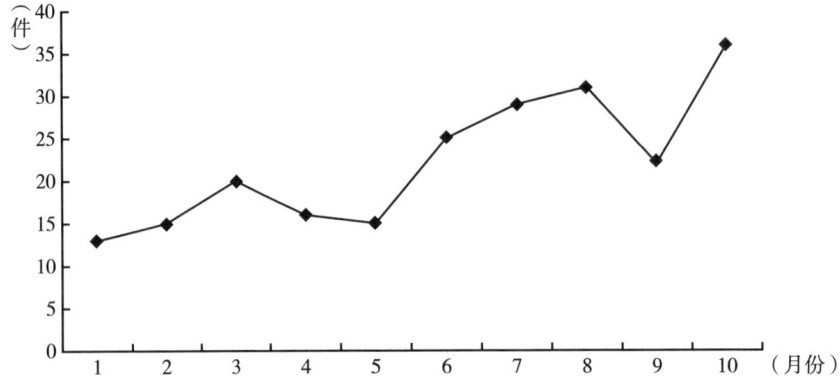

图1　2021年1~10月热点事件时间分布情况

资料来源：作者统计所得。

（二）领域分布

2021年度热点事件涉及民生、经济、社会治理、教育、司法等14个领域（见图2）。其中，教育话题所占比例最高，达到17%，回应了本年度的教育改革，反映出广大家长对教育政策的极大关注。公共卫生领域紧随其后，议题所占比例为16%，热度随新冠肺炎疫情起伏。社会治理和民生话题也备受关注，所占比例分别为14%、11%，延续了往年热度，体现了人们对政府治理能力的关注和对美好生活的向往。

（三）媒介分布

舆情议题传播媒介多种多样，从2021年5~10月舆论话题的媒介分布来看（见图3），微博承载了41.52%的话题量，在各种媒介中占据第一位，其次是客户端和微信，分别占23.90%和17.41%。微博作为信息承载与传播的平台，已经成为舆论产生和发酵的重要力量。任何人们关注的、关心的，在微博平台都可以发布，并通过评论互动、转发，进行信息传播与扩散，产生强大的舆论影响力。如"西安民政局允许汉服照登记结婚"，微博阅读量达到7964.4万，讨论量2802条，微博是该信息的主要传播媒体。

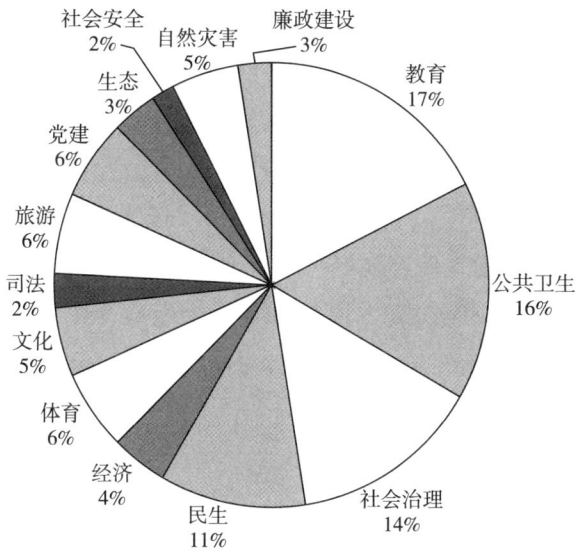

图 2　2021 年 1～10 月热点事件领域分布情况

资料来源：作者统计所得。

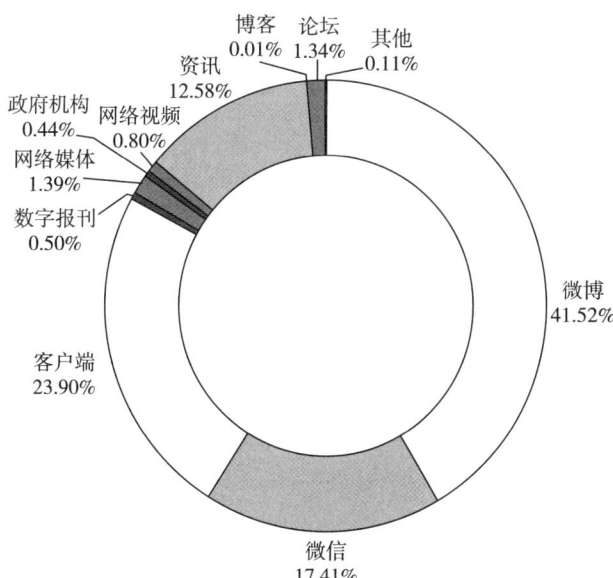

图 3　2021 年 5～10 月热点事件媒介分布情况

资料来源：作者统计所得。

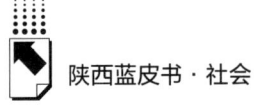

（四）热度情况

2021年，"西安疫情""西安地铁保安拖拽乘客""相约大西安精彩十四运"成为陕西舆情热度较高事件。"西安疫情"事件中，人们高度关注"外地游客核酸混检异常"，争论"防控漏洞出现在哪个环节"，一度登上微博热搜榜。在"西安地铁保安拖拽乘客"事件中，舆论聚焦"保安拖拽动作过激"，愤怒于西安地铁官方回复语言缺少温度，舆论热度居高不下。"相约大西安精彩十四运"微博话题阅读量于3月中旬突破5亿，讨论量达3.6万，舆论围绕西安城市发展和"十四运"建设等主题，展示了西安的良好形象，为"十四运"创造了良好的舆论氛围。

三 舆论特点

（一）教育领域热点话题高发频发

2021年，教育领域话题备受关注，议题内容涉及教育政策、教师队伍建设、校外培训、教育安全、师德师风等。其中，关于教育政策的议题热度最高，成为教育舆情中的焦点。全国"两会"期间，诸多教育议题已经引起舆论广泛关注，很多代表、委员针对发展普惠托育教育、规范在线教育、提升青少年身体素质等提出了相关建议，如"将幼儿园教育纳入义务教育""增加体育课时"。7月，"双减"政策正式落地，有关政策减负效用、教育培训行业前景等方面话题迅速成为舆论热点，人们对"双减"的态度主要集中在以下两个方面：一是支持的同时，政策的不确定又导致思想上的迷茫，如担忧"美育纳入中考怎么应对""不考试不知道学习水平，中考就是开盲盒""双减后中考难度会降低吗"。二是持不赞同态度，无法接受教育分层，认为"整顿教育培训会堵住一般家庭孩子提升成绩的通道"，质疑"双减"会进一步固化阶层。人们对教育话题的关注，很大程度上源于当前教育资源不均衡引发的教育焦虑，当前我国正经历由应试教育向素质教育转变的改革，在这一过程中，相关改革举措必将受到舆论持续关注。

(二)涉疫情话题贯穿全年

2021年,陕西疫情防控进入常态化。由于疫情多点发生和聚集性传播,舆论对疫情信息普遍敏感,特别是对自身所在省份的疫情动态关注度更高。1月,"就地过年""非必要不回乡"得到民众理解与支持,陕西人民展现了配合疫情防控政策的大局意识。8月,疫情波及多省、牵动人心,西安防控再度收紧,多个景区暂停开放,人们减少出游计划,称"不给国家添乱"。9月,西安"十四运、残奥会实现零感染",受到舆论高度赞扬。10月,"外地来陕游客核酸混检异常"引起舆论广泛关注,"大雁塔景区地毯式消杀""西安市民排长队进行核酸检测"等疫情话题不断增多。在这一过程中,舆论一度围绕"政府防控措施""疫情传播链"发酵,人们对疫情时期政府社会治理举措的关注度更高。回应舆论关切、从常态化防控转为精细化防控,都需要政府的治理工作更加精细。

(三)网络流行语突破"圈层"泛化传播

网络流行语是社情民意的生动表达。2021年,网络流行语层出不穷,"躺平""内卷""干饭人""凡尔赛文学"等被网友广泛使用。突破"圈层"和泛化使用,是本年度网络流行语的主要传播特征。"凡尔赛文学"原是正话反说的"自我炫耀",从2020年底开始从小"圈层"走向大众传播,从金钱物质扩展到生活的各个方面,成为一种对炫耀式表达的调侃。"内卷"本是描述文化模式的人类学概念,但当前在舆论场中的应用已经被扩大到行业发展、教育竞争、职场、经济运行等领域。此外,网络流行语在一定程度上也是社会心态的话语表达,如"躺平",表述了年轻人低欲望状态下获得的某种舒适感,被解读为"生活解压""抗争内卷""自我调节",是年轻人在社会生存压力与竞争中付出未必能够得到相应回报,从而对奋斗方向感到迷茫的感受。"躺平"既是社会价值多元化的体现,也反映了年轻人无法应对竞争的无奈,是对阶层分化、资源占有不均的不满情绪表达。

（四）政务新媒体服务不断升级

政务新媒体是政府与民众交流的平台，在树立政府形象、引导舆论方面发挥了积极作用。2021年上半年，陕西影响力、传播力较大的政务微博包括"@陕西消防""@陕西发布""@陕西省文化和旅游厅""@西安检察"等[1]（见表1），它们发布信息、服务大众，收获了网友好评。随着视频传播时代的来临，政务新媒体从微博、微信、手机客户端向"抖音""哔哩哔哩"等短视频平台延伸，以亲和的方式与大众交流，服务方式不断升级。2020~2021年，受疫情影响，线上办公模式出现，政务直播也加速发展。陕西的"云游"政务大厅主题直播活动、交警在抖音直播"夜查酒驾"、领导干部参与直播带货助力脱贫攻坚等，都获得了网友支持与点赞。领导干部在直播平台进行网民问政，成为新形势下沟通干群关系的新尝试。但如何将政务直播做优、做久，避免形式主义问题滋生，也是对政府治理能力的一项考验。

表1 2021年上半年陕西十大政务机构微博影响力排行

单位：分

排名	微博	认证信息	传播力	服务力	互动力	认同度	总分
1	陕西消防	陕西省公安消防总队官方微博	75.08	81.58	66.39	72.02	74.03
2	陕西发布	陕西省人民政府门户网站官方微博	81.04	66.90	67.47	73.55	74.00
3	陕西省文化和旅游厅	陕西省文化和旅游厅官方微博	70.46	84.51	54.23	55.57	72.75
4	西安检察	陕西省西安市人民检察院官方微博	71.39	84.98	63.36	71.97	72.61
5	安康政法	陕西省安康市人民政府防范和处理邪教问题办公室官方微博	72.51	90.75	60.12	66.97	72.57
6	陕西检察	陕西省人民检察院官方微博	73.89	73.17	63.38	72.78	72.42

---

[1] 《2021年上半年政务微博影响力报告出炉 省文化和旅游厅官微位列陕西第三》，https://new.qq.com/omn/20210902/20210902A0DG2X00.html，最后检索时间：2021年11月16日。

续表

排名	微博	认证信息	传播力	服务力	互动力	认同度	总分
7	华阴检察	陕西省渭南市华阴市人民检察院官方微博	65.28	81.93	73.84	72.95	71.86
8	渭南检察	陕西省渭南市人民检察院官方微博	70.31	78.37	67.67	71.49	71.63
9	国网陕西电力	国网陕西电力公司官方微博	67.42	78.26	60.33	68.51	71.53
10	西安文旅之声	西安市文化和旅游局官方微博	67.92	80.64	58.65	56.17	71.26

资料来源：《2021年上半年政务微博影响力报告》。

四 需要关注的问题

2021年，虽然陕西网络舆论场总体平稳有序，但也要看到，多元社会背景下，不同的思想认识、利益诉求、纷繁的媒介传播也带来各种社会情绪的交织与议题的碰撞，需要引起注意。

（一）情绪化表达裹挟社会舆论

社会情绪具有扩散性，对舆论发展有着不可忽视的推动作用，几乎每一件热点事件背后都隐藏着情绪的力量，特别是非理性的负面情绪，一旦被触动，就易随着传播节点迅速感染更多人、裹挟社会舆论，这在网络公共议题讨论、民族主义情绪表达中尤为明显。如，部分网友在"支持新疆棉"事件中谩骂耐克、阿迪达斯等国外品牌网上直播间售货员，在河南洪灾捐款中对捐款数额较少的明星进行道德批判，都体现出爱国情绪的非理性表达。在2021年10月的新一轮疫情中，公众心态受到疫情冲击，部分人群话语表达偏向情绪化，表现为将确诊病例标签化，把疫区城市妖魔化，特别是在西安疫情传播情况尚未明朗前，有网友嘲讽谩骂上海夫妻，凭猜测指责西安防控不作为，左右公众判断，肆意攻击与自己观点不同的人，将负面情绪引向群体极化，由此生成的舆论与事实相悖，扰乱了抗击疫情的共识。

（二）政策误读催化谣言滋生与传播

社会经济民生关乎人们切身利益，涉及此类的政策、举措一直是舆论关注的热点焦点。特别是网络时代，人们对待公共政策，态度更为积极，讨论参与度更高，表现为网民对政策的目的、内容和具体举措都有所解读。需要注意的是，网络解读有时会出现反向偏差，不利于公众对政策的正确理解。2021年，经济民生领域改革措施颇多，网络上关于政策的解读、讨论和批评相互掺杂，由误读带来的谣言声音不断。有人断章取义，将"秋冬依法治污"曲解为"秋冬季停工停产防雾霾"；有人过度联想，将"鼓励存储生活必需品"想象为"要打仗了"，引起群众恐慌屯粮；有人偏颇分析，将"双减"举措简单理解为"取消课外辅导班"，引发大量家长"屯线上课""屯教辅"。特别是"拉闸限电"引发多种猜测，"陕西会否限电"一度冲上微博同城热搜。有自媒体公众号以"博眼球、谋利益"为目的，炮制"大棋论"吸引粉丝，将"限电"曲解为"国家为限产而限电，与西方打'金融战'"，这种看似"爱国"的错误解读，实际上制造了社会矛盾，破坏了社会团结。

（三）女性议题敏感度提升

近两年，女性议题热度极高。女性议题影视作品和综艺节目在数量方面呈上升趋势，疫情中关于女性工作者的报道一度引起舆论争议。2021年，舆论场关于"家庭暴力""物化女性""年龄焦虑"等话题不断受到关注，"茶颜悦色""全棉时代"的广告文案因"不尊重女性"被网友批评。女性意识的觉醒，本是现代思想与传统意识的对抗，是社会进步的表现。但是，在当前的网络环境中，部分群体对性别议题有特别的价值认同，一些关于女性议题的碎片化语言经自媒体放大和有意误导后，其讨论往往走向非理性化，成为挑起社会群体对立的敲门砖，如"papi酱孩子冠父姓"遭到极端解读与攻击，"西安地铁保安拖拽乘客"的视频被片段化传播，有舆论以"不尊重女性"为由挑动性别对立。

(四)网络空间各类声音纷繁复杂

随着全媒体进一步发展,网络空间各类声音更加纷繁复杂。在网络舆论场中,部分网民经常发布涉及国家和社会各项建设的相关文章或言论,表面客观理性的内容暗含各种不良情绪,极易影响他人态度,形成舆论误导,从而为非主流意识形态的传播、渗透提供更多机会;一些公众号平台以吸引流量为目的发布信息,对文章内容的真实性、导向性漠不关心,扰乱网络传播秩序;一些自媒体、"网红"、"推手"频频突出极端性事件,夸大其词、干扰多数人认知,如利用女性议题制造性别对立和社会矛盾,利用饭圈文化、明星效应传播非主流价值观等。

五 建议

营造和谐健康的网络舆论环境,为社会主义现代化事业发展创造良好的舆论氛围,具有十分重要的意义。

(一)加强政策解读和宣传,让民众听得清、听得明

国家政策的推进与落地,都离不开正确解读与宣传。只有做好解读宣传工作,才能扩大政策的知晓度,增强人们的获得感,才能切实发挥好政策的实施效果。首先,应围绕人民群众的关注关切,采取政策宣讲会、座谈会、"两微一端"平台专项解读等多种方式,把政策的目的与具体措施讲清楚。其次,应根据政策对应的不同群体,采取不同的宣讲方式,如关于生活保障补贴补助、社会救助补贴等惠民政策,可以在居民社区以宣传册、一封信和公告栏的形式重点宣传。最后,对于已经出现的误解误读现象,要秉持"谁发布信息谁负责回应"的原则及时发声,确立舆情应对主体[1],解释清楚信息发布的背景、目的和内容,防止社会舆论持续发酵、群众理解走偏。

---

[1] 王少亭:《从回应群众关切看舆论引导》,《中国国防报》2021年11月16日,第3版。

如商务部印发的《关于做好今冬明春蔬菜等生活必需品市场保供稳价工作的通知》被误解为"战时屯粮"后，商务部消费促进司负责人第一时间接受采访做出回应，消除了公众疑虑。同时，各主流媒体可以跟进报道、联合发力，形成澄清谬误、明辨是非的压倒性态势。

（二）重视突发事件的舆论引导，让新闻舆论工作汇聚人心、解决问题

突发事件往往伴随高热度舆论，对社会运行秩序和公众生活具有重大影响。全媒体时代，做好突发事件的舆论引导，首要任务是及时公开信息，用真实可信的信息回应群众关切，切断谣言滋生的时间链。如在2021年10月的西安疫情中，西安疾控中心及时公布确诊病例行动轨迹，消除了公众恐慌情绪，避免了虚假信息的传播。做好突发事件的舆论引导，还要注重公众对事件的主要关注点和诉求点，在回应内容上有的放矢，做到有效回应，避免次生舆情的发酵。在回应用语上，要把握好语言的严谨性和措辞的准确性，以平等积极的态度和接地气、亲和的语言与民众沟通，消除公众误解和不良情绪的蔓延。在"西安地铁保安拖拽乘客"事件中，西安地铁的官方回应就因语气生硬、没有厘清事件中保安与乘客的责任归属而引发公众不满，不仅未能平息争议，反而进一步造成了舆论的撕裂。

（三）加强社会情绪的引导调适，促进社会认同、凝聚社会共识

全媒体时代为公众社会情绪的表达带来了便利，也使个体情绪从私人领域走向公共领域。培育积极的社会情绪，要确立柔性治理原则，善于从负面言论、负面情绪中去分辨、接收民众的合理诉求与民意，以重激发、促合力、重反馈的方式应对舆论的情绪化、极端化。要畅通群众利益诉求渠道，利用好政务新媒体、社区、热线等，建立官民联通平台，保证社情民意表达渠道通畅。要丰富健康心态传播方式，有计划有意识地在影视剧、综艺节目、体育比赛中融入健康心态的培育内容，使公众心态、情绪向积极理性靠拢。要及时成立社会心态心理疏导机构，可以邀请专业人士定期走进社区、

走上街头，开展社会心态梳理引导活动，近距离地帮助公民释放消极情绪，解决心理困惑与问题。

（四）规范网络传播秩序，营造正能量充沛的网络环境

良性的网络传播秩序、风清气正的网络环境，是社会主义精神文明建设的重要保障。规范网络传播秩序，一是要充分发挥政府的监管作用，强化各部门的协同合作，在网络工作中坚持正确的政治方向、坚持以人民为中心的舆论导向，坚持核心价值观的引领，打造文明的网络文化。二是要加大执法力度，针对当前"违法成本低、处罚力度不大"的现象修订已出台的法律法规，补齐短板；针对网络非法行为加大打击力度，搭建常年处理自媒体抹黑党和国家形象的常态化平台；针对不实报道，从发布、转载各环节追究责任。三是加强遵守网络空间秩序的教育和宣传，通过披露典型案例，提高广大网民、自媒体的法制意识，形成网络各主体遵法守法的良好环境。

B.23
陕西公众三孩生育意愿与政策期待调查

李巾 聂翔 谢雨锋*

摘 要： 当前人口出生率持续走低、生育意愿低迷已对人口政策提出巨大挑战，研究通过线上和线下问卷调查，了解陕西公众对三孩生育政策的看法态度，为健全陕西省三孩生育政策及其配套措施提供政策建议。调查发现，青年不愿意生育三孩的主要原因有生活养育成本高、孩子受教育成本高、孩子没人照顾、夫妻工作忙没时间精力、房贷压力大等五个方面，研究从家庭、政策、文化以及人口趋势层面进行探析，发现背后的政策运行机理及文化因素，并从健全生育福利保障制度、提高生育服务水平、重塑"家国文化"观念方面提出完善三孩生育的政策建议。

关键词： 生育意愿 三孩生育政策 政策期待 陕西省

随着人口老龄化不断加深，人口生育政策成为社会各界关切的热点话题。21世纪初，我国人口计划生育政策逐渐松绑，2011年11月政府出台"双独"二孩政策，2013年12月出台单独二孩政策，2015年10月出台全面二孩政策，从独生子女政策逐步过渡到全面二孩政策。2021年7月国务院出台三孩生育政策，开启了我国人口发展的新阶段，为破解青年人口"不愿生""生不起""养不起"等生育难题提供了政策依据。研究通过线上和

---

* 李巾，陕西省社会科学院副研究员，研究方向为人口与婚姻家庭；聂翔，陕西省社会科学院助理研究员，研究方向为残疾人研究；谢雨锋，陕西省社会科学院副研究员，研究方向为社会政策评估。

线下问卷调查，全面了解陕西公众对三孩生育政策的看法态度，为健全陕西省三孩生育政策及其配套措施提供政策建议。

一 公众对三孩政策的看法态度

为了解社会公众对三孩生育政策的态度倾向，2021年11月初陕西省社会科学院社会学所开展线上和线下问卷调查（因为疫情的原因调查主要在城区开展，故填写对象主要为城市青年群体，且受访者文化程度相对较高）。调查共收集有效调查问卷417份，其中男性受访者所占比例为39.1%，女性受访者所占比例为60.9%；从文化程度来看，本科以下受访者所占比例为25.7%，本科受访者比例为40.0%，本科以上受访者为34.3%；从年龄来看，受访者平均年龄为31.66岁，最大年龄为45岁，最小年龄为20岁。

1. 三孩政策的关注度

调查显示，27.8%的受访者对三孩生育政策表示"不关注"或"不太关注"，39.5%的受访者表示"比较关注"或"非常关注"，还有32.7%的受访者表示"一般关注"。具体来看，不同性别、年龄段和文化程度的受访者对三孩政策关注度都没有显著差异，而与三孩生育意愿呈现显著相关，三孩生育意愿越高，对三孩政策关注度越高，反之三孩生育意愿越低，政策关注度越低。究其关注政策的原因，主要与我国现阶段人口老龄化大背景密切相关，调查显示，82.5%的受访者认为国家出台三孩政策是因为"人口老龄化严重"，其次为"人口生育率走低"，所占比例为62.6%，排列第三位的是"'空巢'现象严重"，所占比例为44.1%。可见，人口老龄化程度不断加深、推动生育政策不断放开已经成为共识。

2. 三孩政策的知晓度

自中央提出一对夫妻可以生育三个子女政策后，国家卫生健康委不仅正面回应了社会疑虑，而且各级媒体及社交媒体都对三孩政策进行宣传报道。2021年10月27日，陕西省司法厅公布了省卫生健康委员会起草的《陕西省人口与计划生育条例（修订草案征求意见稿）》，提出与三孩生育政策相关的育儿假、婚假、产假、护理等配套措施，向社会各界广泛征求意见。调查显示，在"比较关注"和"非常关注"三孩生育政策的受访者中，有69.1%的受访者表示对三孩生育政策及其配套措施"比较了解"或"非常了解"，有24.2%的受访者表示"了解一些"，只有6.7%的受访者表示"不了解"或"不太了解"。整体上，关注三孩政策的受访者对三孩生育政策以及配套措施关注度较高。

3. 三孩政策的支持度

调查显示，30.2%的受访者对三孩政策表示"不支持"或"不太支持"，25.7%的受访者表示"比较支持"或"非常支持"，有44.1%的受访者持"既不支持也不反对"的中立态度。深入分析发现，受访者对三孩政策的支持态度与生育意愿显著相关，在有意愿生育三孩的受访者中，支持三孩政策的比例为44.3%，不支持三孩政策的比例为19.3%；在无意愿生育三孩的受访者中，支持三孩政策的比例为5.6%，不支持三孩政策的比例为56.1%，可见有意愿生育三孩的受访者对政策支持度明显高于无意愿生育三孩的受访者。

研究进一步分析发现，公众支持三孩政策的主要原因是认为可以改善人口年龄结构，调查显示58.3%的受访者表示国家出台三孩政策主要是为了优化人口年龄结构，其次是扩大新增劳动力供给，降低老年人口抚养比例与增加社会整体活力并列第三位。公众反对三孩政策的首要原因是养育成本增加，调查显示有66.5%的受访者认为三孩政策会增加养育成本，其次为家庭经济压力大，没有时间精力抚养孩子在反对三孩政策的原因中排第三位。

支持三孩政策的受访者主要是从人口发展大局出发，着眼于改善当前我国日益老龄化的人口结构，而明确反对三孩政策的群体主要从家庭养育成本出发，沉重的养育成本制约了三孩生育意愿。这也反映了人们较为矛盾的社会心态，国家发展要求更高生育率，但家庭发展要求养育成本不能过于沉重，接近半数受访者表示"既不支持也不反对"也反映出部分家庭既想生又不敢生的矛盾心理。

二 公众对生育三孩的整体社会心态

1. 生育三孩的意愿

调查显示，46.1%的受访者表示不愿意生育三孩，21.5%的受访者表示不太愿意生育三孩，20.5%的受访者表示顺其自然，4.1%的受访者表示比较愿意，3.2%的受访者表示非常愿意，还有4.6%的受访者表示说不清。整体上，只有7.3%的受访者明确表示愿意生育三孩，而有67.6%的受访者明确表示不愿意生育三孩。深入比较发现，女性比男性更不愿意生育三孩，年轻人比中年人更不愿意生育三孩，文化程度越高越不愿意生育三孩。

调查发现，受访者表示愿意生育三孩的最主要原因是家庭条件允许和希望孩子有伴可以互相照顾，所占比例分别为76.4%、58.9%（见表1）。而不愿意生育三孩的最主要的五个方面原因分别是生活养育成本高、孩子受教育成本高、孩子没人照顾、夫妻工作忙没时间精力、房贷压力大等，所占比例分别为83.7%、74.8%、64.9%、43.0%、37.3%（见表2）。两者对比来看，影响生育三孩意愿最主要的原因是家庭经济状况，其次是家庭养育支持程度。相比而言，"多子多福""养儿防老"等传统生育观念越来越不被年轻人所认可。

表1 受访者表示愿意生育三孩的原因

单位：人次，%

原因	频次	比重
家庭条件允许	314	76.4
孩子有伴,可以互相照顾	242	58.9
多子多福	84	20.4
受国家三孩配套政策影响	58	14.1
父母意愿强烈	41	10.0
性格偏好(想要男孩/女孩)	35	8.5
养儿防老	33	8.0

表2 受访者表示不愿意生育三孩的原因

单位：人次，%

原因	频次	比重
生活养育成本高	348	83.7
孩子受教育成本高	311	74.8
孩子没人照顾	270	64.9
夫妻工作忙，没时间精力	179	43.0
房贷压力大	155	37.3
孩子结婚成本高	74	17.8
教育能力不足	59	14.2
女方怀孕期间收入减少	47	11.3
车贷压力	45	10.8
年龄较大或身体条件不好	37	8.9
夫妻双方健康状况	35	8.4
配偶不支持	23	5.5
长辈不支持	18	4.3
家里孩子不支持	15	3.6
其他	2	0.5

2. 生育三孩的影响

调查显示，42.9%的受访者表示生育三孩对自己生活、家庭和工作带来非常大的影响，29.0%的受访者表示将带来较大影响，两者相加有71.9%的受访者表示生育三孩对自己生活、家庭和工作带来压力，而只有20.4%的受访者表示影响不大或有一些影响，还有7.7%的受访者表示对未来的影响说不清楚。总体来看，大多数受访者表示生育三孩将会给自己和家庭带来负担或压力。

具体来看，认为生育三孩将给家庭带来教育和养育负担，所占比例为64.5%，给家庭带来不断增大的经济压力，所占比例为52.8%，同时对个体而言会压缩个人时间、分散精力，所占比例分别为41.0%、35.7%，相对而言认为孩子多使得家庭生活更快乐的受访者比例仅为2.6%，总体来看，生育三孩将给家庭带来教育、养育经济支出压力，以及大量的时间精力投入，家庭只有在经济相对宽裕和养育支持无忧的条件下才更可能会考虑生育三孩（见表3）。

陕西公众三孩生育意愿与政策期待调查

表3 生育三孩将给自己和家庭带来的影响

单位：人次，%

影响	频次	比重
教育、养育成本高	269	64.5
经济压力增大	220	52.8
压缩个人时间	171	41.0
分散精力	149	35.7
身体机能下降	105	25.2
住房紧张	92	22.1
照护压力增大	75	18.0
家庭关系紧张	41	9.8
更烦恼、焦虑	40	9.6
生活更快乐	11	2.6

3. 生育三孩的计划

调查显示，92.81%的受访者表示没有生育三孩的家庭计划，只有7.19%的受访者表示有生育三孩的家庭计划（见图1）。在有生育三孩计划的受访者中，43.3%的受访者表示计划在两年内生育三孩，36.7%的受访者表示在两年到五年内生育三孩，20.0%的受访者表示将在未来五年以上生育三孩。

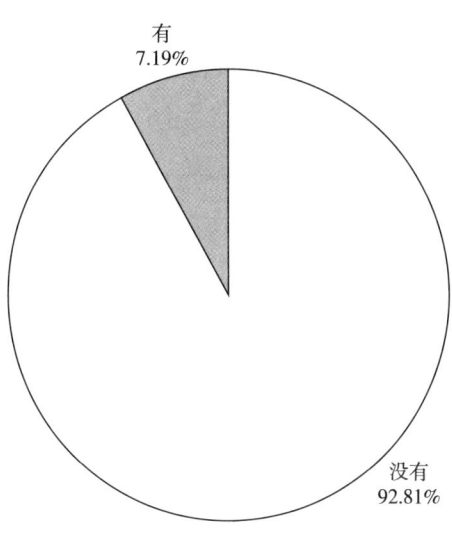

图1 受访者是否有生育三孩的计划

341

深入分析发现，是否有生育三孩计划与受访者年龄没有显著相关，调查中有生育三孩计划的受访者平均年龄为32.73岁，独立样本T检验发现与无三孩生育计划的受访者没有显著相关。调查显示影响受访者计划生育三孩的主要原因，87.7%的受访者表示在经济条件允许下可以计划生育三孩，67.5%的受访者表示在有人照顾孩子的条件下可以计划生育三孩，54.6%的受访者表示在身体状况允许条件下可以计划生育三孩，只有27.9%的受访者表示现在的孩子希望有陪伴的情况下会计划生育三孩，可见影响计划生育三孩的主要原因是家庭经济状况以及养育支持程度，通俗来说是"家里有钱"和"家里有人帮忙照看"两个重要方面。

4. 生育三孩的政策期待

调查显示，受访者对生育三孩的政策期待，最希望"推进教育公平与优质教育资源供给"，占受访者的56.8%，其次为"建立健全支持政策和标准规范体系"，占受访者的43.6%，而"完善生育休假与生育保险制度"与"加强税收、住房等支持政策"排列第三、四位。从调查情况来看，社会公众希望从教育供给和配套措施两方面，为生育三孩提供更坚强的政策支持。

表4 受访者对生育三孩的政策期望

单位：人次，%

期望政策	频次	比重
推进教育公平与优质教育资源供给	237	56.8
建立健全支持政策和标准规范体系	182	43.6
完善生育休假与生育保险制度	162	38.8
加强税收、住房等支持政策	151	36.2
保障女性合法就业权益	130	31.2
依法实施三孩生育政策	88	21.1
建立健全计划生育特殊家庭全方位帮扶保障制度	62	14.9
建立健全政府主导、社会组织参与的扶助关怀工作机制	56	13.4
取消社会抚养费等制约制度	51	12.2
维护好计划生育家庭合法权益	48	11.5

总体上,调查发现全社会生育三孩意愿非常低迷,只有 7.3% 的受访者明确表示愿意生育三孩,基本与全国大环境社会舆论倾向相同[①],认为当前生育问题并非仅靠开放生育政策就能够扭转;影响生育三孩主要有家庭经济条件以及养育支持两方面原因,社会公众希望从教育供给与政策配套两方面为生育三孩提供强有力的政策支持。

三 公众不愿生育三孩的原因探析

为更深入理解人们不愿意生育三孩的原因,研究从家庭、政策、文化层面以及人口趋势进行探析,以发现背后的政策运行机理及文化因素。

1. 家庭层面原因

初育平均年龄推迟是三孩生育意愿降低的重要原因,国家统计局发布报告,1990 年我国育龄妇女平均初婚年龄为 21.4 岁,2017 年已经推迟到 25.7 岁,初婚年龄推迟了 4.3 岁,同时初育平均年龄也提高了 3.4 岁。初育平均年龄推迟将缩短育龄女性的生育时间,影响家庭人口生育的繁衍速度,在生育二孩后很难有时间精力照顾三孩。此外,家庭人口规模缩小也是生育三孩意愿降低的重要原因,据国家统计局公布的第七次全国人口普查主要数据结果,全国共有家庭户 49416 万户 129281 万人,每户家庭平均人口为 2.62 人,比 2010 年的 3.10 人减少了 0.48 人。家庭人口规模持续缩小,难以为孩子养育提供更多照护支持。调查还发现,家庭人口规模缩小,导致家庭照顾抚养的压力增大,孩子没人照顾是影响生育三孩意愿的重要原因。

2. 政策层面原因

三孩政策出台后包括陕西省在内的多个省份,通过修订省计划生育相关条例,出台了一系列鼓励三孩生育的政策配套措施,例如增加假期种类,延长假期时间,在购房补贴、教育、托育、婴幼儿照护等方面将给予

---

① 李丹、李丽萍、李丹:《三孩政策出台的舆情效应及启示——基于 NLP 的网络大数据分析》,《中国青年研究》2021 年第 10 期。

政策倾斜,为鼓励三孩生育提供政策支持和社会舆论支持。但是从三孩生育政策成本收益比较发现,在目前情况下政策提供的配套措施难以与养育成本相平衡,过高的养育成本难以通过政策支持削减。为此三孩政策出台后社会舆论总体反应较为消极。此外,国家实施40多年的计划生育政策使人口控制生育已经形成惯性,生育政策转变还需要一个过程,从家庭自主生育到政府计划生育,从严控生育到放松生育,在控制人口生育的总体思路下到国家鼓励倡导多生,还需要良好的政策环境与社会舆论氛围,而且相比控制人口政策工具,激励生育的政策工具总体较为绵软、缺乏刚性和吸引力。

3. 文化层面原因

长期以来,支持我国人口快速增长的文化层面因素,由"养儿防老""传宗接代"等生育观念支撑,当前在传统婚姻观念、生育观念受到冲击,发生极大转变的背景下,建立刺激青年生育的社会策略,是影响三孩生育政策实施成效的关键因素。此外,当前少育观念还受到"不婚不育主义"的影响,通过对一些年轻人访谈了解到,有少数年轻人秉承"不婚不育主义""独身主义""丁克家庭"等婚恋观,此种多元化的婚恋形态启示我们首先要反思"为什么要结婚"。现在的"80后""90后"年轻人认为"结婚不再是天经地义的事情","我一个人过得挺好,我享受现在这样的生活,想不通自己干嘛要去结婚"。其次,反思"结婚给自己带来什么"。很多年轻人认为结婚生子将给自己带来很多沉重的负担,不结婚是对生活压力的抗争。最后,反思"婚姻的个体价值"。当前媒体报道、影视剧等都在渲染婚姻的负面影响,包括出轨、家庭暴力、婆媳冲突等,造成部分以"80后""90后"为代表的青年对于婚姻产生不信任和恐惧心态,这使我们重塑婚姻价值观和生育观、构建和谐"家国文化"面临严峻的认同挑战。

4. 人口趋势原因

人口生育有其内在发展趋势,工业化进程对其影响较深。工业化大生产的集中性、标准化和规模化要求,为我国城镇化发展提供了充足动力,为人口空间聚集提供内在动力和技术准备,也为有效解决农村剩余劳动力问题提供了解决渠道。统计数据显示①，我国经历了世界史上规模最大、速度最快的城镇化进程，2010年我国城市化率不足50%，2016年为57.35%，2019年末我国城镇化率达到60.60%。城镇化进程与我国少子化进程基本同步。根据人口普查数据统计，2010年0~14岁少年儿童总量为2.2亿，约占总人口的16.6%；2020年0~14岁少年儿童总量为2.5亿人，约占总人口的17.95%，反映了近十年0~14岁人口结构老龄化变动趋势。国家统计局公布的全国人口总出生率显示，2014年为12.37‰，2015年为12.07‰，2016年为12.95‰，2017年为12.43‰，2018年为10.94‰，2019年为10.48‰。第七次人口普查数据显示，2020年中国总和生育率是1.3，我国的生育率水平不仅显著低于世界平均水平（2.41），也低于高收入国家平均水平（1.60）和中等偏上收入国家平均水平（1.90）②，未来人口出生率继续走低将是大概率，也将影响国家政策的各个方面。

四 完善三孩生育政策建议

人口生育率存在长期走低的风险，是当前人口发展面临的突出问题和严峻挑战。为阻止人口出生率持续下滑的发展势头，必须努力提高适龄人口的生育意愿与生育水平，以促进人口与经济社会长期协调发展。

1. 重塑"家国文化"观念

家庭是社会的细胞，国家是维护家庭的屏障，家国互动不仅有利于家庭的稳定，更有利于国家长治久安。"家国情怀"是中华文明长期延续的思想基础，既连接传统文化修身齐家治国平天下的情怀，也连接社会发展、民族国家的未来，是中国传统儒家思想的传承，更是中国地理环境以及独特生产方式的历史必然，承载着中华优秀传统文化的核心基因和中国人的个人价值导向。在政治层面，家庭的发展对于国家建设意义重大，在个体生活层面，

---

① 林火灿：《70年来我国城镇化率大幅提升》，http://www.gov.cn/shuju/2019-08/16/content_5421576.htm。

② 蔡昉：《推动人口生育率向更均衡水平靠近》，《北京日报》2021年11月23日，第14版。

家庭作为个人情感纽带对婚姻稳定具有重要意义,有着强烈的纽带和责任意识。对于中国人而言,家族观念是基于最原始的血缘关系建立的最强信赖关系,在此基础上形成了中国人特有的人伦情感。从维持社会稳定的成本—收益比较看,家庭稳定对于维护社会稳定而言,属于投入最少、收益最大。而且分析我国维护社会稳定的政策措施,其根源都来自家庭稳定建设,家庭稳定是社会稳定的基础,而社会稳定为家庭稳定提供制度保障。"老吾老以及人之老,幼吾幼以及人之幼",这是古代先贤构筑社会人际关系的理想蓝图,并基于家庭观念进而扩展到与他人、社会的关系中。因此,必须强化和重塑"家国文化",才能为家庭人口生育提供充足动力和活力源泉。

2. 强化家庭内部儿童照顾和生活照料的公共支持

当代母亲和父亲为了能让孩子拥有健康而成功的成年生活,特别重视儿童早期的教育。但是在当前我国家庭结构中,女性配偶对儿童照顾和生活照料负有最主要的责任,故现代家庭面临一些内在冲突和外在冲突,内在的冲突主要是夫妻双方时间的分配,外在冲突主要是母亲的就业与家庭照护之间的矛盾。儿童照顾和生活照料主要由家庭执行,但这不仅仅是为家庭成员也是为整个社会在执行这些行动,故建立对家庭高标准的公共支持,对解决照顾短缺的担忧、强化家庭内部的育儿支持有积极的意义。

3. 完善生育福利保障制度

要持续增加和稳定家庭经济收入。家庭只有具备了稳定的收入,才能保证生育意愿有条件付诸实施,政府要提供更多优质教育资源供给,降低家庭孩子教育过多支出比例。要增强女性的生育信心,通过落实延长产假、增加陪护假等生育支持政策,保障育龄女性放心生育。要加强生育辅助技术支持,通过辅助技术和优质服务生育安全,帮助有生育困难的家庭顺利生育。要加强生育文化塑造与舆论培育,洗涤过期限制性生育政策的负面影响。要加大女性生育权益保障力度,消除育龄妇女就业歧视,有条件的地区可考虑增加女性生育津贴和调高就业保障水平,对支持女性生育的用人单位进行适度补贴。

4. 提升生育公共服务水平

当前生育医疗服务资源状况总体紧张，社会提供高质量生育服务能力总体不足，要继续加强生育医疗服务资源的优化配置，建设高质量普惠性产科，降低产妇尤其是农村偏远地区由于生育医疗资源紧张状况可能引发的生育风险，补齐生育服务资源短板，让适龄产妇放心、安心生育，降低家庭生育风险。针对孩子没人管的托幼养育难题，大力发展托幼公共服务势在必行，在一些发达国家地区已经建立起较为完善的家庭养育扶持政策，政府将托幼问题作为基本公共服务的组成部分，探索建立政府多部门如教育、卫健委、妇联等共同参与的普惠性托幼服务，为妇女生育、养育提供更好的支持环境。

社会科学文献出版社

皮 书
智库成果出版与传播平台

❖ 皮书定义 ❖

皮书是对中国与世界发展状况和热点问题进行年度监测,以专业的角度、专家的视野和实证研究方法,针对某一领域或区域现状与发展态势展开分析和预测,具备前沿性、原创性、实证性、连续性、时效性等特点的公开出版物,由一系列权威研究报告组成。

❖ 皮书作者 ❖

皮书系列报告作者以国内外一流研究机构、知名高校等重点智库的研究人员为主,多为相关领域一流专家学者,他们的观点代表了当下学界对中国与世界的现实和未来最高水平的解读与分析。截至2021年底,皮书研创机构逾千家,报告作者累计超过10万人。

❖ 皮书荣誉 ❖

皮书作为中国社会科学院基础理论研究与应用对策研究融合发展的代表性成果,不仅是哲学社会科学工作者服务中国特色社会主义现代化建设的重要成果,更是助力中国特色新型智库建设、构建中国特色哲学社会科学"三大体系"的重要平台。皮书系列先后被列入"十二五""十三五""十四五"国家重点出版规划项目;2013~2022年,重点皮书列入中国社会科学院国家哲学社会科学创新工程项目。

权威报告·连续出版·独家资源

皮书数据库
ANNUAL REPORT(YEARBOOK) DATABASE

分析解读当下中国发展变迁的高端智库平台

所获荣誉

- 2020年，入选全国新闻出版深度融合发展创新案例
- 2019年，入选国家新闻出版署数字出版精品遴选推荐计划
- 2016年，入选"十三五"国家重点电子出版物出版规划骨干工程
- 2013年，荣获"中国出版政府奖·网络出版物奖"提名奖
- 连续多年荣获中国数字出版博览会"数字出版·优秀品牌"奖

皮书数据库

"社科数托邦"
微信公众号

成为会员

登录网址www.pishu.com.cn访问皮书数据库网站或下载皮书数据库APP，通过手机号码验证或邮箱验证即可成为皮书数据库会员。

会员福利

- 已注册用户购书后可免费获赠100元皮书数据库充值卡。刮开充值卡涂层获取充值密码，登录并进入"会员中心"—"在线充值"—"充值卡充值"，充值成功即可购买和查看数据库内容。
- 会员福利最终解释权归社会科学文献出版社所有。

数据库服务热线：400-008-6695
数据库服务QQ：2475522410
数据库服务邮箱：database@ssap.cn
图书销售热线：010-59367070/7028
图书服务QQ：1265056568
图书服务邮箱：duzhe@ssap.cn

卡号：155386356657
密码：

S 基本子库
SUB DATABASE

中国社会发展数据库（下设12个专题子库）

紧扣人口、政治、外交、法律、教育、医疗卫生、资源环境等12个社会发展领域的前沿和热点，全面整合专业著作、智库报告、学术资讯、调研数据等类型资源，帮助用户追踪中国社会发展动态、研究社会发展战略与政策、了解社会热点问题、分析社会发展趋势。

中国经济发展数据库（下设12专题子库）

内容涵盖宏观经济、产业经济、工业经济、农业经济、财政金融、房地产经济、城市经济、商业贸易等12个重点经济领域，为把握经济运行态势、洞察经济发展规律、研判经济发展趋势、进行经济调控决策提供参考和依据。

中国行业发展数据库（下设17个专题子库）

以中国国民经济行业分类为依据，覆盖金融业、旅游业、交通运输业、能源矿产业、制造业等100多个行业，跟踪分析国民经济相关行业市场运行状况和政策导向，汇集行业发展前沿资讯，为投资、从业及各种经济决策提供理论支撑和实践指导。

中国区域发展数据库（下设4个专题子库）

对中国特定区域内的经济、社会、文化等领域现状与发展情况进行深度分析和预测，涉及省级行政区、城市群、城市、农村等不同维度，研究层级至县及县以下行政区，为学者研究地方经济社会宏观态势、经验模式、发展案例提供支撑，为地方政府决策提供参考。

中国文化传媒数据库（下设18个专题子库）

内容覆盖文化产业、新闻传播、电影娱乐、文学艺术、群众文化、图书情报等18个重点研究领域，聚焦文化传媒领域发展前沿、热点话题、行业实践，服务用户的教学科研、文化投资、企业规划等需要。

世界经济与国际关系数据库（下设6个专题子库）

整合世界经济、国际政治、世界文化与科技、全球性问题、国际组织与国际法、区域研究6大领域研究成果，对世界经济形势、国际形势进行连续性深度分析，对年度热点问题进行专题解读，为研判全球发展趋势提供事实和数据支持。

法律声明

"皮书系列"(含蓝皮书、绿皮书、黄皮书)之品牌由社会科学文献出版社最早使用并持续至今,现已被中国图书行业所熟知。"皮书系列"的相关商标已在国家商标管理部门商标局注册,包括但不限于LOGO( )、皮书、Pishu、经济蓝皮书、社会蓝皮书等。"皮书系列"图书的注册商标专用权及封面设计、版式设计的著作权均为社会科学文献出版社所有。未经社会科学文献出版社书面授权许可,任何使用与"皮书系列"图书注册商标、封面设计、版式设计相同或者近似的文字、图形或其组合的行为均系侵权行为。

经作者授权,本书的专有出版权及信息网络传播权等为社会科学文献出版社享有。未经社会科学文献出版社书面授权许可,任何就本书内容的复制、发行或以数字形式进行网络传播的行为均系侵权行为。

社会科学文献出版社将通过法律途径追究上述侵权行为的法律责任,维护自身合法权益。

欢迎社会各界人士对侵犯社会科学文献出版社上述权利的侵权行为进行举报。电话:010-59367121,电子邮箱:fawubu@ssap.cn。

社会科学文献出版社